# Nordrhein-Westfalen 2

*Herausgegeben von*
Martina Flath
Peter Fischer

*mit Beiträgen von*
Martina Flath
Peter Fischer
Lynnette Jung
Rolf Maroske
Ute Mathesius-Wendt
Susanne McClelland
Christiane Meyer
Ellen Rudyk

unter Mitarbeit der Autoren von
„Magellan" und „Unsere Erde" Bayern

in Zusammenarbeit
mit der Verlagsredaktion

Redaktion: Hans-Ragnar Steininger
Atlasteil: Michael Kunz
Webcode: Ralf Kasper, Sarina Hoff
Bildredaktion: Elke Schirok
Grafik: Silke Bachmann, Dr. Volkhard Binder, Franz-Josef Domke,
Matthias Pflügner, Klaus Puth, Dieter Stade, Michael Teßmer, Hans Wunderlich,
Wolfgang Zieger
Karten: Cornelsen Kartographie, Berlin; Oliver Hauptstock, cartomedia,
Dortmund; Peter Kast, Ingenieurbüro für Kartographie, Wismar

Umschlaggestaltung: Zweimanns, Immenstadt
Layout und technische Umsetzung: Visuelle Gestaltung Katrin Pfeil, Mainz
Titelfoto: In der Wüste Namib

www.cornelsen.de
www.oldenbourg-bsv.de

Die Internet-Adressen und -Dateien, die in diesem Lehrwerk angegeben sind,
wurden vor Drucklegung geprüft. Der Verlag übernimmt keine Gewähr für die
Aktualität und den Inhalt dieser Adressen und Dateien oder solcher, die mit
ihnen verlinkt sind.

1. Auflage, 1. Druck 2012

Alle Drucke dieser Auflage sind inhaltlich unverändert und können
im Unterricht nebeneinander verwendet werden.

„National Geographic" ist eine eingetragene Marke der National Geographic
Society; für die deutsche Ausgabe lizensiert durch National Geographic
Deutschland (G+J/RBA GmbH & Co KG), Hamburg, 2009

© 2012 Cornelsen Verlag, Berlin; Oldenbourg Schulbuchverlag GmbH, München

Das Werk und seine Teile sind urheberrechtlich geschützt.
Jede Nutzung in anderen als den gesetzlich zugelassenen Fällen bedarf
der vorherigen schriftlichen Einwilligung des Verlages.
Hinweis zu den §§ 46, 52 a UrhG: Weder das Werk noch seine Teile dürfen ohne
eine solche Einwilligung eingescannt und in ein Netzwerk eingestellt oder sonst
öffentlich zugänglich gemacht werden.
Dies gilt auch für Intranets von Schulen und sonstigen Bildungseinrichtungen.

Druck: Druckhaus Berlin-Mitte GmbH

ISBN 978-3-06-064936-5

 Inhalt gedruckt auf säurefreiem Papier aus nachhaltiger Forstwirtschaft.

# Inhaltsverzeichnis

| | |
|---|---|
| 6 | Aufgabenstellungen verstehen |
| 8 | Unsere Erde – dein Erdkundebuch |

**12  1  Entstehung von Klima- und Vegetationszonen erläutern**

| | |
|---|---|
| 14 | Die Entstehung der Jahreszeiten |
| 16 | Von heiß bis kalt – die Temperaturzonen der Erde |
| 18 | Luftfeuchtigkeit und Niederschlag |
| 20 | Luftdruck – Motor des Windes |
| 22 | Geo-Methode: Wir lesen Klimadiagramme |
| 24 | Klima- und Vegetationszonen der Erde |
| 26 | Geo-Bilingual: Altitudinal belts of Mount Kilimanjaro |
| 28 | Geo-Check: Entstehung von Klima- und Vegetationszonen erläutern |

**32  2  Zusammenhänge in der polaren Zone und in der gemäßigten Zone erklären**

| | |
|---|---|
| 34 | Polargebiete – bedeckt vom ewigen Eis? |
| 36 | Die Tundra – baumlose Landschaft |
| 38 | Fairbanks – Leben am Polarkreis |
| 40 | Geo-Aktiv: Die Inuit – Leben in der Kälte |
| 42 | Nutzung der Polarregionen – Chance oder Gefahr? |
| 44 | Vegetationszonen und Kältegrenze des Ackerbaus |
| 46 | Geo-Methode: Wir zeichnen Klimadiagramme und werten sie aus |
| 48 | In der gemäßigten Zone Europas |
| 50 | Kulturpflanzen in Europa |
| 52 | In der gemäßigten Zone Nordamerikas |
| 54 | Weizenanbau in den USA |
| 56 | Geo-Check: Zusammenhänge in der polaren Zone und in der gemäßigten Zone erklären |

**60  3  Merkmale von Wüsten und Savannen kennen lernen**

| | |
|---|---|
| 62 | Wüste ist nicht gleich Wüste |
| 64 | Meister der Anpassung |
| 66 | Entweder der Nil oder das Nichts |
| 68 | Geo-Methode: Wir werten ein Satellitenbild aus |
| 70 | Savannen – Grasländer der Tropen |
| 72 | Ackerbau im Kampf mit der Trockenheit |
| 74 | Aus Savannen werden Wüsten |
| 76 | Geo-Check: Merkmale von Wüsten und Savannen kennen lernen |

# INHALTSVERZEICHNIS

| | |
|---|---|
| 80 | **4 Nutzung und Gefährdung der tropischen Regenwälder erläutern** |
| 82 | Wir orientieren uns in Südamerika |
| 84 | Im tropischen Regenwald – sehr warm und immer feucht |
| 86 | Der tropische Regenwald – artenreich und immergrün |
| 88 | Aufbau des tropischen Regenwaldes |
| 90 | Geo-Methode: Wir erstellen eine Präsentation |
| 92 | Wanderfeldbau zur Selbstversorgung |
| 94 | Bananen für den Weltmarkt |
| 96 | Amazonien – Erschließung des Regenwalds |
| 98 | Amazonien – die Schatzkammer wird geplündert |
| 100 | Der tropische Regenwald in Gefahr |
| 102 | Geo-Aktiv: Der Regenwald muss geschützt werden – ein Rollenspiel |
| 104 | Geo-Check: Nutzung und Gefährdung der tropischen Regenwälder erläutern |
| 108 | **5 Erdoberfläche im Wandel begreifen** |
| 110 | Endogene Vorgänge formen die Erdoberfläche |
| 112 | Die Erde – vom Kern zur Kruste |
| 114 | Kontinente in Bewegung |
| 116 | Geo-Aktiv: Wir erstellen eine Wandzeitung zu Naturereignissen |
| 118 | Vulkanismus in Europa |
| 120 | Erdbeben in Kalifornien |
| 122 | Geo-Bilingual: Danger from the sea – tsunamis |
| 124 | Geo-Methode: Wir führen eine Internetrecherche durch |
| 126 | Wenn Stürme zur Gefahr werden |
| 128 | Hurrikane und Tornados |
| 130 | Schutz vor Naturkatastrophen |
| 132 | Geo-Check: Erdoberfläche im Wandel begreifen |
| 136 | **6 Einfluss des Menschen auf den Naturhaushalt untersuchen** |
| 138 | Anzeichen des Klimawandels – von Eis zu heiß |
| 140 | Der Treibhauseffekt |
| 142 | Palmen in Deutschland? |
| 144 | Geo-Methode: Wir vergleichen und bewerten Statistiken |

| | |
|---|---|
| 146 | Hochwasserereignisse – vom Menschen beeinflusst |
| 148 | Boden – unsere Lebensgrundlage ist in Gefahr |
| 150 | **Geo-Aktiv:** Klimaschutz geht uns alle an – ein Gruppenpuzzle |
| 152 | **Geo-Check:** Einfluss des Menschen auf den Naturhaushalt untersuchen |

| | |
|---|---|
| 156 | **7 Projekt: Nordamerika erforschen** |
| 158 | **Geo-Methode:** Wir führen ein Projekt durch |
| 160 | Wahlthema 1: Naturräume Nordamerikas |
| 162 | Wahlthema 2: New York – eine nordamerikanische Großstadt |
| 164 | Wahlthema 3: Mobilität |
| 166 | Wahlthema 4: Nationalparks und Tourismus |

## Anhang

| | |
|---|---|
| 168 | Daten von Klimastationen weltweit |
| 169 | Arbeitstechniken |
| 172 | Lexikon |
| 175 | Sachregister |
| 176 | Bildquellen |

## Unsere Erde – Atlas

| | |
|---|---|
| 177 | Kartenweiser und Inhaltsverzeichnis |
| 178 | Deutschland: Physische Karte |
| 179 | Deutschland: Wirtschaftskarte |
| 180 | Europa: Physische Karte |
| 182 | Europa: Wirtschaftskarte |
| 184 | Europa: Politische Karte |
| 186 | Erde: Physische Karte |
| 188 | Erde: Temperaturen |
| 189 | Erde: Niederschläge |
| 190 | Afrika: Physische Karte |
| 192 | Afrika: Temperaturen und Niederschläge |
| 193 | Südamerika: Wirtschaftliche Schwerpunkte |
| 194 | Südamerika: Physische Karte |
| 196 | Südamerika: Wirtschaftskarte |
| 198 | Nordamerika: Physische Karte |
| 200 | Nordamerika: Wirtschaftskarte |
| 202 | Erde: Tektonik |
| 203 | New York: Innenstadt |
| 204 | Polargebiete: Physische Karten |
| 205 | Atlasregister |
| 213 | Legende für die Wirtschaftskarten |

# Arbeitsaufträge und ihre Bedeutung

Arbeitsaufträge haben einen bestimmten Zweck: Sie helfen dir, die Materialien in deinem Erdkundebuch richtig zu erschließen und zu bearbeiten. Dabei werden deine Fähigkeiten und Fertigkeiten, also deine Kompetenzen trainiert.

Wenn du die Arbeitsaufträge bearbeitet hast, kannst du selbst kontrollieren, ob du alles richtig gemacht hast. Am Anfang einer Doppelseite steht im „check-it-Kasten", was du wissen und können sollst.

| Bereich Wissen und Kenntnisse | | |
|---|---|---|
| **Arbeitsauftrag** | **Was von dir erwartet wird** | **Beispiele** |
| Beschreibe<br>Zeige auf | Materialien und Kenntnisse mit eigenen Worten wiedergeben | – Beschreibe die Lage und Ausdehnung der Arktis.<br>– Beschreibe den Stockwerkbau im tropischen Regenwald. |
| Nenne<br>Benenne | einen Sachverhalt ohne Kommentar wiedergeben | – Nenne die Merkmale des Klimas in der Sahara.<br>– Nenne alle Staaten, die der Amazonas und seine Nebenflüsse durchfließen. |
| Erkläre | Ursachen, Folgen und Gesetzmäßigkeiten von Sachverhalten verständlich darstellen | – Erkläre die Entstehung von Polartag und Polarnacht.<br>– Erkläre unterschiedliche Anpassungsformen der Vegetation in der Trockenzeit. |
| Berichte | eine Aussage oder ein Problem erkennen und richtig wiedergeben | – Berichte in einem Kurzvortag, woher die Oasen ihr Wasser bekommen.<br>– Berichte über das Projekt Windischeschenbach. |
| Stelle dar | | – Stelle in einer Grafik Möglichkeiten für den Hochwasserschutz dar. |
| Ordne ein / zu | einen Raum oder Sachverhalt in einen Zusammenhang stellen | – Ordne den verschiedenen Bereichen der gemäßigten Zone die Bilder zu. |
| Erläutere | Sachverhalte im Zusammenhang darstellen | – Erläutere, welche technischen Probleme beim Bau einer Stadt im Dauerfrostboden auftreten.<br>– Erläutere die Messung und Möglichkeiten der Vorhersage von Erdbeben. |

| Bereich Methoden und Arbeitstechniken | | |
|---|---|---|
| **Arbeitsauftrag** | **Was von dir erwartet wird** | **Beispiele** |
| Recherchiere | unbekannte Sachverhalte erforschen | – Führe eine Internetrecherche durch zum Thema „Anstieg des globalen Meeresspiegels". |
| Analysiere<br>Untersuche | etwas systematisch untersuchen, auswerten und die Strukturen herausarbeiten | – Untersucht bei den auf eurer Wandzeitung verzeichneten Naturereignissen, ob frühzeitig gewarnt wurde. |
| Interpretiere | Ursachen, Gründe, Bedingungen herausarbeiten | – Zeichne ein Klimadiagramm von Düsseldorf und interpretiere es entsprechend den Vorgaben. |
| Orientiere dich<br>Informiere dich<br>Finde heraus<br>Suche heraus | selbstständig oder mithilfe Informationen suchen und zusammenstellen | – Informiere dich über Vorgänge im Erdinneren.<br>– Finde heraus, in welchen Ländern sich die Vulkane Europas befinden. |
| Erstelle | etwas zeichnerisch darstellen, z. B. ein Diagramm oder ein Wirkungsgefüge | – Erstelle ein Flussdiagramm, in dem du die Ursachen für die Unfruchtbarkeit des Bodens darstellst. |
| Führe durch | eine Untersuchung vornehmen, z. B. ein Experiment oder eine Befragung | – Führe das Experiment „Dünen entstehen" durch.<br>– Führe eine Internetrecherche durch. |
| Stelle zusammen | vorgegebene Einzelteile sinnvoll gliedern und zu einem Gesamtbild zusammenfügen | – Stelle die Merkmale der Savannentypen in einer Tabelle zusammen.<br>– Stelle die Präsentation zusammen. |
| Lokalisiere<br>Ermittle | einen Ort, einen Fluss, ein Land usw. auf einer Karte finden | – Lokalisieren Ecuador auf einer Südamerika-Karte.<br>– Ermittle Oasen in der Sahara. |

# AUFGABENSTELLUNGEN VERSTEHEN

| Bereich Beurteilen und Bewerten | | |
|---|---|---|
| Arbeitsauftrag | Was von dir erwartet wird | Beispiele |
| Beurteile | eine Aussage oder Behauptung auf Richtigkeit und Angemessenheit prüfen | – Beurteile die Bedeutung des Weizenanbaus in den USA.<br>– Beurteile die Wirksamkeit der Frühwarnsysteme und Schutzmaßnahmen in den von Naturkatastrophen bedrohten Gebieten. |
| Bewerte | zu einer Aussage Stellung nehmen | – Bewerte die Verweildauer der Treibhausgase in der Atmosphäre.<br>– Bewerte Maßnahmen zum Schutz des tropischen Regenwaldes. |
| Nimm Stellung | sich zu einer Aussage äußern | – Nimm Stellung zu den Risiken der Monokultur.<br>– Der Ätna kann Leben zerstören und Leben geben. Nimm zu dieser Aussage Stellung. |
| Prüfe<br>Überprüfe | Aussagen und Darstellungsweisen auf Richtigkeit untersuchen | – Überprüfe die Abbildung aus einer Präsentation.<br>– Überprüfe, ob auf einer Karte der Nordpfeil vorhanden ist. |
| Vergleiche<br>Unterscheide | Gemeinsamkeiten und Unterschiede gegenüberstellen | – Vergleiche den Nährstoffkreislauf des tropischen Regenwaldes mit dem des europäischen Waldes.<br>– Vergleiche die Lage der Haupterschließungsgebiete mit der Verbreitung des tropischen Regenwaldes. |
| Begründe | Argumente dafür und/oder dagegen entwickeln | – Begründe die unterschiedlichen Temperatur- und Niederschlagswerte innerhalb Nordamerikas.<br>– Begründe, warum Kolumbus heute etwa 10 Meter weiter segeln müsste als vor 500 Jahren. |
| Entwickle<br>Mache Vorschläge<br>Entwerfe | Sachverhalte miteinander verknüpfen und Vorstellungen oder Modelle entwerfen | – Mache Vorschläge, wie du das Thema präsentieren würdest und entwerfe eine Gliederung.<br>– Entwerfe eine Postkarte, auf der Attraktionen der Regionen sichtbar sind. |
| Erörtere<br>Diskutiere | Pro- und Kontra abwägen, diskutieren | – Erörtere Ursachen für die veränderten Lebensweisen in den heutigen Oasen.<br>– Diskutiert über Nutzen und Schwierigkeiten beim Rohstoffabbau in der Arktis |

| Bereich Handeln und Anwenden | | |
|---|---|---|
| Arbeitsauftrag | Was von dir erwartet wird | Beispiele |
| Präsentiere | einen Sachverhalt in verständlicher Form anderen vorstellen | – Stellt eine Präsentation zusammen und führt sie der Klasse vor.<br>– Präsentiert eure Arbeitsergebnisse in bildlicher Form. |
| Werte aus | vorgegebene Texte oder Daten untergliedern und den Inhalt wiedergeben | – Werte die Klimadiagramme einzeln aus.<br>– Werte die Karikatur aus. |
| Plane | Vorgehensweise zu einem Projekt oder einem Problem festlegen | – Plant eine Klassenfahrt.<br>– Plant Maßnahmen zum Schutz des Regenwaldes. |
| Gestalte | etwas mit verschiedenen Materialien anfertigen | – Gestalte eine Wandzeitung zum Amazonas und seinen Nebenflüssen.<br>– Gestaltet ein Hinweisschild, das Verhaltensregeln für Besucher des Nationalparks aufzeigt |
| Zeichne | einen Sachverhalt zeichnerisch darstellen, z. B. als Karte, Skizze oder Diagramm | – Zeichnet eine Umrisskarte von Nordamerika auf ein Plakat.<br>– Zeichne zu den Klimawerten mithilfe der Checkliste das Klimadiagramm. |

 – dein Erdkundebuch

Jedes Kapitel startet mit einem großen Bild, auf dem es viel zu entdecken gibt.

In der rechten Spalte erfährst du, was du zum Ende des Kapitels wissen und können solltest.
- Ein roter Spiegelstrich fordert dich dazu auf, dich in Räumen zu orientieren.
- Der gelbe Spiegelstrich zeigt dir, welches erdkundliche Wissen du beherrschen sollst.
- Der grüne Spiegelstrich gibt an, welche Methoden du in diesem Kapitel anwenden wirst.
- Der blaue Spiegelstrich zeigt dir, welche erdkundlichen Sachverhalte und Probleme du bewerten und beurteilen sollst.

Das klappt – eine **ausklappbare Kartenseite** zu Kapitelbeginn. Du klappst sie aus und kannst dich bei den einzelnen Themen des Erdkundebuches jederzeit orientieren, wo Städte, Landschaften, Flüsse und Länder liegen, wo Erdöl gefördert wird oder wo Oliven angebaut werden.

Alles klar? Der **„check-it"**-Kasten zu Beginn jeder Themenseite zeigt dir, was du nach deren Bearbeitung können solltest. Ob dir das gelungen ist, kannst du mithilfe der Arbeitsaufträge selbst testen.

Über den **Webcode** kannst du uns im Internet unter www.cornelsen.de/Unsere-Erde besuchen. Auf dieser Website findest du ein Feld, in das du die Zahlenkombination eingibst, die du unter dem Webcode findest, zum Beispiel UE649365-115. Klicke dann auf „Los" und schon sind wir zum jeweiligen Thema miteinander verbunden.

# Klima- und Vegetationszonen

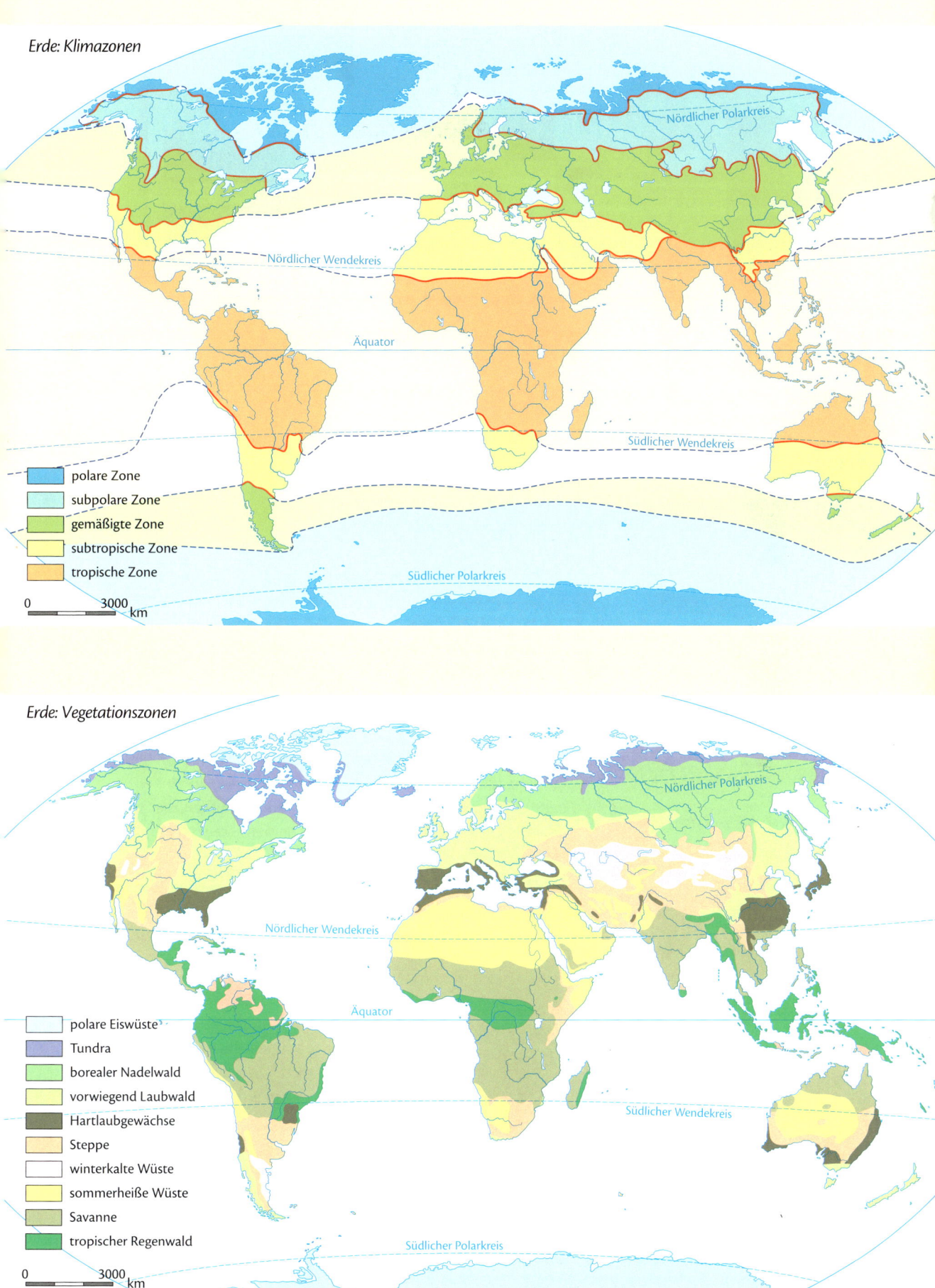

# UNSERE ERDE – DEIN NEUES ERDKUNDEBUCH 10

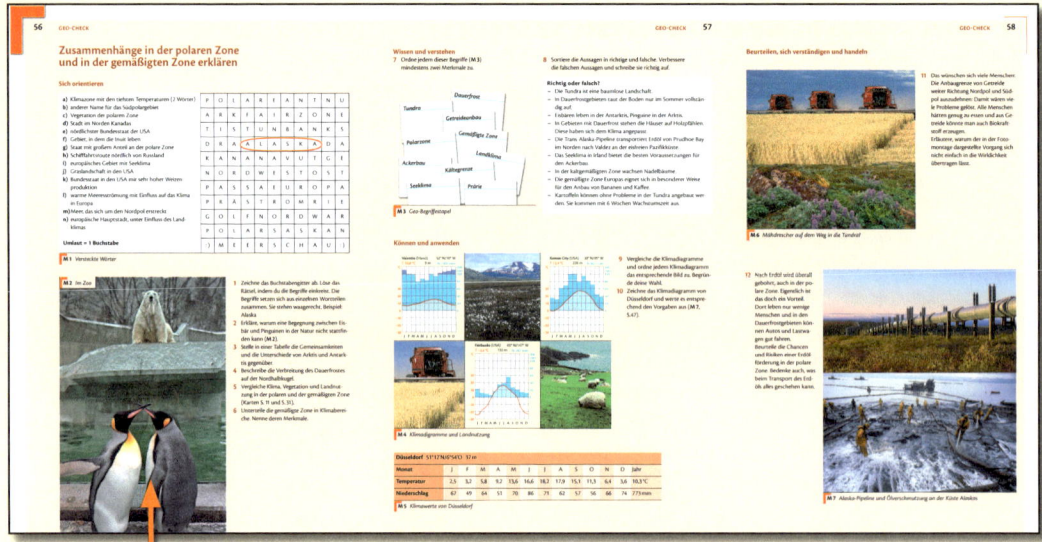

**Geo-Check**
Am Ende jedes Kapitels kannst du dein Wissen und Können testen.

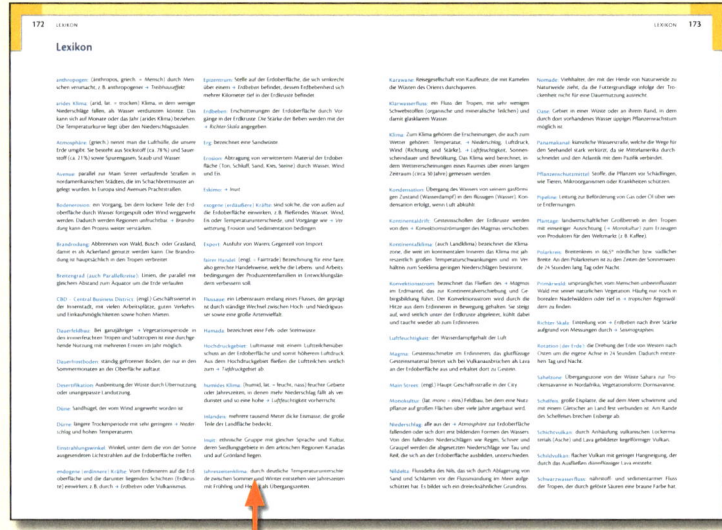

Der **Anhang** bietet dir unterschiedliche Hilfen: das **Lexikon**, um Begriffe zu erklären, das **Sachregister**, um Inhalte des Buches zu suchen, und die **Arbeitstechniken**, die dir vielleicht unbekannt und auf den Themenseiten mit einem -Symbol gekennzeichnet sind.

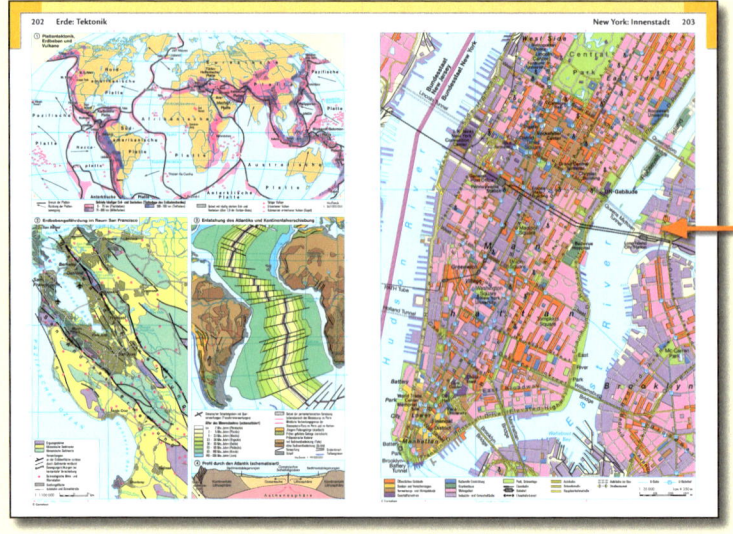

Im **Atlasteil** findest du zu allen wichtigen Themen im Buch die passende Atlaskarte. Welche Karte die richtige ist, erfährst du im Atlasregister.

# UNSERE ERDE – DEIN NEUES ERDKUNDEBUCH 9

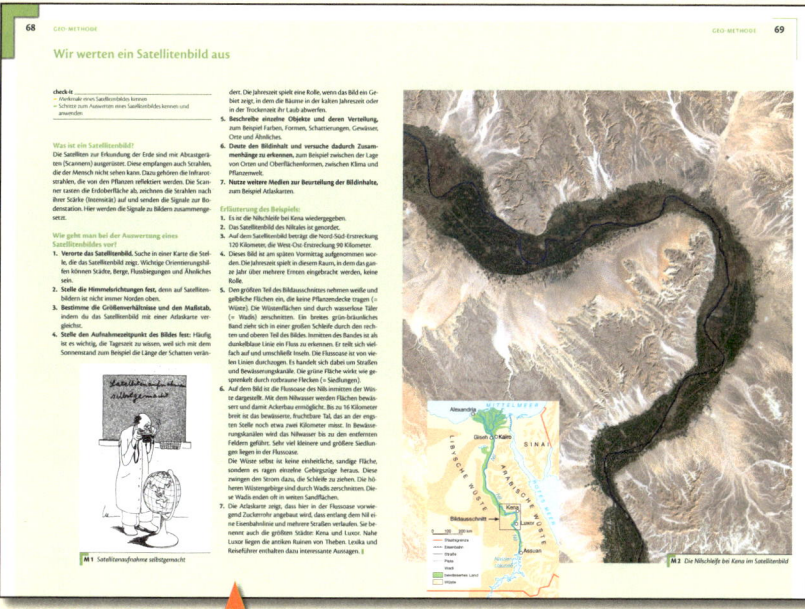

**Geo-Methode**
Hier kannst du Schritt für Schritt wichtige Methoden für das Fach Erdkunde lernen, zum Beispiel das Lesen von Klimadiagrammen oder das Auswerten von Satellitenbildern.

**Geo-Aktiv**
Hier findest du Anregungen, selbst aktiv zu werden, zum Beispiel bei der Erstellung einer Wandzeitung zu Naturereignissen

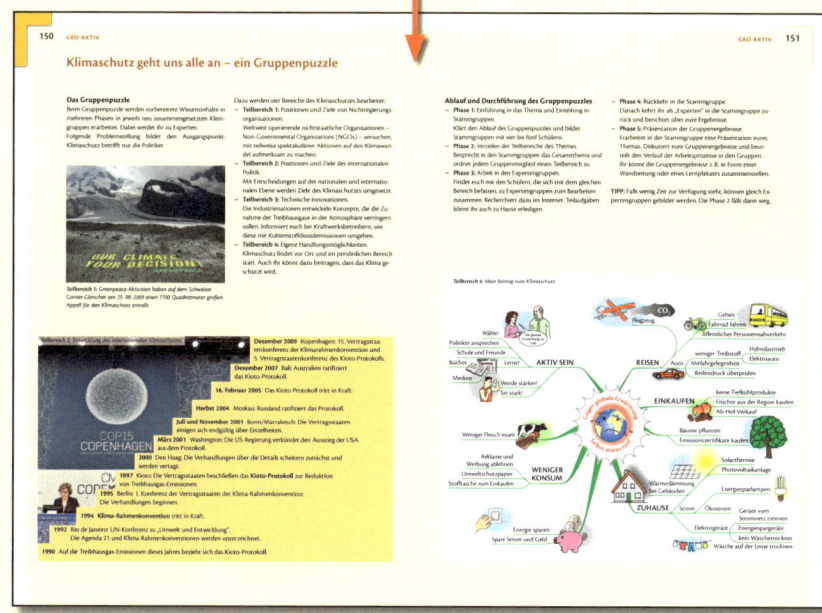

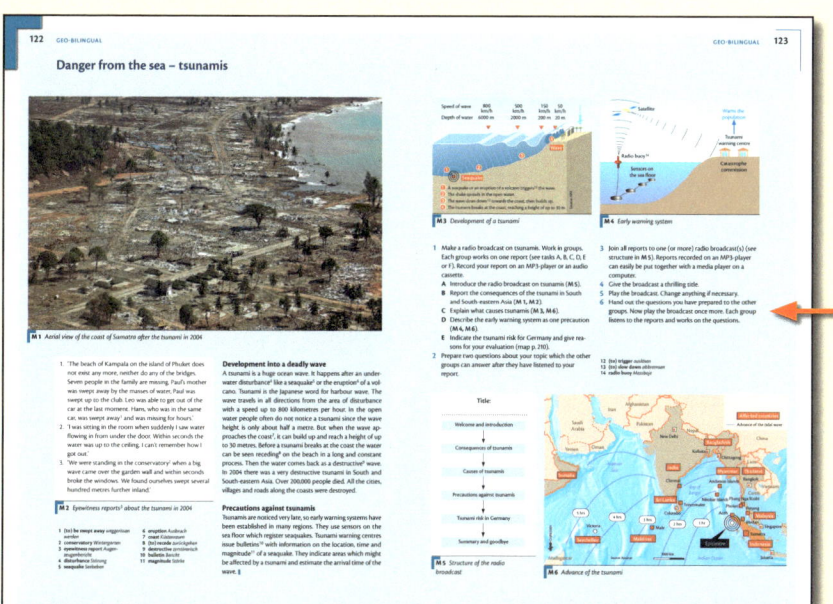

**Geo-Bilingual**
Auf den bilingualen Seiten lernst du, dich in englischer Fachsprache über Sachverhalte zu verständigen, zum Beispiel beim Thema „Tsunami".

# 1 Entstehung von Klima- und Vegetationszonen erläutern

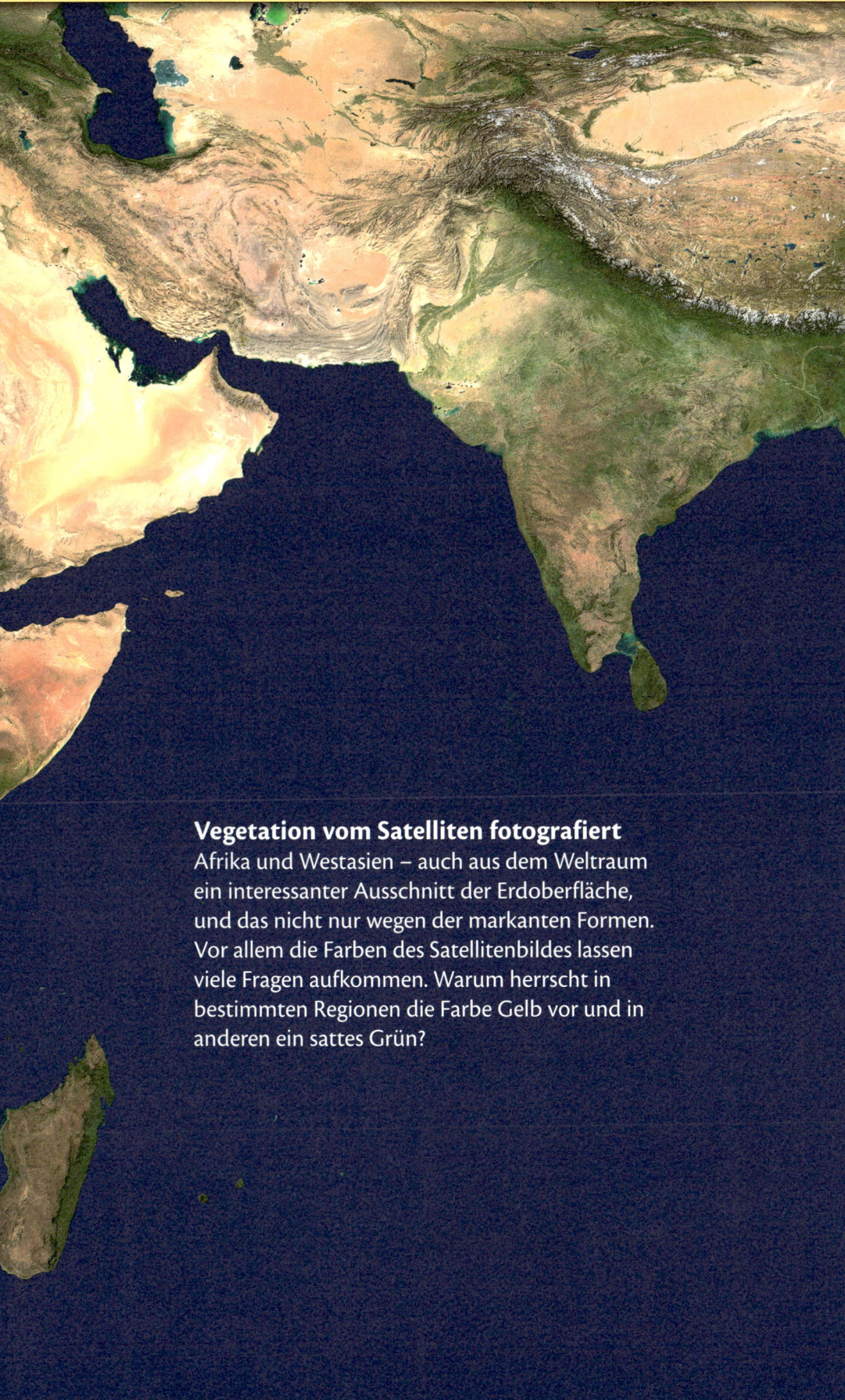

**In diesem Kapitel lernst du**
- die Lage und Ausdehnung von Klima- und Vegetationszonen zu beschreiben,
- die Entstehung von Temperaturzonen zu erläutern,
- Zusammenhänge zwischen Klima, Vegetation und Nutzung in verschiedenen Klima- und Vegetationszonen zu erkennen und zu erläutern,
- die Entstehung verschiedener Wüsten- und Savannenformen zu erklären.

**Dazu nutzt du**
- Karten,
- Blockbilder,
- Profile,
- Klimadiagramme,
- Schemaskizzen und
- Experimente.

**Du beurteilst**
- die Lebens- und Wirtschaftsformen von Menschen unter bestimmten klimatischen Bedingungen,
- den Einfluss der Höhe und Breitenlage auf Klima, Vegetation und Nutzung.

**Vegetation vom Satelliten fotografiert**
Afrika und Westasien – auch aus dem Weltraum ein interessanter Ausschnitt der Erdoberfläche, und das nicht nur wegen der markanten Formen. Vor allem die Farben des Satellitenbildes lassen viele Fragen aufkommen. Warum herrscht in bestimmten Regionen die Farbe Gelb vor und in anderen ein sattes Grün?

*Satellitenbild von Afrika (mit Teilen Europas und Asiens)*

# Die Entstehung der Jahreszeiten

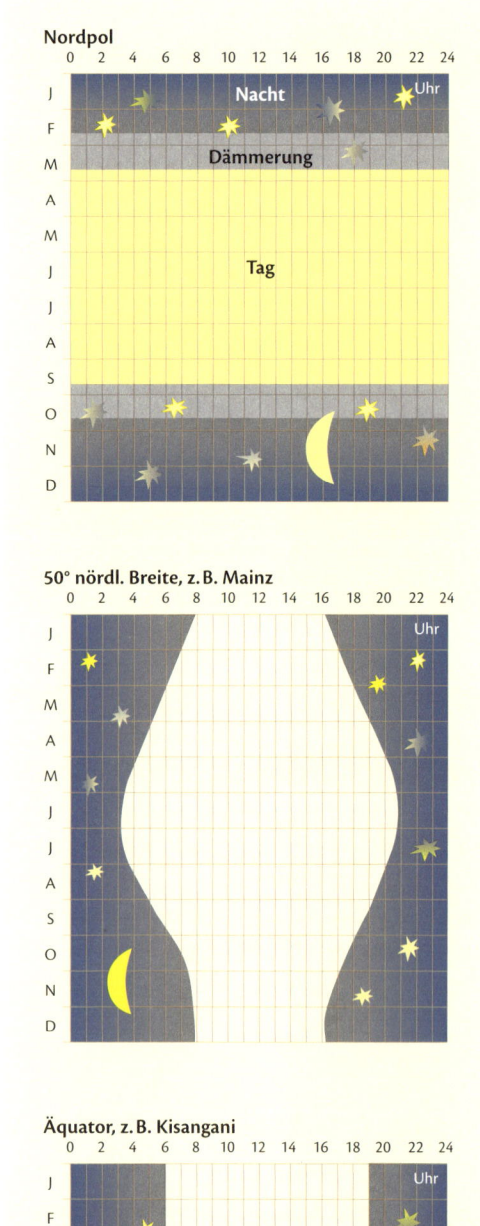

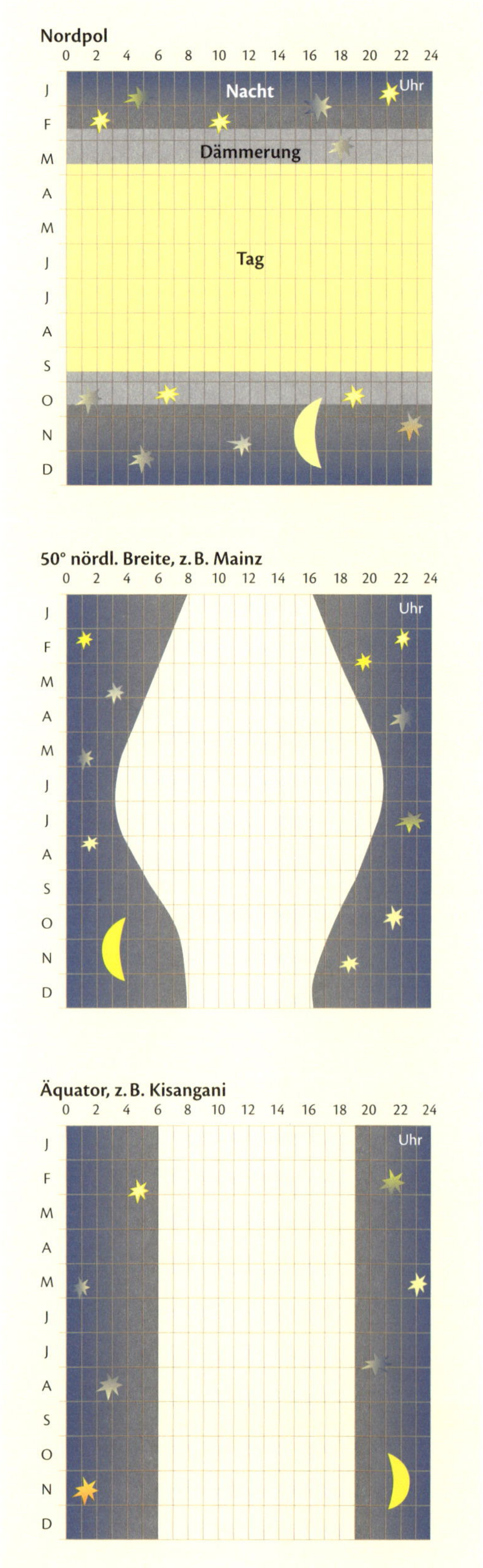

M 1 *Tageslängen im Verlauf eines Jahres in Abhängigkeit von der Lage*

### check-it
- Umlauf der Erde um die Sonne beschreiben
- Folgen der Schrägstellung der Erdachse kennen
- Zenitstand der Sonne und dessen Verlauf erläutern
- Entstehung der Jahreszeiten erklären
- Tageslängendiagramme auswerten

### Bewegung um die Sonne

Die Erde dreht sich nicht nur um ihre eigene Achse, sondern bewegt sich auch um die Sonne. Für einen Umlauf benötigt die Erde 365 Tage, 5 Stunden, 48 Minuten und 48 Sekunden. Da ein Jahr nur 365 Tage hat, haben wir alle vier Jahre mit dem 29. Februar einen „Schalttag". Auf der Umlaufbahn um die Sonne behält die Erdachse den Neigungswinkel und die Neigungsrichtung bei. Deshalb beleuchtet die Sonne während eines Jahres die Erde unterschiedlich. Wenn bei uns Sommer ist, dann ist die Nordhalbkugel der Sonne zugeneigt. In unserem Winter ist die Nordhalbkugel von der Sonne abgewandt.

### Der Zenitstand der Sonne

Nur in den Tropen, zwischen 23,5°, nördlicher und südlicher Breite, kann die Sonne im Verlauf eines Jahres senkrecht, das heißt im Zenit, stehen. Die Grenzen werden als nördlicher und südlicher **Wendekreis** bezeichnet.
Am 21. März und am 23. September fallen die Sonnenstrahlen senkrecht auf den Äquator. Die Schattengrenze verläuft über den Nord- und den Südpol. Tag und Nacht sind überall auf der Erde mit Ausnahme des Nord- und des Südpols gleich lang. Am 21. Juni fallen die Sonnenstrahlen senkrecht auf den nördlichen Wendekreis. Die Tage auf der Nordhalbkugel sind lang, die Nächte kurz. Im Nordpolargebiet geht die Sonne auch in der Nacht nicht unter. Es herrscht Polartag. Am 21. Dezember fallen die Sonnenstrahlen senkrecht auf den südlichen Wendekreis. Die Tage auf der Nordhalbkugel sind kurz, die Nächte lang. Im Nordpolargebiet geht die Sonne auch tagsüber nicht auf. Es herrscht Polarnacht.

M 2 *Kastanienbaum im Frühjahr, Sommer, Herbst und Winter*

ENTSTEHUNG VON KLIMA- UND VEGETATIONSZONEN ERLÄUTERN 15

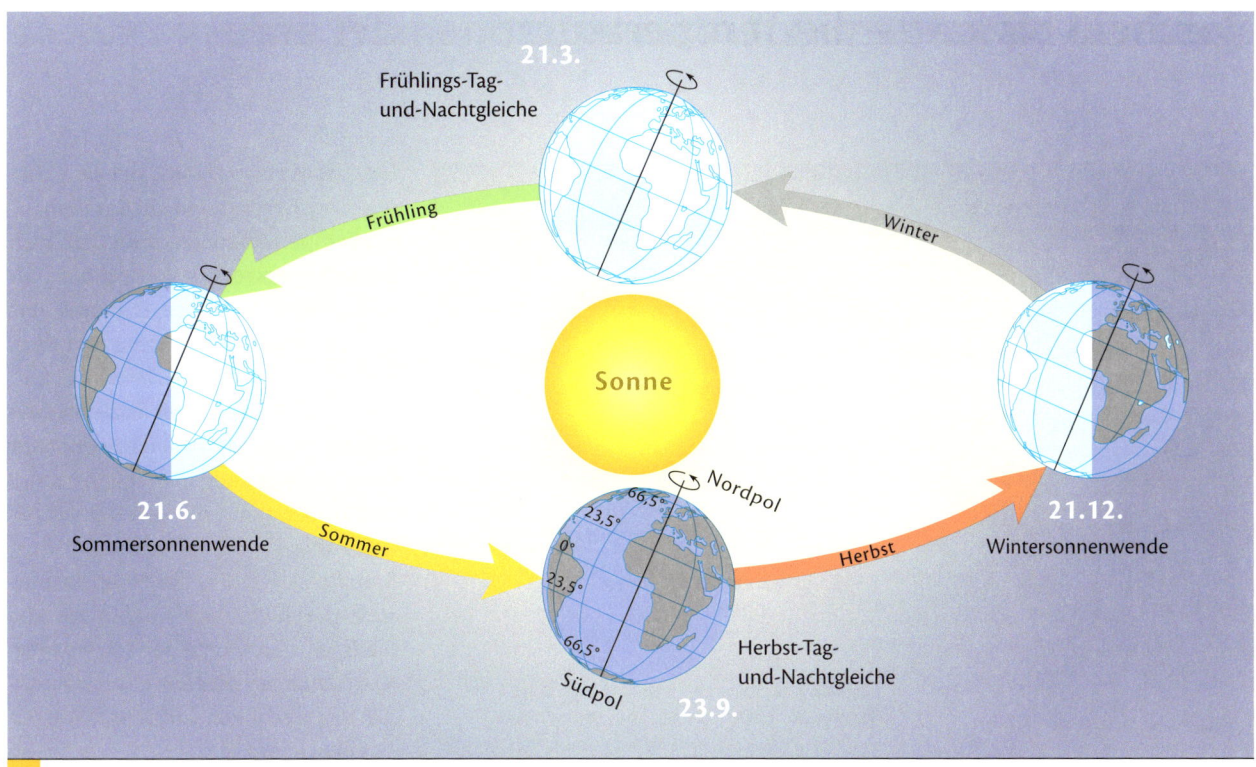

**M 3** Bewegung der Erde um die Sonne mit Jahreszeiten auf der Nordhalbkugel

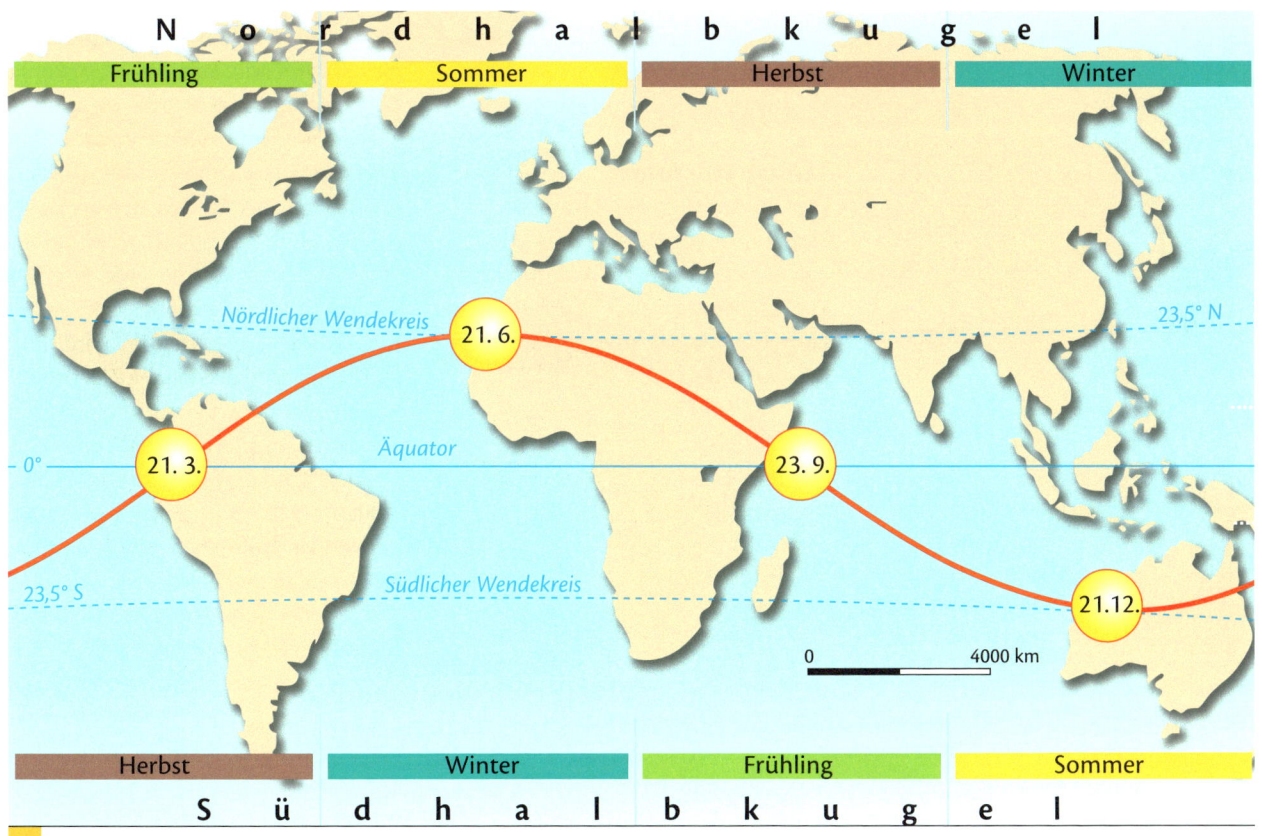

**M 4** Wanderung des Zenitstandes der Sonne

**1** Erkläre die Entstehung der Jahreszeiten auf der Nordhalbkugel (M 3, M 4).

**2** Erläutere, warum es in Deutschland vier Jahreszeiten gibt (M 2, M 3).

**3** Erläutere die Wanderung des Zenitstandes der Sonne (M 4).

**4** Vergleiche die Tageslängen in verschiedenen geographischen Breiten und erkläre die Unterschiede (M 1).

**5** Zeige mithilfe des Globus die Folgen, wenn die Erdachse senkrecht stehen würde.

WEBCODE: UE649365-015

# Von heiß bis kalt – die Temperaturzonen der Erde

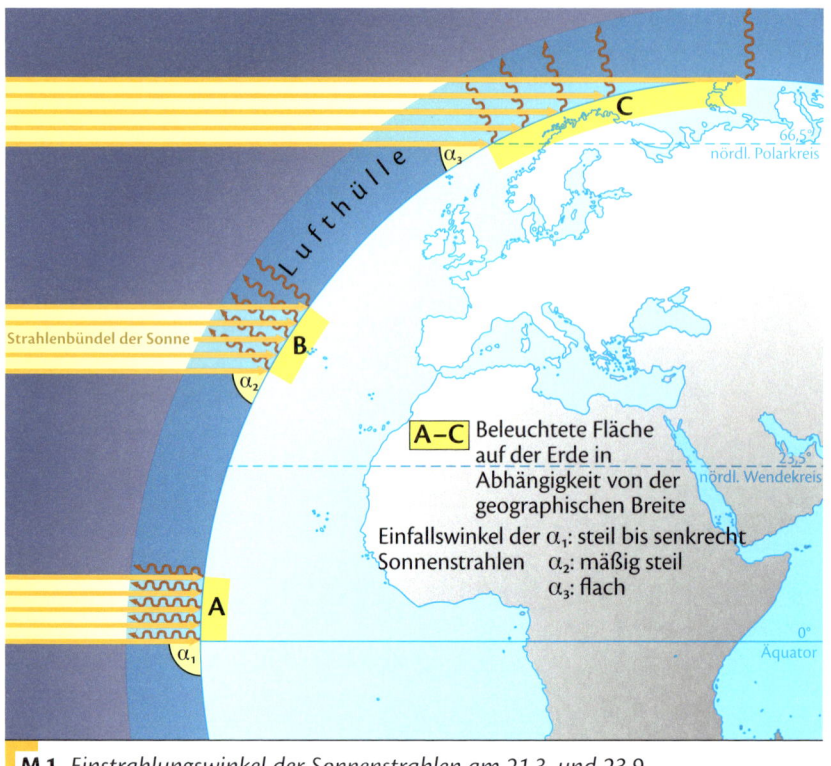

M 1 *Einstrahlungswinkel der Sonnenstrahlen am 21.3. und 23.9.*

**check-it**
- Temperaturzonen abgrenzen
- Temperaturzonen und ihre Merkmale beschreiben und vergleichen
- Ursachen der Entstehung von Temperaturzonen erläutern

### Temperaturzonen
Die Erwärmung der Erde durch die Sonne lässt parallele Streifen oder Zonen auf der Erdoberfläche entstehen – die Temperaturzonen. In diesen Zonen herrschen gleiche oder ähnliche Temperaturmerkmale.

Das hat Auswirkungen auf die Pflanzen- und Tierwelt und auf das Klima.
Die Temperaturzonen werden auch als **Beleuchtungszonen** bezeichnet. Sie umspannen die ganze Erdkugel. Ihre Grenzen sind die Polarkreise und Wendekreise.
Durch die Neigung der Erdachse verschieben sich die Beleuchtungszonen im Jahresverlauf und damit ändern sich die Temperaturen, die in den jeweiligen Gebieten gemessen werden.
Beeinflusst werden die Temperaturen auch durch die Lage und Höhe von Gebirgen, durch kalte und warme Meeresströmungen und die unterschiedliche Verteilung von Land- und Wassermassen auf der Erde.

### Die Kugelgestalt der Erde
Hätte die Erde die Gestalt einer Scheibe, so wäre es überall auf der Erde gleich warm oder kalt. An jedem Punkt der Erdoberfläche würde die gleiche Menge Sonnenlicht einstrahlen und in Wärmeenergie umgewandelt werden. Da die Erde aber die Gestalt einer Kugel hat, fallen die Sonnenstrahlen unterschiedlich steil auf die Erde ein. Der Winkel, in dem die Sonnenstrahlen auf die Erdoberfläche treffen, wird **Einstrahlungswinkel** genannt. Die Luft erwärmt sich dort am stärksten, wo die Sonnenstrahlen sehr steil oder gar senkrecht auf die Erde einstrahlen. Am Äquator gelangt dreimal mehr Sonnenenergie auf einen Quadratmeter Boden als an den Polen.
Die von der Sonne ausgehende Strahlungsmenge, die auf die Lufthülle der Erde – die **Atmosphäre** – trifft, ist nahezu konstant. Nur ein Viertel der Sonnenstrahlen trifft direkt auf den Erdboden. Die restlichen Strahlen werden von den Wolken und der Atmosphäre aufgenommen und zurückgeworfen.

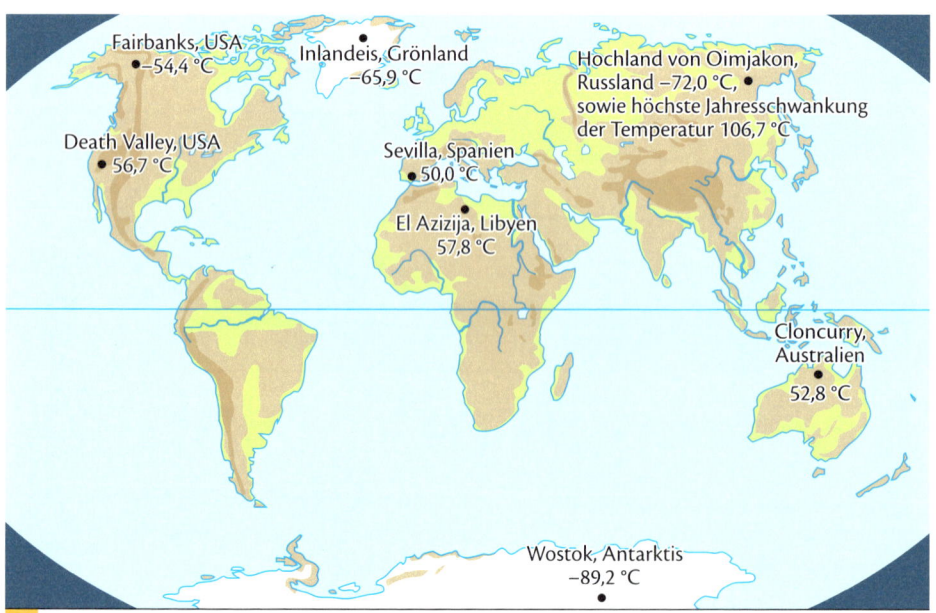

M 2 *Temperaturrekorde der Erde*

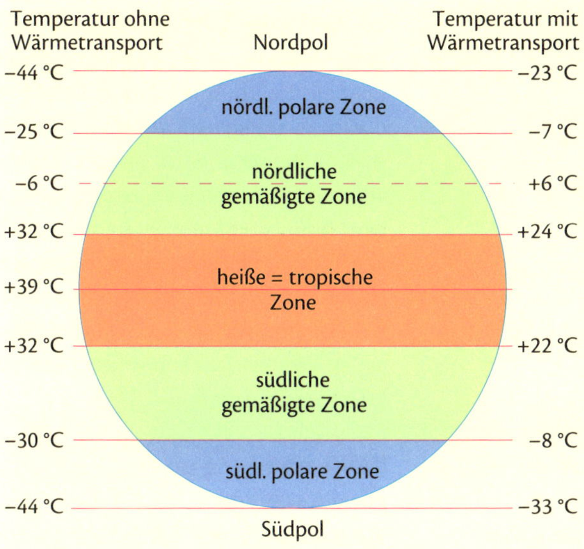

# ENTSTEHUNG VON KLIMA- UND VEGETATIONSZONEN ERLÄUTERN

| Temperaturzonen | Einfallswinkel der Sonnenstrahlen | Taglänge / mögliche Sonnenscheindauer | Jahresmittel der Temperatur |
|---|---|---|---|
| **nördl. polare Zone** — Temperatur ohne Wärmetransport: −44 °C / −25 °C; Temperatur mit Wärmetransport: −23 °C / −7 °C | flach | starker Wechsel (Polartag/Polarnacht) 0–24 h | niedrig |
| **nördliche gemäßigte Zone** — Temperatur ohne Wärmetransport: −6 °C / +32 °C; Temperatur mit Wärmetransport: +6 °C / +24 °C | mäßig steil | jahreszeitlicher Wechsel mäßig 2–22 h | gemäßigt |
| **heiße = tropische Zone** — Temperatur ohne Wärmetransport: +39 °C; Temperatur mit Wärmetransport: +22 °C | steil bis senkrecht | stets gleich lang 10–12 h | hoch |
| **südliche gemäßigte Zone** — Temperatur ohne Wärmetransport: +32 °C / −30 °C; Temperatur mit Wärmetransport: −8 °C | mäßig steil | jahreszeitlicher Wechsel mäßig 2–22 h | gemäßigt |
| **südl. polare Zone** — Temperatur ohne Wärmetransport: −44 °C; Temperatur mit Wärmetransport: −33 °C | flach | starker Wechsel (Polartag/Polarnacht) 0–24 h | niedrig |

**M 3** *Merkmale der Temperaturzonen der Erde*

1 Benenne die Grenzen der Temperaturzonen und jeweils zwei Staaten, die in den einzelnen Zonen liegen (M 3).
2 Beschreibe die Merkmale der Temperaturzonen. Benenne Veränderungen vom Äquator aus (M 3).
3 Drei gleich große Strahlenbündel (A, B, C) bescheinen auf der Erdoberfläche unterschiedliche Flächen. Miss den Einstrahlungswinkel und erläutere, wo die Erwärmung am stärksten ist (M 1).
4 Erläutere die Ursachen für die Entstehung der Temperaturzonen (M 1, M 3).
5 Erstelle eine Tabelle der Temperaturrekorde der Erde mit den dazu gehörenden Staaten und Kontinenten (M 2).

## Experiment: Einstrahlungswinkel der Sonne

**Versuchsaufbau:**
Lichtquelle in einem bestimmten Abstand zu einem schwarzen Karton, der in Position 1 senkrecht steht und in Position 2 schräg gestellt wird. Vergleiche den Lichtfleck bei Position 1 mit dem bei Position 2.

Was stellst du fest?

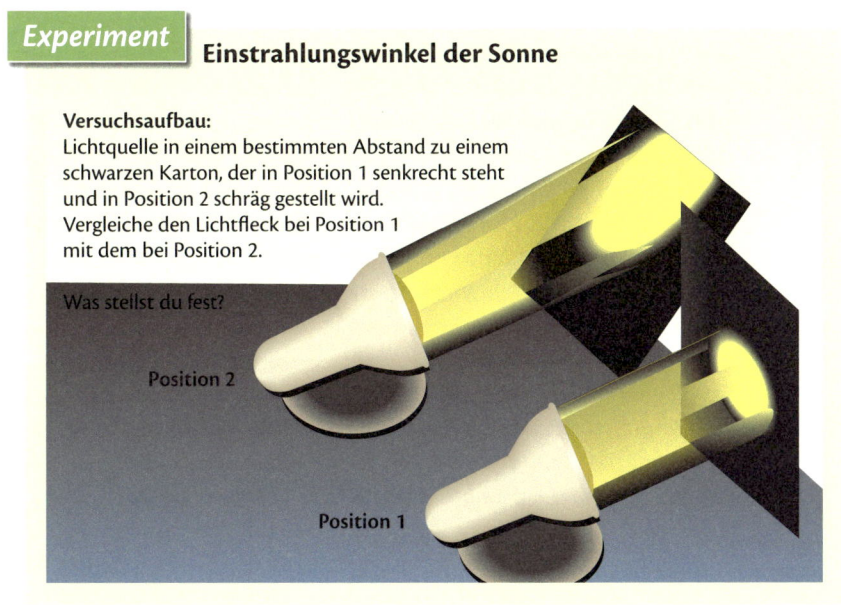

# Luftfeuchtigkeit und Niederschlag

M 1 *Regenwetter bei uns*

**check-it**
- Begriffe absolute und relative Luftfeuchtigkeit kennen
- Zusammenhang zwischen Temperatur und Luftfeuchtigkeit erläutern
- Entstehung von Niederschlägen erklären
- Funktionsweise eines Hygrometers beschreiben

## Luftfeuchtigkeit – Wasserdampf in der Atmosphäre

Bei der Erwärmung feuchter Oberflächen verdunstet Wasser zu unsichtbarem Wasserdampf. Dieser Vorgang spielt sich auch ab, wenn Wasser gekocht wird. Umgekehrt kondensiert Wasserdampf bei Abkühlung zu Wasser. Die dabei gebildeten Wassertröpfchen können so klein sein, dass sie in der Luft schweben. Im Alltag kann man diesen Vorgang beobachten, wenn am kalten Fenster aus Wasserdampf in der Luft Wassertröpfchen entstehen.

Das Wasser in der Atmosphäre ist für das Klima und das Wetter von großer Bedeutung. Wer in der Nähe des Äquators aus dem Flugzeug steigt, den empfängt sehr schwüle, feuchtwarme Luft. Wie kommt es dazu, dass es in sehr warmen Gebieten oftmals feuchter ist als in unseren Breiten?

Die Aufnahmefähigkeit der Luft hängt von deren Temperatur ab. Je wärmer die Luft ist, desto mehr Wasserdampf kann sie aufnehmen. Wenn sich die Luft abkühlt, verringert sich ihre Aufnahmefähigkeit für Wasserdampf.

## Absolute und relative Luftfeuchtigkeit

Den in der Luft tatsächlich vorhandenen Wasserdampf bezeichnet man als absolute Luftfeuchtigkeit. Diese wird in Gramm je Kubikmeter ($g/m^3$) angegeben. Das Verhältnis der in der Luft vorhandenen Wasserdampfmenge zu der Wassermenge, die die Luft maximal aufnehmen könnte, heißt relative Luftfeuchtigkeit. Diese wird mit dem Hygrometer gemessen. Ein Beispiel: Ein Kubikmeter Luft enthält bei 20 °C 13,84 g Wasserdampf. Die relative Luftfeuchtigkeit beträgt 80 Prozent.

## Wusstest du schon, dass

- etwa 15 Billionen Tonnen Wasser in der Atmosphäre zirkulieren?
- das Wasser in der Atmosphäre nur 0,001 % des gesamten Wassers der Erde entspricht?
- auf dem atlantischen und pazifischen Ozean je Quadratmeter jährlich 1200 bis 1300 Liter Wasser verdunsten?

## Das Hygrometer

Gebräuchliche Hygrometer enthalten ein Wasser anziehendes Material, dessen Eigenschaften sich durch die Feuchtigkeit ändern. Am bekanntesten ist das Haarhygrometer. Seine Funktionsweise beruht darauf, dass sich Haare bei höherer Luftfeuchte ausdehnen und bei niedrigerer Luftfeuchte wieder zusammenziehen. Die Messung erfolgt über ein Haarbündel, dessen Dehnung durch ein Hebelwerk auf eine Anzeigeskala umgesetzt wird. Früher kamen aufgrund ihrer dünnen Struktur vor allem blonde Frauenhaare, aber auch Schaf- und Pferdehaare zum Einsatz. Heutzutage werden hingegen vor allem Kunstfasern verwendet. Die traditionellen Wetterhäuschen sind im Prinzip Haarhygrometer.

## Wolkenbildung und Niederschläge

Wenn Luft aufsteigt, bleibt zwar die absolute Luftfeuchtigkeit gleich, die relative Luftfeuchtigkeit nimmt jedoch wegen der Abkühlung zu. Wenn die Luft mit Wasserdampf gesättigt ist, wird der Taupunkt erreicht. Es kommt zur **Kondensation** und Wolkenbildung. Wolken bestehen aus Wasser-

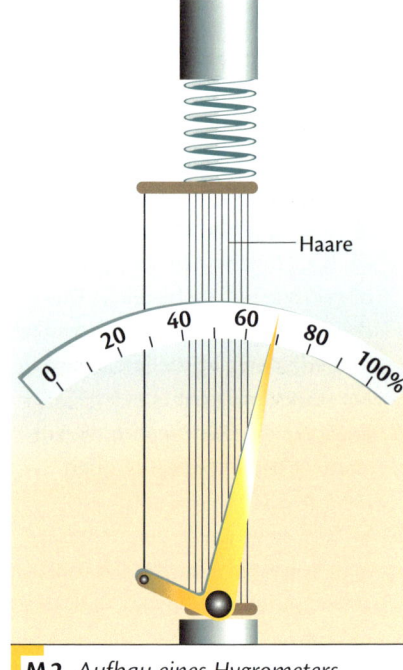

M 2 *Aufbau eines Hygrometers*

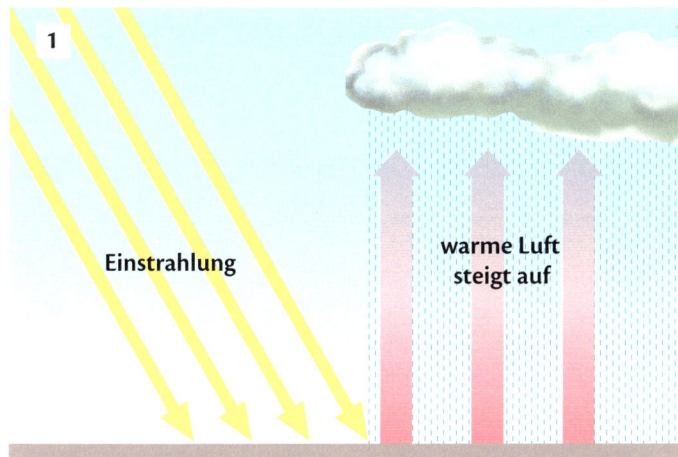
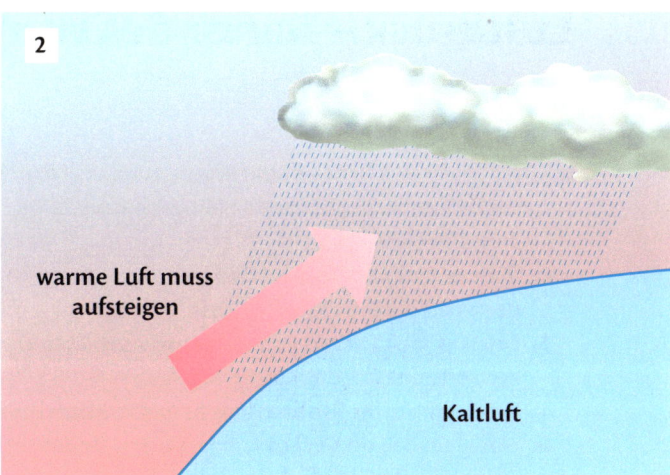

Einstrahlung erwärmt die Bodenoberfläche, diese erwärmt die Luft, → erwärmte Luft steigt auf, → aufsteigende Luft kühlt ab, es kommt zur → Kondensation, zur → Wolkenbildung und zu → Niederschlägen.

Einströmende warme Luft wird durch eine kalte Luftmasse zum Aufgleiten gezwungen, es kommt zur → Abkühlung und → Kondensation, → Wolken bilden sich, → Niederschläge fallen in der Regel als Nieselregen.

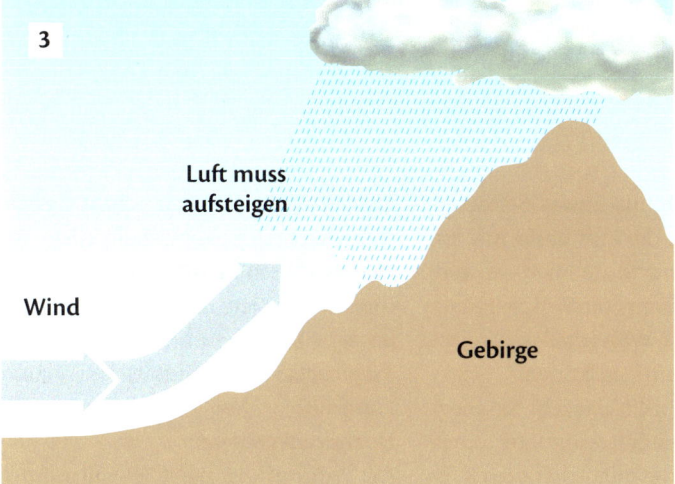
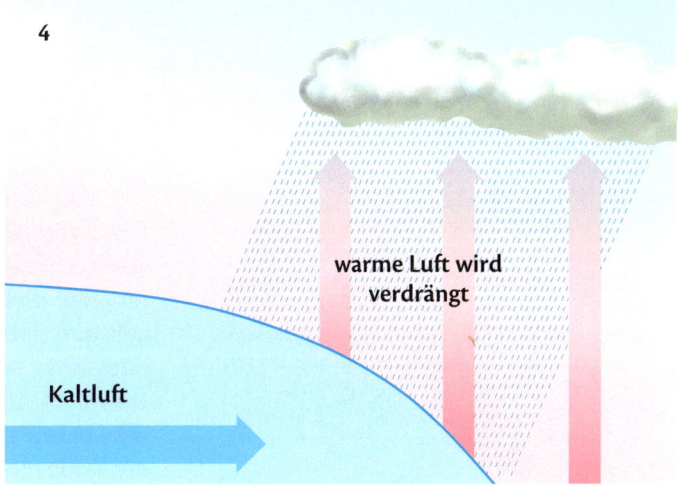

Luftmassen müssen am Gebirge aufsteigen. Es kommt zur → Abkühlung, zur → Kondensation, zur → Wolkenbildung und zu → Niederschlägen.

Einströmende kalte Luft verdrängt warme Luft nach oben, es kommt zur → Abkühlung und → Kondensation und in der Regel zu → starken Niederschlägen.

**M 3** Entstehung von Niederschlägen

| Temperatur der Luft in °C | −20 | −10 | 0 | 10 | 15 | 20 | 25 | 30 |
|---|---|---|---|---|---|---|---|---|
| Maximale Wasserdampfmenge in g/m³ (Sättigungswert) | 0,89 | 2,16 | 4,85 | 9,40 | 12,83 | 17,30 | 23,05 | 30,37 |

**M 4** Zusammenhänge zwischen Lufttemperatur und maximaler Wasserdampfmenge in der Luft

tröpfchen oder Eiskristallen. Nicht aus jeder Wolke fallen Niederschläge. Kleinste Wassertröpfchen, die sich an winzigen Kondensationskeimen wie Ruß- und Eisteilchen anlagern, sind leicht und schweben. Erst wenn die Tröpfchen bzw. Eiskristalle zusammenwachsen, entstehen schwere Tropfen, die als Niederschlag fallen.

1 Erkläre, weshalb die Brille beschlägt, wenn man aus der Kälte kommt und ein Haus betritt.
2 Erläutere, wodurch sich absolute und relative Luftfeuchtigkeit unterscheiden.
3 Erläutere den Zusammenhang zwischen der Temperatur und dem in der Luft enthaltenen Wasserdampf und Niederschlag (**M 4**).
4 Beschreibe die Funktionsweise eines Hygrometers (**M 2**).
5 Erkläre die vier unterschiedlichen Weisen, wie Niederschläge entstehen können (**M 3**).
6 Begründe, weshalb es auf der Westseite des Harzes häufiger und ergiebiger regnet als auf der Ostseite (**M 3**).

## Luftdruck – Motor des Windes

### Experiment – Kleines Experiment zum Luftdruck

Du benötigst: 3 Luftballons, Bindfaden oder Zwirn, einen Kleiderbügel
1. Blase einen Luftballon auf und befestigen diesen an der einen Seite des Kleiderbügels.
2. Befestige den zweiten Luftballon unaufgeblasen an der anderen Seite des Kleiderbügels.
3. Beschreibe deine Beobachtungen und er kläre diese.
4. Blase nun den dritten Luftballon auf. Erkläre, warum es immer schwerer wird, den Ballon aufzublasen, je mehr Luft im Luftballon ist. Erläutere, warum die Luft wieder entweicht, wenn du den Luftballon nicht richtig zuhältst oder zubindest.

**M 1** *Kleine Experimente zum Luftdruck*

---

**check-it**
- Begriffe Luftdruck, Hochdruck- und Tiefdruckgebiete kennen
- Entstehung von Hoch- und Tiefdruckgebieten erläutern
- Wind als Ausgleichsströmung zwischen Hochdruckgebieten und Tiefdruckgebieten beschreiben und erklären
- Experimente durchführen und auswerten

### Luft hat ein Gewicht

Unsere Erde ist von der Atmosphäre umgeben – dadurch wird Leben auf unserem Planeten überhaupt erst möglich. Luft ist für uns etwas Selbstverständliches. Da die Luft gasförmig ist, sehen wir sie nicht, nehmen sie aber wahr. Das geschieht zum Beispiel, wenn Luft aus einem Wasserball entweicht oder wir im Winter ausatmen.

Die Luft hat auch ein Gewicht. Sie wiegt über einem Quadratzentimeter (cm²) der Erdoberfläche mindestens ein Kilogramm. Dieses Gewicht übt einen Druck aus, der mithilfe eines **Barometers** gemessen werden kann. Die Einheit des Luftdruckes lautet **Hektopascal** (hPa).

### Luftdruck mal hoch – mal tief

Der durchschnittliche Luftdruck auf Meeresspiegelniveau beträgt 1013 Hektopascal. Gebiete mit einem Luftdruck unter 1013 Hektopascal nennt man **Tiefdruckgebiete**, Gebiete mit einem Luftdruck über 1013 Hektopascal **Hochdruckgebiete**.

Der Luftdruck ist nicht überall auf der Erde gleichmäßig verteilt und verändert sich ständig. Die Ursachen dafür liegen in der unterschiedlichen Erwärmung der Erde durch die Sonneneinstrahlung sowie im Wechsel zwischen Tag und Nacht. Wird Luft erwärmt, so dehnt sie sich aus und steigt auf.

Am Boden bildet sich tiefer Luftdruck, da die Anzahl der Luftteilchen abnimmt. Kalte Luft hingegen ist schwerer als warme Luft und sinkt nach unten. Dadurch nimmt die Anzahl der Luftteilchen am Boden zu und der Luftdruck steigt. Die Luft ist bestrebt, die so entstandenen Luftdruckunterschiede auszugleichen. Deshalb strömt sie aus den Gebieten mit hohem Luftdruck in Gebiete mit tiefem Luftdruck. Tiefdruckgebiete ziehen also Luft aus den Hochdruckgebieten an.

### Druckausgleich durch Wind

Den Luftausgleich zwischen Hoch- und Tiefdruckgebieten nehmen wir als Wind wahr. Wind weht also immer

**M 2** *Luftströmung zwischen kaltem und warmem Raum*

# ENTSTEHUNG VON KLIMA- UND VEGETATIONSZONEN ERLÄUTERN

| Wind-stärke | Wirkung |
|---|---|
| 0 | Windstille |
| 1 | am Rauch erkennbar |
| 2 | Blätter bewegen sich |
| 3 | dünne Zweige bewegen sich |
| 4 | dünne Äste bewegen sich |
| 5 | kleine Laubbäume schwanken |
| 6 | starke Äste bewegen sich |
| 7 | große Bäume bewegen sich |
| 8 | stürmischer Wind |
| 9 | Sturm mit Schäden an Häusern |
| 10 | Bäume werden entwurzelt |
| 11 | orkanartiger Sturm |
| 12 | Orkan mit sehr starken Zerstörungen |

**M 3** *Windstärken*

**M 4** *Windflüchter an der Ostseeküste*

vom Hochdruck- zum Tiefdruckgebiet. Durch die **Rotation der Erde** um ihre Achse wird der Wind abgelenkt. Auf der Nordhalbkugel erfolgt diese nach rechts, auf der Südhalbkugel nach links. Aus dem Hoch strömt die Luft auf der Nordhalbkugel im Uhrzeigersinn heraus und gegen den Uhrzeigersinn in das Tief hinein. Auf der Südhalbkugel passiert dies genau andersherum. Deutschland und Westeuropa liegen im Einflussbereich der Westwindzone.

1. Erläutere die Entstehung von Hoch- und Tiefdruckgebieten (**M 1**, **M 4**).
2. Beweise durch kleine Experimente folgende Aussagen: Luft hat ein Gewicht. Es gibt einen Druckausgleich zwischen hohem und tiefem Luftdruck (**M 1**).
3. Miss mit einem Barometer den Luftdruck im Raum und außerhalb der Schule. Erkläre die gemessenen Werte.
4. Erkläre, wie Wind entsteht (**M 2**, **M 6**).
5. Halte vorsichtig eine brennende Kerze oben und unten in die geöffnete Tür des Klassenzimmers. Erkläre die Richtung der Flamme mithilfe von **M 2**.
6. Erläutere, warum die Windflüchter sich in Deutschland nach Südosten neigen (**M 3**, **M 4**)

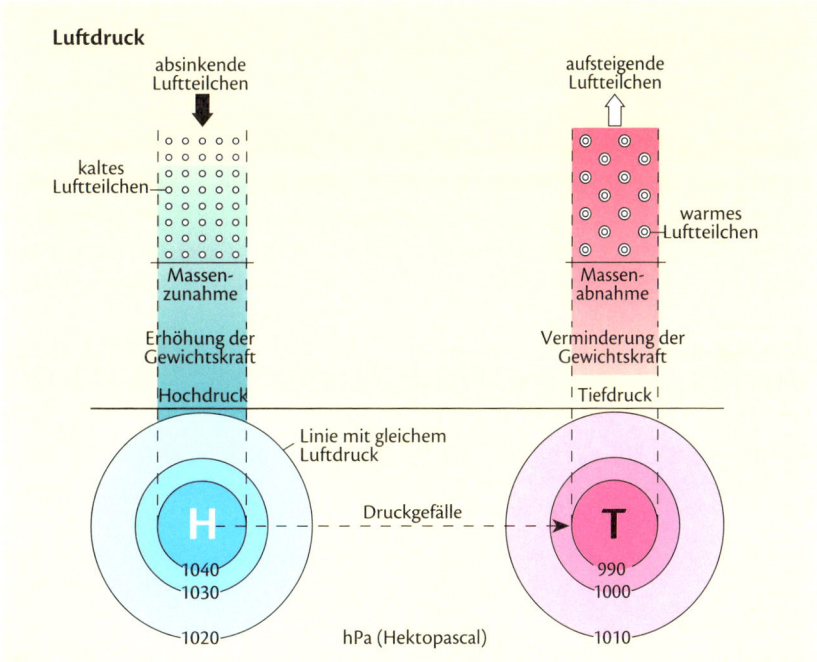

**M 5** *Entstehung von Hoch- und Tiefdruckgebieten*

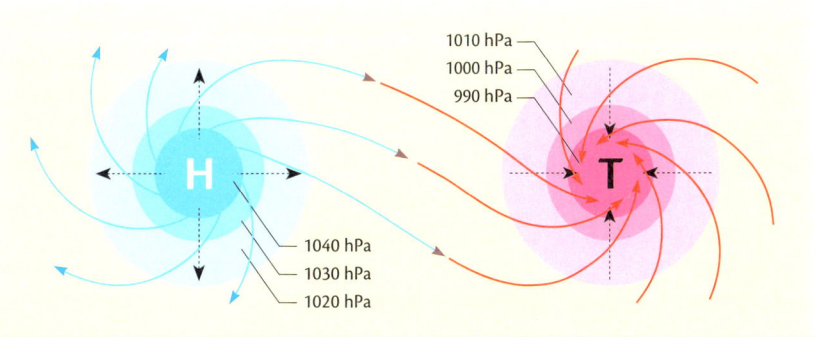

**M 6** *Ausgleichsströmungen zwischen Hoch- und Tiefdruckgebieten auf der Nordhalbkugel*

## GEO-METHODE

# Wir lesen Klimadiagramme

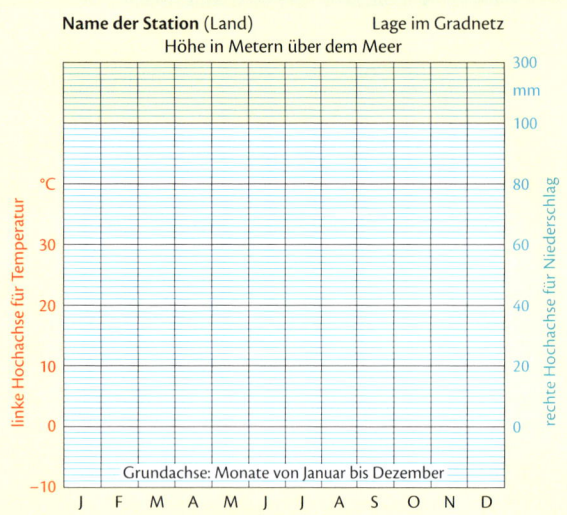

Die Daten aus einer Klimatabelle werden zeichnerisch dargestellt. Dazu benötigt man ein Rechteckgitter. In der Kopfleiste stehen der Name der Messstation und die geographische Lage. Darunter sind links die durchschnittliche Jahrestemperatur, in der Mitte die Höhe der Station in Metern über dem Meeresspiegel und rechts die Jahressumme der Niederschläge angegeben. Unten auf der Grundlinie stehen im gleichen Abstand die Abkürzungen für die 12 Monate. Auf der linken Hochachse befinden sich die Temperaturwerte, auf der rechten die Niederschlagswerte. Die Zahlen sind immer doppelt so hoch wie bei der Temperaturleiste. 20 Millimeter Niederschlag entsprechen also 10 °C.

**M 1**  *Der Aufbau eines Klimadiagramms*

**check-it**
- Bestandteile eines Klimadiagramms erläutern
- Jahresgang der Temperatur beschreiben
- Jahresgang der Niederschläge beschreiben

## Wetter und Klima

Vom Wetter reden alle. Mal ist es zu kalt, mal zu warm, dem einen ist es zu trocken und dem anderen zu nass. Unter „Wetter" verstehen wir das Zusammenwirken von Temperatur, Niederschlägen, Bewölkung und Wind zu einem bestimmten Zeitpunkt an einem bestimmten Ort. Die Wetterwerte erhält man durch Beobachten und Messen. Das Wetter kann täglich wechseln.
Das Klima eines Raumes wird dagegen anders bestimmt. Dazu werden Wetterbeobachtungen und -messungen über einen langen Zeitraum gesammelt. Auf der ganzen Welt gibt es Klimastationen. Hier werden jede Stunde die Temperatur und einmal pro Tag die Niederschlagsmengen gemessen. Wenn man diese Daten über mindestens 30 Jahre sammelt und daraus die Durchschnittswerte berechnet, kann eine Klimatabelle angelegt werden.

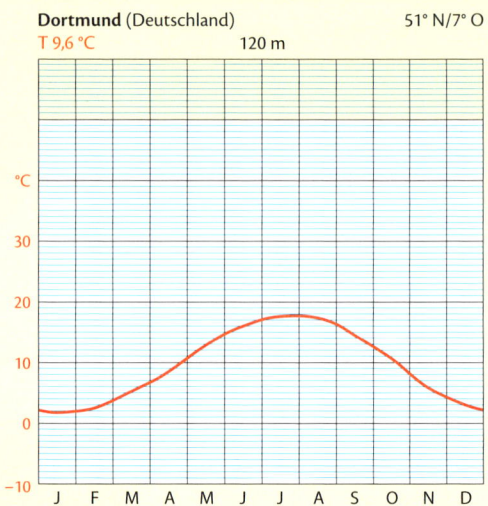

Die Temperatur wird in Grad Celsius (°C) angegeben. Die Temperaturwerte werden stündlich gemessen. Die an einem Tag gewonnenen Werte werden zusammengezählt und die Summe durch 24 geteilt. So erhält man die **Tagesmitteltemperatur**. Alle Tagesmitteltemperaturen eines Monats werden addiert und die Summe durch die Anzahl der Tage des Monats geteilt. So gewinnt man die **Monatsmitteltemperatur.**
Die Mittelwerte der Monate sind als Punkte eingetragen und durch eine rote Linie verbunden. Zehn Millimeter entsprechen zehn Grad Celsius. Die durchschnittliche **Jahresmitteltemperatur** (T °C) steht in dem Diagramm links oben. Sie ergibt sich aus den Monatsmittelwerten.

**M 2**  *Das Temperaturdiagramm*

Mit den Daten einer solchen Tabelle lassen sich Aussagen über das Klima an einem Ort machen. Oft ist eine Tabelle nicht anschaulich genug und mehrere Klimastationen sind nur schwer zu vergleichen. Deshalb werden die Daten der Tabelle grafisch in einem Klimadiagramm dargestellt.

### Checkliste zum Lesen eines Klimadiagramms
**1. Schritt: Einordnen der Klimastation**
Nenne den Namen der Station und das Land, in dem sie liegt. Gib die Höhenlage und die Lage im Gradnetz an.
**2. Schritt: Beschreiben der Aussagen zur Temperatur**
Lies die Jahresmitteltemperatur ab. Ermittle den wärmsten Monat des Jahres (Monat, T in °C). Ermittle den kältesten Monat des Jahres (Monat, T in °C). Beschreibe den Verlauf der Temperaturkurve. Benenne die Monate, in denen Frost herrscht.
**3. Schritt: Beschreiben der Aussagen zum Niederschlag**
Lies die Jahresniederschlagssumme ab. Ermittle den niederschlagsreichsten Monat (Monat, N in mm). Ermittle den niederschlagsärmsten Monat (Monat, N in mm). Beschreibe die Verteilung der Niederschläge über das Jahr.

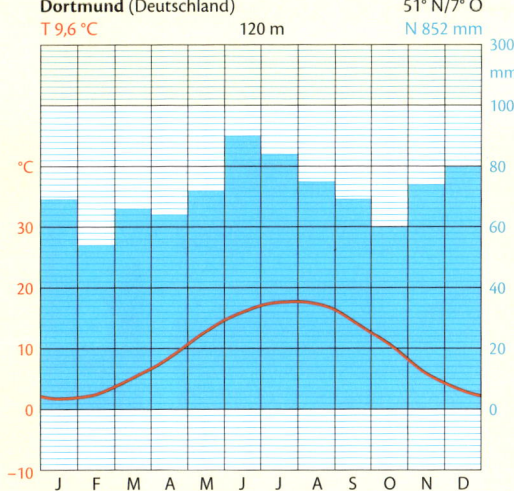

Die Niederschläge werden in Millimetern (mm) angegeben. Ein Millimeter Niederschlag bedeutet, dass auf einen Quadratmeter ein Liter Niederschlag gefallen ist. Werden die Niederschlagsmengen aller Tage eines Monats zusammengezählt, erhält man die Summe der Niederschläge eines Monats. Die Monatssummen sind als blaue Säulen eingezeichnet. Zehn Millimeter entsprechen zwanzig Millimetern Niederschlag. Ab 100 mm Niederschlag im Monat verkürzt sich die Skala der Niederschlagswerte auf der rechten Seite. Dann entsprechen zehn Millimeter auf der Skala 200 Millimeter Niederschlag. Addiert man die Monatssummen, ergibt sich der **Jahresniederschlag** (N). Er steht im Diagramm rechts oben.

**M 3** *Die Niederschlagssäulen*

Im fertigen Klimadiagramm sind alle Daten und Angaben zusammengestellt.
Die Niederschlagssäulen übersteigen die Temperaturkurve. Es fällt mehr Niederschlag als verdunstet.
Die Monate sind feucht, **humid.**
Anmerkung: Verlaufen die Niederschlagswerte unter der Temperaturkurve, wird der Abstand zur Temperaturkurve in Gelb dargestellt. Die Monate sind trocken, **arid,** weil die Verdunstungsmenge größer ist als die Niederschlagsmenge.

**M 4** *Das Klimadiagramm*

### Beispiel für das Lesen eines Klimadiagramms

**1. Schritt:** Die Klimastation Dortmund liegt auf einer Höhe von 120 Metern über dem Meeresspiegel. Dortmund befindet sich auf 51 Grad nördlicher Breite sowie 7 Grad östlicher Länge.
**2. Schritt:** Die jährliche Durchschnittstemperatur beträgt 9,6 °C. Die drei wärmsten Monate sind Juni, Juli und August, die drei kältesten Dezember, Januar und Februar. Es gibt keine Frosttage. Der wärmste Monat ist der Juli mit einer Durchschnittstemperatur von 17,6 °C, der kälteste Monat ist der Januar mit einer Durchschnittstemperatur von 1,9 °C.
**3. Schritt:** Die Summe der Jahresniederschläge beträgt 852 Millimeter. Die drei niederschlagsreichsten Monate sind der Juni, der Juli und der Dezember. Am wenigsten Niederschlag fällt im Februar, April und Oktober. Der niederschlagsreichste Monat ist der Juni mit 90 Millimetern Niederschlag. Der niederschlagsärmste Monat ist der Februar mit 54 Millimetern Niederschlag.

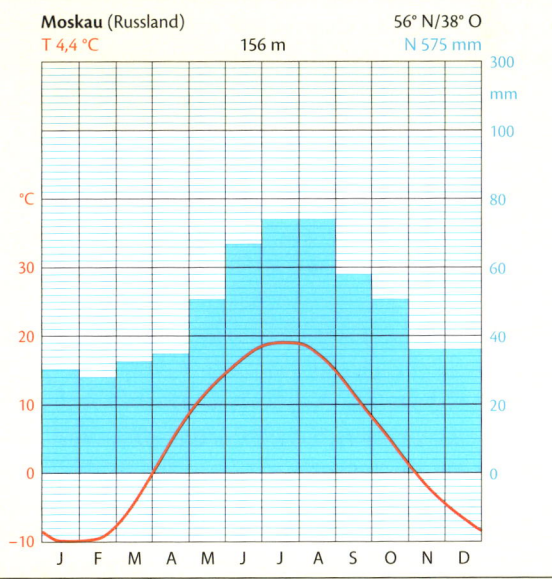

**M 5** *Klimadiagramm von Moskau*

1 Erkläre den Unterschied zwischen den Begriffen „Wetter" und „Klima".
2 Lies das Klimadiagramm von Moskau mithilfe der Checkliste und des Beispiels aus (**M 4**, **M 5**).

# Klima- und Vegetationszonen der Erde

| Polare Klimazone | Gemäßigte Klimazone | | Subtropische Klimazone |
|---|---|---|---|
| Gräser, Moose, Zwergsträucher | Lärchen, Fichten, Moore | Buchen, Eichen, Ahorn | Mittelmeervegetation, z. B. Steineichen |
| Tundra | Nördlicher (borealer) Nadelwald | Laub-/Mischwald | Hartlaubgehölze |

**Spitzbergen** (Norwegen) 78° N/14° O
T −4,4 °C   9 m   N 378 mm

**Hannover** (Deutschland) 52° N/10° O
T 8,7 °C   53 m   N 661 mm

**Neapel** (Italien) 41° N/14° O
T 16,8 °C   25 m   N 895 mm

**M 1** *Klima und Vegetation*

---

**check-it**
- Verteilung der Klimazonen und Vegetationszonen erläutern
- Unterscheidungsmerkmale der Klimazonen und Vegetationszonen benennen
- Zusammenhänge zwischen Klima und Vegetation erläutern
- Lesen von Klimadiagrammen und auswerten von Bildern

## Klimazonen

Wie bei den Temperaturzonen gibt es auch bei den Klimazonen eine Abfolge von warm nach kalt zwischen dem Äquator und den Polen. Für die Ausprägung der Klimazonen sind neben der Sonneneinstrahlung auch folgende Faktoren ausschlaggebend:

- Meeresströmungen und Winde transportieren Wärme.
- Verteilung von Land und Meer.
- Höhenlage.
- Menge und jahreszeitliche Verteilung der Niederschläge.

ENTSTEHUNG VON KLIMA- UND VEGETATIONSZONEN ERLÄUTERN    25

## Tropische Klimazone

 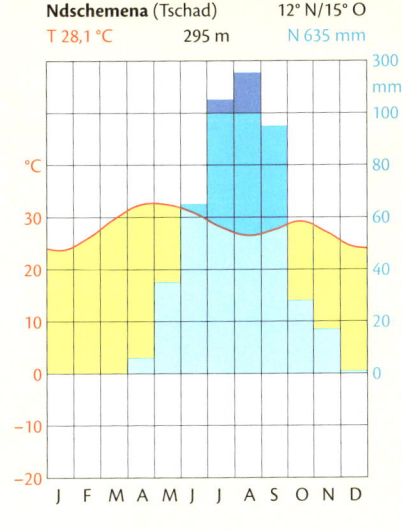 

Vegetationslos oder vereinzelt Zwergsträucher, Gräser | Übermannshohes Gras, Baumgruppen, Wälder | Immergrüner tropischer Regenwald

**Wüsten und Halbwüsten** | **Savannen** | **Tropischer Regenwald**

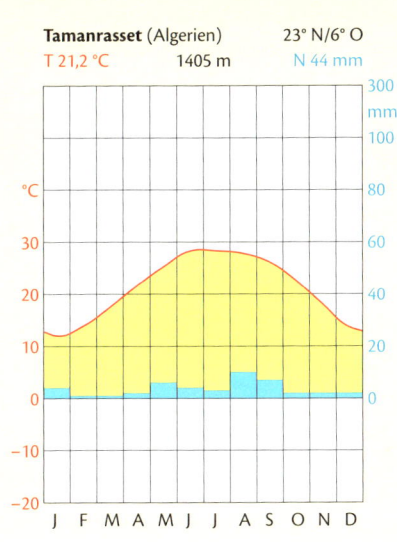 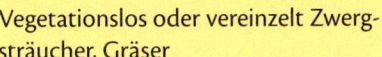 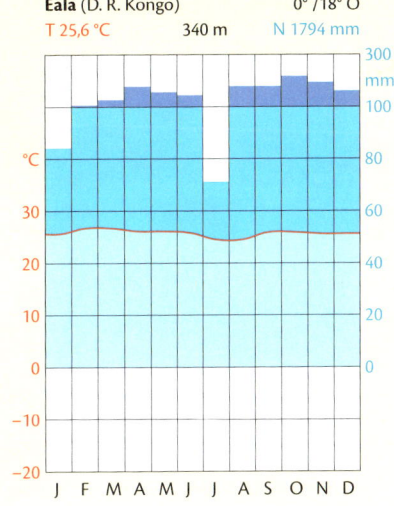

Tamanrasset (Algerien)  23° N/6° O
T 21,2 °C   1405 m   N 44 mm

Ndschemena (Tschad)   12° N/15° O
T 28,1 °C   295 m   N 635 mm

Eala (D. R. Kongo)   0°/18° O
T 25,6 °C   340 m   N 1794 mm

### Vegetationszonen

Tageslänge, Temperatur, Bodenbeschaffenheit und Niederschläge an einem Ort bewirken, dass sich typische Pflanzengesellschaften entwickeln. In Abhängigkeit vom Klima findet man für jede Klimazone „typische" Pflanzengesellschaften. Sie stellen die Vegetationszone dar.

1 Grenze die großen Klimazonen räumlich voneinander ab. Verwende dazu die Breitenkreise (Karte S. 11 oben).
2 Erläutere, wie sich das Klima vom Äquator zum Pol verändert (M 1).

3 Erläutere den Zusammenhang zwischen Klima und Vegetation. Beachte dabei Temperatur, Niederschlag und Pflanzenwuchs (M 1).
4 Zeichne eine Tabelle und ordne den Klimazonen die Vegetationszone zu (M 1)

WEBCODE: UE649365-025

# Altitudinal belts of Mount Kilimanjaro

M 1  *Climbing Mount Kilimanjaro*

## Snow in Africa

The climate and vegetation of a region are influenced not only by its latitude[1] but also by its altitude[2]. This means that there is snow on the equator and it is possible to go skiing in the Alps in summer. In all of the climate and vegetation zones of the Earth, **altitudinal belts**[3] of climate and vegetation can be recognized.

## High-mountain climate

The climate on high mountains has lower temperatures and generally higher rainfall than neighbouring areas. The temperature decreases on average by 0.6 degrees Celsius every 100 metres. In this way, altitudinal belts for climate and vegetation are formed.

'The stage begins shortly after midnight at −8 degrees Celsius. Our guide lights the way for us with a petroleum lamp. We are now at the glacier[4] and the climb is getting harder and harder. Because it is snowing lightly, we can only make slow progress.'

'We get up really early in order to avoid the heat of the day. The thermometer is already showing 20 degrees Celsius. Our trek takes us through a shady[5] rainforest with mosses[6], metre-high ferns[7], long strands of hanging beard lichen[8] and mist. At the end of our stage, the thermometer is showing 11 degrees Celsius.'

'The next stage takes us through high grasses and heather[9] with metre-high erica shrubs[10]. Then the plant cover becomes gradually thinner and the sun can raise the temperature to 18 degrees Celsius. In the night, minus temperatures are recorded.'

'We're off for the next stage which will take us over rocks and scree[11], scattered clumps of grass and moss. The thermometer shows 5 degrees Celsius.'

M 2  *Excerpts from a report of a mountain trek to Kibo Peak*

1 **latitude** *Breitenlage*
2 **altitude** *Höhenlage*
3 **altitudinal belt** *Höhenstufe*
4 **glacier** *Gletscher*
5 **shady** *schattig*
6 **moss** *Moos*
7 **fern** *Farn*
8 **beard lichen** *Bartflechten*
9 **heather** *Heide*
10 **erica shrub** *Erika-Strauch*
11 **scree** *Geröll*

# GEO-BILINGUAL 27

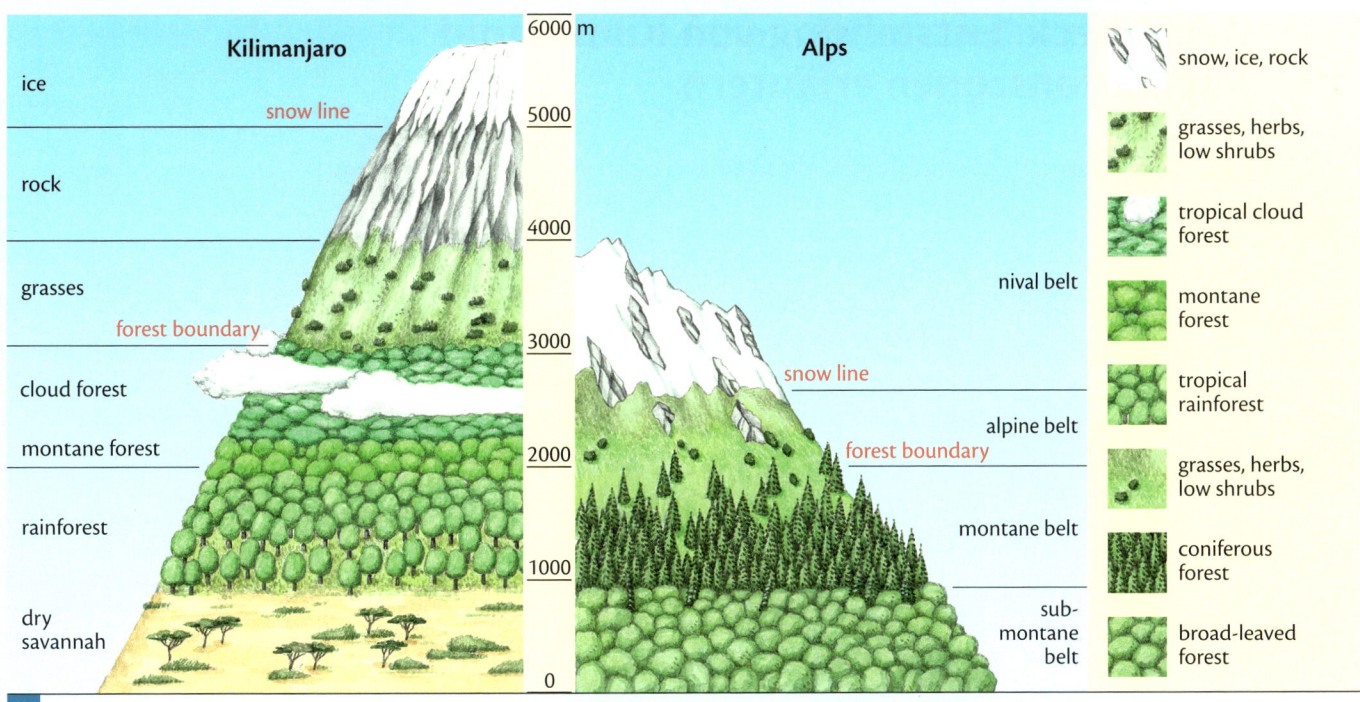

**M 3** Altitudinal belts on Kilimanjaro and the Alps in comparison

### Phrases
**task 2 and 3**

In the lower/upper altitudinal belts …
At a height of about 1,500 meters up to …
… it is hot/hot and humid/cold/frosty
… it is colder/warmer than …
… the plant cover is low/high, light/thick, sparse/dense
… large leaves/small leaves
… higher/lower

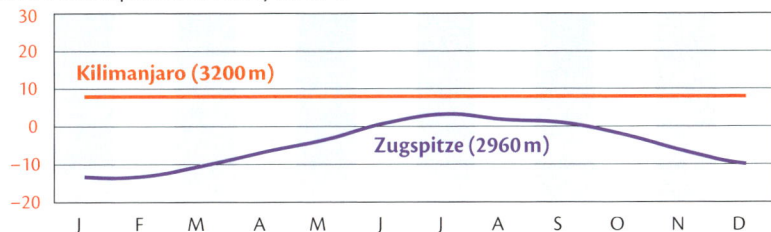
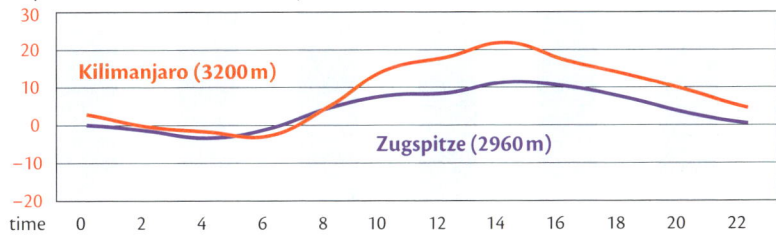

1. With the help of **M 1** and **M 3**, match the excerpts from the tour report with the various stages of the mountain trek (**M 2**, **M 5**). Then make a presentation of the complete report.
2. Characterize the changes in the temperatures and vegetation on Kilimanjaro (**M 1**, **M 3**, **M 4**).
3. Compare the altitudinal belts of the Alps with those of Kilimanjaro (**M 3**).
4. Explain the differences between the altitudinal belts of the Alps and of Kilimanjaro (**M 4**).

**M 4** Yearly and daily temperatures of the high-mountain climate

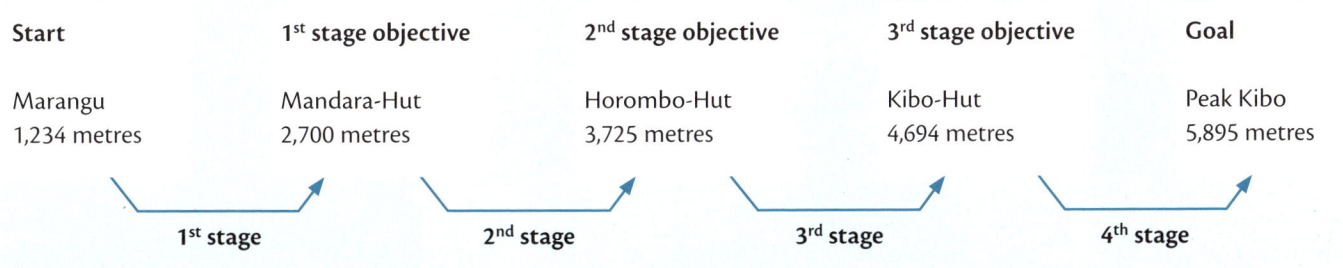

**M 5** Stages of the mountain trek to Kibo Peak

# Geo-Check: Entstehung von Klima- und Vegetationszonen erläutern

**Sich orientieren**

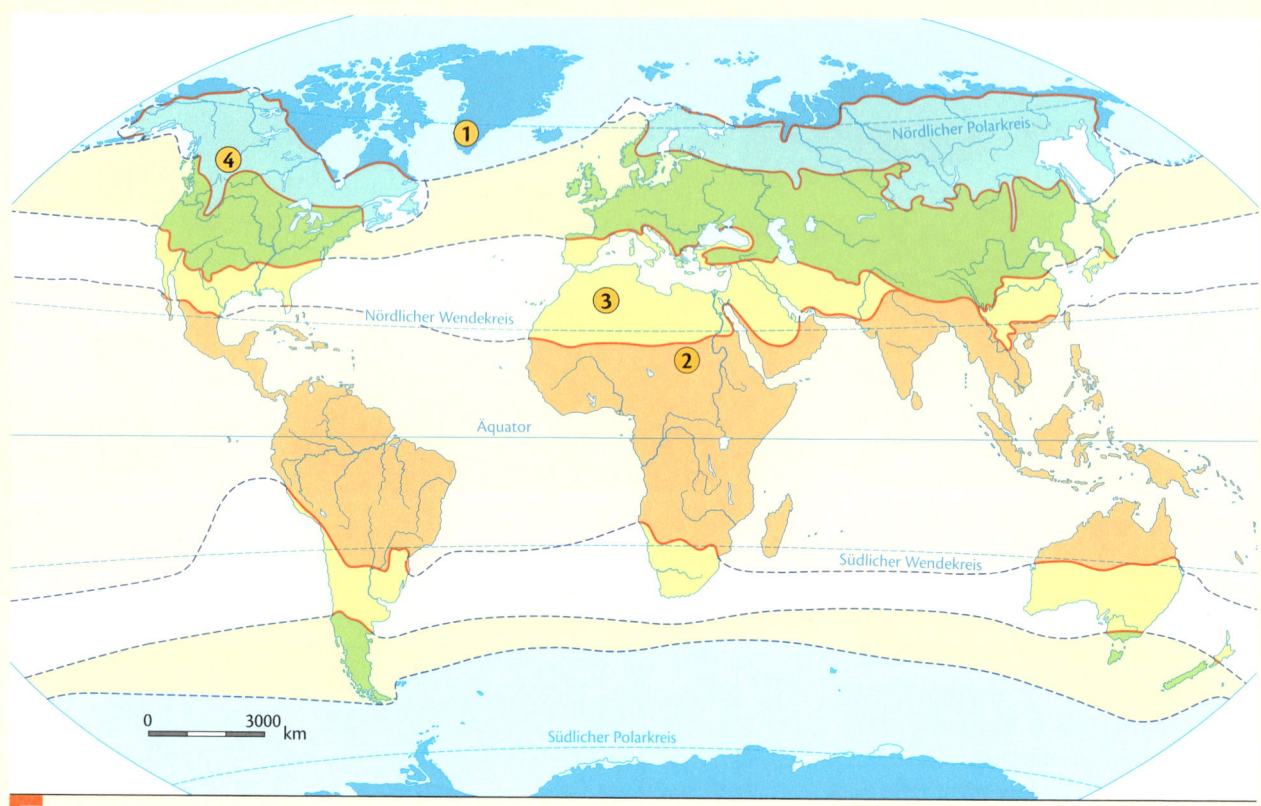

M 1 *Klimazonen*

1 Ermittle, in welchem Klima- und Vegetationszonen die Orte 1 bis 4 liegen und beschreibe deren Merkmale (M 1, Karten S. 11).
2 Ordne die Bilder der entsprechenden Klima- und Vegetationszone zu (M 2).
3 Benenne die Klimazonen, in denen die Inseln und Halbinseln liegen: Island – Kuba – Grönland – Irland – Madagaskar – Spitzbergen – Alaska (M 1, Karte S. 11 oben).
4 Benenne die Vegetationszonen, in denen die Städte liegen: New York – Lagos – Teheran – Rio de Janeiro – Irkutsk – Peking – Dakar – Tromsö – Hannover (M 1, Karte S. 11 unten).

M 2 *In den Vegetationszonen*

# Polare und gemäßigte Klimazone

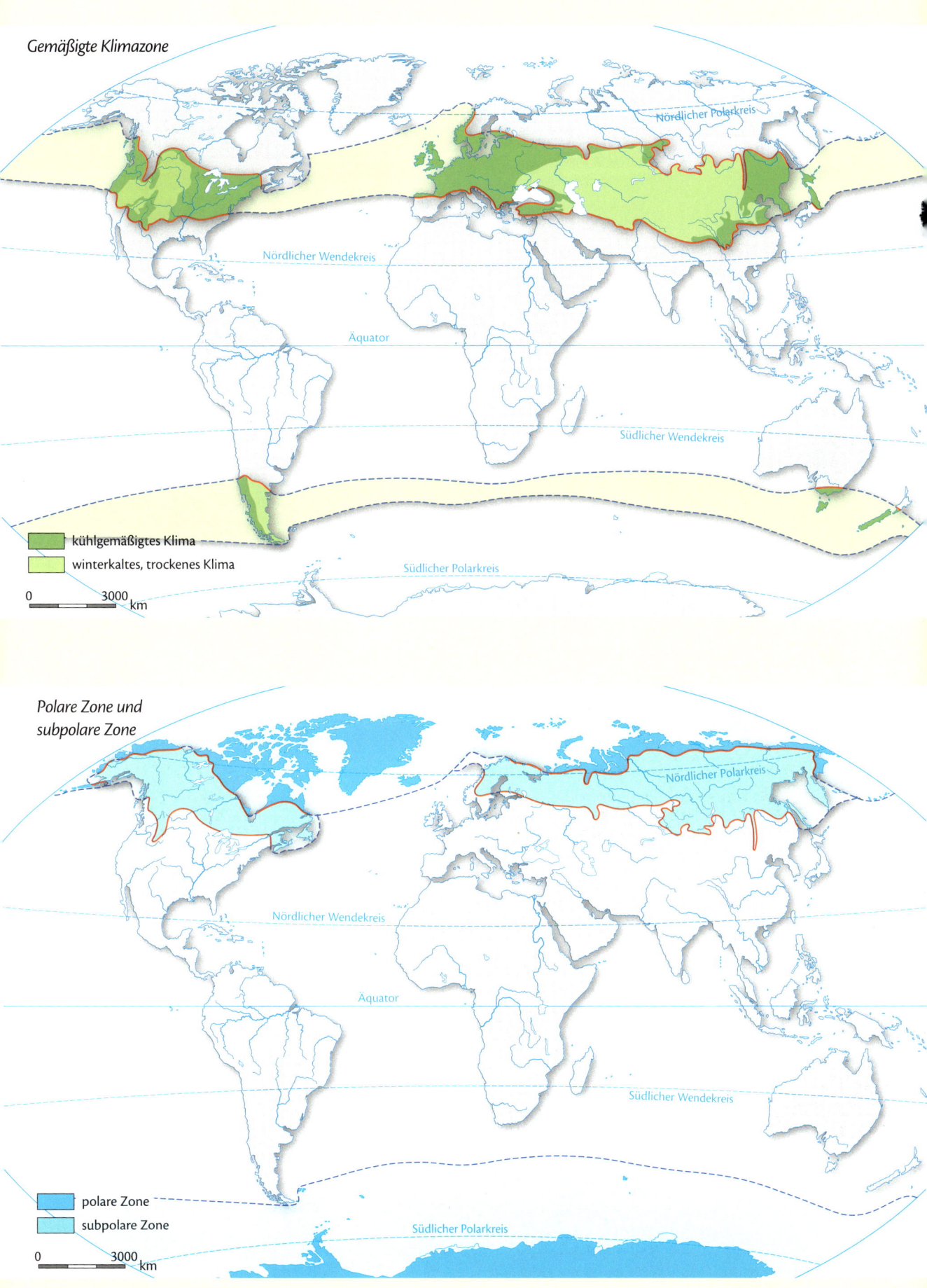

**GEO-CHECK** 30

**Können und anwenden**

**8** Nimm begründet Stellung zu den Aussagen in M 5. Erläutere die tatsächlichen Zusammenhänge.

Was kann ich an einem Klimadiagramm alles ablesen?
– Das Klima eines speziellen Jahres?
– Die durchschnittliche Niederschlagsmenge?
– Die höchste Temperatur?

**M 5** Was sagt ein Klimadiagramm aus?

**9** Erläutere, was Temperaturzonen kennzeichnen und welche Auswirkungen die Temperaturverhältnisse auf das Klima und die Pflanzenwelt haben.

**10** Vergleiche die Temperaturdiagramme.

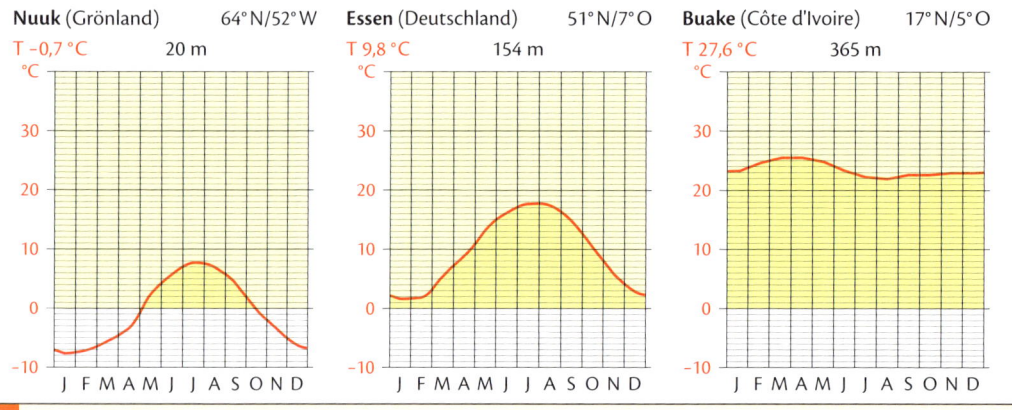

**M 6** Temperaturdiagramme

**11** Bilde Sätze, indem du die Begriffe rechts einsetzt. Lies die Sätze vor. Ordne die Abbildungen den Aussagen zu.

WEBCODE: UE649365-030

Erdoberfläche (2x)
Lufthülle
schwerer
sinkt
steigt
Sonnenstrahlen
Wärmestrahlen (2x)

_ _ _ _ _ _ _ _ _ _ _ _ _ _ dringen durch die _ _ _ _ _ _ _ _ _ und treffen auf die _ _ _ _ _ _ _ _ _ _ _ _ _ .
Dort werden sie in _ _ _ _ _ _ _ _ _ _ _ _ _ umgewandelt. (?)
_ _ _ _ _ _ _ _ _ _ _ _ _ gehen von der _ _ _ _ _ _ _ _ _ _ _ _ _ aus. (?)
Warme Luft _ _ _ _ _ _ auf. Kältere Luft ist _ _ _ _ _ _ _ _ als warme Luft. Sie _ _ _ _ _ ab. (?)

**M 7** Erwärmung der Erdoberfläche und der Lufthülle

## GEO-CHECK

### Wissen und verstehen

**5** Sortiere die richtigen und falschen Aussagen. Verbessere die falschen Aussagen und schreibe sie richtig auf.

**Richtig oder falsch?**
- Die Erde dreht sich um ihre eigene Achse von West nach Ost.
- Durch die Kugelgestalt der Erde sind die Einfallswinkel der Sonnenstrahlen überall gleich.
- Je höher der Breitenkreis ist, desto steiler ist der Einfallswinkel der Sonnenstrahlen.
- In einem Hygrometer befindet sich ein Menschenhaar. Es dehnt sich aus, wenn die Luftfeuchtigkeit abnimmt.
- Wind ist eine Ausgleichsströmung zwischen Hoch- und Tiefdruckgebieten. Er weht immer vom Tiefdruckgebiet zum Hochdruckgebiet.
- Das Klima im Hochgebirge unterscheidet sich vom Klima benachbarter Gebiete durch geringere Temperaturen und geringere Niederschläge.
- Wir bezeichnen ein Gebiet mit gleichartigem Klima, das sich in einem Gürtel um die Erde erstreckt, als Klimazone.
- In Deutschland steht die Sonne zwei Mal im Jahr senkrecht, das heißt im Zenit.
- Die Erde bewegt sich in 367 Tagen um die Sonne.

**6** Ordne jedem der Begriffe (M 3) mindestens zwei Merkmale zu.

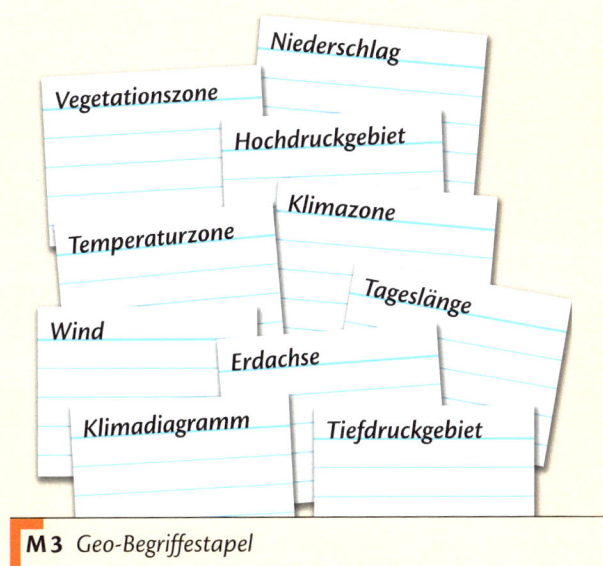

**M 3** Geo-Begriffestapel

**7** Löse das Rätsel (M 4). Die Buchstaben in den farbigen Kästchen ergeben – von oben nach unten gelesen – das Lösungswort. Es handelt sich um einen Bereich, in dem Deutschland liegt.

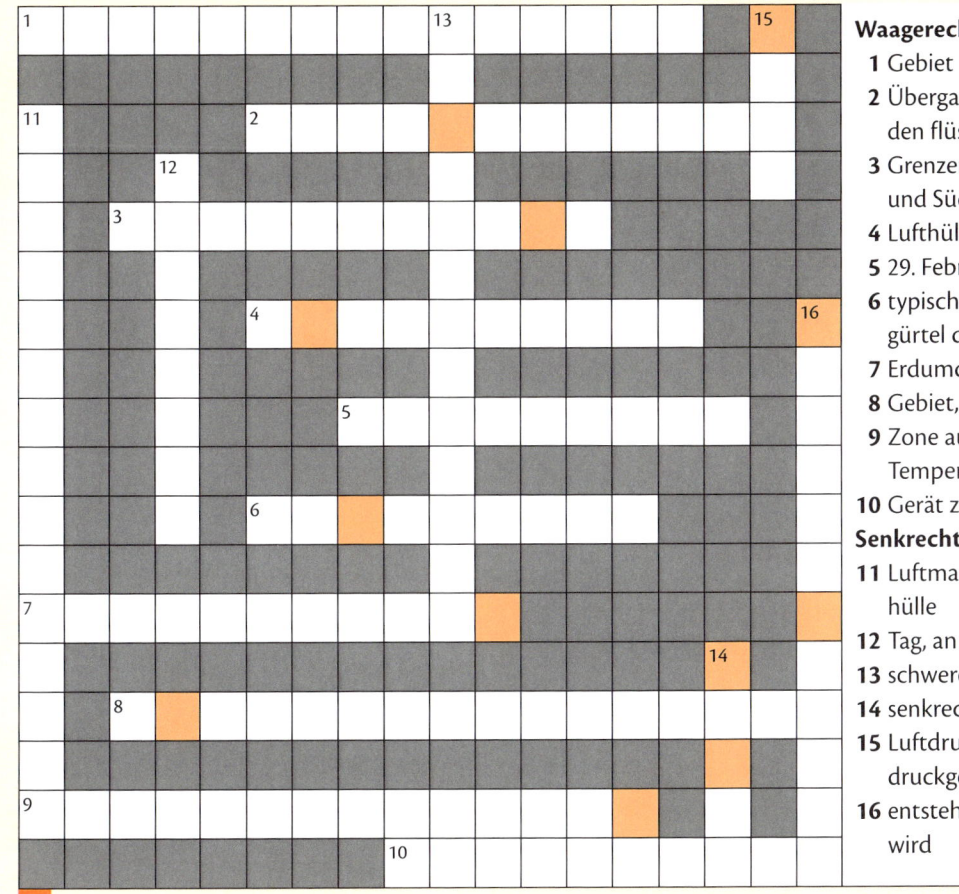

**Waagerecht:**
1. Gebiet mit typischen Pflanzengesellschaften
2. Übergang des Wassers vom gasförmigen in den flüssigen Zustand
3. Grenzen der Beleuchtungszonen nach Norden und Süden
4. Lufthülle der Erde
5. 29. Februar
6. typischer Temperatur- und Niederschlagsgürtel der Erde
7. Erdumdrehung
8. Gebiet, aus dem Luft herausströmt
9. Zone auf der Erde mit gleicher oder ähnlicher Temperatur
10. Gerät zum Messen der Luftfeuchtigkeit

**Senkrecht:**
11. Luftmasse mit Mangel an Teilchen in der Lufthülle
12. Tag, an dem die Sonne nicht untergeht
13. schwere Wassertropfen
14. senkrechter Stand der Sonne
15. Luftdruckausgleich zwischen Hoch- und Tiefdruckgebiet
16. entsteht, wenn feuchte Oberfläche erwärmt wird

**M 4** Rätsel zu Vegetations- und Klimazonen

# 2 Zusammenhänge in der polaren Zone und in der gemäßigten Zone erklären

Was unterscheidet die polare Zone von der gemäßigten Zone? Sind es nur Kälte, Eis und Schnee? Warum leben in der gemäßigten Zone die meisten Menschen auf der Erde?

**In diesem Kapitel lernst du**
- Lage und Ausdehnung der polaren Zone und der gemäßigten Zone zu beschreiben,
- Zusammenhänge zwischen Klima und Vegetation zu erläutern,
- Probleme bei der Erschließung und Nutzung der polaren Zone zu erklären.

**Dabei nutzt du**
- Karten,
- Profile,
- Klimadiagramme und
- Bilder.

**Du beurteilst**
- die Lebenssituation der Bewohner,
- die Auswirkungen einer verstärkten Nutzung für die Umwelt und die
- Gunst- und Ungunsträume für die landwirtschaftliche Nutzung.

*Pinguine am Rand der Antarktis*
*Hüttener Berge in Schleswig-Holstein*

# Polargebiete – bedeckt vom ewigen Eis?

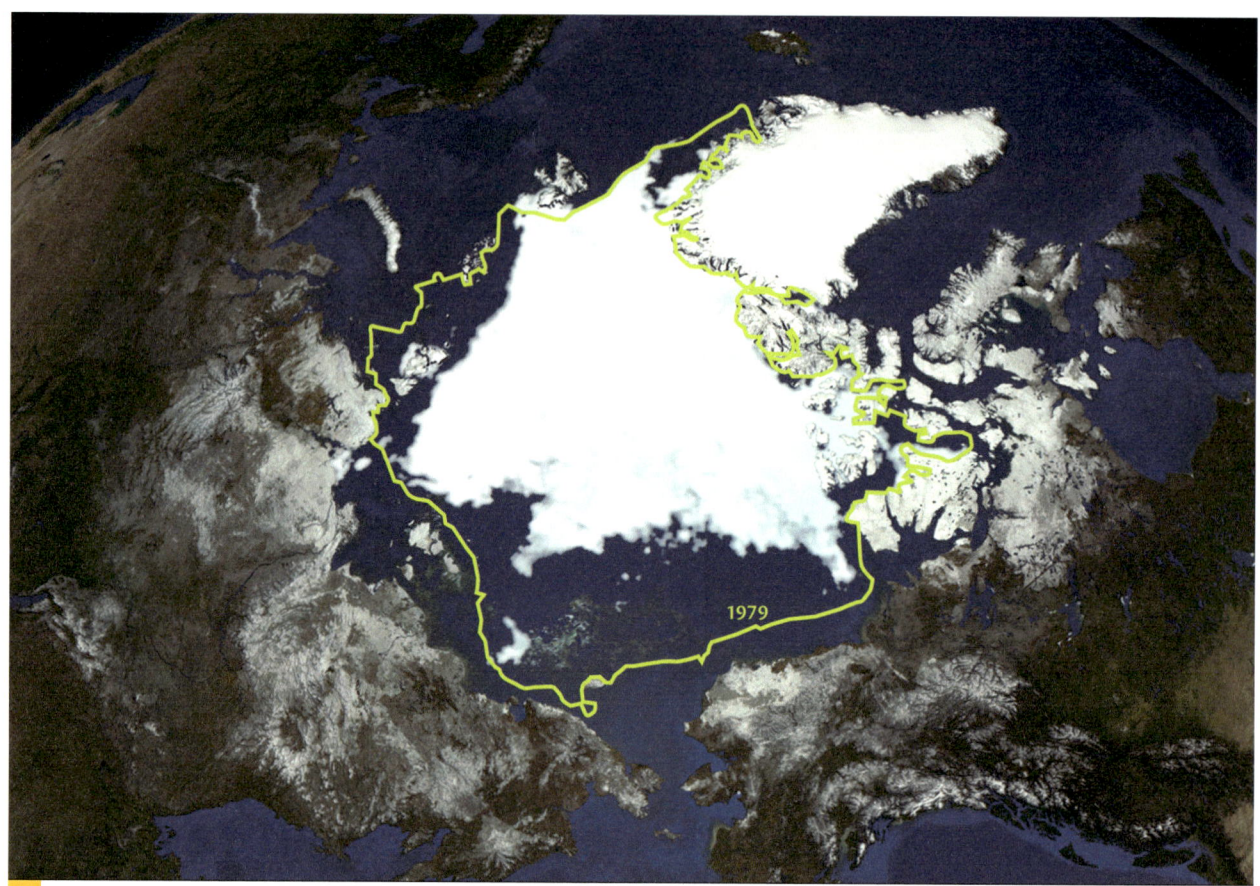

**M 1** Eisbedeckung in der Arktis im September 1979 und 2008

**check-it**
- geographische Lage und Ausdehnung der Polargebiete beschreiben
- Merkmale der Polargebiete kennen
- Arktis und Antarktis vergleichen
- Profile auswerten
- Auswirkungen der Klimaerwärmung auf die Polargebiete erörtern

### An den Polen
Die Polarregionen erstrecken sich vom nördlichen beziehungsweise südlichen Polarkreis bis zu den Polen. Den Nordpol umgibt die Arktis, während der Südpol in der Antarktis liegt.
Die Polarregionen sind nur sehr dünn besiedelt, denn sie sind die kältesten Gebiete der Erde. Große Teile sind ganzjährig vereist, das heißt mit Eis und Schnee bedeckt.

### Tauwetter an den Polen
Immer mehr Eisbären schwimmen im Sommer auf kleinen Eisschollen durchs Nordpolarmeer auf der Suche nach Nahrung. Ihr Lebensraum, das Eis der Arktis, wird immer kleiner. Seit Jahren

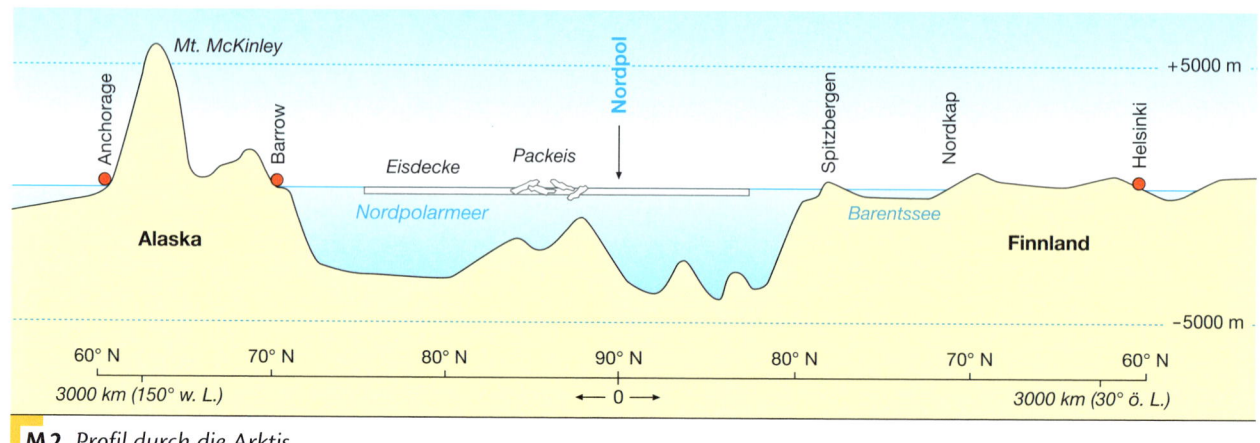

**M 2** Profil durch die Arktis

M 3 Eisbären auf einer Eisscholle

M 4 Pinguine auf dem Schelfeis

beobachten Wissenschaftler einen deutlichen Rückgang der Eisbedeckung an den Polen. Ursache hierfür ist, dass sich in den letzten 50 Jahren in der Arktis die durchschnittliche Lufttemperatur um mehr als ein Grad erhöht hat. Die weltweit gemessene Erwärmung ist nur etwa halb so hoch.
Die klimatischen Veränderungen an den Polen wirken sich aber nicht nur dort aus. Schmilzt das Eis weiter, würde der Meeresspiegel weltweit ansteigen. Rohstoffvorkommen und Schifffahrtswege, die heute noch unter Eis verborgen sind, könnten zugänglich werden. Gleichzeitig werden Menschen und Tiere der Polargebiete einen Teil ihrer Nahrungsgrundlage verlieren.

## Arktis

Rund um den Nordpol erstreckt sich das Nordpolarmeer, das ebenso wie die angrenzenden Festländer und Inseln von Eis bedeckt ist. Das Meereis besteht aus Salzwasser. Die relativ dünne Eisdecke wird durch die Wellenbewegungen des Meeres in einzelne Schollen zerbrochen. So entsteht das Packeis. Das Inlandeis Grönlands hingegen wird von Gletschern gebildet. Diese entstehen durch Niederschläge in Form von Schnee, sodass Inlandeis aus Süßwasser besteht.

## Antarktis

Im Zentrum der Antarktis liegt der Kontinent Antarktika, der von Inlandeis bedeckt ist. Es reicht an den Küsten bis aufs Meer hinaus. Von dem **Schelfeis** brechen immer wieder Eisplatten ab und schwimmen als Eisberge im Ozean.
In der Antarktis werden die tiefsten Temperaturen der Erde gemessen. Deshalb leben hier dauerhaft keine Menschen.

1 „Eisbär und Pinguin begegnen einander in der Natur nie." Begründe diese Aussage (M 3, M 4).
2 Beschreibe die geographische Lage und Ausdehnung der Arktis und der Antarktis (M 2, M 5, Karte S. 204).
3 Bildet zwei Gruppen und stellt je eines der Polargebiete vor. Vergleicht anschließend Arktis und Antarktis (M 2 bis M 5).
4 Beschreibe das Abschmelzen des Eises in der Arktis und erörtere, welche Folgen das für Menschen und Tiere hat (M 1, Webcode).

WEBCODE: UE649365-035

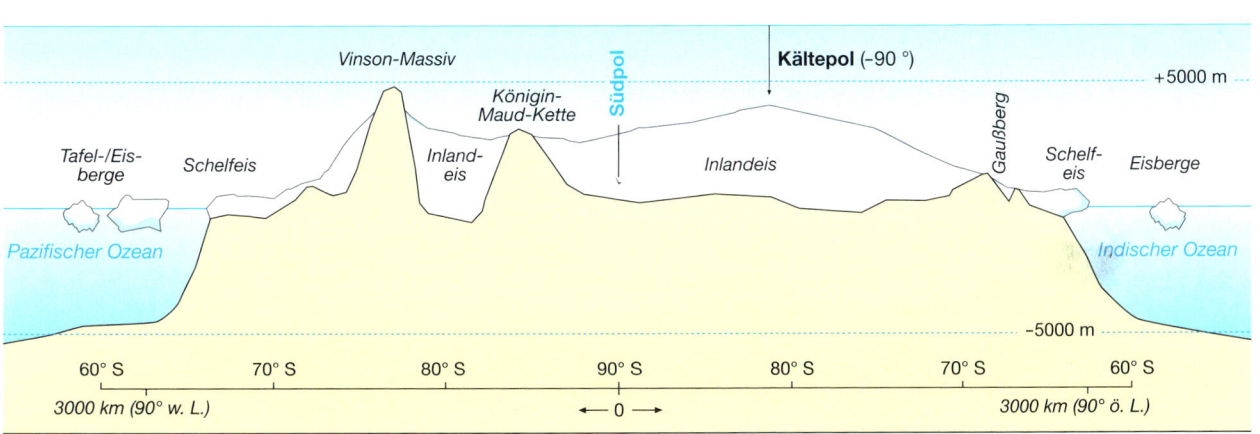

M 5 Profil durch die Antarktis

# Die Tundra – baumlose Landschaft

![Die Tundra in Alaska]

**M 1** Die Tundra in Alaska

**check-it**
- Verbreitung der Tundra und der Gebiete mit Dauerfrost beschreiben
- Merkmale der Vegetation der Tundra kennen
- Zusammenhang zwischen Klima und Vegetation in der Tundra erläutern
- Klimadiagramme und Profile auswerten

## Ohne Wärme kein Pflanzenwuchs

In der Polarzone ist die Vegetationsperiode sehr kurz. Nur wenige Wochen im Jahr steigen die Temperaturen über null Grad an, sodass Pflanzenwuchs möglich ist. Bäume benötigen mindestens zwei Monate mit einer Durchschnittstemperatur von zehn Grad, um wachsen zu können. Da dies nicht gegeben ist, ist die Polarzone eine baumlose Landschaft – die Tundra. Die Pflanzen wachsen nur langsam. Sie haben oft dunkle Blätter, denn diese sorgen für eine stärkere Erwärmung des Bodens. Bei Schnee sind die niedrigen Pflanzen unter der Schneedecke vor Kälte geschützt. Je weiter man nach Norden kommt, desto dünner wird die Pflanzendecke. Die **Tundra** geht allmählich in die polare Eiswüste über.

## Ewiges Eis unter der Erdoberfläche

In der Polarzone und den nördlichen Bereichen der gemäßigten Zone sind der Boden und die Gesteine seit tausenden Jahren im Untergrund ständig gefroren. Die Gebiete mit **Dauerfrost** nehmen ungefähr ein Viertel der Landmasse der Nordhalbkugel ein. Nur in den Sommermonaten taut der Boden für kurze Zeit an der Oberfläche auf. Da das Schmelzwasser in dem gefrorenen Boden des Untergrunds nicht versickern kann, bilden sich an vielen Stellen Sümpfe und flache Seen.

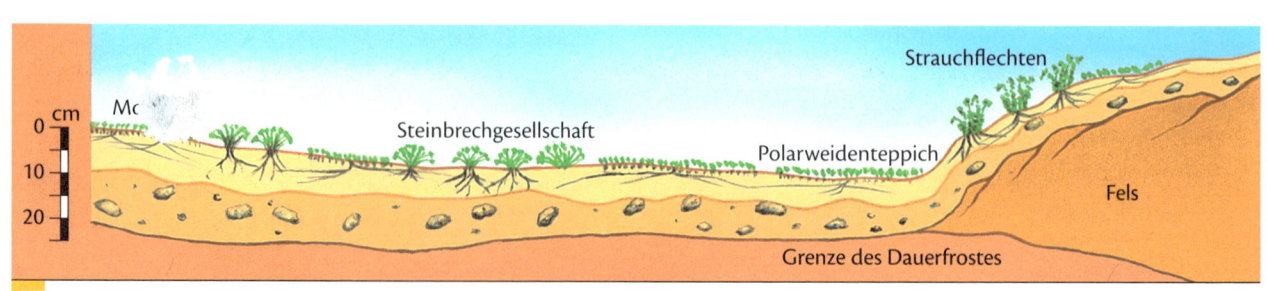

**M 2** Wuchsformen in der Tundra

# ZUSAMMENHÄNGE IN DER POLAREN ZONE UND IN DER GEMÄSSIGTEN ZONE ERKLÄREN

**M3** *Verbreitung des Dauerfrosts*

Legende: zusammenhängender Dauerfrost (90 bis 100% der Fläche); unzusammenhängender Dauerfrost (35 bis 90% der Fläche); gelegentliche Vorkommen (5 bis 35% der Fläche)

Der Bau befestigter Straßen ist auf Dauerfrostboden kaum möglich. Weite Teile der Tundra sind im Sommer unpassierbar. Menschen und Fahrzeuge versinken im Schlamm. Nur im Winter können die Siedlungen auf dem Landweg erreicht werden. Die Winterstraßen verlaufen über zugefrorene Seen und Sümpfe.

1. Benenne Merkmale der Tundra (M1, M2).
2. Nenne alle Kontinente und Staaten, die Anteil an der Vegetationszone der Tundra haben (Karte S. 11).
3. Vergleiche die Verbreitung von Tundra und Dauerfrost auf der Nordhalbkugel (M3, Karte S. 11).
4. Werte die Klimadiagramme aus: Vergleiche die Lage der Orte und die Temperaturverhältnisse (M5, M6).
5. Werte das Profil durch Alaska aus. Stelle einen Zusammenhang zwischen der Tiefe des Dauerfrostes und den Temperaturen her (M4 bis M6).
6. Die Bodenverhältnisse haben Auswirkungen auf das Pflanzenwachstum. Erläutere diese Aussage (M1, M2, M4).

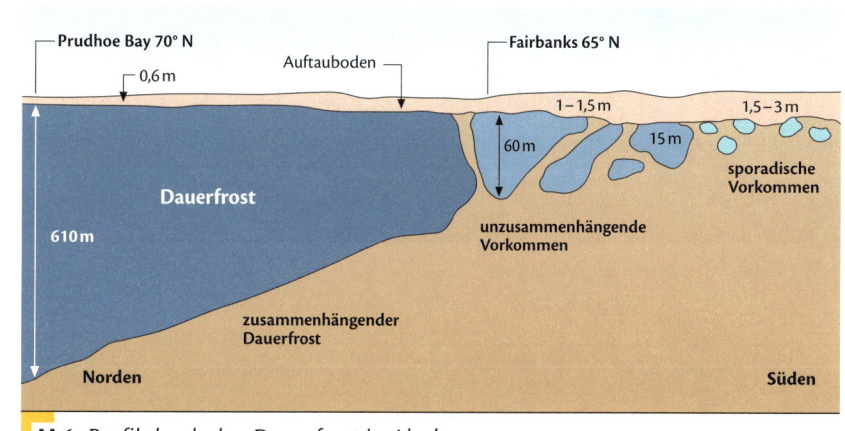

**M4** *Profil durch den Dauerfrost in Alaska*

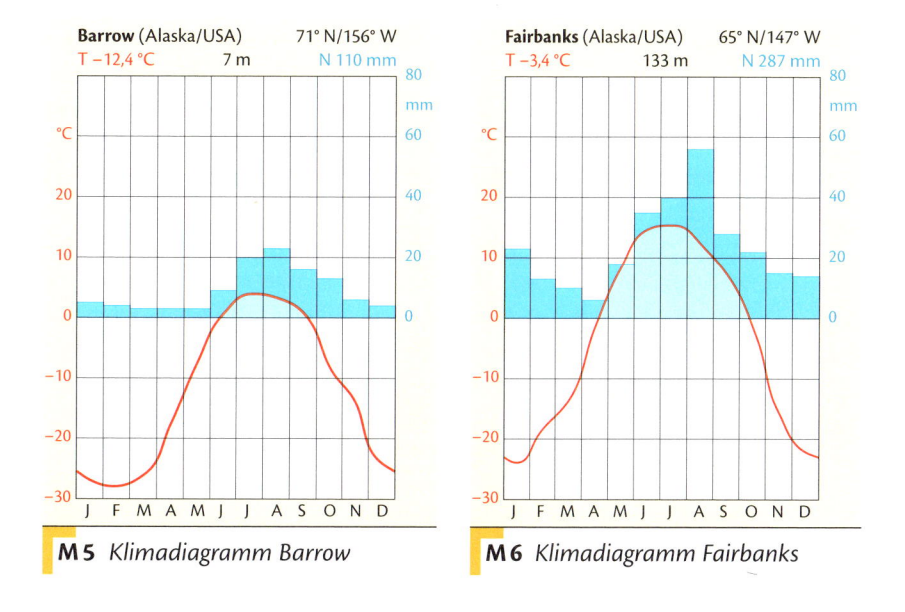

Prudhoe Bay 70° N — 0,6 m Auftauboden — Dauerfrost 610 m — zusammenhängender Dauerfrost — Fairbanks 65° N 1–1,5 m, 60 m, 15 m, 1,5–3 m — unzusammenhängende Vorkommen — sporadische Vorkommen — Norden — Süden

**M5** *Klimadiagramm Barrow*
Barrow (Alaska/USA) 71° N/156° W
T –12,4 °C  7 m  N 110 mm

**M6** *Klimadiagramm Fairbanks*
Fairbanks (Alaska/USA) 65° N/147° W
T –3,4 °C  133 m  N 287 mm

# Fairbanks – Leben am Polarkreis

**M 1** Luftaufnahme von Fairbanks

**check-it**
- geographische Lage von Fairbanks beschreiben
- Gründe für eine Stadtgründung in der polaren Zone benennen
- Probleme einer Stadt in der polaren Zone erläutern
- Lebenssituation in der polaren Zone beurteilen

### Leben in der polaren Zone

Winterliche Kälte von bis zu minus 54 Grad Celsius und viele Wintermonate, an denen es nur wenige Stunden am Tag hell wird – ein Leben in der polaren Zone stellt besondere Anforderungen an die Menschen, aber auch an die Bauweise und Materialien. Bei Temperaturen unter minus 40 Grad zerbricht Gummi wie Glas und selbst Eisen kann spröde werden. Auf allen Parkplätzen gibt es Steckdosen, damit die Automotoren elektrisch angewärmt werden können, denn auch sie würden bei solchen Minustemperaturen nicht mehr funktionieren.

Im Sommer machen unzählige Stechmücken das Leben schwer. Bei Temperaturen von bis zu 30 Grad taut der **Dauerfrostboden** auf. Die Sümpfe sind ideale Brutplätze für die Mücken.

### Goldrausch in Alaska

Fairbanks wurde 1901 als Handelsposten für Pelzhändler in der Wildnis gegründet. Als ein Jahr später ganz in der Nähe Gold gefunden wurde, kamen Tausende von Goldsuchern nach Alaska. Viele siedelten sich in Fairbanks an. Bis 1910 wurde Gold im Wert von 40 Millionen Dollar geschürft. Doch dann waren die Goldvorkommen erschöpft und die Menschen verließen Fairbanks wieder.

Einen erneuten Aufschwung erlebte die Stadt, als 1923 die einzige Eisenbahnlinie Alaskas von Seward an der Pazifikküste nach Fairbanks eröffnet wurde. Während des Zweiten Weltkriegs errichtete die US-amerikanische Regierung einen Militärstützpunkt in Fairbanks.

Seit 1959 ist Alaska ein Bundesstaat der USA. Die Regierung im 6743 Kilometer entfernten Washington ist vor allem an den Bodenschätzen dieses nördlichsten Bundesstaates interessiert.

| Jahr | Bevölkerung |
|------|-------------|
| 1910 | 3 541 |
| 1920 | 1 155 |
| 1930 | 2 151 |
| 1940 | 3 455 |
| 1950 | 5 771 |
| 1960 | 13 311 |
| 1970 | 14 711 |
| 1980 | 22 645 |
| 1990 | 30 843 |
| 2000 | 30 224 |
| 2010 | 35 535 |

**M 2** Entwicklung der Einwohnerzahl

# ZUSAMMENHÄNGE IN DER POLAREN ZONE UND IN DER GEMÄSSIGTEN ZONE ERKLÄREN

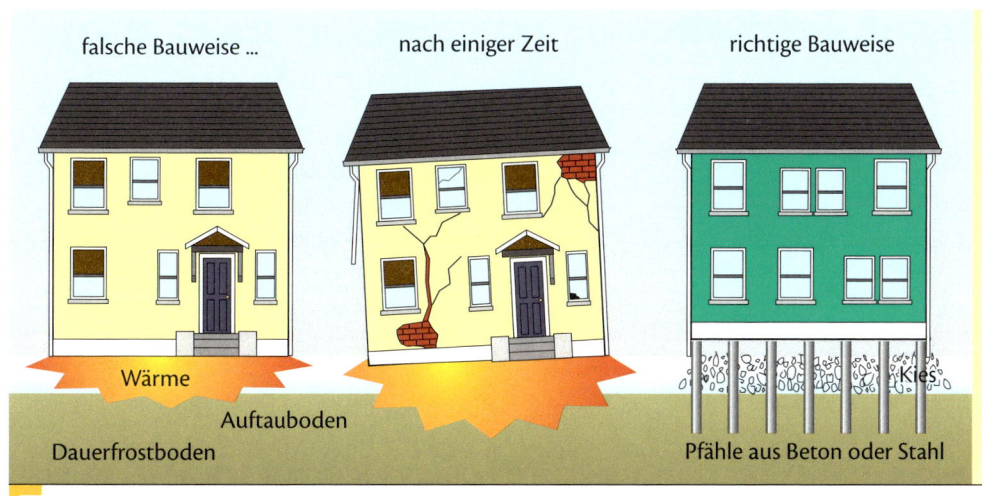

falsche Bauweise ... | nach einiger Zeit | richtige Bauweise

Wärme — Auftauboden — Dauerfrostboden — Pfähle aus Beton oder Stahl — Kies

Der Dauerfrostboden erfordert eine besondere Technik beim Bau von Häusern. Man bohrt Löcher bis zu zwölf Metern Tiefe in den gefrorenen Boden und setzt Eisenbetonpfähle ein, auf denen das Gebäude dann steht.
Beim Bau von Flugplätzen zum Beispiel muss ein Kühlsystem im Untergrund verlegt werden, damit die oberste Bodenschicht nicht auftaut.

**M 3** Bauen im Dauerfrostboden

## Erdöl – das „schwarze Gold"

1968 wurden bei Prudhoe Bay an der Küste des Nordpolarmeeres große Erdölvorkommen entdeckt. Um diese nutzen zu können, baute man die Trans-Alaska-Pipeline von Prudhoe Bay über Fairbanks bis nach Valdez an der Pazifikküste, dem nächsten eisfreien Hafen. Von Fairbanks aus wurden die Bauarbeiten koordiniert. Bis hierher konnte das Baumaterial per Eisenbahn oder auf geteerten Straßen transportiert werden. Weiter nördlich gibt es wegen des Dauerfrostbodens nur noch ungeteerte Straßen, die viele Monate im Jahr nur schwer passierbar sind.

Der Dauerfrostboden machte auch den Pipelinebau sehr aufwändig. Die Pipeline verläuft fast über die Hälfte der Länge auf Stelzen. Das Erdöl, das mit einer Temperatur von 80 Grad gefördert wird, fließt immer noch mit einer Temperatur von 50 Grad durch die Pipeline. Ohne Stelzen würde die Wärme den gefrorenen Untergrund zum Schmelzen bringen. Dadurch könnte die Pipeline versinken und wahrscheinlich beschädigt werden.

## Studieren und Arbeiten am Polarkreis

Fairbanks ist heute die zweitgrößte Stadt in Alaska. Wegen der guten Verkehrserschließung haben sich hier viele Firmen der Erdölindustrie angesiedelt. Fairbanks besitzt auch eine Universität. Von Fairbanks aus können die Orte sowie die Nationalparks im Innern Alaskas gut erreicht werden. Deshalb sind heute auch der Handel sowie der Tourismus wichtige Wirtschaftsbereiche.

1. Beschreibe die geographische Lage von Fairbanks (**M 4**, Karte S. 218).
2. Vergleiche die Entwicklung der Einwohnerzahl 1910, 1960 und 2010 (**M 2**). Stelle **M 2** in einer Grafik dar.
3. Erstelle einen Zeitstrahl von der Gründung der Stadt Fairbanks bis heute. Trage für die Entwicklung der Stadt wichtige Ereignisse ein (**M 1**, **M 2**, **M 4**).
4. Erläutere, welche technischen Probleme beim Bau einer Stadt im Dauerfrostbodengebiet auftreten (**M 3**, **M 4**).
5. Leben in einer Stadt in der polaren Zone – Traum oder Albtraum? Erörtert dies in der Klasse (**M 1**, **M 3**; S. 41, **M 6**).

**M 4** Verlauf der Alaska-Pipeline

# Die Inuit – Leben in der Kälte

**An:** Alukie
**Betreff:** Bei den Inuit

Liebe Alukie,
in Erdkunde beschäftigen wir uns gerade mit der Polarzone – deiner Heimat. Deshalb würde ich gerne mehr erfahren über dein Leben in der kalten Zone. Ein paar Informationen habe ich schon gefunden. Vielleicht könntest du einmal schauen, ob das so überhaupt noch stimmt.

Liebe Grüße
Laura

**M1** E-Mail an die Brieffreundin in Iqaluit (Nunavut)

## Leben der Inuit in der polaren Zone

Die Inuit sind vor etwa 3000 Jahren von Sibirien über die Beringstraße nach Alaska eingewandert. Sie wurden früher auch **Eskimos** genannt.

Das Leben der Inuit wird vom Winter bestimmt, der bereits im September beginnt und bis Mitte Juni dauert. Die Männer gehen in dieser Zeit auf die Jagd. Als Transportmittel dient der Hundeschlitten. Schon im Alter von sechs Jahren begleiten die Söhne ihre Väter. Mit Harpunen jagen sie nach Robben, Eisbären, Walrossen, Walen und Karibus. Robben müssen auftauchen, um zu atmen. Deshalb halten sie sich im Eis Atemlöcher frei, vor denen die Jäger auf der Lauer liegen. Für die Zeit der Jagd leben die Inuit in Iglus. In den kurzen Sommern fahren die Inuit mit Kajaks zum Jagen und Fischen.

Die Frauen der Inuit sind für die Verarbeitung der Tiere zuständig. Eine Robbe wird fast vollständig genutzt. Die Inuit ernähren sich hauptsächlich von Fleisch und Speck. Pflanzliche Nahrung essen sie kaum, da in der Polarzone keine Landwirtschaft möglich ist.

Die Menschen können in der Polarregion nur überleben, wenn sie fest zusammenhalten. Die Jagdbeute wird unter allen aufgeteilt und jedes Tier nahezu vollständig genutzt.

**M2** E-Mail-Anhang von Laura

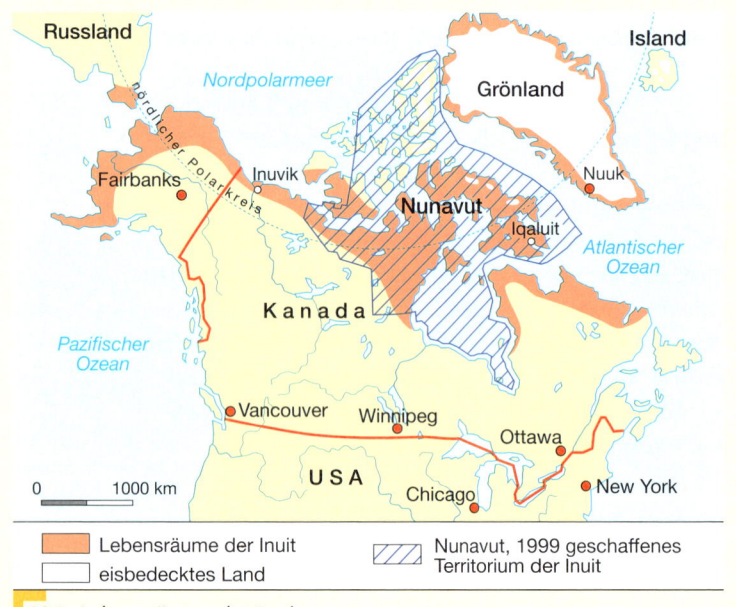

**M3** Lebensräume der Inuit

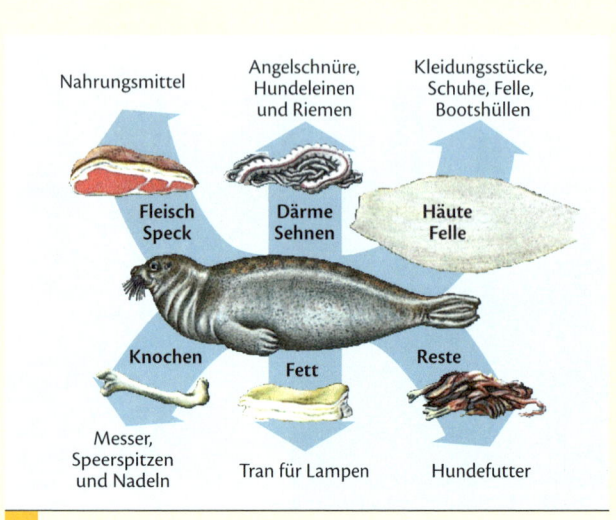

**M4** Verwertung einer Robbe

**M5** Robbenjagd mit der Harpune

GEO-AKTIV  **41**

**Bei uns in Iqaluit**

Meine Familie und ich wohnen in einem kleinen Haus gar nicht weit von unserer Schule. Dort sitze ich gerade am Computer, um dir zu antworten.

Meine Mutter arbeitet bei der Stadtverwaltung und mein Vater stellt ganz tolle Skulpturen her. Einige kann er an die Touristen hier verkaufen. In den Sommermonaten kommen sie immer öfter mit Kreuzfahrtschiffen zu uns. Mein Onkel organisiert für sie Fahrten mit dem Hundeschlitten. Wir benutzen heute einen Motorschlitten (Skidoo) oder im Sommer ein Quad. Wenn wir einen anderen Ort besuchen wollen, nehmen wir das Flugzeug. Fast jeder Ort hier hat einen Flugplatz, aber es gibt kaum Straßen. Auch die Waren für den Supermarkt und alles, was wir sonst so brauchen, wird mit dem Flugzeug gebracht. Mit der Jagd verdienen nur noch wenige Inuit ihr Geld. Seitdem nur noch eine vorgeschriebene Zahl von Tieren getötet werden darf, kann man davon kaum noch leben.

Ich spiele viel mit meinen Freundinnen, aber trotz Computer und Fernseher ist es hier in den langen Wintern oft schrecklich langweilig.

**M 6** *Alukie berichtet*

**Neue E-Mail**

An: Laura
Betreff: Leben bei uns in der Polarzone

Liebe Laura,
so wie du das Leben bei uns beschreibst, ist es schon lange nicht mehr. Heute unterscheiden sich unsere Siedlungen kaum von denen in anderen Teilen Kanadas mit Supermärkten, Schulen, festen Häusern mit Heizung und Fernsehern – aber natürlich auch ganz viel Eis und Schnee. Die Erwachsenen haben ganz unterschiedliche Berufe. Ich schicke dir ein paar Fotos und einen kleinen Bericht mit.

Liebe Grüße
Alukie

**M 7** *E-Mail von Alukie an Laura*

**Ihr könnt**

- eine Tabelle anlegen zum Leben der Inuit früher und heute, die Auskunft gibt über die Art des Wohnens, die Kleidung, die Tätigkeiten, die Ernährung und die Fortbewegungsmittel.
- Gruppen bilden und zu je einem Aspekt (Wohnen, Berufe, Fortbewegung, Leben Jugendlicher …) eine Wandzeitung erstellen.
- eine Ausstellung organisieren zum Leben der Inuit mit Fotos, Zeichnungen und Berichten.
- über die spezielle Lebenssituation Jugendlicher in der polaren Zone und ihre Probleme diskutieren.

WEBCODE: UE649365-041

**M 8** *Frau in traditioneller Kleidung*

**M 9** *Unterwegs mit dem Quad*

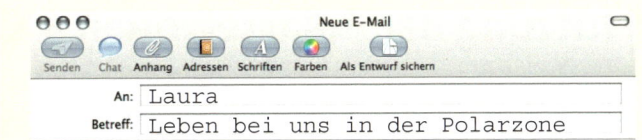

**M 10** *Beim Spielen mit Freundinnen*

ZUSAMMENHÄNGE IN DER POLAREN ZONE UND IN DER GEMÄSSIGTEN ZONE ERKLÄREN

# Nutzung der Polarregionen – Chance oder Gefahr?

**M 1** Schifffahrtswege durch die Arktis

Forscher gehen davon aus, dass bei fortschreitender globaler Erwärmung diese beiden Schifffahrtsrouten in den Sommermonaten immer länger eisfrei und somit befahrbar sein werden. Beide Routen verkürzen den Weg für Handelsschiffe zwischen Europa und Asien gegenüber der üblichen Route durch den Sueskanal erheblich. Deshalb wird die wirtschaftliche Erschließung der Nordwestpassage bereits vorbereitet. In einer Inuit-Siedlung am Nordpolarmeer ist der Bau eines Tiefwasserhafens für Tanker geplant.

Eisfreie Schifffahrtswege in der Arktis wären auch für den Abbau der Bodenschätze von großer Bedeutung. Heute wird das im Nordpolarmeer und in Nordsibirien geförderte Erdöl und Erdgas noch durch Pipelines über die Kontinente zu den nächsten eisfreien Häfen gepumpt.

### Reise zu Eisbär und Pinguin

Sowohl in der Arktis als auch in der Antarktis hat der Tourismus in den letzten Jahren stark zugenommen. Die meisten Touristen kommen mit Kreuzfahrtschiffen in die Polarregionen. Die Hauptreisezeit für Polarreisen ist der Sommer. Das ist die Zeit, in der Robben und Vögel sich fortpflanzen, ihre Jungen säugen oder füttern, das Fell oder Gefieder wechseln. In diese Zeit fällt auch die kurze Wachstumsperiode der Pflanzen, sodass die Natur besonders anfällig für Störungen ist.

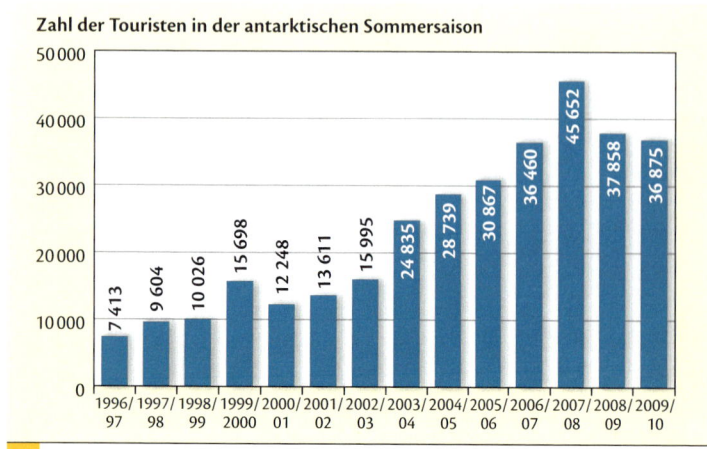

**check-it**
- mögliche Schifffahrtsrouten durch die Arktis und ihre Bedeutung beschreiben
- Umweltprobleme in den Polarregionen erläutern
- Auswirkungen des Polartourismus grafisch darstellen
- Auswirkungen einer verstärkten Nutzung beurteilen

### Schifffahrtswege ohne Eis

Im Sommer 2008 sorgte das deutsche Forschungsschiff „Polarstern" für Schlagzeilen, denn es hatte den Nordpol umrundet. Dies war möglich, weil sowohl die Nordwest- als auch die Nordostpassage erstmals gleichzeitig eisfrei waren.

**M 2** Entwicklung der Touristenzahlen in der Antarktis (IAATO 2011)

Zahl der Touristen in der antarktischen Sommersaison:
- 1996/97: 7 413
- 1997/98: 9 604
- 1998/99: 10 026
- 1999/2000: 15 698
- 2000/01: 12 248
- 2001/02: 13 611
- 2002/03: 15 995
- 2003/04: 24 835
- 2004/05: 28 739
- 2005/06: 30 867
- 2006/07: 36 460
- 2007/08: 45 652
- 2008/09: 37 858
- 2009/10: 36 875

**M 3** Touristen und Pinguine

ZUSAMMENHÄNGE IN DER POLAREN ZONE UND IN DER GEMÄSSIGTEN ZONE ERKLÄREN  43

In der Arktis können Touristen neben Naturbeobachtungen auch Helikopterausflüge, Campingtouren in die Wildnis sowie Abenteuertouren mit Kanus, Hunde- oder Motorschlitten, Skiern oder Snowboards sowie Mountainbikes unternehmen. Auch Jagden sind möglich. Solche Aktivitäten sind in der Antarktis nicht erlaubt, denn sie ist durch ein Umweltschutzabkommen als Zusatz zum Antarktisvertrag geschützt, das klare Regeln für Besucher enthält. Jeder deutsche Antarktisbesucher – auch Forscher und Wissenschaftler – benötigen eine Erlaubnis des Umweltbundesamts.

**M 4** Müllplatz in der Arktis

### Gefahr für die Arktis

Die Polargebiete galten lange als nahezu schadstofffrei. Mit zunehmender Nutzung nehmen jedoch auch die Umweltbelastungen zu, denn die Natur ist besonders anfällig für Störungen. Selbst ein Fußtritt kann die Vegetation der Tundra für Jahre schädigen.

Der Schiffsverkehr allein führt zu einer hohen Belastung der Meere. Schiffsunfälle, bei denen Öl ausläuft, oder auslaufendes Erdöl aus Förderplattformen oder Pipelines verschlimmern die Situation. Meereis behindert den natürlichen Abbau des Öls. Zudem führt die großräumige Bewegung des Eises im Nordpolarmeer dazu, dass es über eine große Fläche verteilt wird.

### Müllberge auf dem Eis

Überall dort, wo in den Polargebieten Menschen leben, türmen sich die Müllberge. Das gilt sowohl für die Siedlungen der Inuit in der Arktis als auch für die Forschungsstationen in der Antarktis. In der Kälte der Polargebiete verrotten organische Stoffe kaum oder nur sehr langsam. Zudem ist es in den Permafrostgebieten nicht möglich, Müll zu vergraben. Durch den lagernden Müll gelangen Schadstoffe in den Boden, die Luft und das Meer.

1. Beschreibe den Weg eines Schiffes von Hamburg nach Tokio über die Nordost- und die Nordwestpassage (**M 1**, Globus).
2. Berechne die ungefähre Verkürzung der Reiseroute zwischen Hamburg und Tokio durch die Nordwestpassage im Vergleich zur Route durch den Sueskanal (Globus).
3. Gestalte ein Plakat, auf dem du wahlweise für die Arktis oder Antarktis den Naturraum vorstellst sowie die Gefahren, die ihm drohen. Stellt eure Plakate in der Klasse aus und verleiht einen Preis für die überzeugendste Gestaltung (**M 2**, **M 3**, Webcode).
4. Erstelle ein Fließdiagramm zu den Auswirkungen des Polartourismus (**M 3** bis **M 5**; *Fließdiagramm erstellen*).
5. Erläutere, mit welchen Umweltproblemen die Polarregionen zu kämpfen haben (**M 4**, **M 5**).
6. Neue Nutzungsmöglichkeiten für die Polarregionen durch Klimawandel – Chance oder Gefahr? Schreibe zu diesem Thema einen Artikel für die Schülerzeitung und begründe deine Meinung (**M 1** bis **M 5**).

Abgase und Ruß aus den Schiffsmotoren

Glas, Metall, Farbe, Asche, Lebensmittel, Haushalts- und Ladungsabfall

ölhaltiges Abwasser; Abwasser der Toiletten, Bäder und Küche

Konservierungsstoffe

**M 5** Umweltbelastung durch Schiffe

WEBCODE: UE649365-043

ZUSAMMENHÄNGE IN DER POLAREN ZONE UND IN DER GEMÄSSIGTEN ZONE ERKLÄREN

# Vegetationszonen und Kältegrenze des Ackerbaus

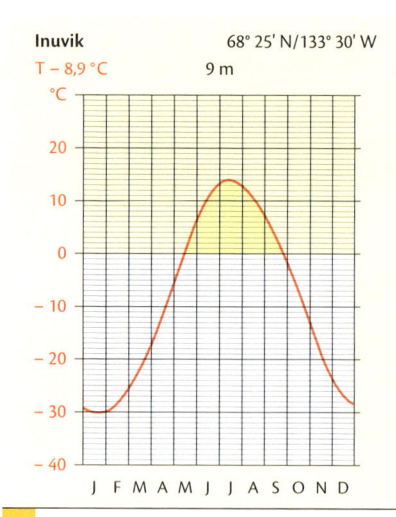

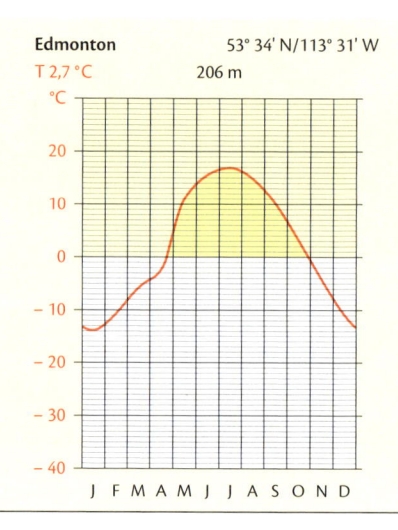

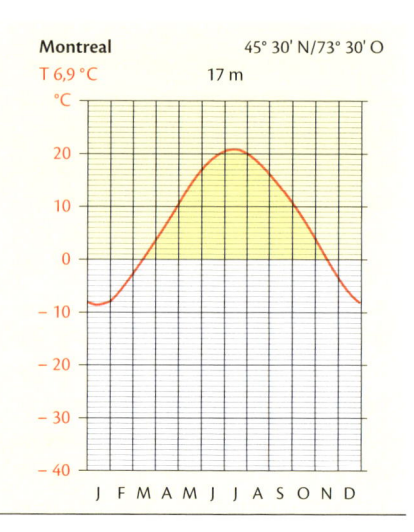

**M 1** Temperaturdiagramme

Inuvik 68° 25' N/133° 30' W — T −8,9 °C, 9 m
Edmonton 53° 34' N/113° 31' W — T 2,7 °C, 206 m
Montreal 45° 30' N/73° 30' O — T 6,9 °C, 17 m

**M 2** Borealer Nadelwald

**M 3** Sommergründer Laubwald

**check-it**
- Verbreitung der Vegetationszonen in Kanada beschreiben
- sommergrünen Laubwald und borealen Nadelwald vergleichen
- Dauer der Vegetationszeit erklären
- Anbaubedingungen von Kulturpflanzen erläutern
- Temperaturdiagramme auswerten und vergleichen

## Sommergrüner Laubwald und borealer Nadelwald

In Kanada ändern sich von Süden nach Norden die natürlichen Pflanzenarten. Sie prägen die Vegetationszonen. Maßgeblich für die Ausbildung der Vegetationszonen ist das Klima. In der gemäßigten Klimazone herrscht sommergrüner Laubwald vor. Wo die Winter länger und strenger sind und die jährliche Wachstumszeit abnimmt, setzen sich die Wälder vorwiegend aus Nadelbäumen zusammen. Das sind immergrüne Kiefern, Fichten und Tannen sowie die Nadeln abwerfenden Lärchen. An Laubbäumen kommen meist nur Birken vor. Die Nadelbäume brauchen im Jahr mindestens zwei Monate mit einer Durchschnittstemperatur von 10 °C oder mehr. Dieser Wald, den es nur auf der Nordhalbkugel gibt, wird borealer Nadelwald genannt. In Russland heißt diese Vegetationszone Taiga.

## ZUSAMMENHÄNGE IN DER POLAREN ZONE UND IN DER GEMÄSSIGTEN ZONE ERKLÄREN

**Natürliche Vegetation**
- Eiswüste
- Frostschutzzone
- Tundra
- Borealer Nadelwald
- Sommergrüner Laubmischwald
- Prärie
- Hochgebirge

— Dauerfrostbodengrenze
— Staatsgrenzen

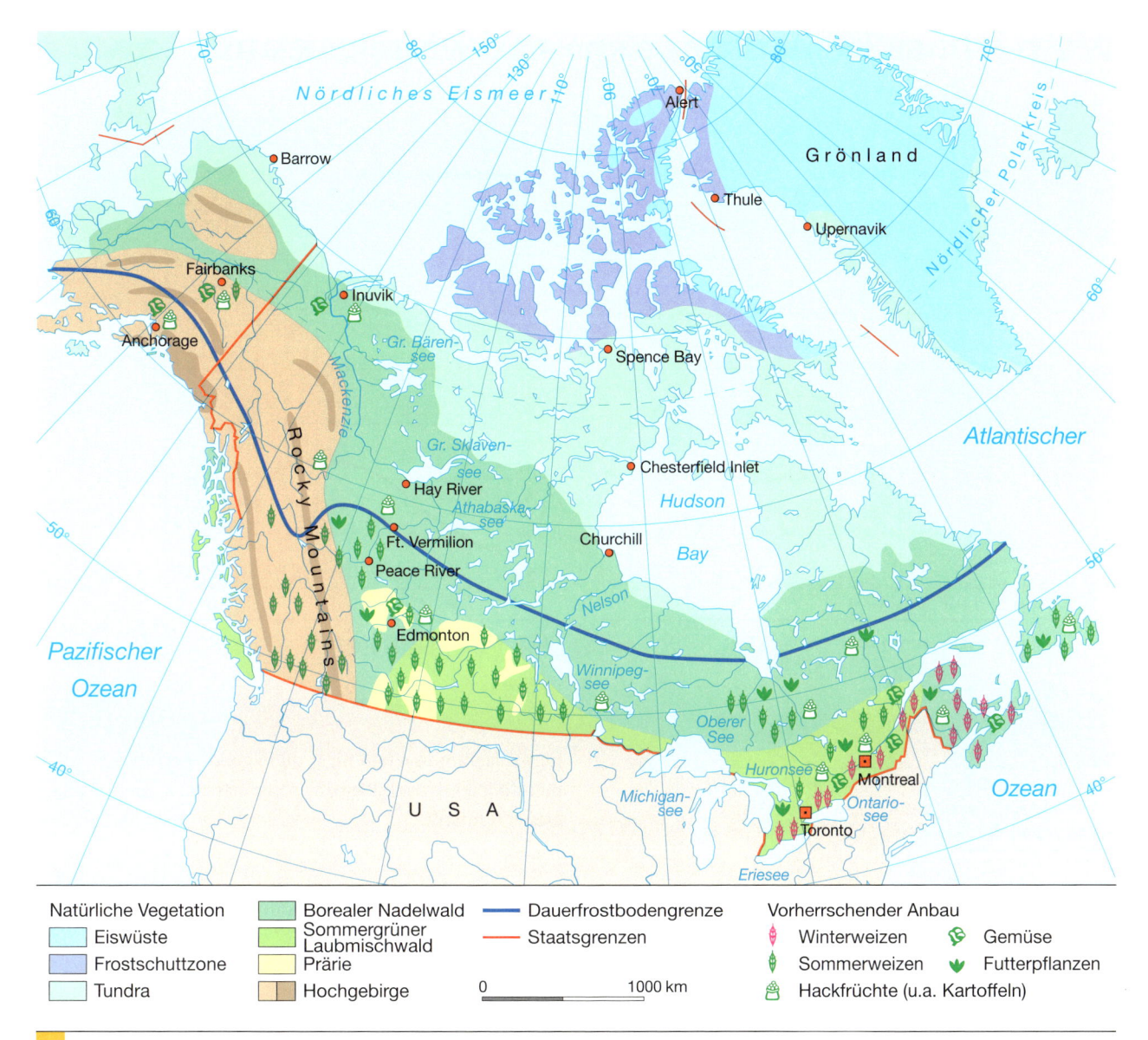

**Vorherrschender Anbau**
- Winterweizen
- Sommerweizen
- Hackfrüchte (u.a. Kartoffeln)
- Gemüse
- Futterpflanzen

**M 4** *Vegetationszonen in Kanada und angrenzenden Gebieten sowie vorherrschender Anbau*

### Kältegrenze des Anbaus

Kurze Sommer und der Dauerfrostboden setzen der ackerbaulichen Nutzung im Übergangsgebiet zwischen der Arktis und der gemäßigten Zone enge Grenzen. Nur einige wenige Nutzpflanzen wie Kartoffeln, Sommergerste und Sommerroggen können angebaut werden. Sie vertragen die kühlen Sommer und eine kurze Vegetationszeit. In der Vergangenheit hat man versucht, die polare Anbaugrenze weiter nach Norden voranzutreiben. Die Züchtung neuer Getreidesorten hat dies möglich gemacht. Aber da die Winter streng und lang sind, bauen die Farmer weiter nördlich keinen Winterweizen an. Er wird im Herbst ausgesät und keimt vor der Winterruhe aus. Er würde die kalte Jahreszeit nicht überstehen. Deshalb bauen die Farmer Sommerweizen an und säen ihn erst im Frühjahr aus. Ein weiteres Hindernis ist der Dauerfrost. Nur im Sommer tauen der Boden und die Gesteine an der Oberfläche auf. Das Schmelzwasser kann nicht versickern. Durch plötzliche Frosteinbrüche kann es zu Missernten kommen. Das stellt landwirtschaftliche Betriebe immer wieder vor Probleme, die gelöst werden müssen.

1 Beschreibe die Lage der Vegetationszonen in Kanada (M 4).
2 Vergleiche das Erscheinungsbild des sommergrünen Laubwaldes mit dem des borealen Nadelwaldes (M 2, M 3).
3 Erkläre anhand der Temperaturen die Veränderungen der Vegetation in Kanada (M 1, M 4).
4 Erläutere, welche Kulturpflanzen mit Erfolg angebaut werden (M 1, M 4, M 5).

| Anbaufrucht | Wachstumszeit | Tagesmitteltemperatur |
|---|---|---|
| Gerste | 90–95 Tage | mehr als 10 °C |
| Hafer | 90–100 Tage | mehr als 10 °C |
| Kartoffeln | 90–100 Tage | mehr als 10 °C |
| Sommerweizen | 100–105 Tage | mehr als 10 °C |

**M 5** *Temperaturansprüche von Kulturpflanzen*

# GEO-METHODE

## Wir zeichnen Klimadiagramme und werten sie aus

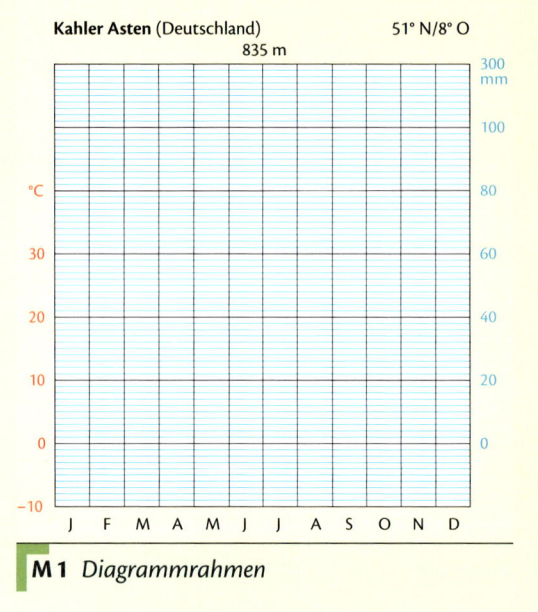

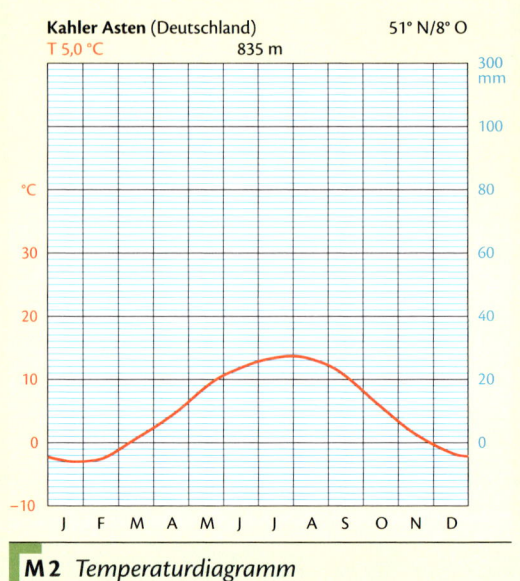

**M1** Diagrammrahmen

**M2** Temperaturdiagramm

check-it
- Aufbau eines Klimadiagramms erklären
- Klimadiagramme zeichnen
- Klimadiagramme auswerten

### Klima und Wachstumszeiten

Liegen die Niederschlagssäulen über der Temperaturkurve, spricht man von feuchtem Klima (humid), dann fällt mehr Niederschlag als verdunstet. Verläuft die Temperaturkurve über den Niederschlagssäulen, spricht man von trockenem Klima (arid), dann verdunstet mehr Feuchtigkeit, als durch die Niederschlagsmenge eines Monats gegeben ist. Es handelt sich dann um Trockenmonate oder Trockenzeiten.

Die Wachstumszeiten von Pflanzen sind aber auch abhängig von der Temperatur. Kulturpflanzen wie zum Beispiel Getreide oder Laubbäume wachsen bei einem Monatsmittel von mindestens 10 °C. Wildpflanzen wie zum Beispiel Gräser benötigen nur 5 °C, wobei immer genügend Feuchtigkeit vorhanden sein muss.

### Ein Klimadiagramm zeichnen

Die Klimawerte einer Klimastation sollen in einem Klimadiagramm veranschaulicht werden. Wir wählen dazu die Klimawerte der Station Kahler Asten. Beim Zeichnen von Klimadiagrammen benötigst du folgende Materialien: Millimeterpapier, Lineal, Bleistift, roter, hellblauer und dunkelblauer Buntstift.

### Checkliste zum Zeichnen eines Klimadiagramms

**1. Schritt: Erstellen des Diagrammrahmens**
Zeichne mit dem Bleistift eine 12 cm lange Grundachse. Trage die 12 Monate mit den Anfangsbuchstaben ein. Zeichne zwei 14 cm hohe Hochachsen. Beschrifte die linke Hochachse mit den Temperaturwerten in Zehnerschritten von −10 bis 30 °C (Maßstab: Ein Grad entspricht zwei Millimeter) und die rechte Hochachse mit Niederschlagswerten in Zwanzigerschritten (Maßstab: Ein Millimeter Niederschlag entspricht einem Millimeter). Beachte, dass sich null Grad und null Millimeter Niederschlag auf einer Linie befinden und dass der Maßstab ab 100 mm Niederschlag verkürzt wird (Maßstab: Zehn Millimeter Niederschlag entsprechen einem Millimeter.). Beschrifte das Diagramm mit dem Namen der Klimastation, den Angaben zum Gradnetz und zur Höhe.

**2. Schritt: Zeichnen des Temperaturdiagramms**
Beschrifte das Diagramm mit der Jahresmitteltemperatur. Markiere die Höhe der Monatsmitteltemperatur im jeweiligen Monat mit einem Punkt. Verbinde alle Punkte zu einer Kurve. Markiere die Temperaturkurve mit dem roten Stift.

| Kahler Asten (Deutschland) 51°11′N 8°29′O | Monat | | | | | | | | | | | | Jahr |
|---|---|---|---|---|---|---|---|---|---|---|---|---|---|
| | J | F | M | A | M | J | J | A | S | O | N | D | |
| Monatsmitteltemperaturen (°C) | -3,1 | -2,8 | 0,4 | 4,0 | 8,6 | 11,6 | 13,2 | 13,0 | 10,3 | 5,5 | 1,1 | -1,8 | 5,0 |
| Monatsniederschläge (mm) | 148 | 128 | 94 | 112 | 90 | 111 | 131 | 135 | 108 | 128 | 132 | 137 | 1454 |

**M3** Klimawerte für den Kahlen Asten

## GEO-METHODE

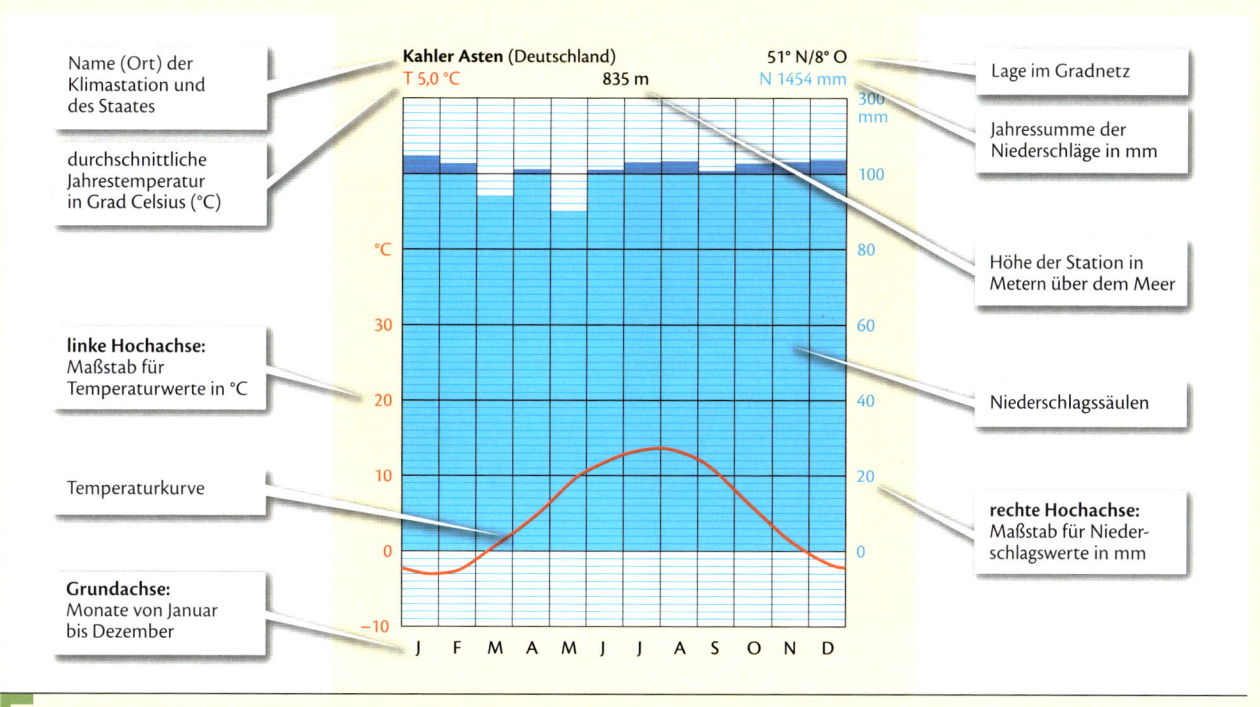

**Kahler Asten** (Deutschland)  51° N/8° O
T 5,0 °C    835 m    N 1454 mm

- Name (Ort) der Klimastation und des Staates
- durchschnittliche Jahrestemperatur in Grad Celsius (°C)
- linke Hochachse: Maßstab für Temperaturwerte in °C
- Temperaturkurve
- Grundachse: Monate von Januar bis Dezember
- Lage im Gradnetz
- Jahressumme der Niederschläge in mm
- Höhe der Station in Metern über dem Meer
- Niederschlagssäulen
- rechte Hochachse: Maßstab für Niederschlagswerte in mm

**M 4** Schritte 1 bis 3 zum Erstellen eines Klimadiagramms

**3. Schritt: Zeichnen des Niederschlagsdiagramms**
Beschrifte das Diagramm mit den Jahresniederschlägen. Markiere die Monatsniederschlagssummen durch einen Strich über dem jeweiligen Monat. Verbinde die Striche durch eine senkrechte Linie mit der Nulllinie. Male die entstandenen Niederschlagssäulen mit dem hellblauen Stift an. Verdeutliche mit dem dunkelblauen Stift in den einzelnen Niederschlagssäulen die Monatsniederschläge, die über 100 mm liegen.

### Beispiel für das Auswerten eines Klimadiagramms

**1. Schritt: Angaben zur Klimastation**
a) Nenne den Namen der Station und das Land, in dem diese liegt.
→ Die Klimastation Kahler Asten liegt in Deutschland.
b) Gib die Höhenlage und die Lage im Gradnetz an.
→ Die Station befindet sich 835 Meter über dem Meeresspiegel auf 51 Grad nördlicher Breite und 8 Grad östlicher Länge.

**2. Schritt: Temperatur (T)**
a) Lies die Jahresmitteltemperatur ab.
→ Die jährliche Durchschnittstemperatur beträgt 5,0 °C.
b) Ermittle den wärmsten Monat des Jahres (Monat, T in °C).
→ Der wärmste Monat ist der Juli mit einer Durchschnittstemperatur von 13,2 °C.
c) Ermittle den kältesten Monat des Jahres (Monat, T in °C).
→ Der kälteste Monat ist der Januar mit einer Durchschnittstemperatur von −3,1 °C.
d) Berechne die Jahresschwankung der Temperatur.
→ Die Jahresschwankung der Temperatur beträgt 10,1 °C.
e) Beschreibe den Verlauf der Temperaturkurve.
→ Die wärmsten Monate sind der Juli und August mit rund 13 °C, der kälteste Monat ist der Januar mit -3,1 °C.

f) Benenne die Monate, in den Frost herrscht.
→ Frostmonate sind Dezember, Januar und Februar.

**3. Schritt: Niederschläge (N)**
a) Lies die Jahresniederschlagssumme ab.
→ Die Summe der Jahresniederschläge beträgt 1454 Millimeter.
b) Ermittle den niederschlagsreichsten Monat (N in mm).
→ Der niederschlagsreichste Monat ist der Januar (148 mm).
c) Ermittle den niederschlagsärmsten Monat (N in mm).
→ Am wenigsten Niederschlag fällt im Mai mit 90 mm.
d) Beschreibe die Verteilung der Niederschläge über das Jahr.
→ Die Niederschläge sind gleichmäßig über das Jahr verteilt.

**4. Schritt: Wachstumszeit**
a) Ermittle die Wachstumszeiten für Kulturpflanzen und Bäume sowie für Wildpflanzen.
→ Für Kulturpflanzen und Laubbäume reichen die Temperaturen in den Monaten Januar bis Mai und Oktober bis Dezember nicht aus.

**5. Schritt: Verlauf von Temperatur und Niederschlägen**
a) Vergleiche den Verlauf der Temperaturkurve mit der Niederschlagskurve und benenne Monate mit trockenem oder feuchtem Klima.
→ Das Klima ist ganzjährig feucht.

**6. Schritt: Klimazone**
a) Ordne das Klimadiagramm einer Klimazone zu (Übersicht S. 24/25).
→ Die Klimastation Kahler Asten liegt in der gemäßigten Klimazone.

**1** Zeichne mithilfe der Checkliste ein Klimadiagramm von Rom. Die Klimatabelle findest du auf Seite 168.
**2** Werte das Klimadiagramm von Rom aus.

ZUSAMMENHÄNGE IN DER POLAREN ZONE UND IN DER GEMÄSSIGTEN ZONE ERKLÄREN

# In der gemäßigten Zone Europas

**M 1** In Süditalien und in der Nähe Warschaus im März

**check-it**
- Lage der Klimazonen in Europa beschreiben
- Entstehung und Merkmale von See- und Landklima vergleichen
- Veränderung von Temperaturen und Niederschlägen erläutern
- Zusammenhang zwischen Klima und natürlicher Vegetation erklären

## Das Klima Europas

Europa liegt größtenteils in der gemäßigten Zone. Nur der äußerste Norden reicht in die polare Zone hinein. Südeuropa gehört zu den Subtropen. Bestimmend für das Klima des Kontinents ist die Lage zwischen dem Atlantischen Ozean und der Landmasse Asiens einerseits sowie zwischen dem Nordpolarmeer und Afrika andererseits.

Von großem Einfluss auf die Temperaturverhältnisse nördlich der Alpen, insbesondere in Nordeuropa, ist der Golfstrom. Er transportiert Wärme aus der tropischen Zone bis in die Polargebiete Nordeuropas. Außerdem bringen die häufigen Westwinde in der gemäßigten Zone das ganze Jahr über feuchte Luftmassen vom Ozean auf den Kontinent.

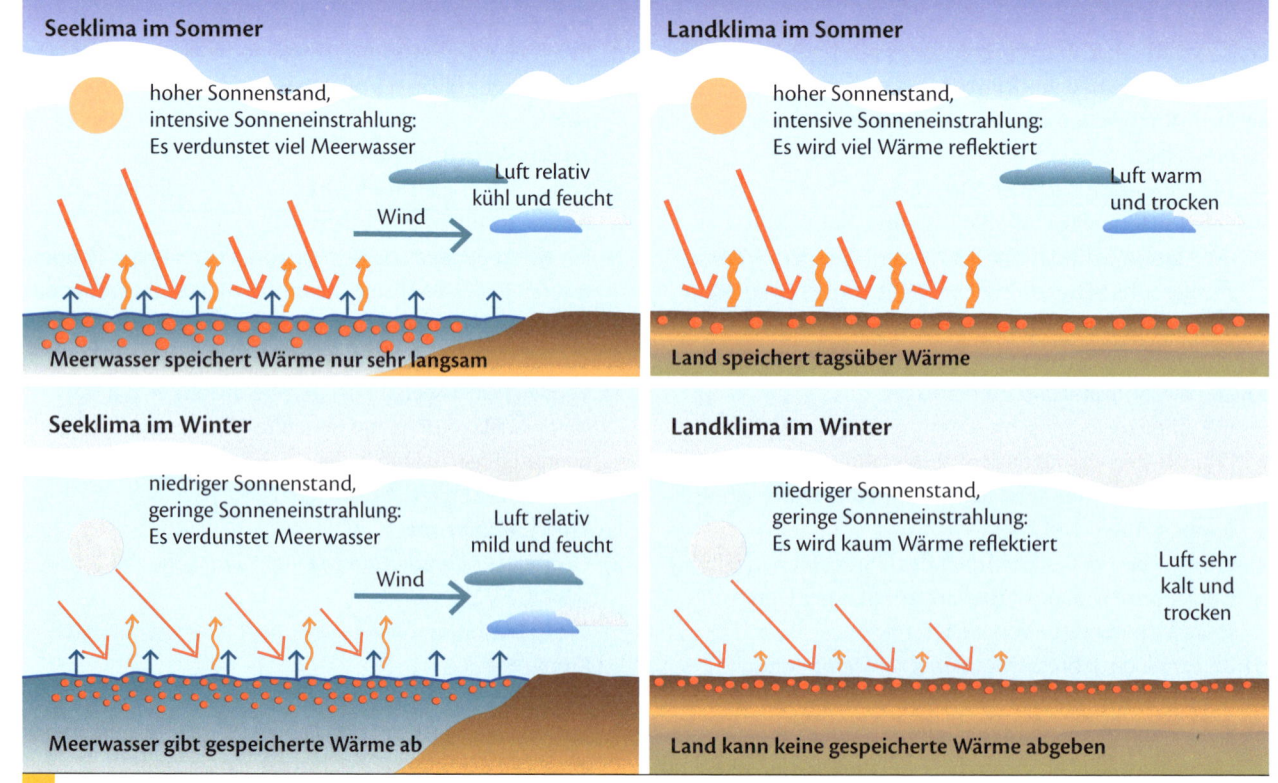

**Seeklima im Sommer**
hoher Sonnenstand, intensive Sonneneinstrahlung: Es verdunstet viel Meerwasser
Luft relativ kühl und feucht
Wind
Meerwasser speichert Wärme nur sehr langsam

**Landklima im Sommer**
hoher Sonnenstand, intensive Sonneneinstrahlung: Es wird viel Wärme reflektiert
Luft warm und trocken
Land speichert tagsüber Wärme

**Seeklima im Winter**
niedriger Sonnenstand, geringe Sonneneinstrahlung: Es verdunstet Meerwasser
Luft relativ mild und feucht
Wind
Meerwasser gibt gespeicherte Wärme ab

**Landklima im Winter**
niedriger Sonnenstand, geringe Sonneneinstrahlung: Es wird kaum Wärme reflektiert
Luft sehr kalt und trocken
Land kann keine gespeicherte Wärme abgeben

**M 2** Entstehung von Seeklima (ozeanisches Klima) und Landklima (kontinentales Klima)

**M 3** Klimazonen Europas

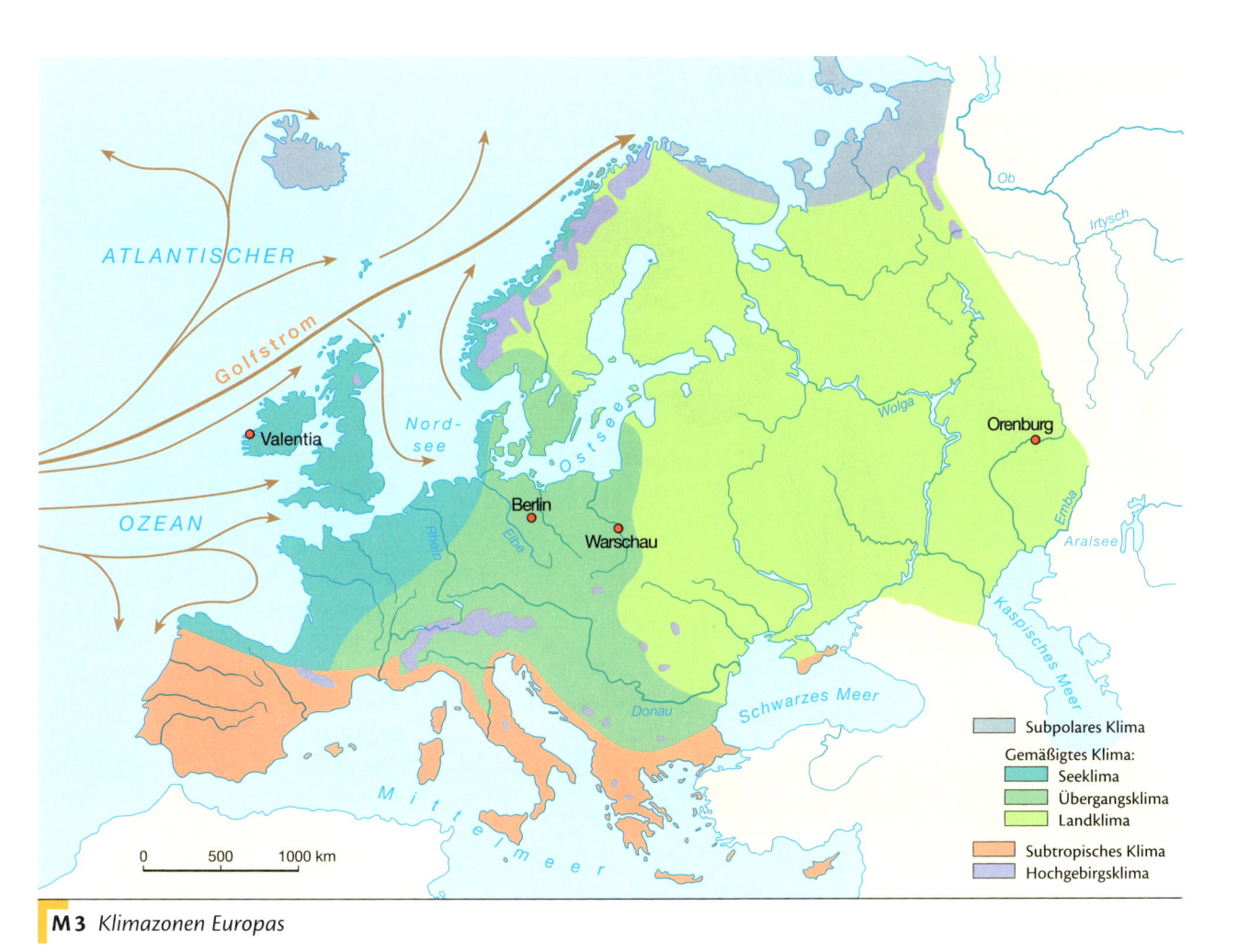

Legende:
- Subpolares Klima
- Gemäßigtes Klima:
  - Seeklima
  - Übergangsklima
  - Landklima
- Subtropisches Klima
- Hochgebirgsklima

## Die natürliche Vegetation

In der gemäßigten Zone reichen Wärme und Niederschläge allgemein für eine Waldvegetation aus. Im kälteren Norden wachsen Nadelwälder und südlich davon Laub- und Mischwälder. Im trockenen Südosten können sich lediglich die Gräser und Kräuter entfalten. Entsprechend den Beleuchtungsverhältnissen breiten sich im hohen Norden Tundren aus. Sommerliche Trockenheit führt in Südeuropa zu subtropischer Hartlaubvegetation. Allerdings gibt es in Europa fast nirgendwo mehr noch eine ursprüngliche natürliche Vegetation.

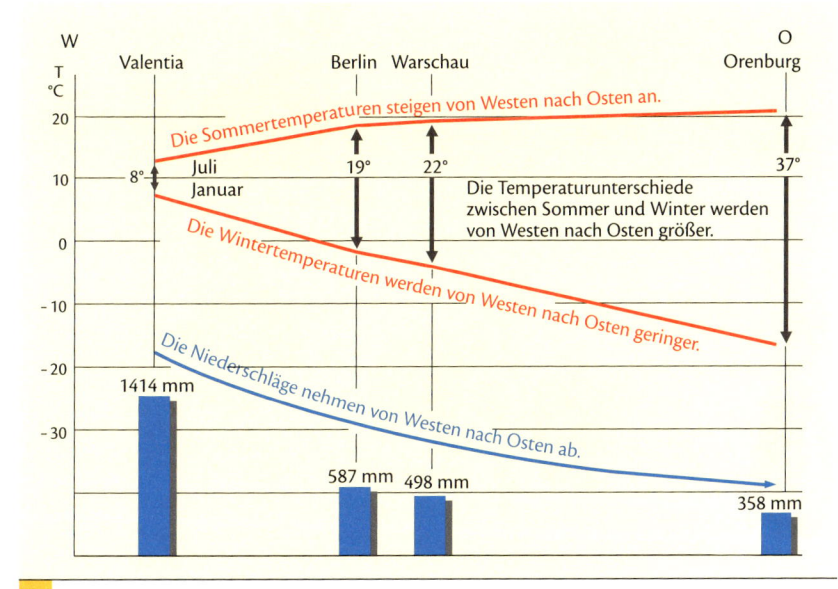

**M 4** Temperaturen und Niederschläge in Europa

Werte:
- Valentia: Juli 8°, Niederschlag 1414 mm
- Berlin: Juli 19°, Niederschlag 587 mm
- Warschau: Juli 22°, Niederschlag 498 mm
- Orenburg: 37°, Niederschlag 358 mm

- Die Sommertemperaturen steigen von Westen nach Osten an.
- Die Wintertemperaturen werden von Westen nach Osten geringer.
- Die Niederschläge nehmen von Westen nach Osten ab.
- Die Temperaturunterschiede zwischen Sommer und Winter werden von Westen nach Osten größer.

1. Beschreibe die räumliche Verbreitung der Klimazonen Europas (M 3).
2. Vergleiche die Entstehung und die Merkmale von Land- und Seeklima. Fertige dazu eine Tabelle an (M 2).
3. Erläutere die unterschiedlichen Temperaturen und Niederschläge in Europa von Nord nach Süd und von West nach Ost (M 1, M 4).
4. Die natürliche Vegetation in Europa ist vom Klima abhängig. Prüfe die Richtigkeit der Aussage und erläutere diese an einem Beispiel (M 2 bis M 4).

# Kulturpflanzen in Europa

**check-it**
- typische Kulturpflanzen Europas und ihre klimatischen Ansprüche beschreiben
- Verbreitungsgebiete von Nutzpflanzen Europas bestimmen
- Anbaugrenzen den klimatischen Klimazonen Europas zuordnen

## Klimatische Gunst- und Ungunstfaktoren für die Landnutzung

Gemüse aus den Niederlanden, Wein aus Frankreich, Zitrusfrüchte aus Spanien: Das Angebot landwirtschaftlicher Produkte aus Europa ist vielfältig. Die europäische Landwirtschaft kann fast alle Nahrungs- und Genussmittel selbst erzeugen.

Die landwirtschaftliche Nutzung eines Raumes wird stark vom Klima beeinflusst. Der größte Teil Europas ist sowohl für Ackerbau als auch für Viehzucht geeignet. Die meisten Gebiete nördlich der Alpen haben ein feuchtes Klima. Hier schränken mäßig warme Sommertemperaturen oder kühle bzw. kalte Winter die Landwirtschaft ein. Im Mittelmeerraum herrscht dagegen meist ein Klima mit vielen Trockenmonaten vor. Mangel an Niederschlägen in den Sommermonaten beeinflusst hier den Anbau.

Grünlandwirtschaft spielt vor allem in den Gebieten mit ozeanischem Klima eine bedeutende Rolle. Hier ist es für einen lohnenden Getreideanbau zu feucht. Das milde ozeanische Klima Westeuropas begünstigt hingegen den Anbau von Gemüse und Salat.

Die Räume mit **Übergangsklima** oder **Kontinentalklima** werden vorwiegend für den Getreideanbau genutzt.

In den Winterregengebieten des Mittelmeerraumes sind Kulturpflanzen beheimatet, die entweder keine längeren Frostperioden ertragen können oder gleichmäßig hohe Sommertemperaturen benötigen und daher nördlich der Alpen nicht angebaut werden können.

**M 1** *Kulturpflanzen in Europa*

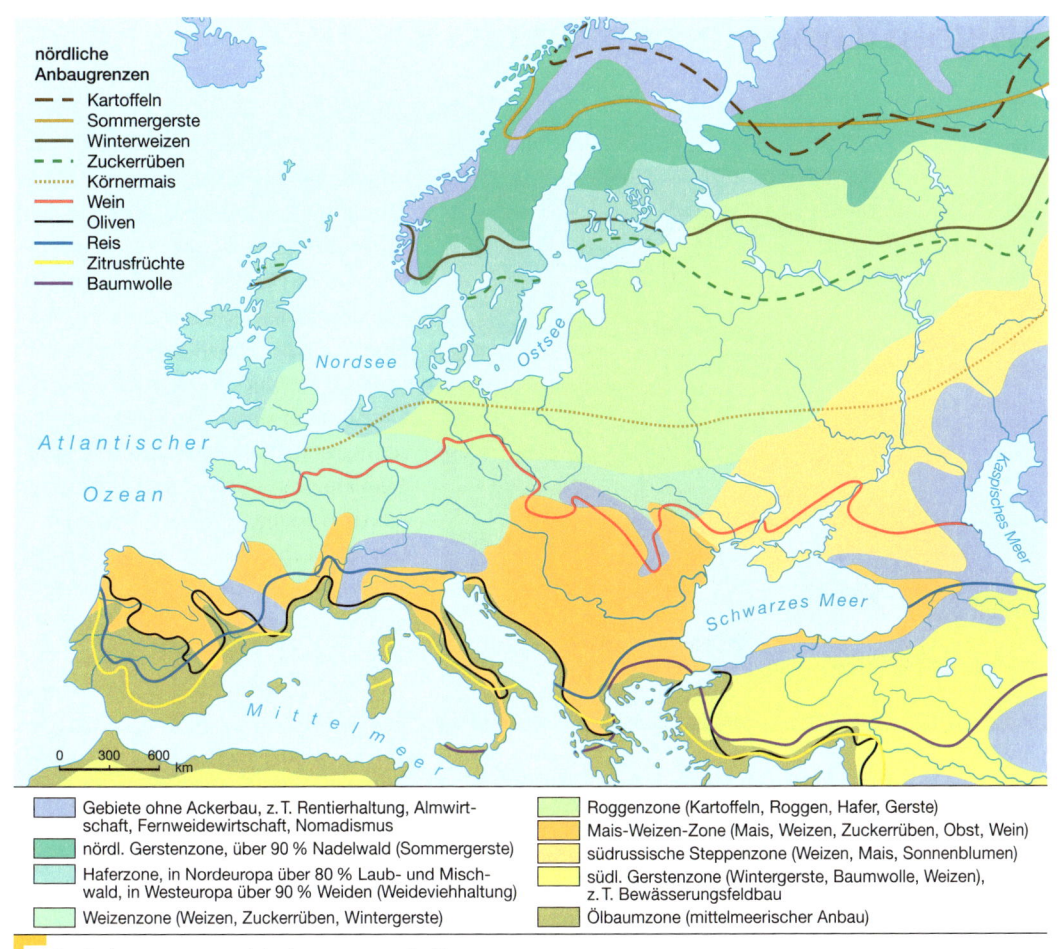

## ZUSAMMENHÄNGE IN DER POLAREN ZONE UND IN DER GEMÄSSIGTEN ZONE ERKLÄREN

**nördliche Anbaugrenzen**
- – – Kartoffeln
- —— Sommergerste
- —— Winterweizen
- – – Zuckerrüben
- ····· Körnermais
- —— Wein
- —— Oliven
- —— Reis
- —— Zitrusfrüchte
- —— Baumwolle

Legende:
- Gebiete ohne Ackerbau, z.T. Rentierhaltung, Almwirtschaft, Fernweidewirtschaft, Nomadismus
- nördl. Gerstenzone, über 90 % Nadelwald (Sommergerste)
- Haferzone, in Nordeuropa über 80 % Laub- und Mischwald, in Westeuropa über 90 % Weiden (Weideviehhaltung)
- Weizenzone (Weizen, Zuckerrüben, Wintergerste)
- Roggenzone (Kartoffeln, Roggen, Hafer, Gerste)
- Mais-Weizen-Zone (Mais, Weizen, Zuckerrüben, Obst, Wein)
- südrussische Steppenzone (Weizen, Mais, Sonnenblumen)
- südl. Gerstenzone (Wintergerste, Baumwolle, Weizen), z.T. Bewässerungsfeldbau
- Ölbaumzone (mittelmeerischer Anbau)

**M2** *Anbauzonen und Anbaugrenzen in Europa*

### Klimatische Ansprüche einiger Kulturpflanzen

**Mais:** Die Pflanze stellt hohe Ansprüche an Wärme und Licht während der **Vegetationsperiode.** Die Keimung erfolgt bei 8–10 °C, das beste Wachstum ist erst bei 15–20 °C Tagesmitteltemperatur gewährleistet. Die Wasseransprüche sind gering.

**Ölbaum:** Die günstigsten Wachstumsbedingungen sind bei einer mittleren Jahrestemperatur von 15–22 °C und 500–700 mm Jahresniederschlag erfüllt. Der Ölbaum verträgt auch sehr trockene Jahre mit 200 mm Niederschlag und hohe Temperaturen bis 40 °C, ist aber frostempfindlich.

**Roggen:** Die frosthärteste Getreideart verträgt Temperaturen bis –25 °C. Sie ist aber nässeempfindlich. Der Anbau erfolgt in kühlem und sommertrockenem Klima.

**Wein:** Die Pflanze wächst gut bei Jahresmitteltemperaturen von 10–12 °C, einer Vegetationsperiode von 180–200 Tagen und Niederschlägen von etwa 800 mm im Jahr. Der Wein erträgt eine sommerliche Trockenzeit wegen des ausgedehnten Wurzelsystems.

**Weizen:** Das Getreide ist sehr anpassungsfähig und wird weltweit angebaut. Günstige Bedingung ist ein wintermildes und sommerwarmes Klima. Winterweizen wird im Herbst ausgesät, um die Winterfeuchte zu nutzen. Die Keimung findet bereits im Herbst statt. Der Anbau von Sommerweizen erfolgt in winterkalten Gebieten. Die Aussaat wird im Frühjahr vorgenommen.

**Zitrusfrüchte:** Zitronen- und Orangebäume benötigen für gutes Wachstum mindestens 17–20 °C Jahresmitteltemperatur und 1200 mm Niederschlag im Jahr. Sie ertragen keine Trockenzeiten, aber kurze Frostperioden. Erforderlich ist außerdem eine hohe Sonneneinstrahlung.

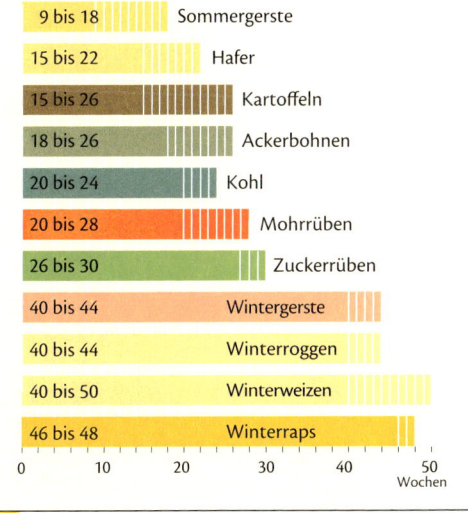

| Wochen | Kulturpflanze |
|---|---|
| 9 bis 18 | Sommergerste |
| 15 bis 22 | Hafer |
| 15 bis 26 | Kartoffeln |
| 18 bis 26 | Ackerbohnen |
| 20 bis 24 | Kohl |
| 20 bis 28 | Mohrrüben |
| 26 bis 30 | Zuckerrüben |
| 40 bis 44 | Wintergerste |
| 40 bis 44 | Winterroggen |
| 40 bis 50 | Winterweizen |
| 46 bis 48 | Winterraps |

**M3** *Wachstumsdauer ausgewählter Kulturpflanzen*

1. Nenne Kulturpflanzen Europas und ihre Wachstumsdauer (**M1, M3**).
2. Ordne die Grenzen des Anbaus einiger Kulturpflanzen den Klimazonen in Europa zu (**M1, M2, M3,** S. 49, **M3**).
3. Vergleiche die Nordgrenze des Getreideanbaus in Europa und in Kanada (**M2,** S. 45 **M4,** Atlas S. 188/189).
4. Erkläre die vorherrschende landwirtschaftliche Nutzung in den verschiedenen Teilen Europas (**M2**).

# In der gemäßigten Zone Nordamerikas

M1 Maine (USA)

**check-it**
- Lage und Ausdehnung Nordamerikas und der gemäßigten Zone beschreiben
- Klimadiagramme auswerten und vergleichen
- Merkmale der gemäßigten Zone kennen
- Zusammenhang zwischen Klima und Landnutzung erläutern

## Weder zu kalt noch zu warm

Die Westseite von Nordamerika liegt im Einflussbereich des Pazifischen Ozeans. Die feuchte Meeresluft kann allerdings durch die gewaltige Gebirgsschranke der Rocky Mountains und anderer von Norden nach Süden verlaufender Gebirgsketten nicht weit ins Landesinnere dringen. Die Gebirge wirken als Sperrriegel.

Im Inneren des nordamerikanischen Kontinents sind die Temperaturunterschiede zwischen Sommer und Winter sehr groß. Da eine West-Ost verlaufende Gebirgsschranke wie in Europa fehlt, können im Winter kalte Luftmassen aus der polaren Klimazone vorstoßen. Nördlich der Großen Seen treten auch im Frühjahr und im Herbst Fröste auf. Die Sommer sind deshalb nur kurz. Ein schneller Temperaturwandel erfolgt im Frühjahr, wenn sich warme Luftmassen aus dem Süden nordwärts bewegen.

Der 100. Längengrad markiert die Trockengrenze zwischen dem trockeneren Westen und dem feuchteren Osten.

An der Ostküste bestimmt der Atlantische Ozean das Klima. Im Sommer stoßen warme und feuchte Luftmassen vor, im Winter fließt kalte Luft aus der Arktis nach Süden und Osten.

Besonders angenehm sind der Spätsommer und der Frühherbst. Dann steigen die Temperaturen an der Ostküste, im Mittleren Westen und in Kanada noch einmal auf 20 °C. Die Blätter färben sich bunt. Das ist die Zeit des Indian Summer.

## Intensive Landnutzung

Als die ersten Europäer nach Nordamerika kamen, fanden sie ein riesiges und fast menschenleeres Gebiet vor. Die Indianerstämme nutzten das Land ge-

M2 Mittlerer Westen (USA)

M3 British Columbia (Kanada)

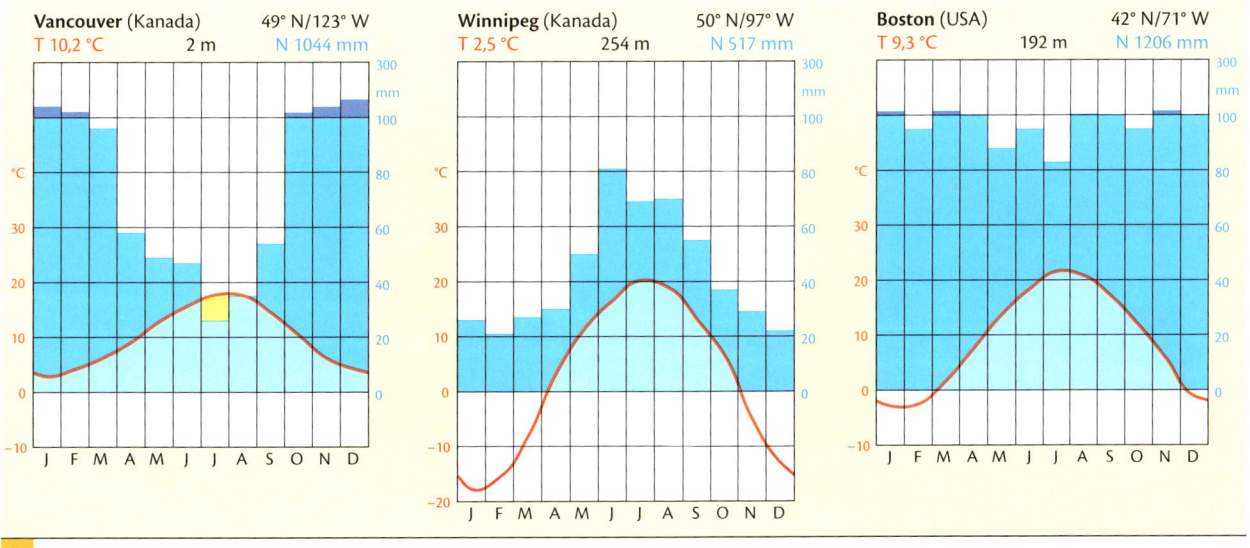

ZUSAMMENHÄNGE IN DER POLAREN ZONE UND IN DER GEMÄSSIGTEN ZONE ERKLÄREN

**Vancouver** (Kanada) 49° N/123° W
T 10,2 °C  2 m  N 1044 mm

**Winnipeg** (Kanada) 50° N/97° W
T 2,5 °C  254 m  N 517 mm

**Boston** (USA) 42° N/71° W
T 9,3 °C  192 m  N 1206 mm

**M 4** *Klimadiagramme*

meinsam. Jeder Indianer durfte jagen oder seinen Acker anlegen, wo er wollte. Im Osten bis zu den Appalachen standen den Laub-, Misch- und Nadelwälder. Die Siedler rodeten die Wälder, um Platz für Ackerland zu schaffen. Heute prägen Obstbau und Farmen mit Milchvieh die Landschaft. Vom ursprünglichen Wald ist in den USA nur noch ein Prozent erhalten geblieben.
Auch die Prärien sind längst keine reinen Graslandschaften mehr. Die weißen Siedler rotteten die Bisonherden mit mehr als 50 Millionen Tieren aus. Etwa die gleiche Anzahl von Antilopen lebte in den Grasländern. Auf den einstigen Weidegründen breiten sich nun Ackerflächen für Weizen, Mais und Soja aus. In Kanada sind zwei Drittel der Prärieflächen in Ackerland umgewandelt worden, in den USA ist es die Hälfte.
In der gemäßigten Zone wohnen nicht nur die meisten Menschen, sondern das Land wird trotz einiger Ungunstfaktoren intensiv genutzt. Der Einsatz von Düngemitteln und Hochleistungssaatgut sowie moderne Anbau- und Erntetechnik ermöglichen sehr gute Erträge in der Landwirtschaft.

**1** Beschreibe die Ausdehnung und die Unterteilung der gemäßigten Zone in Nordamerika (**M 5**).

**2** Werte die Klimadiagramme aus und vergleiche sie miteinander (**M 4**).

**3** Begründe die unterschiedlichen Temperatur- und Niederschlagswerte (**M 4**).

**4** Ordne den verschiedenen Bereichen der gemäßigten Zone die Bilder zu. Begründe deine Wahl (**M 1** bis **M 3**, Karte S. 198/199).

**5** Erläutere den Zusammenhang zwischen Klima und Landnutzung (**M 1** bis **M 3**, **M 5**).

**6** Zeichne die Klimadiagramme von Los Angeles, Phoenix und Atlanta. Ermittle dazu im Internet die Werte (www.klimadiagramme.de). Vergleiche die Werte mit **M 4**.

**Polares Klima**
**Subpolares Klima**
**Gemäßigte Klimazone**
 Winterfeuchtes Meeresklima
 Sommerwarmes Kontinentalklima
**Kühles Kontinentalklima**
**Sommerwarmes feuchtes Meeresklima**
**Subtropische Klimazone**
 Winterregenklima
 Feuchtes Klima
**Tropische Klimazone**
 Trockene Tropen
 Feuchte Tropen
 Hochgebirgsklima
 Trockengebiete

**M 5** *Klimazonen und klimabestimmende Faktoren in Nordamerika*

# Weizenanbau in den USA

**M 1** Mähdrescherkolonne in einem Weizenfeld

**check-it**
- geographische Lage der Weizenanbaugebiete beschreiben
- Merkmale der Weizenproduktion erläutern
- Erntemethoden beschreiben
- Bedeutung des Weizenanbaus beurteilen
- Monokulturanbau und seine Folgen beurteilen

## Prärien – Kornkammern der USA

Die USA sind eines der größten Weizenanbauländer der Welt. Sie stehen nach China, der Europäischen Union und Indien an vierter Stelle. Etwa die Hälfte der Ernte wird exportiert.

Für den Getreideanbau eignen sich die Graslandschaften der Prärien besonders gut. Das erkannten auch die ersten Siedler, die schon Ende des 19. Jahrhunderts das Gras- und Weideland umpflügten und Weizen anbauten. Da die Nachfrage groß war, legten sie trotz der Ernterisiken durch Trockenheit und Staubstürme immer mehr Weizenfelder an. Das rächte sich in den folgenden Jahrzehnten, als regelmäßig Dürreperioden eintraten. Wegen der Missernten konnten die Farmer ihre Schulden nicht bezahlen. Sie mussten ihre Farmen aufgeben und wanderten ab.

Kleine Familienbetriebe mit einer überschaubaren Fläche und einigen Lohnarbeitern haben auch heute keine Chance mehr. Ihnen fehlt das Geld für die Anschaffung von Geräten und Maschinen. Stattdessen prägen Großbetriebe den Anbau. Durchschnittlich umfasst eine Weizenfarm 128 Hektar, aber es gibt auch Farmen mit über zehntausend Hektar. Knapp drei Viertel der Anbaufläche wird mit Winterweizen bestellt, der im Herbst ausgesät und im Sommer geerntet wird. Während der Vegetationszeit benötigt Winterweizen 400 bis 900 Millimeter Niederschlag. Um möglichen Ernteausfällen infolge von Trockenheit zu begegnen, werden die Felder mit riesigen rotieren-

**M 2** Streifenanbau zum Schutz des Bodens

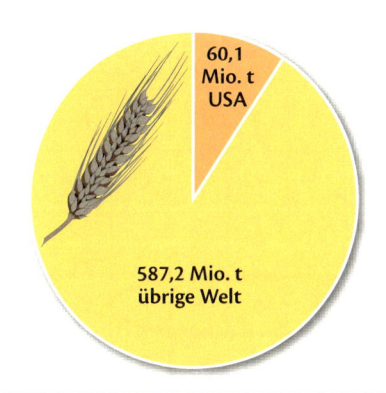

ZUSAMMENHÄNGE IN DER POLAREN ZONE UND IN DER GEMÄSSIGTEN ZONE ERKLÄREN 55

**M 3** Weizenerzeugung 2010

- 60,1 Mio. t USA
- 587,2 Mio. t übrige Welt

den Sprinkleranlagen kreisförmig bewässert. Die Bewässerung führt aber zu einer starken Absenkung der Grundwasservorräte.
Sommerweizen wird im Frühjahr ausgesät. Für die Wachstumszeit sind mindestens hundert frostfreie Tage nötig. Die Erträge sind jedoch niedriger als beim Winterweizen.

### Lohnunternehmen

Viele Farmer schaffen sich keine Maschinen mehr an, sondern vergeben alle Feldarbeiten vom Pflügen bis zum Säen und Ernten im Lohnauftrag an spezialisierte Unternehmen. Diese ziehen bei der Weizenernte mit Mähdreschern und Lastwagen von Süden nach Norden. An einem Tag können sie mehrere Hundert Hektar Weizen ernten.

### Bodenschutzmaßnahmen

Die Monokultur, das heißt die Spezialisierung nur auf Weizen, führt zur Abtragung des Bodens durch Wasser und Wind. Die Farmer pflügen deshalb im hügligen Gelände entlang der Höhenlinien, damit in den Furchen das Wasser nicht so schnell abläuft. Sie bauen nebeneinander Feldfrüchte an, die zu unterschiedlichen Zeiten reifen, oder sie lassen ein Feld ein Jahr brach liegen und walzen den Boden, damit die Niederschläge im Boden gespeichert werden. Eine andere Möglichkeit besteht darin, das Stoppelfeld nicht mehr gleich nach der Ente umzupflügen, sondern von einer Maschine Rillen ziehen zu lassen, in die sofort eingesät wird.

**M 4** Verladestation für Getreide in Kansas

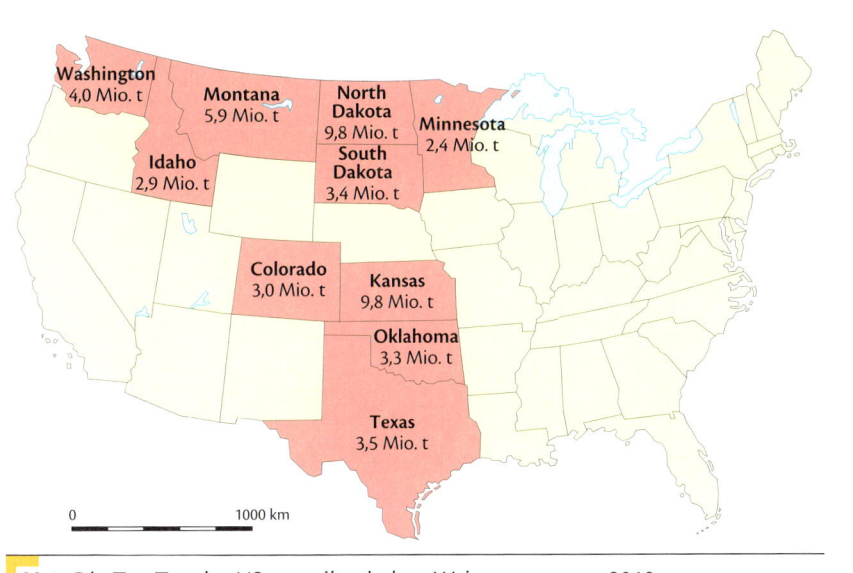

- Washington 4,0 Mio. t
- Montana 5,9 Mio. t
- North Dakota 9,8 Mio. t
- Minnesota 2,4 Mio. t
- Idaho 2,9 Mio. t
- South Dakota 3,4 Mio. t
- Colorado 3,0 Mio. t
- Kansas 9,8 Mio. t
- Oklahoma 3,3 Mio. t
- Texas 3,5 Mio. t

**M 5** Die Top-Ten der US-amerikanischen Weizenerzeugung 2010

1 Beschreibe die geographische Lage der Weizenanbaugebiete in den USA (**M 5**, Karte S. 196/197).
2 Erläutere die Merkmale der Weizenproduktion in den USA (**M 1**, **M 4**).
3 Beschreibe die Erntemethoden und vergleiche mit der Getreideernte in Deutschland (**M 1**).
4 Beurteile die Bedeutung des Weizenanbaus in den USA (**M 3**).
5 Nimm Stellung zu den Risiken des Anbaus in Monokultur und erläutere Schutzmaßnahmen (**M 2**, **M 4**).

# GEO-CHECK

## Zusammenhänge in der polaren Zone und in der gemäßigten Zone erklären

### Sich orientieren

a) Klimazone mit den tiefsten Temperaturen (2 Wörter)
b) anderer Name für das Südpolargebiet
c) Vegetation der polaren Zone
d) Stadt im Norden Kanadas
e) nördlichster Bundesstaat der USA
f) Gebiet, in dem die Inuit leben
g) Staat mit großem Anteil an der polare Zone
h) Schifffahrtsroute nördlich von Russland
i) europäisches Gebiet mit Seeklima
j) Graslandschaft in den USA
k) Bundesstaat in den USA mir sehr hoher Weizenproduktion
l) warme Meeresströmung mit Einfluss auf das Klima in Europa
m) Meer, das sich um den Nordpol erstreckt
n) europäische Hauptstadt, unter Einfluss des Landklimas

**Umlaut = 1 Buchstabe**

| P | O | L | A | R | E | A | N | T | N | U |
|---|---|---|---|---|---|---|---|---|---|---|
| A | R | K | F | A | I | R | Z | O | N | E |
| T | I | S | T | U | N | B | A | N | K | S |
| D | R | A | L | A | S | K | A | D | A |   |
| K | A | N | A | N | A | V | U | T | G | E |
| N | O | R | D | W | E | S | T | O | S | T |
| P | A | S | S | A | E | U | R | O | P | A |
| P | R | Ä | S | T | R | O | M | R | I | E |
| G | O | L | F | N | O | R | D | W | A | R |
| P | O | L | A | R | S | A | S | K | A | N |
| :) | M | E | E | R | S | C | H | A | U | :) |

**M 1** *Versteckte Wörter*

**M 2** *Im Zoo*

1. Löse das Rätsel, indem du die Begriffe auf ein Blatt Papier schreibst. Die Begriffe setzen sich aus einzelnen Wortteilen zusammen. Sie stehen waagerecht. Beispiel: Alaska
2. Erkläre, warum eine Begegnung zwischen Eisbär und Pinguinen in der Natur nicht stattfinden kann (**M 2**).
3. Stelle in einer Tabelle die Gemeinsamkeiten und die Unterschiede von Arktis und Antarktis gegenüber.
4. Beschreibe die Verbreitung des Dauerfrostes auf der Nordhalbkugel.
5. Vergleiche Klima, Vegetation und Landnutzung in der polaren und der gemäßigten Zone (Karten S. 11 und S. 31).
6. Unterteile die gemäßigte Zone in Klimabereiche. Nenne deren Merkmale.

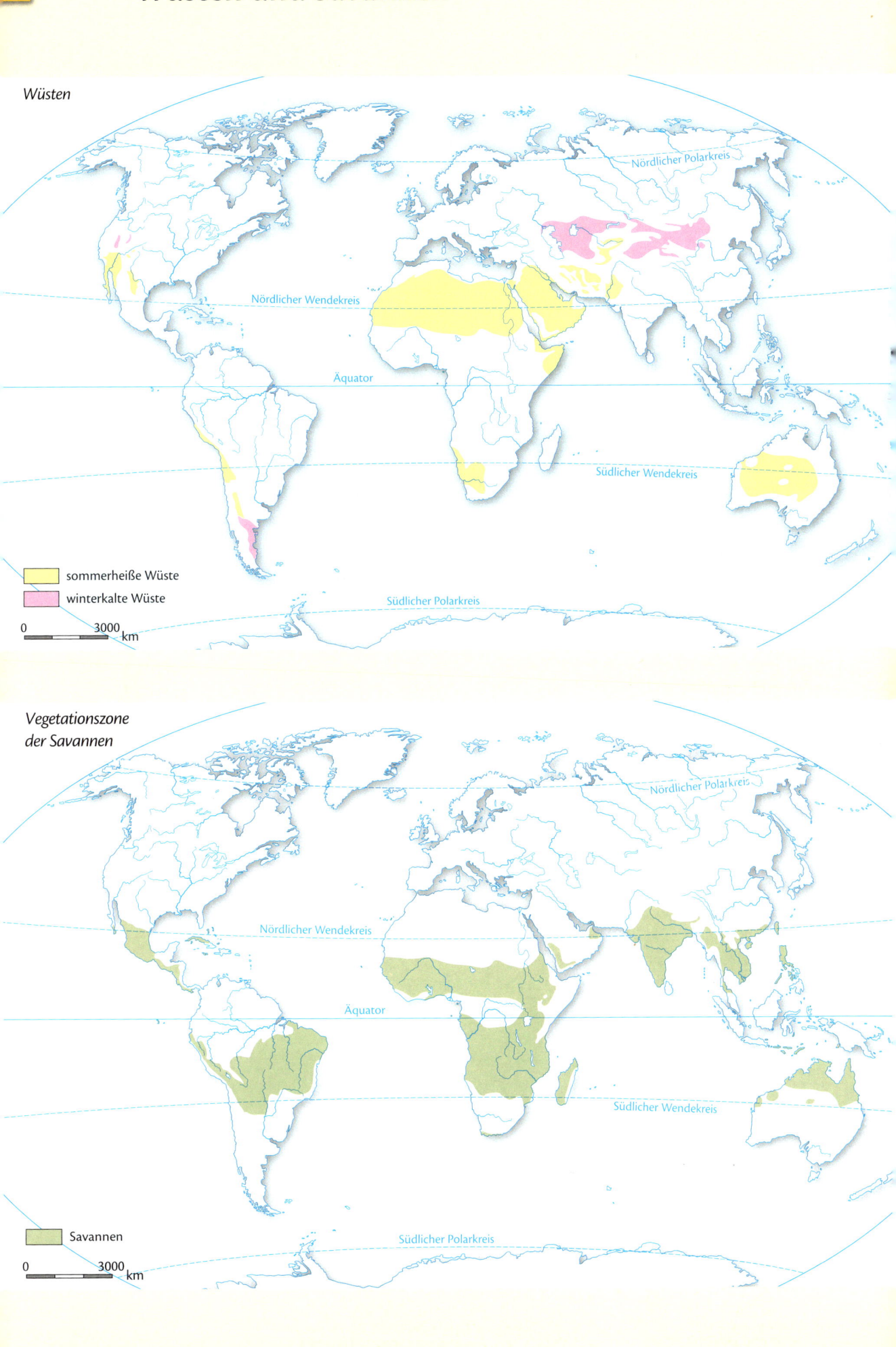

# 59 MERKMALE VON WÜSTEN UND SAVANNEN KENNEN LERNEN

## Wüsten und Savannen

*Wüsten*

- sommerheiße Wüste
- winterkalte Wüste

0 — 3000 km

*Vegetationszone der Savannen*

- Savannen

0 — 3000 km

GEO-CHECK **58**

## Beurteilen, sich verständigen und handeln

**M6** Mähdrescher auf dem Weg in die Tundra?

**11** Das wünschen sich viele Menschen: Die Anbaugrenze von Getreide weiter Richtung Nordpol und Südpol auszudehnen: Damit wären viele Probleme gelöst. Alle Menschen hätten genug zu essen und aus Getreide könnte man auch Biokraftstoff erzeugen.
Erläutere, warum der in der Fotomontage dargestellte Vorgang sich nicht einfach in die Wirklichkeit übertragen lässt.

**12** Nach Erdöl wird überall gebohrt, auch in der polare Zone. Eigentlich ist das doch ein Vorteil. Dort leben nur wenige Menschen und in den Dauerfrostgebieten können Autos und Lastwagen gut fahren.
Beurteile die Chancen und Risiken einer Erdölförderung in der polare Zone. Bedenke auch, was beim Transport des Erdöls alles geschehen kann.

WEBCODE:
UE649365-058

**M7** Alaska-Pipeline und Ölverschmutzung an der Küste Alaskas

# GEO-CHECK

## Wissen und verstehen

**7** Ordne jedem dieser Begriffe (M 3) mindestens zwei Merkmale zu.

Tundra, Dauerfrost, Getreideanbau, Gemäßigte Zone, Polarzone, Landklima, Ackerbau, Kältegrenze, Seeklima, Prärie

**M 3** Geo-Begriffestapel

**8** Sortiere die Aussagen in richtige und falsche. Verbessere die falschen Aussagen und schreibe sie richtig auf.

### Richtig oder falsch?
- Die Tundra ist eine baumlose Landschaft.
- In Dauerfrostgebieten taut der Boden nur im Sommer vollständig auf.
- Eisbären leben in der Antarktis, Pinguine in der Arktis.
- In Gebieten mit Dauerfrost stehen die Häuser auf Holzpfählen. Diese haben sich dem Klima angepasst.
- Die Trans-Alaska-Pipeline transportiert Erdöl von Prudhoe Bay im Norden nach Valdez an der eisfreien Pazifikküste.
- Das Seeklima in Irland bietet die besten Voraussetzungen für den Ackerbau.
- In der kaltgemäßigten Zone wachsen Nadelbäume.
- Die gemäßigte Zone Europas eignet sich in besonderer Weise für den Anbau von Bananen und Kaffee.
- Kartoffeln können ohne Probleme in der Tundra angebaut werden. Sie kommen mit 6 Wochen Wachstumszeit aus.

## Können und anwenden

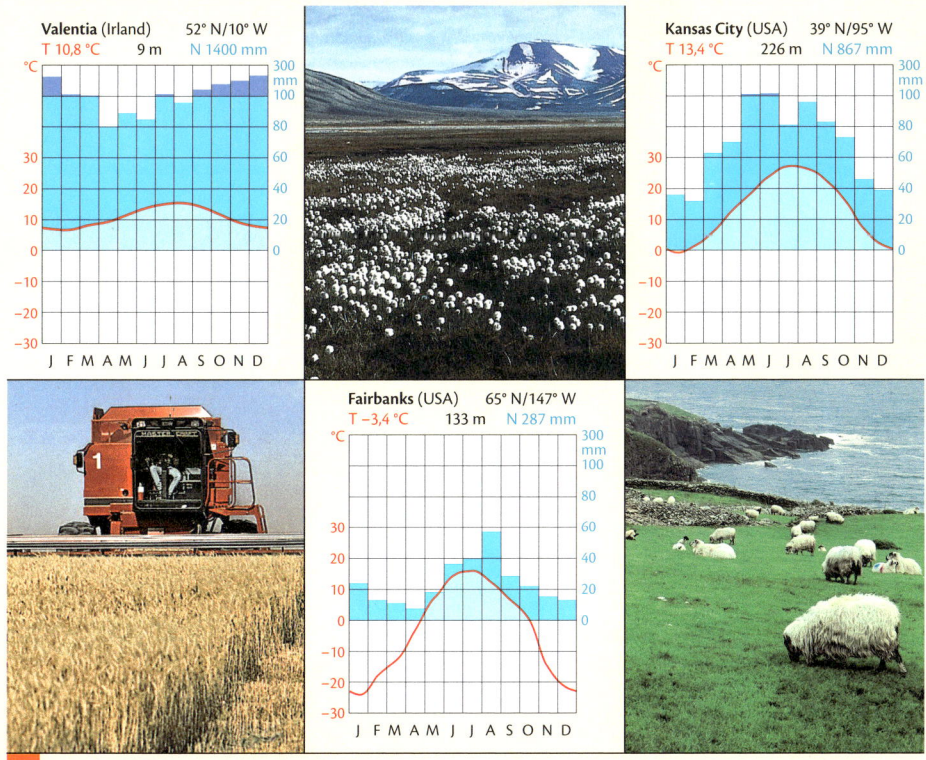

Valentia (Irland) 52° N/10° W, T 10,8 °C, 9 m, N 1400 mm

Kansas City (USA) 39° N/95° W, T 13,4 °C, 226 m, N 867 mm

Fairbanks (USA) 65° N/147° W, T −3,4 °C, 133 m, N 287 mm

**M 4** Klimadiagramme und Landnutzung

**9** Vergleiche die Klimadiagramme und ordne jedem Klimadiagramm das entsprechende Bild zu. Begründe deine Wahl.

**10** Zeichne das Klimadiagramm von Düsseldorf und werte es entsprechend den Vorgaben aus (M 7, S. 47).

| Düsseldorf 51°12'N/6°54'O 37 m | | | | | | | | | | | | | |
|---|---|---|---|---|---|---|---|---|---|---|---|---|---|
| Monat | J | F | M | A | M | J | J | A | S | O | N | D | Jahr |
| Temperatur | 2,5 | 3,2 | 5,8 | 9,2 | 13,6 | 16,6 | 18,2 | 17,9 | 15,1 | 11,3 | 6,4 | 3,6 | 10,3 °C |
| Niederschlag | 67 | 49 | 64 | 51 | 70 | 86 | 71 | 62 | 57 | 56 | 66 | 74 | 773 mm |

**M 5** Klimawerte von Düsseldorf

# 3 Merkmale von Wüsten und Savannen kennen lernen

Warum leben Elefanten nicht in der Wüste und Dromedare nicht in der Savanne? Was ist das Besondere an der Wüste und das Interessante an der Savanne?

**In diesem Kapitel lernst du**
- Lage und Ausdehnung der Wüsten und Savannen zu beschreiben,
- die Entstehung und Ausbreitung von Wüsten zu erläutern,
- die Bedeutung von Wasser in Trockenräumen zu erläutern,
- die Anpassung an den Wassermangel zu erklären.

**Dazu nutzt du**
- Karten
- Profile
- Klimadiagramme und
- Bilder.

**Du beurteilst**
- wie sich Lebewesen an die Lebensbedingungen in Trockenräumen anpassen,
- welche Auswirkungen eine zu starke Nutzung hat.

*Dromedar in der Wüste*
*Feuchtsavanne am Fuß des Kilimandscharo*

# Wüste ist nicht gleich Wüste

**M 1** Fels- und Gesteinswüste (Hamada)

**M 3** Kieswüste (Serir)

**check-it**
- geographische Lage und Ausdehnung der Sahara beschreiben
- klimatische Bedingungen in der Sahara kennen
- Entstehung und Ausdehnung der drei Wüstentypen erläutern
- Blockbild auswerten

## Klimatische Bedingungen

Die Sahara ist die größte Wüste der Erde. Sie ist etwa 25-mal größer als Deutschland und über 260-mal größer als Nordrhein-Westfalen. Wüsten breiten sich dort aus, wo die Niederschläge fehlen. Bei weniger als durchschnittlich 250 Millimetern Jahresniederschlag spricht man von einer **Wüste.** Oft regnet es jahrelang nicht. Weil die Verdunstung höher als der Niederschlag ist, spricht man von einem trockenen oder **ariden Klima**.

Da es in der Wüste keine Wolkendecke gibt, die vor der starken Sonneneinstrahlung schützt, steigen die Temperaturen oft auf mehr als 50 Grad Celsius an. Felsplatten und Steine werden auf über 70 Grad Celsius aufgeheizt. In der Nacht kühlt die Luft durch die fehlende Wolkendecke stark ab. Gelegentlich sinken die Temperaturen sogar unter den Gefrierpunkt. Besonders in Gebirgen betragen die Temperaturdifferenzen zwischen Tag und Nacht nicht selten mehr als 40 Grad Celsius.

## Gesichter einer Wüste

Die großen Temperaturunterschiede zwischen Tag und Nacht führen zu Spannungen im Gestein und schließlich zur **Verwitterung** durch **Frostsprengung.** Tagsüber dehnt das Gestein sich in der Hitze aus. Wenn es sich

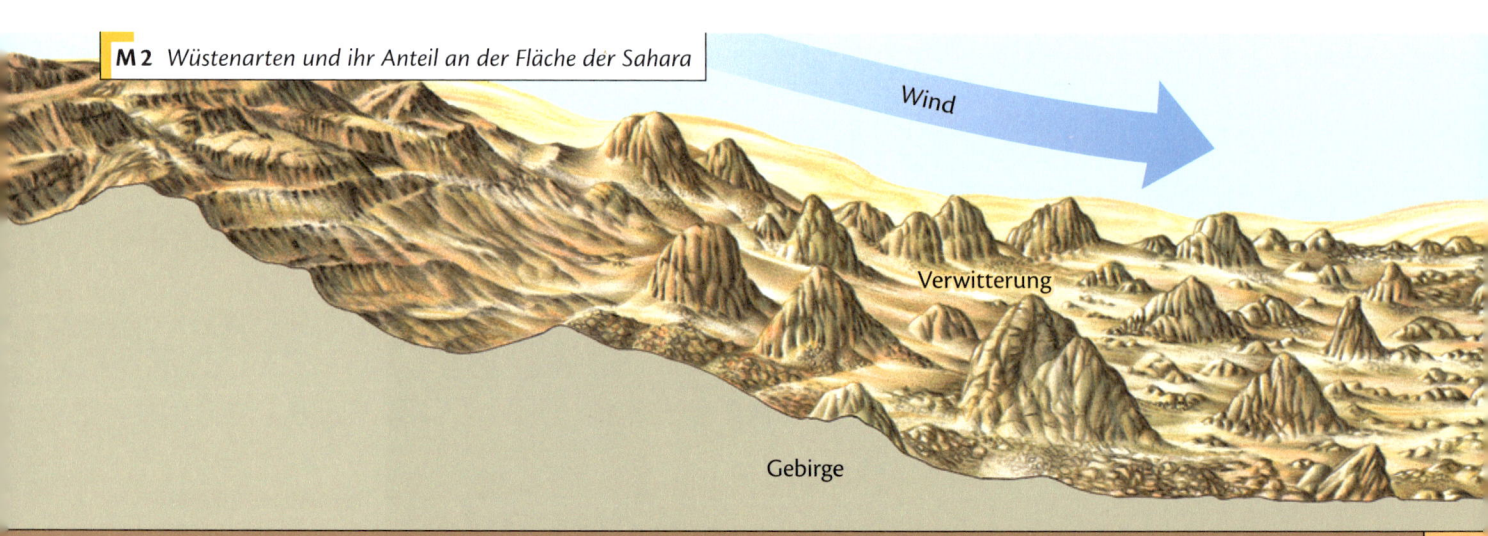

**M 2** Wüstenarten und ihr Anteil an der Fläche der Sahara

Wind

Verwitterung

Gebirge

**Felswüste** (Hamada) **30 %**

MERKMALE VON WÜSTEN UND SAVANNEN KENNEN LERNEN  **63**

**M 4** Sandwüste (Erg)

abends abkühlt, zieht es sich wieder zusammen. Dabei entstehen Risse. Felsplatten zerspringen in scharfkantige Stücke. Manchmal klingt es wie ein Pistolenschuss, wenn ein Stein zerspringt. Auf diese Weise werden die Stein- und Felswüsten der Sahara gebildet. Diese **Hamadas** sind zum Teil gewaltige Erhebungen mit blankem Fels und groben Gesteinstrümmern. Trotz der extremen Trockenheit kann man dort Spuren von fließendem Wasser erkennen. Es regnet selten in den **Hamadas,** aber wenn, dann stürzen die Wassermassen sintflutartig nieder. Der ausgetrocknete Boden kann die riesigen Regenmengen nicht aufnehmen. In Tälern, die sonst trocken liegen, fließt das Wasser oberflächlich ab. Diese Trockentäler heißen **Wadis**. Nach Regenfällen fließen dort reißende Flüsse. Wehe dem, der jetzt hier sein Zelt aufgeschlagen hat oder mit dem Geländewagen auf dem Weg durch das Wadi zu einer **Oase** ist. Wenn die Wadis Wasser führen, werden Geröll, Kies und auch Sand abgetragen und auf weiten ebenen Flächen abgelagert. So entstehen die Kieswüsten, die die Araber **Serir** nennen. Der feine Sand wird vom Wind ausgeblasen und als Sandwüste, **Erg,** abgelagert. Die **Dünen** können bis zu 300 Meter hoch werden.

**1** Miss die Ausdehnung der Sahara von Nord nach Süd und von West nach Ost (Karte S. 190/191).
**2** Nenne die Merkmale des Klimas in der Sahara (**M 2**; S. 25).
**3** Erläutere die Entstehung von Hamada, Serir und Erg (**M 1** bis **M 4**).
**4** Ermittle Wadis in der Sahara. Notiere die Gebirge, aus denen sie stammen (Karte S. 190/191; *Internetrecherche*).

WEBCODE: UE649365-063

Ablagerung (Dünen)

| Kieswüste (Serir) 50 % | Sandwüste (Erg) 20 % |

# Meister der Anpassung

**M 1** *Dromedar*

- Die Körpertemperatur passt sich der Umgebung an. Erst bei 41 °C beginnt das Dromedar zu schwitzen.
- Das Fell speichert die Körperwärme des Tages für die kalte Nacht.
- Doppelte Augenlider und verschließbare Nasenlöcher verhindern das Eindringen von Sand.
- Lederartige Gaumen vermeiden Verletzungen beim Fressen von Dorngestrüpp.
- Die langen Beine dienen der Kühlung, denn am Boden ist die Luft am heißesten.
- Tellerartige, beschwielte Hufe ermöglichen das Laufen im Sand.

**M 2** *Wüstenfuchs*

**M 3** *Eine Schlange vergräbt sich im Sand*

### check-it
- typische Pflanzen und Tiere der Wüste kennen
- Anpassung von Pflanzen und Tieren an den Lebensraum erläutern
- Vegetationsprofil auswerten

## Tiere der Wüste

Auf den ersten Blick ist in der Wüste kein Tier zu entdecken. Da die sengende Hitze und der glühend heiße Boden tagsüber kaum auszuhalten sind, ziehen sich die meisten Tiere in den spärlichen Schatten der Pflanzen zurück, vergraben sich in den Sand oder suchen eine kühlende Erdhöhle auf. Daher sind die Tiere meist nur frühmorgens, abends oder nachts zu sehen. Viele Tiere kommen lange Zeit ohne Wasser aus oder entnehmen den Pflanzen, die sie fressen, Flüssigkeit. Typische Wüstenbewohner sind Echsen, Schlangen, Käfer und Spinnen. Aber auch Säugetiere wie Springmäuse, Wüstenfüchse, Kamele oder Antilopen kommen vor. Manche von ihnen, wie zum Beispiel der Wüstenfuchs, haben riesige Ohren. Diese dienen zur Abgabe überschüssiger Wärme, um die Überhitzung des Körpers zu verhindern.

## Pflanzen der Wüste

Damit Pflanzen gedeihen können, brauchen sie neben dem Boden, in dem sie wurzeln, auch Wasser, Licht und Wärme. In der Wüste gibt es zu viel Sonne und zu wenig Niederschläge. Pflanzen, die in der Wüste wachsen, haben sich dem extremen Klima angepasst. Man unterscheidet ausdauernde und kurzlebige Pflanzen. Die ausdauernden Pflanzen sind immer da. Ihnen reicht oft der nachts gebildete Tau als Wasserquelle. Manche von ihnen schränken ihre Verdunstung durch winzige Blätter oder Dornen ein. Andere speichern das wenige Wasser in ihren Blättern oder im Stamm. Außerdem besitzen manche Pflanzen, wie Dattelpalmen, Pfahlwurzeln, die bis tief in die Grundwasserschichten reichen.

Der Samen der kurzlebigen Pflanzen wartet viele Jahre, um zu neuem Leben erweckt zu werden. Er hält jahrelange Dürre aus. Sobald es nach langer Zeit einmal wieder regnet, keimt er und die Pflanzen sprießen und blühen in kürzester Zeit, um bestäubt zu werden und wieder Samen oder Früchte auszubilden. Die Wüste verwandelt sich in ein einzigartiges Blumenmeer. Nach wenigen Wochen ist dieser Blütenzauber wieder vorbei. Die abgeworfenen Samen überdauern im Boden bis zum nächsten Regen.

**M 4** Blühende Wüste – kurzlebige Blumen nach dem seltenen Regen

**M 5** Rose von Jericho – während und nach der Trockenzeit

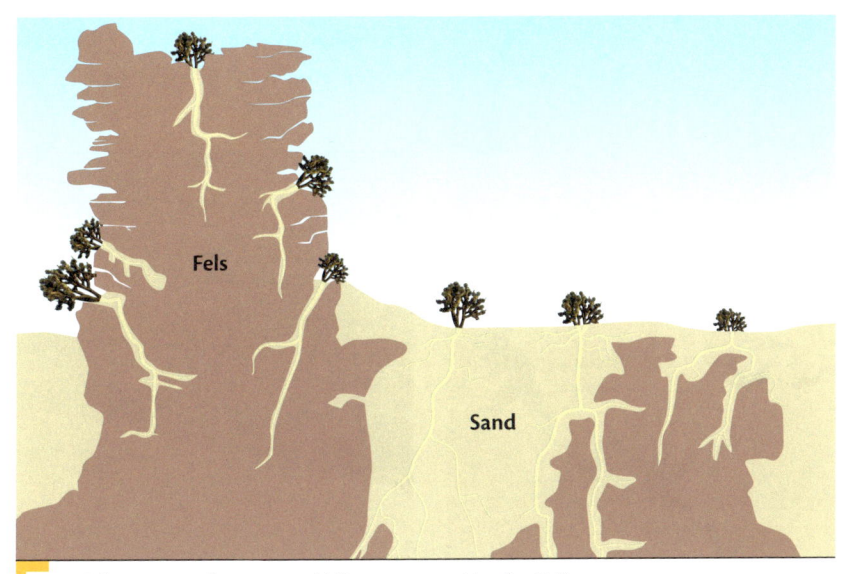

**M 6** Pflanzenwachstum und Wassermangel in der Wüste

1 Beschreibe die natürlichen Lebensbedingungen für Pflanzen und Tiere in der Wüste (M 4, S. 62 bis 63).
2 Erläutere, wie sich die Tiere der Sahara ihrer Umgebung perfekt angepasst haben (M 1 bis M 3).
3 Bildet Gruppen und sammelt weitere Informationen über Tiere der Wüste. Erstellt anschließend ein Wandplakat.
4 Erläutere, welche Strategien die Pflanzen entwickelt haben, um trotz der extremen Lebensbedingungen überleben zu können (M 4 bis M 6).

WEBCODE: UE649365-065

MERKMALE VON WÜSTEN UND SAVANNEN KENNEN LERNEN

# Entweder der Nil oder das Nichts

**check-it**
- Nilverlauf beschreiben
- Begriffe Fremdlingsfluss und Flussoase erläutern
- wirtschaftliche Bedeutung des Nils kennen
- Niltal vor und nach dem Bau des Assuan-Staudamms vergleichen und den Nutzen des Staudamms beurteilen
- Luftbild und thematische Karte auswerten

## Wasser aus der Ferne

Entweder der Nil oder das Nichts – so lautet ein altes arabisches Sprichwort. Der Nil ist die Lebensader Ägyptens. In seinem Tal und im **Nildelta** ist inmitten der Wüsten eine der größten Flussoasen der Erde entstanden. Hier leben mehr als 95 Prozent aller Einwohner des Landes. Fast die gesamten Ernteerträge sind von der Bewässerung mit Nilwasser abhängig. Der Nil entspringt in niederschlagsreichen Klimazonen. Er führt so viel Wasser, dass er die mehr als 1500 Kilometer langen Wüstengebiete Ägyptens als **Fremdlingsfluss** durchfließen kann, ohne auszutrocknen.

## Die Niloase in der Vergangenheit

Um die gesamte Flussoase als Anbaufläche nutzen zu können, siedelten die Ägypter abseits des Flusses am Rand zur Wüste. Nach der Regenzeit in den Quellgebieten des Nils führte der Fluss so viel Wasser, dass er über die Ufer trat und einen bis zu mehrere Kilometer breiten Streifen Land bedeckte.

Diese Überschwemmung fand in den Monaten Juni bis Oktober statt. Wenn das Wasser wieder abfloss oder verdunstete, hinterließ es fruchtbaren, dunklen Flussschlamm, der als Dünger diente. Frühjahr und Frühsommer waren da- gegen die Niedrigwasserperioden des Flusses.
Die Wasserführung des Nils in Ägypten schwankte jedoch von Jahr zu Jahr stark, denn sie hing von der Niederschlagsmenge im Quellgebiet ab. Die ägyptischen Bauern verstanden es seit Jahrtausenden, die unterschiedliche Wasserführung mithilfe von Schöpfwerken und Kanälen auszugleichen.

## Die Niloase nach dem Bau des Assuan-Staudamms

Die jährliche Schwankung der Wassermengen bedeutete aber auch eine ständige Bedrohung für die Bevölkerung des Niltals. Mal kam es zu verheerenden Überflutungen, mal herrschten Wassermangel und **Dürre.** Beide Vorgänge gefährdeten die Ernten. Für die wachsende Bevölkerung war die Nahrungsmittelversorgung nicht mehr sicher. Der Assuan-Staudamm sollte diese Probleme lösen. Er hat den Nasserstausee geschaffen, der zehnmal größer als ist der Bodensee. Durch die ausgeglichene Wasserführung sind drei Ernten im Jahr möglich. Allerdings mussten die Bauern den fehlenden Nilschlamm durch Mineraldünger ersetzen.

**M 1** Die Flussoase des Nils im Satellitenbild

**M 2** Das Niltal bei Asjut

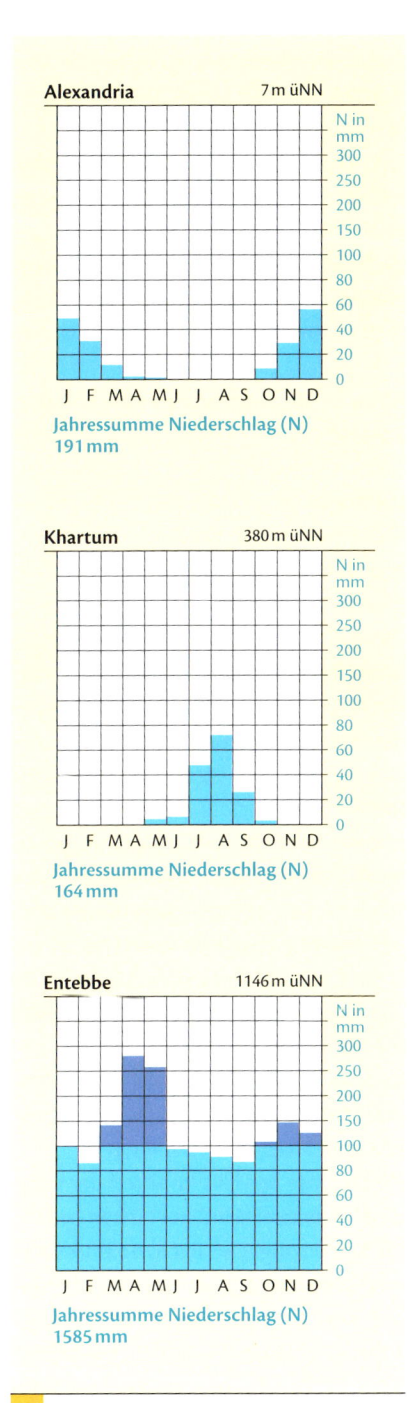

MERKMALE VON WÜSTEN UND SAVANNEN KENNEN LERNEN **67**

**M 3** Niederschlagsdiagramme von Stationen am Niltal

Alexandria 7 m üNN — Jahressumme Niederschlag (N) 191 mm

Khartum 380 m üNN — Jahressumme Niederschlag (N) 164 mm

Entebbe 1146 m üNN — Jahressumme Niederschlag (N) 1585 mm

**M 4** Wasserführung des Nils

Legende:
- Wüste
- Trockensavanne
- Feuchtsavanne
- Regenwald
- Staudamm
- jährliche Durchflussmenge in Mrd. m³

zum Vergleich: Rhein bei Köln 66 Mrd. m³/a

1. Beschreibe den Verlauf des Nils. Beachte dabei Quellen, Zuflüsse, Mündung und Vegetationszonen (**M 4**).
2. Erkläre die Begriffe „Fremdlingsfluss" und „Flussoase" (**M 1**, **M 2**, **M 4**).
3. Werte das Satellitenbild aus und begründe, warum man den Nil „die Lebensader Ägyptens" nennt (**M 1**, **M 4**).
4. Die Nilschwelle erreichte Ägypten von Juni bis Oktober. Erkläre das (**M 3**).
5. Stelle die Vor- und Nachteile des Dammbaus bei Assuan in einer Tabelle gegenüber. Beurteile den Nutzen für die Menschen.

WEBCODE: UE649365-067

# GEO-METHODE

## Wir werten ein Satellitenbild aus

**check-it**
- Merkmale eines Satellitenbildes kennen
- Schritte zum Auswerten eines Satellitenbildes kennen und anwenden

### Was ist ein Satellitenbild?

Die Satelliten zur Erkundung der Erde sind mit Abtastgeräten (Scannern) ausgerüstet. Diese empfangen auch Strahlen, die der Mensch nicht sehen kann. Dazu gehören die Infrarotstrahlen, die von den Pflanzen reflektiert werden. Die Scanner tasten die Erdoberfläche ab, zeichnen die Strahlen nach ihrer Stärke (Intensität) auf und senden die Signale zur Bodenstation. Hier werden die Signale zu Bildern zusammengesetzt.

### Wie geht man bei der Auswertung eines Satellitenbildes vor?

1. **Verorte das Satellitenbild.** Suche in einer Karte die Stelle, die das Satellitenbild zeigt. Wichtige Orientierungshilfen können Städte, Berge, Flussbiegungen und Ähnliches sein.
2. **Stelle die Himmelsrichtungen fest,** denn auf Satellitenbildern ist nicht immer Norden oben.
3. **Bestimme die Größenverhältnisse und den Maßstab,** indem du das Satellitenbild mit einer Atlaskarte vergleichst.
4. **Stelle den Aufnahmezeitpunkt des Bildes fest:** Häufig ist es wichtig, die Tageszeit zu wissen, weil sich mit dem Sonnenstand zum Beispiel die Länge der Schatten verändert. Die Jahreszeit spielt eine Rolle, wenn das Bild ein Gebiet zeigt, in dem die Bäume in der kalten Jahreszeit oder in der Trockenzeit ihr Laub abwerfen.
5. **Beschreibe einzelne Objekte und deren Verteilung,** zum Beispiel Farben, Formen, Schattierungen, Gewässer, Orte und Ähnliches.
6. **Deute den Bildinhalt und versuche dadurch Zusammenhänge zu erkennen,** zum Beispiel zwischen der Lage von Orten und Oberflächenformen, zwischen Klima und Pflanzenwelt.
7. **Nutze weitere Medien zur Beurteilung der Bildinhalte,** zum Beispiel Atlaskarten.

### Erläuterung des Beispiels:

1. Es ist die Nilschleife bei Kena wiedergegeben.
2. Das Satellitenbild des Niltales ist genordet.
3. Auf dem Satellitenbild beträgt die Nord-Süd-Erstreckung 120 Kilometer, die West-Ost-Erstreckung 90 Kilometer.
4. Dieses Bild ist am späten Vormittag aufgenommen worden. Die Jahreszeit spielt in diesem Raum, in dem das ganze Jahr über mehrere Ernten eingebracht werden, keine Rolle.
5. Den größten Teil des Bildausschnittes nehmen weiße und gelbliche Flächen ein, die keine Pflanzendecke tragen (= Wüste). Die Wüstenflächen sind durch wasserlose Täler (= Wadis) zerschnitten. Ein breites grün-bräunliches Band zieht sich in einer großen Schleife durch den rechten und oberen Teil des Bildes. Inmitten des Bandes ist als dunkelblaue Linie ein Fluss zu erkennen. Er teilt sich vielfach auf und umschließt Inseln. Die Flussoase ist von vielen Linien durchzogen. Es handelt sich dabei um Straßen und Bewässerungskanäle. Die grüne Fläche wirkt wie gesprenkelt durch rotbraune Flecken (= Siedlungen).
6. Auf dem Bild ist die Flussoase des Nils inmitten der Wüste dargestellt. Mit dem Nilwasser werden Flächen bewässert und damit Ackerbau ermöglicht. Bis zu 16 Kilometer breit ist das bewässerte, fruchtbare Tal, das an der engsten Stelle noch etwa zwei Kilometer misst. In Bewässerungskanälen wird das Nilwasser bis zu den entfernten Feldern geführt. Sehr viel kleinere und größere Siedlungen liegen in der Flussoase.
Die Wüste selbst ist keine einheitliche, sandige Fläche, sondern es ragen einzelne Gebirgszüge heraus. Diese zwingen den Strom dazu, die Schleife zu ziehen. Die höheren Wüstengebirge sind durch Wadis zerschnitten. Diese Wadis enden oft in weiten Sandflächen.
7. Die Atlaskarte zeigt, dass hier in der Flussoase vorwiegend Zuckerrohr angebaut wird, dass entlang dem Nil eine Eisenbahnlinie und mehrere Straßen verlaufen. Sie benennt auch die größten Städte: Kena und Luxor. Nahe Luxor liegen die antiken Ruinen von Theben. Lexika und Reiseführer enthalten dazu interessante Aussagen.

**M 1** *Satellitenaufnahme selbstgemacht*

Mittelmeer
Alexandria
Giseh
Kairo
SINAI
LIBYSCHE WÜSTE
ARABISCHE WÜSTE
Nil
Rotes Meer
Kena
Bildausschnitt
Luxor
Nil
Assuan
Nasser-
stausee
0
100
200 km
Staatsgrenze
bewässertes Land
Wüste

**M2** *Die Nilschleife bei Kena im Satellitenbild*

# Savannen – Grasländer der Tropen

**M 1** Affenbrotbaum (Baobab) während der Trockenzeit

**check-it**
- Merkmale der Savannen kennen
- Zusammenhänge zwischen Klima und Vegetation erklären
- Klimadiagramme und Blockbilder auswerten

## Die wechselfeuchten Savannen

An den immerfeuchten tropischen Regenwald schließt sich beiderseits des Äquators die Zone der Savannen an. Savannen sind weite Grasländer, die mit Bäumen und Sträuchern durchsetzt sind. Die baumdurchsetzten Grasländer sind an das Klima der wechselfeuchten Tropen angepasst. Dieses Klima ist durch den Wechsel von Regenzeiten und Trockenzeiten gekennzeichnet, sodass es aride und humide Monate gibt. Je weiter ein Gebiet vom Äquator entfernt liegt, desto kürzer ist die Regenzeit und umso länger die Trockenzeit. Die Dauer der Regenzeit bestimmt die Art der Savannenvegetation.

## Die Dornsavanne

In der Dornsavanne kommt Gras nur büschelweise vor und wird höchstens 25 Zentimeter hoch. Ganz vereinzelt steht mal ein Baum in der Dornsavanne, der die meiste Zeit des Jahres ohne Blätter ist. Vorherrschend sind Kakteen, die Wasser speichern können, und Dornbüsche, die mit ihren kleinen Blättern kaum Verdunstungsoberfläche bieten. Die Flüsse führen nur während der Regenzeit Wasser.

## Die Trockensavanne

In der Trockensavanne kann das Gras bis zu 1,50 Meter hoch wachsen. Aber auch Bäume kommen vor, die in der Trockenzeit ihre meist kleinen und harten Blätter abwerfen. Ein typischer Baum der Trockensavanne ist die Schirmakazie, die mit ihren langen Pfahlwurzeln auch noch Wasser aus großer Tiefe nutzen kann. Der Affenbrotbaum übersteht die Trockenzeit, weil er in seinem Stamm über Monate Wasser speichern kann.
Auch die Flüsse der Trockensavanne führen nicht ganzjährig Wasser. Dennoch hat sich an den Flussufern ein dichter, ganzjährig grüner Baumstreifen herausgebildet.

## Die Feuchtsavanne

Die Feuchtsavanne ist eine parkartige Landschaft mit bis zu drei Meter hohem Gras, dichtem Baumbewuchs und Palmen. Die Bäume erreichen jedoch nicht die gleiche Höhe wie im tropischen Regenwald. Die Bäume sind immergrün, nur einige werfen in der Trockenzeit ihr Laub ab.
Die Flüsse führen ganzjährig Wasser. An ihren Ufern wächst ein dichter Wald mit Pflanzen des tropischen Regenwaldes. Diese sogenannten „Galeriewälder" nutzen das flach liegende Grundwasser in der Flussnähe und sind immergrün.

**M 2** Affenbrotbaum in der Regenzeit

1. Vergleiche die Blockbilder und die Fotos. Beschreibe die Veränderungen der Vegetation mit zunehmender Entfernung vom Äquator (**M 1**, **M 2**, **M 6** bis **M 8**, Karte S. 11 unten).
2. Erkläre die unterschiedlichen Anpassungsformen der Vegetation an die Trockenzeit (**M 1** bis **M 8**).
3. Stelle die Merkmale der drei Savannentypen in einer Tabelle zusammen: Dauer der Regen- und Trockenzeit, Vegetation, Tiere (**M 3** bis **M 8**).

MERKMALE VON WÜSTEN UND SAVANNEN KENNEN LERNEN  **71**

**Niamey** (Niger) 14° N/2° O
T 29,1 °C 220 m N 584 mm

**M3** *Klimadiagramm von Niamey*

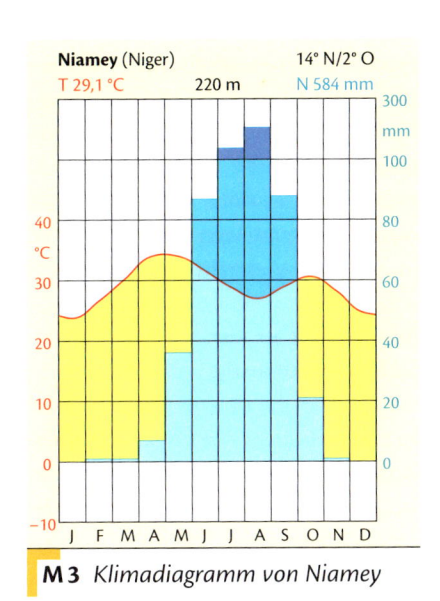

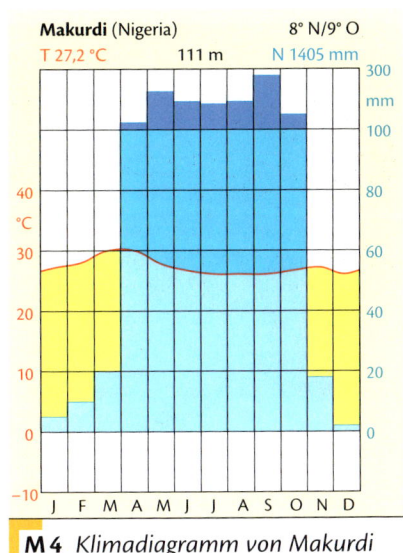

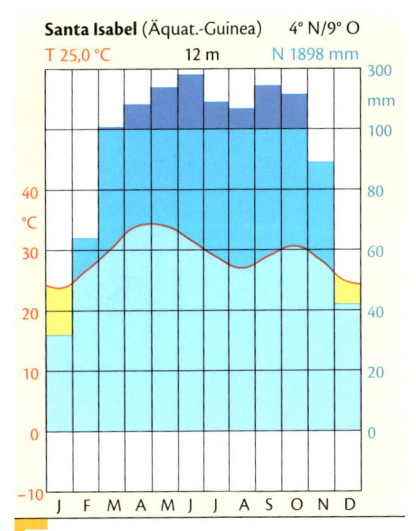

**Makurdi** (Nigeria) 8° N/9° O
T 27,2 °C 111 m N 1405 mm

**M4** *Klimadiagramm von Makurdi*

**Santa Isabel** (Äquat.-Guinea) 4° N/9° O
T 25,0 °C 12 m N 1898 mm

**M5** *Klimadiagramm von Santa Isabel*

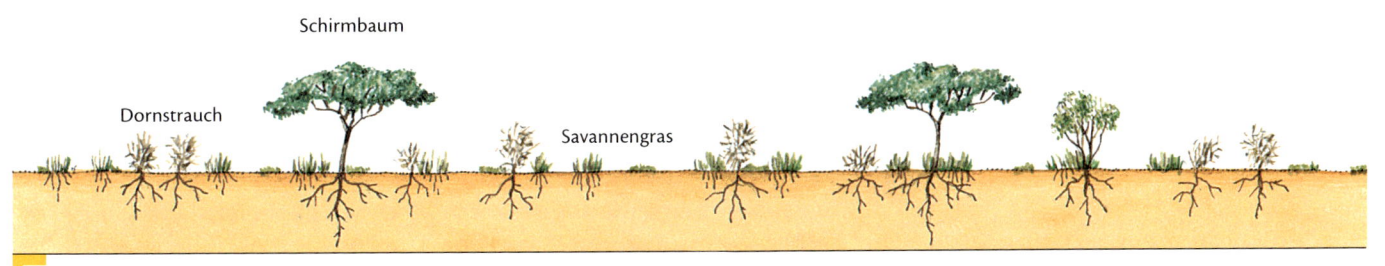

Dornstrauch — Schirmbaum — Savannengras

**M6** *Dornsavanne*

Baobab — regengrüne Bäume

**M7** *Trockensavanne*

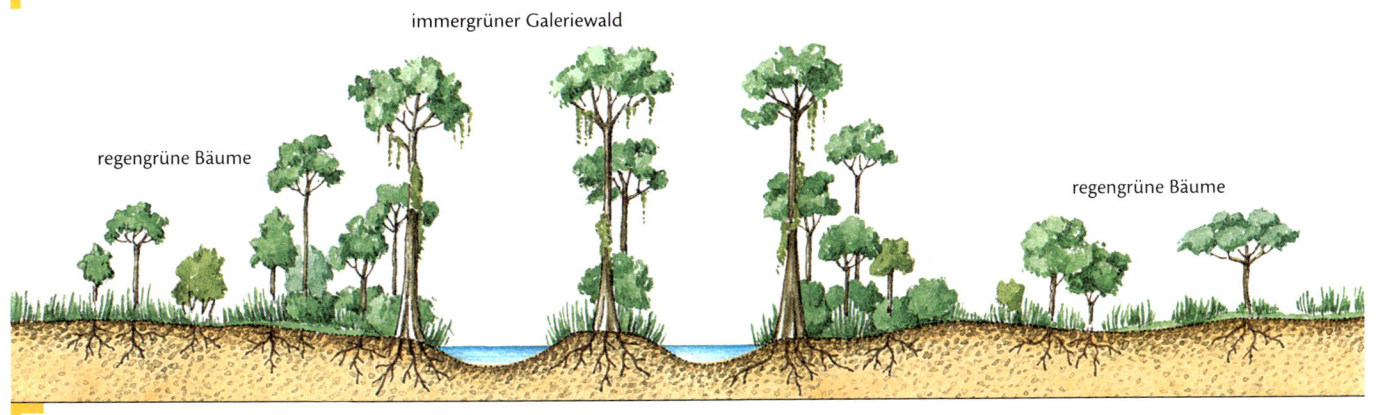

regengrüne Bäume — immergrüner Galeriewald — regengrüne Bäume

**M8** *Feuchtsavanne*

WEBCODE: UE649365-071

MERKMALE VON WÜSTEN UND SAVANNEN KENNEN LERNEN

# Ackerbau im Kampf mit der Trockenheit

**M 1** Ackerbau in Mali

mehr als siebeneinhalb aride Monate gibt und mindestens 250 Millimeter Niederschlag im Jahr fallen. Diese Niederschlagsmengen markieren die Trockengrenze des Anbaus. Werden diese Niederschlagsmengen nicht erreicht, ist nur noch Viehhaltung möglich.

## Regenfeldbau zur Selbstversorgung

Die Landwirtschaft in den Savannen ist an die natürlichen Bedingungen angepasst. Die Bauern leben in festen Siedlungen und bestellen ihre Felder ohne Bewässerung. Diese Form des Anbaus nennt man Regenfeldbau.

Am Ende der Trockenzeit beginnen die Bauern mit dem Bestellen ihrer Felder. Mit einfachen Hacken lockern sie die oberste Bodenschicht etwa zehn Zentimeter tief auf. Dieser Hackbau ist sehr mühsam, da der Boden ausgetrocknet und dadurch sehr hart ist.

Nach den ersten Regenfällen muss schnell gesät werden, damit die Pflanzen die ohnehin geringen Niederschläge voll nutzen können.

**check-it**
- natürliche Voraussetzungen für Regenfeldbau beschreiben
- Kulturpflanzen der Savannen benennen
- Anbaubedingungen und -methoden in den Savannen erläutern
- Risiken des Regenfeldbaus beurteilen

## Ohne Wasser kein Pflanzenwachstum

In den Savannen muss sich der Ackerbau an den Wechsel von Regen- und Trockenzeiten anpassen. Ackerbau ist überall dort möglich, wo es nicht

| Dornsavanne | Trockensavanne | | Feuchtsavanne |
|---|---|---|---|
| **Hirse** anspruchsloses Getreide | **Batate** Süßkartoffel | **Maniok** mehrjährige Pflanze | **Yams** hoher Nährstoffbedarf |
| - ab 180 mm Jahresniederschlag,<br>- sehr gut lagerbar | - ab zwei bis drei humiden Monaten,<br>- nicht lange lagerbar | - ab 1000 mm Niederschlag,<br>- reife Wurzelknollen können bis zu zwei Jahren im Boden bleiben, nach der Ernte nicht lagerbar | - benötigt elf Monate mit ausreichender Feuchtigkeit,<br>- bei Lagerung Schrumpfungs- und Fäulnisprozesse |

**M 2** Kulturpflanzen zur Selbstversorgung in der Savanne

MERKMALE VON WÜSTEN UND SAVANNEN KENNEN LERNEN 73

## Hirse – das Getreide der Savanne

Hirse ist ein anspruchsloses Getreide, dessen Körner aber einen hohen Nährwert haben. Die Pflanze braucht viel Wärme, aber nur wenig Feuchtigkeit. Deshalb kann Hirse selbst in der Dornsavanne noch angebaut werden. Die Pflanze kann trotz einer kurzen Wachstumszeit bis zu fünf Meter hoch werden. Die Hirsebauern in der Dorn- und Trockensavanne besitzen meistens nur Felder von maximal drei bis fünf Hektar, die mit allen Familienmitgliedern bestellt werden. Die Feldarbeit ist mühsam, da keine Maschinen vorhanden sind. Es gibt nur eine Ernte pro Jahr gegen Ende der Regenzeit. Von den geringen Erträgen müssen ausreichend Körner als Saatgut für das kommende Jahr zurückgelegt werden.

Der Regenfeldbau ist abhängig von den Niederschlagsmengen. Bleiben die Niederschläge aus oder fallen nicht ausreichend in der Wachstumsperiode der Pflanzen, kommt es zu Ernteverlusten und Hungersnöten.

**M 3** Hirseernte in Mali

**M 4** Frauen beim Hirsestampfen

1 Beschreibe die natürlichen Anbaubedingungen in den Savannen. Lege eine Tabelle an, in die du für die drei Savannentypen jeweils die Durchschnittstemperatur, die Niederschlagsmenge pro Jahr und die Verteilung (aride und humide Monate) einträgst (S. 71, **M 3** bis **M 5**).
2 Benenne die Kulturpflanzen zur Selbstversorgung in den Savannen (**M 2**). Informiere dich in Supermärkten und Bioläden, welche Produkte mit diesen Pflanzen es auch bei uns zu kaufen gibt, und berichte über Nutzungsmöglichkeiten (**M 4**).
3 Erläutere die Anbaubedingungen und -methoden in der Savanne. Erkläre dabei auch die Begriffe „Trockengrenze des Anbaus" und „Regenfeldbau" (**M 1** bis **M 5**).
4 Erörtere die Risiken des Regenfeldbaus in den Savannen. Informiere dich dabei auch über aktuelle Hungersnöte in Savannenländern und deren Ursachen.

### Einjähriger Anbaukalender für zwei Felder

| Monat | Temp. (in °C) | Niederschlag (N in mm) | Tage mit N | Anbaufeld Hirse | Brachfeld |
|---|---|---|---|---|---|
| Januar | 21 | 2 | 0 | Hacken | Weide für Rinder, Schafe, Ziegen |
| Februar | 23 | 4 | 1 | Hacken | |
| März | 26 | 24 | 3 | | |
| April | 25 | 93 | 11 | Aussaat | |
| Mai | 24 | 205 | 16 | | |
| Juni | 23 | 229 | 17 | Jäten | |
| Juli | 21 | 318 | 23 | Blüte | |
| August | 21 | 274 | 22 | Ernte | |
| September | 22 | 219 | 21 | | |
| Oktober | 23 | 39 | 11 | Hacken | |
| November | 23 | 5 | 1 | | |
| Dezember | 21 | 2 | 0 | | |

**M 5** Anbaukalender für Hirse

# Aus Savannen werden Wüsten

**M 1** *Viehherde in Mali*

**check-it**
- geographische Lage der Sahelzone beschreiben
- natürliche Bedingungen der Sahelzone beschreiben
- Ursachen und Folgen der Desertifikation erläutern

## Die Sahelzone

Die am Südrand der Sahara liegende Savanne wird von den dort lebenden **Nomaden,** Wanderhirten, seit Jahrhunderten als Sahel bezeichnet. Dieses Wort kommt aus dem Arabischen und bedeutet „Ufer." Nach der Durchquerung der Wüste fanden die **Karawanen** hier wieder Nahrung und Wasser – sie hatten also das „rettende Ufer" erreicht. Heute ist dieses „rettende Ufer" ein gefährdeter Raum geworden, die Sahara rückt nach Süden vor.

## Natürliche Ursachen

In der Sahelzone dauert die Trockenzeit fast das ganze Jahr. Der Jahresniederschlag beträgt etwa 200 bis 600 Millimeter, wobei die Niederschlagsmengen nach Süden hin zunehmen. Aber auch an einer Station schwanken die Jahresniederschläge. Dabei kommt es zu Abweichungen von 20 bis 30 Prozent vom langjährigen Durchschnittswert. Wenn mehrere Jahre hintereinander erheblicher Niederschlagsmangel zu verzeichnen ist, sinkt der Grundwasserspiegel, die Vegetation stirbt ab und die Brunnen trocknen aus. Es kommt zu Dürrezeiten.

## Verursachung durch den Menschen

In der Sahelzone müssen immer mehr Menschen ernährt werden. Unter dem Bevölkerungsdruck verlagerten die Hackbauern der südlichen Sahelzone ihre Anbaugebiete immer weiter nach Norden. Dabei vernichteten sie den Baumbestand der Savanne. Aus dem Holz wird Holzkohle hergestellt als Brennmaterial und es wird zum Bau der Wohnhütten verwendet. Außerdem werden Sträucher, Kräuter und Gräser entfernt, um die Felder zu bestellen. Die angebauten Hirsepflanzen schützen jedoch den Boden nicht so gut gegen den Wind wie die natürliche Vege-

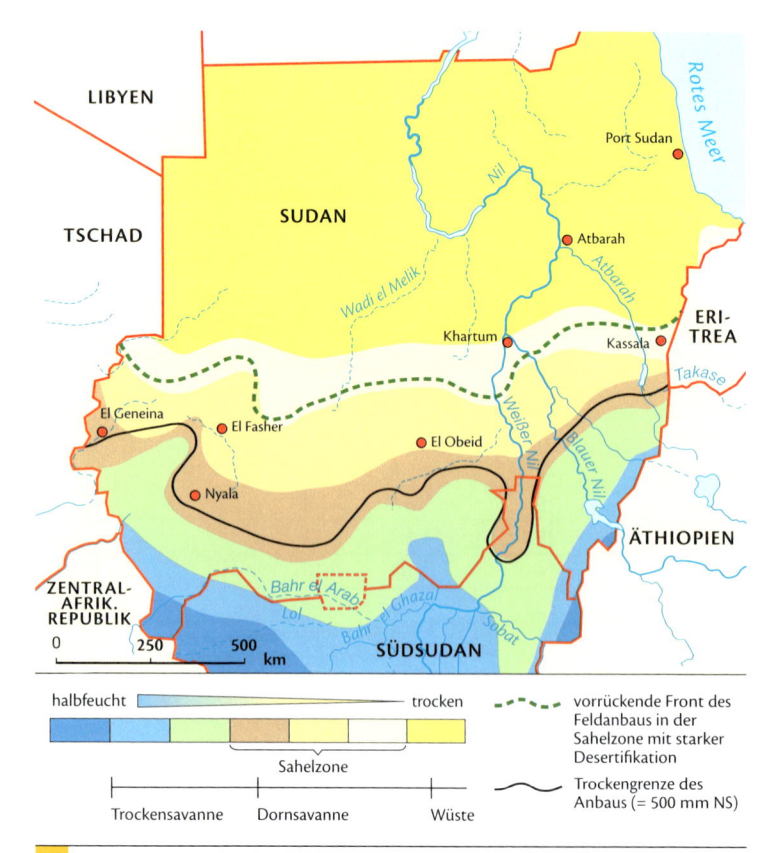

**M 2** *Vorrücken des Feldanbaus im Sudan*

| Verwendungszweck | Zahl der Bäume |
|---|---|
| Bau von 2 Wohnhütten pro Familie bei 6 Jahren Haltbarkeit | 16 |
| Umzäunung des Wohngrundstücks | 40 |
| Umzäunung der Felder | 100 |
| Brennholz pro Jahr (1 Baum bzw. Busch pro Woche) | 52 |

**M 3** *Nutzung des Holzes*

tation. Es kommt zur Abtragung des Bodens. Diesen Vorgang nennt man **Bodenerosion**.

Durch den nach Norden vorrückenden Ackerbau kam es zu Konflikten mit den Nomaden, die aus ihren angestammten Weidegebieten verdrängt wurden und in nördlicher gelegene Weidegebiete auswichen.

Je weiter die Nomaden nach Norden vorrücken, desto spärlicher wird der Bewuchs. Das Vieh ist nur ungenügend ernährt. Das magere Vieh kann nur zu niedrigen Preisen verkauft werden. Um die Einnahmeverluste auszugleichen, müssen die Nomaden mehr Vieh halten. Dies führt zu einer **Überweidung**: Der kahlgefressene Boden ist ungeschützt durch eine Grasdecke den kurzen, aber heftigen Regengüssen ausgesetzt und wird von Wind und Wasser abgetragen. Auch Tiefbrunnen, die mit Unterstützung von Entwicklungsgeldern finanziert wurden, führten zur Erhöhung des Viehbestands, da an diesen Stellen ausreichend Wasser vorhanden ist. Sie liefern ganzjährig aus 60 bis 70 Metern Tiefe Wasser. In ihrem Umkreis haben Tausende von Tieren die Vegetation niedergetrampelt und kahlgefressen. Das Überleben in der Sahelzone wird immer schwieriger, denn mit jedem Dürrejahr werden weitere Gebiete zur Wüste. Dieser Vorgang wird nach dem englischen Wort für Wüste „desert" als **Desertifikation** bezeichnet.

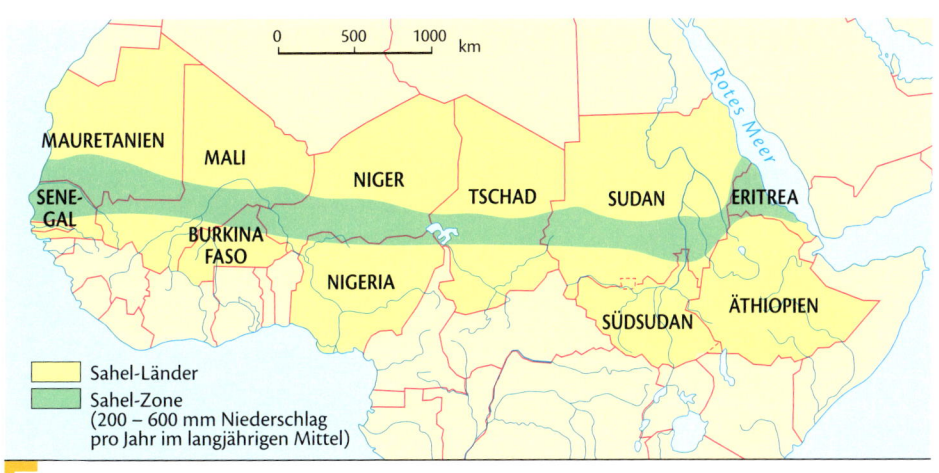

WEBCODE: UE649365-075

**M 4** Die Sahelländer

| | Fläche in Mio. km² | Bevölkerung in Mio. | | | | | |
|---|---|---|---|---|---|---|---|
| | | 1960 | 1970 | 1980 | 1990 | 2000 | 2010 |
| **Burkina Faso** | 0,27 | 4,8 | 5,8 | 7,2 | 9,3 | 12,3 | 16,4 |
| **Mali** | 1,24 | 5,2 | 6,0 | 7,2 | 8,6 | 11,3 | 15,3 |
| **Mauretanien** | 1,03 | 0,8 | 1,1 | 1,5 | 2,0 | 2,6 | 3,4 |
| **Niger** | 1,27 | 3,2 | 4,4 | 5,9 | 7,8 | 10,9 | 15,5 |
| **Senegal** | 0,20 | 3,0 | 4,1 | 5,4 | 7,2 | 9,5 | 12,4 |
| **Sudan** | 2,50 | 11,5 | 14,8 | 20,1 | 26,5 | 34,2 | 43,5 |
| **Tschad** | 1,29 | 3,0 | 3,7 | 4,6 | 6,0 | 8,2 | 11,2 |

(nach: United Nations – Populations Division, New York 2011)

**M 5** Bevölkerungsentwicklung im Sahel

**1** Beschreibe die geographische Lage der Sahelzone und benenne die Staaten, die Anteil an ihr haben (M 4).

**2** Beschreibe die natürlichen Bedingungen für Ackerbau und Viehhaltung (M 1, M 2 und M 6).

**3** Erläutere, wie die Menschen zur Desertifikation in der Sahelzone beigetragen haben (M 1 bis M 3, M 5).

**4** Stelle in einer Tabelle die Ursachen und Folgen der Wüstenausbreitung im Sahel gegenüber (M 1 bis M 6).

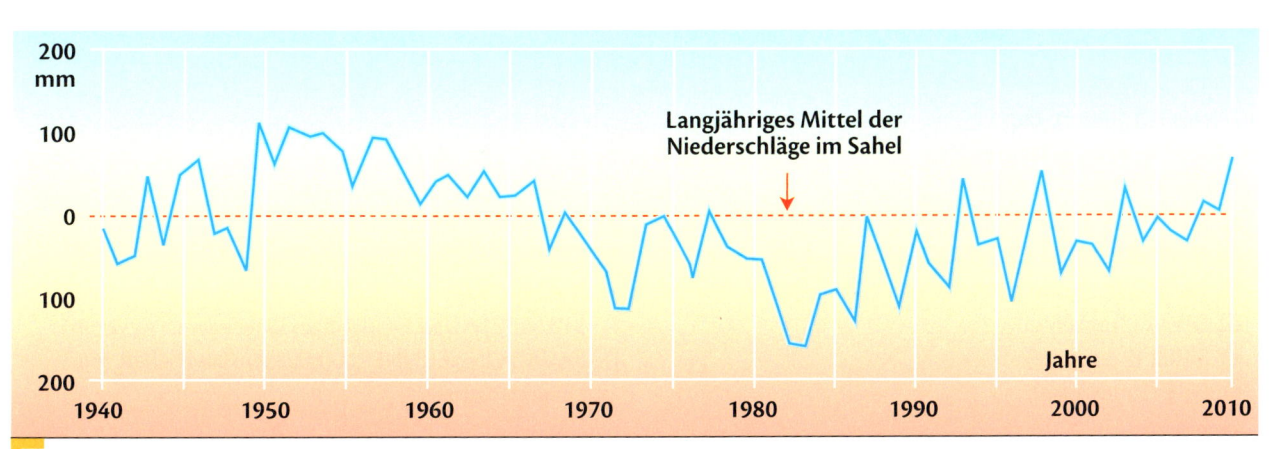

**M 6** Schwankung der Jahresniederschläge in der Sahelzone

# GEO-CHECK

## Merkmale von Wüsten und Savannen kennen lernen

**Sich orientieren**

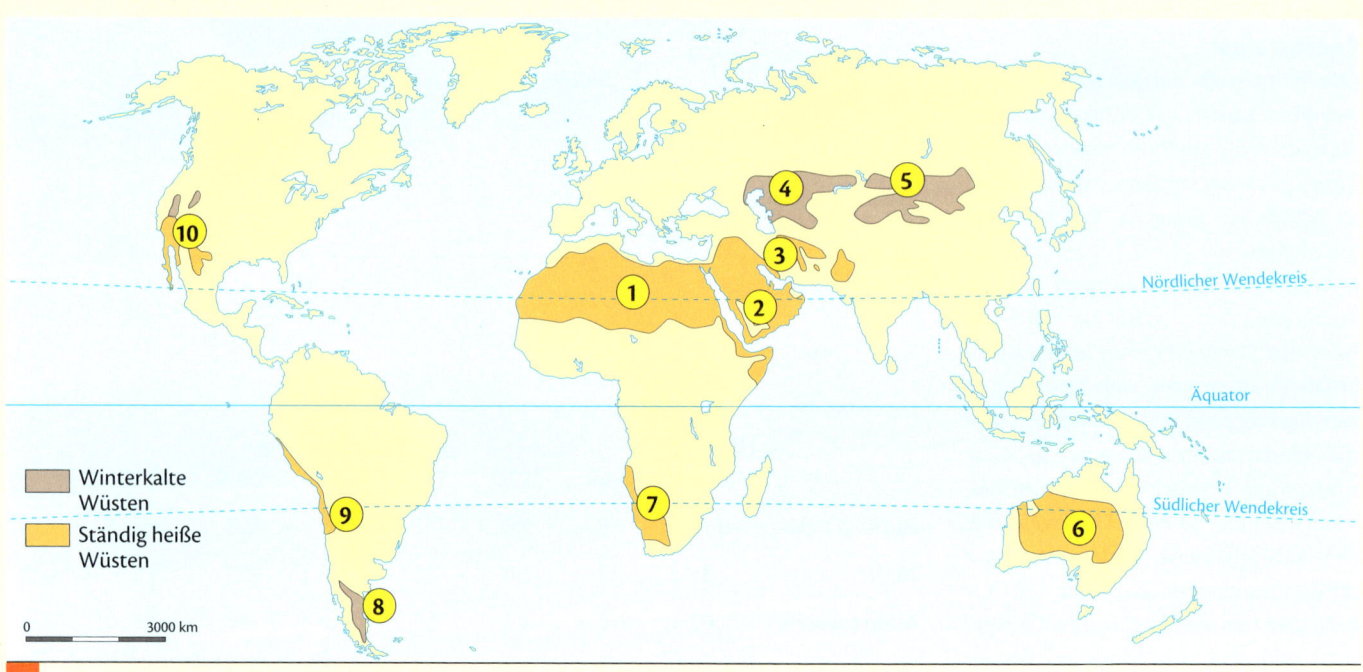

**M 1** *Wüstengebiete*

1 Benenne die Wüstengebiete (M 1).

2 Benenne die Kontinente und mindestens fünf Länder, die Anteil an den Savannen haben (M 2).

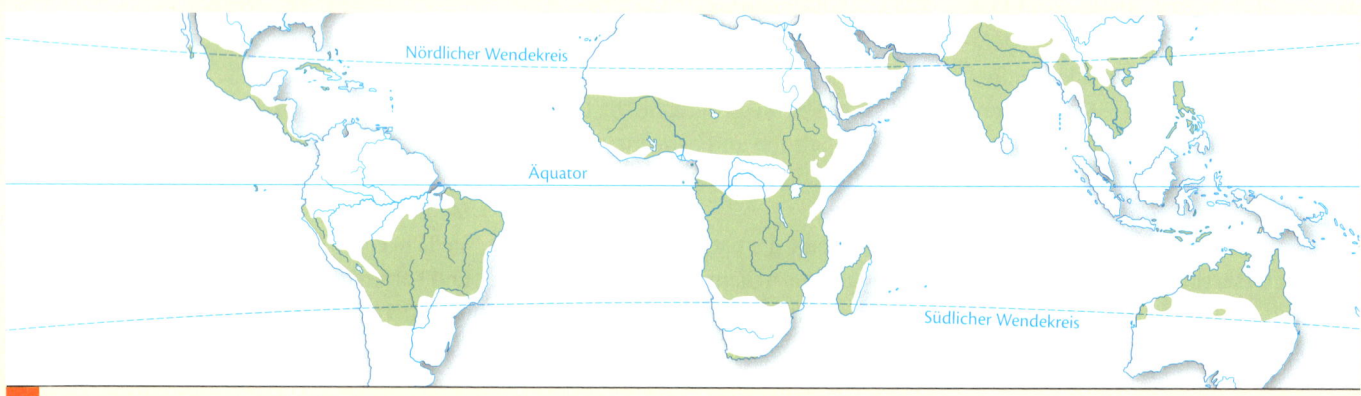

**M 2** *Savannen*

**Wissen und verstehen**

3 Entschlüssele die Wörter (M 3).

a) DENOMAN ((Wanderhirten in Trockengebieten)
b) MASSELWANGER (größtes Problem in der Wüste)
c) SASSEOFLU (durch Wasser grüne Zone in der Wüste)
d) DIWA (Trockental)
e) SIRER (Kieswüste)
f) GRE (Sandwüste)
g) MEDARDRO (Lasttier)
h) ZETROITCKEN (Phase ohne oder mit geringem Niederschlag)
i) STASSERSAUNEE (wichtiges Gewässer in Ägypten)
j) SAVADONNERNNERN (trockene Landschaft mit einigen Pflanzen)

**M 3** *Verschlüsselte Begriffe*

**79** NUTZUNG UND GEFÄHRDUNG DER TROPISCHEN REGENWÄLDER ERLÄUTERN

# Physische Karte Südamerika

**Orte**
- ■ über 1 000 000 Einwohner
- ■ 500 000 – 1 000 000 Einwohner
- ● 100 000 – 500 000 Einwohner
- ○ unter 100 000 Einwohner
- <u>Ottawa</u> Hauptstadt eines Staates

**Landhöhen**
unter 0 | 0 | 100 | 200 | 500 | 1000 | 2000 | 4000 m | Gletscher

1 : 35 000 000
0 | 250 | 500 | 750 | 1000 km

GEO-CHECK 78

**Beurteilen, sich verständigen und handeln**
7 Schreibe zu jedem Bild einen Text von sechs Zeilen. Verwende die folgenden Begriffe:
- aride Gebiete
- ausreichender Niederschlag
- Dauernutzung
- Feldarbeit
- Feuchtsavanne
- Flussoase
- Hirse
- jahreszeitlicher Wechsel
- Nomaden
- Regenfeldbau
- Regenzeit
- Trockenzeit
- Überwaldung
- Viehhaltung
- Wachstumszeit
- Wassermangel
- Savannentypen

M 6 *Beispiele ländlicher Nutzung*

WEBCODE: UE649365-078

# GEO-CHECK

**4** Ordne jedem dieser Begriffe (M 4) mindestens zwei Merkmale zu.

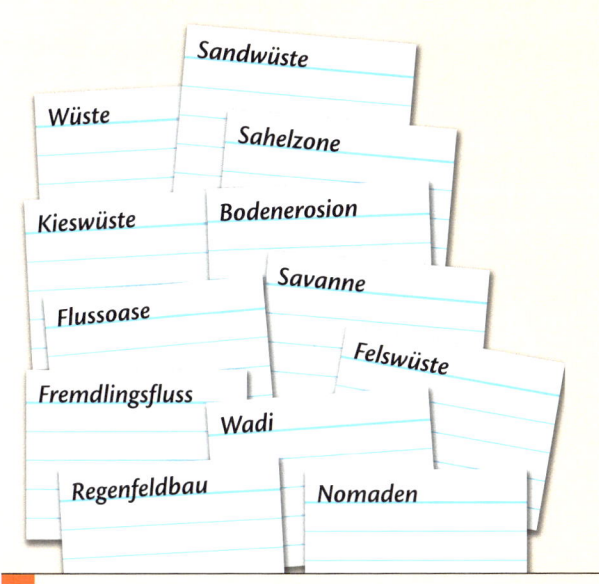

**M 4** *Geo-Begriffestapel*

Begriffe: Sandwüste, Wüste, Sahelzone, Kieswüste, Bodenerosion, Savanne, Flussoase, Felswüste, Fremdlingsfluss, Wadi, Regenfeldbau, Nomaden

**5** Sortiere die Aussagen in richtige und falsche. Verbessere die falschen Aussagen und schreibe sie richtig auf.

**Richtig oder falsch?**
- An die extremen Temperaturen in der Wüste haben sich Menschen, Tiere und Pflanzen angepasst.
- Sandwüsten liegen bevorzugt in Gebirgen, weil der Wind den Sand besser in die Höhe tragen kann.
- Als Wadi werden die ganzjährig Wasser führenden Flusstäler in der Feuchtsavanne bezeichnet.
- Ein Fremdlingsfluss ist ein Fluss ohne Namen.
- Alle sommerheißen Wüsten bestehen aus Sand und sind fast eben.
- Die Nomaden wandern mit ihren Tieren einmal im Jahr zwischen dem nördlichen und südlichen Wendekreis hin und her.
- Das Klima in den Savannen ist durch den Wechsel von Trocken- und Regenzeiten gekennzeichnet.
- Die Feuchtsavanne ist eine Landschaft mit oft undurchdringlichem Dorngestrüpp.
- Hirse ist das Hauptanbauprodukt in der Savanne.
- In der Sahelzone lässt sich Bodenerosion nicht verhindern.

## Können und anwenden

**6** Eine Gruppe von Deutschen will in den Sommerferien bei uns die Namib kennen lernen.
- Wie muss sich die Gruppe vorbereiten?
- Beschreibe Klima und Landschaft, die sie erwartet. Beachte die Jahreszeit.
- Fertige eine Liste von Gegenständen und Kleidungsstücken an, die die Gruppe in der Namib brauchen könnte.

**M 5** *Touristen in der Namib*

# 4 Nutzung und Gefährdung der tropischen Regenwälder erläutern

**Entdeckungen am Äquator**
Das Gebrüll von Affen, kreischende Papageien, unzählige unbekannte Insekten und andere Tiere – die dichten Wälder beiderseits des Äquators bieten viele Eindrücke beim Hören, Fühlen und Sehen. Was unterscheidet diese Wälder von unseren heimischen Laub- und Mischwäldern?

**In diesem Kapitel lernst du**
- die immerfeuchten Tropen am Beispiel Südamerikas zu verorten,
- Merkmale des Klimas und der Vegetation im tropischen Regenwald kennen,
- Zusammenhänge zwischen Klima, Vegetation und Nährstoffkreislauf im tropischen Regenwald zu erklären,
- Anbau von Bananen in Plantagen zu erläutern und
- Ursachen und Ausmaß der Zerstörung tropischer Regenwälder zu erklären.

**Dazu nutzt du**
- Blockbilder,
- Klimadiagramme,
- Karten und
- Bilder.

**Du beurteilst,**
- Gefahren für den tropischen Regenwald und
- Maßnahmen zum Schutz der Regenwälder.

*Im tropischen Regenwald*

NUTZUNG UND GEFÄHRDUNG DER TROPISCHEN REGENWÄLDER ERLÄUTERN

# Wir orientieren uns in Südamerika

**check-it**
- Großlandschaften, Flüsse, Staaten und Städte Südamerikas lokalisieren
- Großlandschaften beschreiben
- stumme Karte und Blockbild auswerten

## Abgrenzung
Südamerika ist der südliche Teil des Doppelkontinents Amerika. Die Grenze zwischen Nord- und Südamerika bildet der **Panamakanal**. Südlich von Kap Hoorn treffen der Pazifische und der Atlantische Ozean zusammen in der Drakestraße. Dort verläuft die Grenze zwischen Südamerika und der Antarktis.

## Die Anden
Das Hochgebirge der Anden erstreckt sich mit einer Länge von etwa 7500 Kilometern entlang der Pazifikküste von Venezuela im Norden bis nach Feuerland im Süden. Es ist das längste Gebirge der Erde. Die höchsten Gipfel erreichen fast 7000 Meter Höhe. In den Anden gibt es eine Vielzahl noch tätiger Vulkane und es kommt immer wieder zu schweren Erdbeben.

Die Anden fallen im Westen steil zum schmalen Küstensaum am Pazifischen Ozean ab. Durch seine Nord-Süd-Ausrichtung verhindert das Hochgebirge der Anden das Eindringen feuchter Luftmassen vom Pazifik in das Landesinnere.

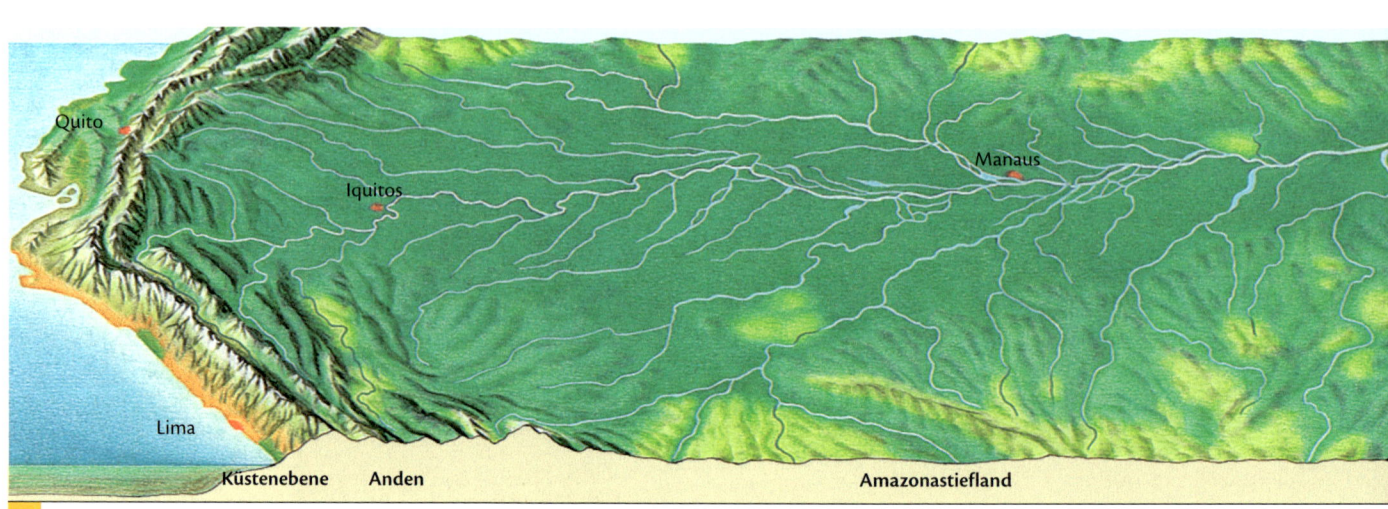

**M 1** *Stumme Karte von Südamerika*

A – M  Staaten
1 – 18  Städte
A – G  Gebirge, Landschaften
a – e  Flüsse
A – C  Meere

Landhöhen
0  100  200  500  1000  2000  4000 m

**M 2** *Blockbild von Südamerika*

NUTZUNG UND GEFÄHRDUNG DER TROPISCHEN REGENWÄLDER ERLÄUTERN 83

### Ebenen und Tiefländer
Östlich der Anden erstrecken sich die Tiefländer von Orinoco, Amazonas und La Plata. Das Amazonastiefland beginnt bereits 180 Kilometer östlich der Pazifikküste. Während die Tiefländer des Orinoco und Amazonas jeweils von einem großen Strom beherrscht werden, durchfließen das La-Plata-Tiefland unterschiedliche Flüsse: Uruguay, Paraguay und Paraná.

### Die Bergländer
Im Osten Südamerikas liegen das Bergland von Guayana und das Brasilianische Bergland. Diese sehr alten Gebirge erreichen im Durchschnitt Höhen zwischen 300 und 1000 m Höhe. Nur die höchsten Erhebungen sind über 2000 Meter hoch.

**M 3** *Der Cotopaxi in den Anden – höchster aktiver Vulkan (5896 m)*

1 Benenne die Staaten, Städte, Gebirge, Landschaften, Flüsse und Meere der stummen Karte (**M 1**; Karte S. 79, 194/195).
2 Trage in eine Tabelle die Staaten ein, die in den Anden, in den Tiefländern und in den Bergländern liegen (**M 1**; Karte S. 79, 194/195).
3 Beschreibe die Fotos und ordne sie den Großlandschaften vom Pazifik bis zum Atlantik zu (**M 2** bis **M 5**; Karte S. 79).
4 Benenne die Staaten, die das Blockbild erfasst (**M 2**; Karte S. 79, 194/195).

**M 4** *Rinderherden im Tiefland des La Plata*

WEBCODE: UE649365-083

**M 5** *Im Brasilianischen Bergland*

## Im tropischen Regenwald – sehr warm und immer feucht

**check-it**
- Merkmale des tropischen Regenwaldes kennen
- Unterschied zwischen Tageszeiten- und Jahreszeitenklima erklären
- Wasserkreislauf im tropischen Regenwald erklären
- Klimadiagramme lesen und vergleichen

M 1 Im tropischen Regenwald

M 2 Vogelspinne

Mit dem Boot fahren wir auf einem Nebenarm des Amazonas durch den Regenwald, denn Straßen gibt es hier nicht. Wir legen an, um in die Tiefe des Regenwaldes einzudringen. In dem dichten Gestrüpp der Pflanzen kommen wir nur langsam vorwärts. Wir wandern durch ein Gewirr von Lianen und schnurgerade gewachsenen Baumstämmen, viele davon kaum dicker als Hochsprungstangen. Nur vereinzelt treffen wir auf gewaltige Stämme mit weit ausladenden Brettwurzeln. Immer mehr verwächst der Pfad, und dann müssen wir auf allen Vieren kriechen, unter einer Schlingpflanze hindurch, über einen Baumstamm hinweg. Äste und Zweige schlagen uns ins Gesicht und überschütten uns mit Ameisen. Die Luft ist schwül.

Wir haben uns schnell an die mittäglichen Wolkenbrüche und die feuchte und schwüle Luft, die auch in der Nacht nur wenig abkühlt, gewöhnt. Am angenehmsten sind die Stunden kurz nach Sonnenaufgang. Nur dann ist die Luft mit etwa 22 °C angenehm kühl und klar, bevor die Hitze des Tages das Thermometer auf über 35 °C im Schatten ansteigen lässt. Affen und Vögel bekommen wir kaum zu Gesicht. Sie halten sich in den Baumkronen hoch über uns auf. Aber vor Schlangen und Insekten müssen wir uns hüten. Vogelspinnen werden unsere täglichen Begleiter und wir lernen, giftige von weniger giftigen Arten zu unterscheiden. An manchen Stellen sind Blutegel, die sich unbemerkt am Körper festsaugen, eine Plage. Aber auch damit lernen wir umzugehen, ebenso wie wir uns an die ständig feuchte und klamme Kleidung gewöhnt haben.

Am schlimmsten sind das ständige Dämmerlicht und erst recht die absolute Dunkelheit während der Nacht, denn kein Licht dringt durch das Kronendach des Waldes und die Wolkenschicht.

(nach: Th. Breitbach, Aus einem Reisetagebuch)

M 3 Eine Trekkingtour im Regenwald

NUTZUNG UND GEFÄHRDUNG DER TROPISCHEN REGENWÄLDER ERLÄUTERN    85

**M 4** Ein Tag im tropischen Regenwald

## Klima und Wasserkreislauf

Das ganze Jahr über fallen die Sonnenstrahlen sehr steil bis senkrecht ein. Die starke Sonneneinstrahlung bewirkt, dass ein Großteil des Regens sofort wieder verdunstet. Die feuchtwarme Luft steigt auf, kühlt sich mit zunehmender Höhe ab und der in ihr enthaltene Wasserdampf kondensiert zu Wolken. Es kommt beinahe täglich zu starken Niederschlägen. Nur ein Viertel des Wassers versickert im Boden und verlässt den Regenwald über die Flüsse. Drei Viertel des Wassers zirkulieren innerhalb des **tropischen Regenwaldes**. So entsteht ein zusammenhängender eigener Wasserkreislauf.

## Tageszeitenklima

In den immerfeuchten Tropen zwischen dem nördlichen und südlichen Wendekreis ist es das ganze Jahr über warm und feucht. Es gibt es keine Jahreszeiten wie bei uns. Der Unterschied zwischen den Durchschnittstemperaturen des kältesten und des wärmsten Monats ist kleiner als der Unterschied zwischen der Tages- und der Nachttemperatur. Deshalb bezeichnet man dieses Klima als **Tageszeitenklima.**
Unser Klima hingegen ist ein **Jahreszeitenklima,** das vom jahreszeitlichen Wechsel der Temperatur gekennzeichnet ist.

1 Lege eine Tabelle an, in die du Informationen zum Klima, zu Tieren und Pflanzen im tropischen Regenwald einträgst (**M 1** bis **M 3**, Blockbild S. 88/89, *Blockbilder lesen*).

2 Lies die Klimadiagramme und vergleiche das Klima am Äquator und in Deutschland (**M 6**, **M 7**).

3 Erkläre den Unterschied zwischen einem Tageszeiten- und einem Jahreszeitenklima (**M 4**, **M 6**, **M 7**).

4 Zeichne ein *Fließdiagramm* zum Wasserkreislauf im tropischen Regenwald und erkläre ihn damit.

5 Der tropische Regenwald – sehr warm und immer feucht: Erläutere, warum das so ist (**M 3** bis **M 7**).

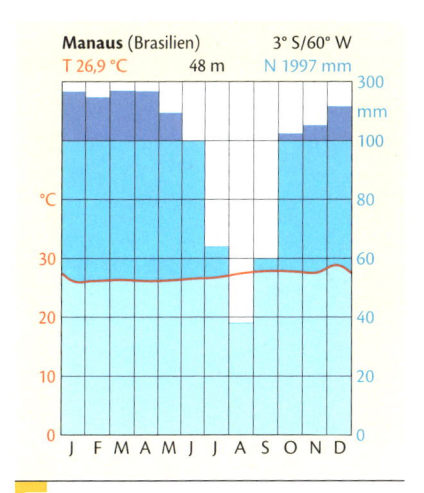

**M 6** Klimadiagramm Manaus

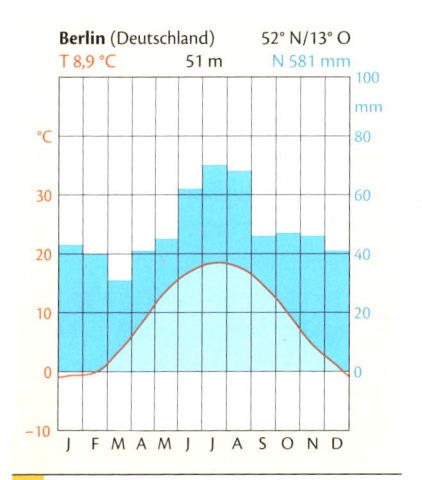

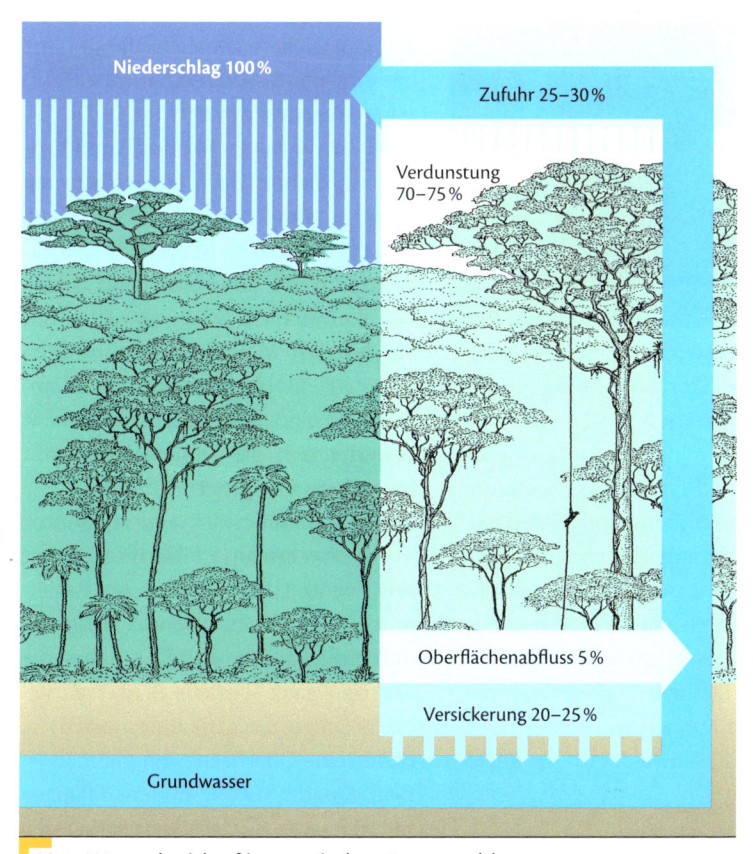

**M 5** Wasserkreislauf im tropischen Regenwald

**M 7** Klimadiagramm Berlin

NUTZUNG UND GEFÄHRDUNG DER TROPISCHEN REGENWÄLDER ERLÄUTERN

# Der tropische Regenwald – artenreich und immergrün

check-it
- Merkmale der Vegetation beschreiben
- Nährstoffkreislauf erklären
- Ursachen für die Nährstoffarmut der Böden benennen
- Grafiken auswerten

## Der tropische Regenwald

In keiner Region der Erde gibt es so viele Pflanzen und Tiere wie im tropischen Regenwald und täglich werden neue Arten entdeckt. Rund 90 Prozent der Tiere des Regenwaldes sind Insekten. Nach Schätzungen von Forschern gibt es im Regenwald über 10 000 Baumarten. Im Vergleich dazu sind in Deutschland nur etwa 50 Baumarten bekannt. In den immerfeuchten Tropen herrscht ein beständig feuchtwarmes Klima. Wasser und Wärme bewirken ein ganzjährig kräftiges Pflanzenwachstum. Frische und welkende Blätter, Blüten und Früchte können sich gleichzeitig an einem Baum befinden. Der tropische Regenwald ist immergrün.

## Der Kampf ums Licht

Auf der Suche nach ausreichend Licht hat sich der **Stockwerkbau** des tropischen Regenwaldes entwickelt. Die bis zu 40 Meter hohen Bäume, deren Kronen ein dichtes Dach bilden, nehmen einen Großteil des Sonnenlichtes auf. Dieses Kronendach ist ein wichtiger Lebensraum für Säugetiere und Vögel. Die Baumschicht wird nur vereinzelt von bis zu 70 Meter hohen Baumriesen überragt, die jedoch nicht überall anzutreffen sind. Unter der Baumschicht befindet sich die Strauchschicht mit Sträuchern und jungen Bäumen.

Die am Boden wachsenden Kräuter, Kriechpflanzen und Pilze müssen mit sehr wenig Licht auskommen. Bei ihrem Kampf um das wenige Licht, das durch die Baumkronen fällt, haben die Pflanzen ganz spezielle Blätter entwickelt. Einige, die ganz unten wachsen, haben eine Oberfläche von mehr als einem Quadratmeter. Andere Pflanzen mit kleineren Blättern klettern an den Bäumen entlang zum Licht.

In diesem Treibhaus zu arbeiten, reicht ja schon – aber auf Bäumen voller giftiger Spinnen, Schlangen, Frösche, Tausendfüßler und Skorpione herumzuklettern – auf solche Ideen kommen nur wir Regenwaldforscher!
Heute bringen uns Kräne, an denen eine Art Gondel hängt, in die Gipfel der Urwaldriesen. Früher mussten wir hinaufklettern – auf die höchsten Bäume, die ich kenne. An den Stämmen und Ästen wachsen Moose, Farne und Orchideen. Ihre Wurzeln bilden ein dichtes Geflecht, in dem sich Laub, Exkremente sowie tote Kleintiere sammeln und verrotten. Daraus entsteht eine dünne nährstoffreiche Humusschicht. Einige Baumarten treiben Wurzeln aus den Ästen in diese Schicht vor. Zwei Drittel aller Pflanzen und Tiere des Regenwaldes leben im Bereich der Baumkronen in 30 bis 40 Metern Höhe. Deshalb ist dieser Kronenraum für uns Forscher von großer Bedeutung. Hier können wir immer noch neue Arten entdecken, aber auch die Bedeutung der Regenwälder für das Klima der Erde erforschen.

**M 1** *Forscher im Amazonas-Regenwald*

NUTZUNG UND GEFÄHRDUNG DER TROPISCHEN REGENWÄLDER ERLÄUTERN  **87**

## Der Boden

Lange Zeit vermutete man, dass die Böden des tropischen Regenwaldes besonders fruchtbar seien. Das ist jedoch ein Irrtum. Im warmen und immerfeuchten tropischen Klima verwittern Gesteine wesentlich schneller als im gemäßigten Klima Europas. In dem seit zehn Millionen Jahren kaum veränderten Klima am Äquator hat sich ein sehr tiefgründiger Boden entwickelt. Die täglichen Regengüsse waschen die Mineralien im Boden bis in tiefe Schichten aus, sodass ein harter, weitgehend unfruchtbarer Boden entsteht.

## Die „Nährstofffalle"

Auf den Boden fallende Blätter und Zweige, abgestorbene Äste und Stämme sowie verendete Tiere werden von Ameisen, Termiten sowie Würmern zernagt und zersetzt. Diese Zersetzung und Umwandlung in Nährstoffe läuft sehr schnell ab, sodass sich kaum **Humus** bilden kann. Die Bäume haben deshalb nur flache Wurzeln, die direkt unter der Oberfläche bleiben. Ihre Standfestigkeit erhalten sie durch meterhohe, verzweigte **Brettwurzeln** über der Erde. Die Wurzeln der Pflanzen sind von Pilzen umkleidet, welche die Nährstoffe abfangen und langsam an die Pflanzen abgeben.

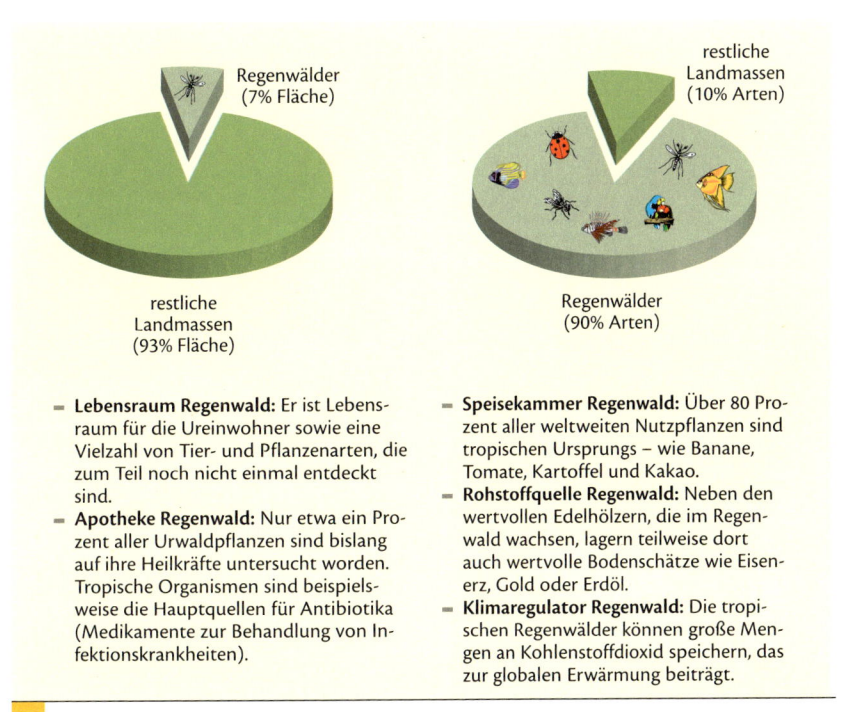

Regenwälder (7% Fläche)
restliche Landmassen (93% Fläche)

restliche Landmassen (10% Arten)
Regenwälder (90% Arten)

- **Lebensraum Regenwald:** Er ist Lebensraum für die Ureinwohner sowie eine Vielzahl von Tier- und Pflanzenarten, die zum Teil noch nicht einmal entdeckt sind.
- **Apotheke Regenwald:** Nur etwa ein Prozent aller Urwaldpflanzen sind bislang auf ihre Heilkräfte untersucht worden. Tropische Organismen sind beispielsweise die Hauptquellen für Antibiotika (Medikamente zur Behandlung von Infektionskrankheiten).
- **Speisekammer Regenwald:** Über 80 Prozent aller weltweiten Nutzpflanzen sind tropischen Ursprungs – wie Banane, Tomate, Kartoffel und Kakao.
- **Rohstoffquelle Regenwald:** Neben den wertvollen Edelhölzern, die im Regenwald wachsen, lagern teilweise dort auch wertvolle Bodenschätze wie Eisenerz, Gold oder Erdöl.
- **Klimaregulator Regenwald:** Die tropischen Regenwälder können große Mengen an Kohlenstoffdioxid speichern, das zur globalen Erwärmung beiträgt.

**M 2** *Schatzkammer Regenwald*

**1** Beschreibe den Stockwerkbau im tropischen Regenwald (**M 1**, Blockbild S. 88/89; **Blockbilder lesen**).

**2** Charakterisiere den tropischen Regenwald als Schatzkammer (**M 2**).

**3** Erkläre den Nährstoffkreislauf im tropischen Regenwald vor und nach der Rodung (**M 3**).

**4** Benenne Ursachen für die Nährstoffarmut der Böden (**M 3**).

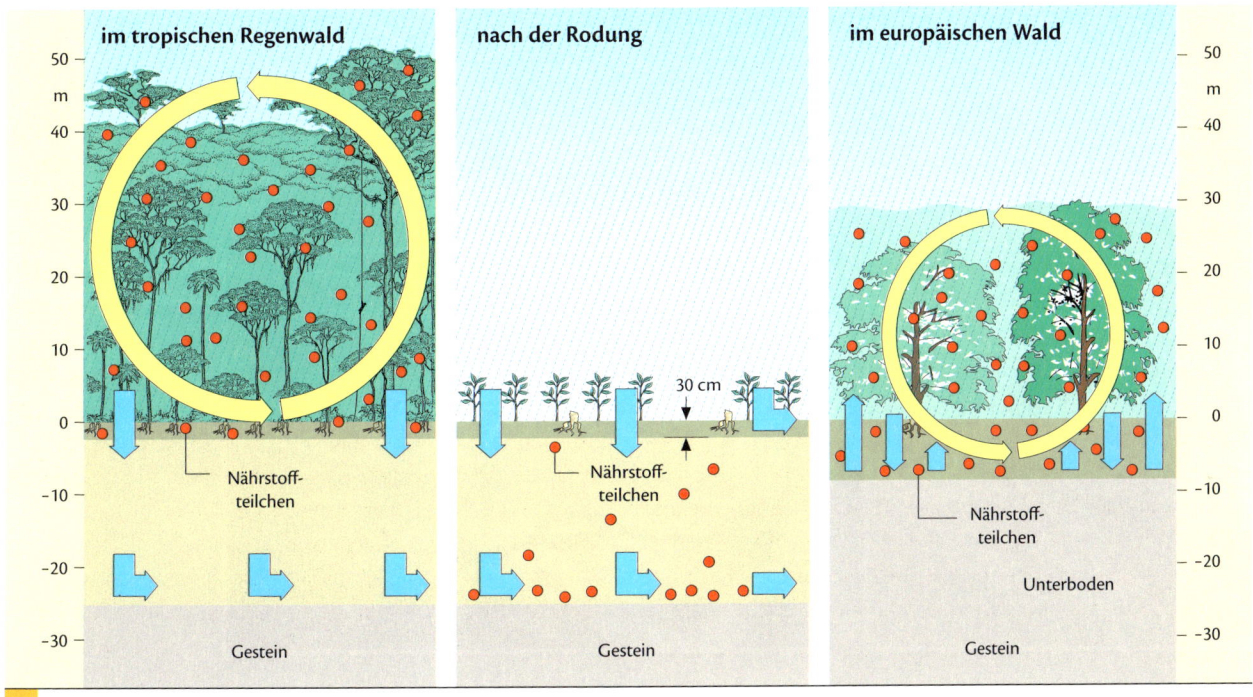

**M 3** *Nährstoffkreislauf im tropischen Regenwald vor und nach der Rodung und im europäischen Wald*

# Aufbau des tropischen Regenwaldes

*Junge Kapuzineraffen spielen im tropischen Regenwald von Costa Rica. Im Gegensatz zu diesen bekannten Gesichtern sind die meisten Tierarten weder benannt, beschrieben noch analysiert.*

*Der Blue Morpho Schmetterling kann eine Flügelspannweite von 17 Zentimetern erreichen. Infolge seiner blau schillernden Färbung sieht man ihn noch in einem Kilometer Entfernung. Im Regenwald gibt es Millionen von Insektenarten.*

über 100 Baumarten pro Hektar

*Der Arakanga ist eine von über 5000 Vogelarten im tropischen Regenwald.*

*Eine Anakonda – sie kann bis zu 9 Meter lang und 230 Kilogramm schwer werden.*

NUTZUNG UND GEFÄHRDUNG DER TROPISCHEN REGENWÄLDER ERLÄUTERN  89

unermesslich viele, größtenteils noch unerforschte Heilpflanzen

60 m und mehr: Urwaldriesen

bis 50 m: obere Baumschicht/ Blätterdach

bis 40 m: mittlere Baumschicht mit kleineren Kronen

bis 20 m: größere Sträucher und Bäume

bis 10 m: Strauch- und Krautschicht

*Epiphyten (Aufsitzerpflanzen) auf einem Urwaldbaum in Costa Rica (Atlantik-Bereich)*

*Brettwurzeln eines Urwaldriesen*

## Geo-Methode: Wir erstellen eine Präsentation

**M 1** *Präsentation*

**check-it**
- Aufbau einer Präsentation kennen
- Präsentation erstellen

### Ein Bild sagt mehr als tausend Worte
Im Unterricht wird immer wieder gefordert, dass du Arbeitsergebnisse vortragen sollst – meist in Form eines Referats oder Kurzreferats.
Besonders im Geographieunterricht wird jedes Referat sehr viel anschaulicher, wenn zur Verdeutlichung Bilder, Karten, Diagramme oder Grafiken eingesetzt werden. Einen solchen medienunterstützten Vortrag bezeichnet man als Präsentation. Der Einsatz von Medien macht den Vortrag unterhaltsam und abwechslungsreich. Welches Medium am besten geeignet ist, richtet sich nach dem Thema, aber auch nach den technischen Möglichkeiten.

### Checkliste zum Erstellen einer Präsentation
**1. Schritt:** Lege das Thema deiner Präsentation fest. Manchmal ist es sinnvoll, mit der genauen Formulierung des Themas zu warten, bis die Informationsbeschaffung abgeschlossen ist. Eventuell ergibt sich das Thema aus den Materialien.
**2. Schritt:** Besorge dir Informationen zu deinem Thema zum Beispiel aus Zeitungen und Zeitschriften, Büchern oder aus dem Internet. Achtung: Wenn du Materialien in deine Präsentation übernimmst, musst du die Quelle angeben.
**3. Schritt:** Erstelle eine Gliederung deiner Präsentation. Achte dabei darauf, dass sie sinnvoll aufgebaut und der Raum auf einer Karte lokalisiert werden kann. Überlege dir einen Einstieg, der neugierig auf das Thema macht und das Interesse der Zuschauer/Zuhörer weckt.
**4. Schritt:** Lege fest, welches Präsentationsmedium du einsetzen willst, und stelle sicher, dass die erforderlichen Geräte zur Verfügung stehen.
**5. Schritt:** Stelle die Präsentation zusammen. Ordne die Materialien in der richtigen Reihenfolge deinem Vortragstext zu. Achte darauf, dass Abbildungen gut erkennbar sowie Text und Zahlen in Grafiken und Diagrammen lesbar sind.
**6. Schritt:** Übe deine Präsentation, denn sie sollte möglichst frei vorgetragen und nicht abgelesen werden. Beachte, dass die Medien deinen Vortrag nur unterstützen sollen. Setze sie sparsam an den Stellen ein, an denen es sinnvoll ist.
**7. Schritt:** Sorge vor der Präsentation dafür, dass alle Materialien und Medien vorhanden und einsatzbereit sind.

**Plakat/Wandzeitung**
- Überschrift/Thema
- klare Gliederung und Aufbau
- keine Sätze, nur Schlagworte
- deutliche und große Schrift
- Bilder und Zeichnungen, Farben gezielt einsetzen
- Beim Vortrag nicht verdecken!
- Nicht zum Plakat sprechen!

**Overhead-Projektor**
- Schriftgröße mindestens 16 pt
- keine langen Sätze › Stichworte
- große Bilder und Abbildungen
- keine Abbildungen mit niedriger Auflösung
- Folien sortiert einheften
- mit Folie arbeiten (z. B. teilweise abdecken, mit Stift zeigen/markieren/eintragen, ...)

**Für jedes Präsentationsmedium gilt:**
- weniger ist oft mehr
- Medium muss bei der Präsentation noch aus der letzten Reihe gut zu sehen sein!

**PowerPoint-Präsentation**
- große Schrift (mind. 24 pt)
- klare Gliederung
- Farben vorsichtig einsetzen (z. B. kein greller Hintergrund)
- wenige, dafür sinnvolle Effekte (Folienübergang, ...)
- Unbedingt vorher proben und mit der Technik vertraut machen!

**Video-Dokumentation**
- sinnvoll schneiden, klarer Ablauf
- passende Vertonung (Kommentare, O-Ton, Musik, ...)
- Einblendungen (Text, Bilder, ...)
- angemessene Länge
- Zusammenspiel von Video-Beamer und Video-Recorder vorher testen

**M 2** *Tipps zum Einsatz verschiedener Medien*

**GEO-METHODE** **91**

**Tipps zum richtigen Präsentieren**
- Schaue in Richtung der Zuschauer/Zuhörer. Achte darauf, dass du nicht nur auf den Bildschirm oder die Präsentationswand schaust.
- Versuche frei zu sprechen und nicht abzulesen. Das gelingt besser, wenn du dir Stichpunkte auf Merkzetteln notierst.
- Unterstütze deine Präsentation durch sinnvolle Gestik und Bewegung. Dadurch wirkt das Vorgetragene lebendiger und interessanter.
- Rede laut, deutlich und nicht zu schnell. Bedenke, dass die Zuhörer deine Präsentation zum ersten Mal hören/sehen und alles verstehen wollen.
- Fasse am Ende die Ergebnisse noch einmal kurz zusammen.
- Gib dem Publikum die Möglichkeit, am Schluss Fragen zu stellen.

1 Erstelle eine Tabelle zu den Präsentationsmedien, in der du die jeweils erforderlichen Geräte/Materialien sowie mögliche Einsatzmöglichkeiten auflistest.
2 Bildet Gruppen und wählt ein Thema zum tropischen Regenwald aus. Mögliche Themen könnten sein: Leben im tropischen Regenwald – Tiere und Pflanzen des tropischen Regenwalds – Veränderung des Klimas durch Abholzung der Regenwälder? – Schatzkammer tropischer Regenwald – Erforschung der Regenwälder.
3 Sammelt Material zu eurem Thema und wählt ein geeignetes Präsentationsmedium aus.
4 Stellt eure Präsentation zusammen und führt sie der Klasse vor.

WEBCODE: UE649365-091

**M 3** *Wandzeitung zum Thema Wüste*

**M 4** *Titelfolie mit Thema und Karte zur Orientierung*

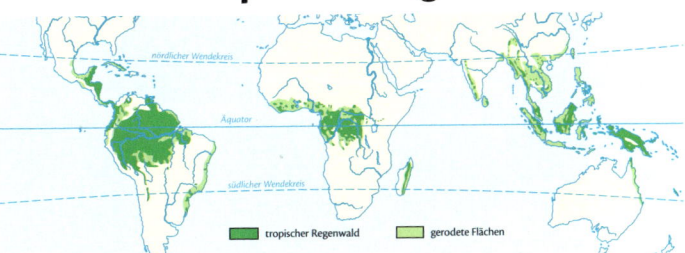

**Inhalt**
1. Verbreitung des tropischen Regenwalds
2. Klima und Nährstoffhaushalt
3. Stockwerkbau des Regenwalds
4. Nutzung und Besiedlung
5. Zerstörung des Regenwalds und die Auswirkungen

**M 5** *Gliederung der Präsentation*

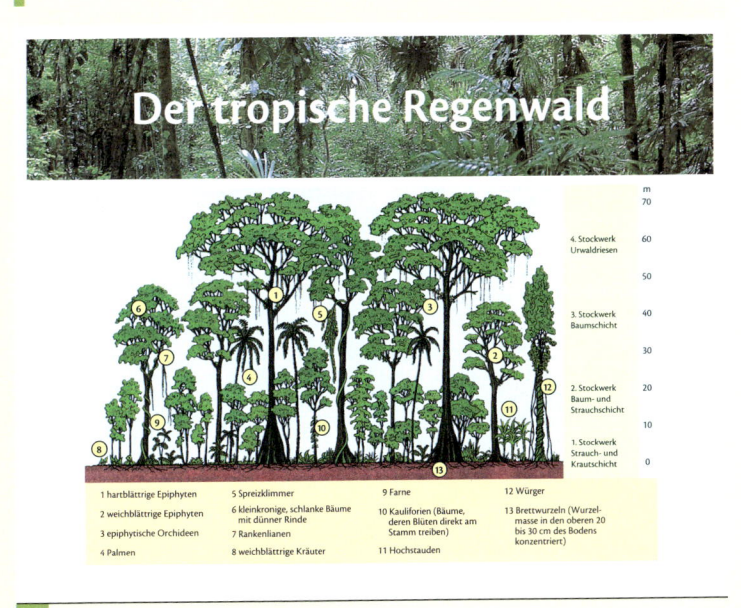

**M 6** *Grafik zur Veranschaulichung*

# Wanderfeldbau zur Selbstversorgung

**M 1** Brandrodung im tropischen Regenwald

**M 2** Entwicklung der Ernteerträge

**check-it**
- tropische Feldfrüchte kennen
- Wanderfeldbau und Dauerfeldbau erläutern und vergleichen
- Kartenskizzen auswerten
- Vor- und Nachteile des Wanderfeldbaus beurteilen

## Landwirtschaft im tropischen Regenwald

Im tropischen Regenwald sind die klimatischen Bedingungen günstig für den Anbau. Es ist immer warm und es steht ausreichend Wasser zur Verfügung. Der Boden ist jedoch wenig fruchtbar und der Anbau sehr mühsam, denn der Wald überwuchert immer wieder die Felder.

## Brandrodung für den Anbau

Um Felder anlegen zu können, muss der Wald zunächst gerodet werden. Sträucher und kleinere Bäume werden umgeschlagen. Bei größeren Bäumen wird die Rinde eingekerbt, damit der Baum abstirbt. Die Urwaldriesen lässt man häufig stehen, damit sie die empfindlichen Jungpflanzen vor der Sonne schützen. Die abgehackten Büsche und Bäume werden in Brand gesetzt.

Durch die **Brandrodung** entstehen freie Flächen im Regenwald, die anschließend als Felder genutzt werden. Die Asche düngt den Boden der Rodungsflächen. Bei der Feldarbeit wird die Erde zunächst mit Grabstöcken und Hacken gelockert und für die Saat vorbereitet.

**M 3** Anbauprodukte zur Selbstversorung

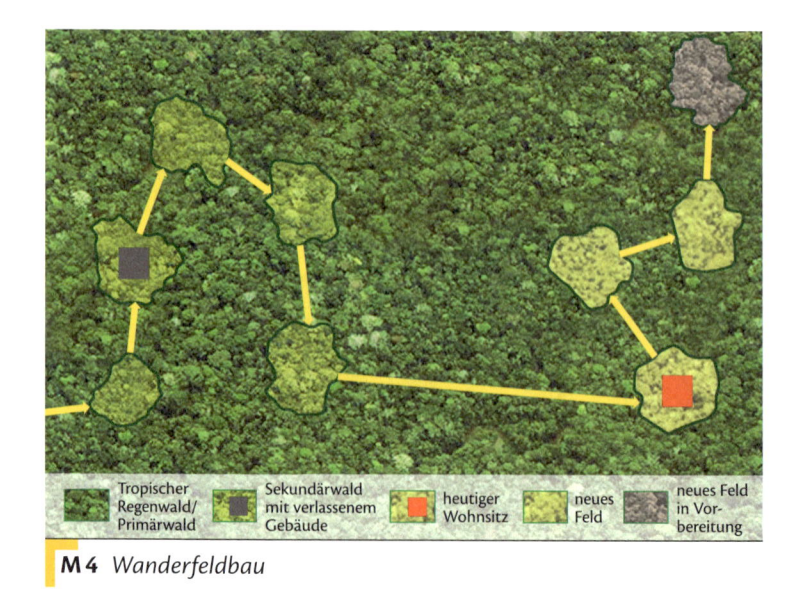

**M 4** Wanderfeldbau

## Wanderfeldbau

Knollenfrüchte können bis zu zwei Jahre lang geerntet werden. Dann sinkt die Bodenfruchtbarkeit rasch ab. Nach drei bis fünf Jahren reichen die Erträge nicht mehr aus, um die Dorfbevölkerung zu ernähren. Die Rodungsinsel muss aufgegeben werden und es wird eine neue Brandrodungsfläche vorbereitet.

Wenn in Dorfnähe keine neuen Brandrodungsflächen mehr angelegt werden können, muss auch die Siedlung verlegt werden. Man nennt diese Wirtschaftsform deshalb **Wanderfeldbau**.

Die aufgelassenen Rodungsflächen werden in kurzer Zeit von Büschen und Kräutern überwuchert und vom Wald zurückerobert. Nach etwa 20 Jahren ist ein **Sekundärwald** nachgewachsen, der jedoch nicht die Üppigkeit und den Artenreichtum des ursprünglichen Regenwalds erreicht.

## Übergang zum Dauerfeldbau

In den tropischen Regenwäldern ist die Bevölkerungszahl stark angestiegen. Gleichzeitig werden in den Industrieländern Anbauprodukte aus den Tropen immer beliebter. Dadurch wurde das Rodungsland knapp. Die Felder konnten nicht mehr so oft gewechselt werden. Die Erträge gingen zurück und die Ernährung der einheimischen Bevölkerung war nicht mehr gesichert.

Heute werden häufig nur noch die Felder verlegt, während die Dörfer dauerhaft bewohnt werden. Viele Dorfgemeinschaften sind ganz zum Dauerfeldbau übergegangen. In der Nähe des Dorfes liegen die Hausgärten, wo alles für den täglichen Bedarf angebaut wird. In größerer Entfernung werden Produkte angebaut, die auf den Märkten der Städte verkauft oder in kleinen Betrieben weiterverarbeitet werden. So werden aus den faserigen Schalen von Kokosnüssen feste Gewebe hergestellt, die für die Innenausstattung von Autos verwendet werden.

**Dauerfeldbau** ist nur möglich, wenn die Bodenfruchtbarkeit zum Beispiel durch Düngen oder längere Brache erhalten bleibt.

**M 5** Dorf im tropischen Regenwald am Amazonas

1. Erstelle ein Fließdiagramm zur Brandrodung und zum Wanderfeldbau der Kleinbauern im tropischen Regenwald (**M 1** bis **M 4**).
2. Erläutere die Entwicklung der Ernteerträge (**M 2**).
3. Bildet Gruppen, sammelt Informationen zu je einer Feldfrucht des tropischen Regenwaldes und stellt sie der Klasse vor (**M 3**, S. 72 **M 2**; Internet, Lexika).
4. Erläutere, was sich beim Dauerfeldbau gegenüber dem Wanderfeldbau verändert (**M 4** bis **M 6**).
5. Vergleiche das Leben der Menschen im Dorf und die Folgen für den tropischen Regenwald beim Wanderfeldbau und beim Dauerfeldbau (**M 1**, **M 2**, **M 4** bis **M 6**).
6. Sammelt Rezepte mit Früchten aus dem tropischen Regenwald und serviert ein Regenwald-Essen in der Schule (Internet, Kochbücher).

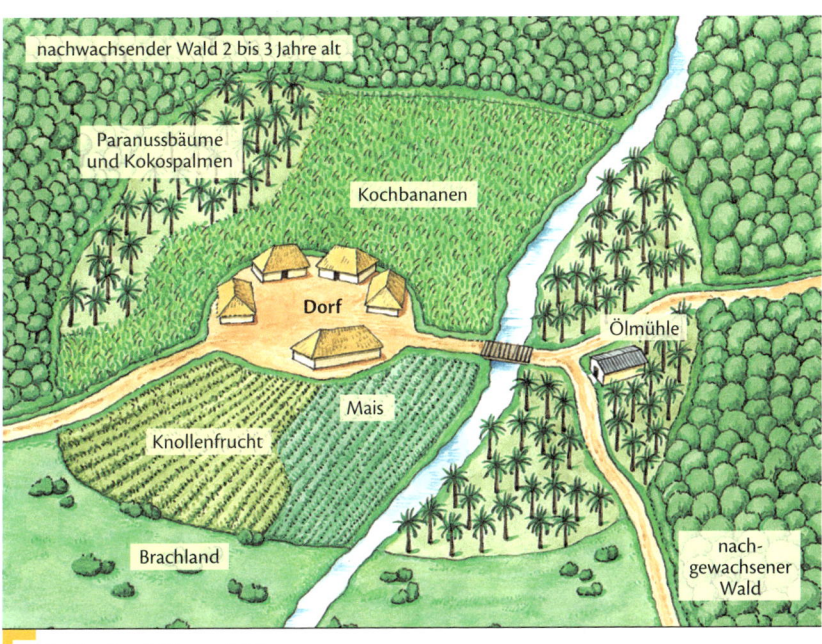

WEBCODE: UE649365-093

**M 6** Dorf mit Dauerfeldbau

# Bananen für den Weltmarkt

**M 1** Bananenplantagen in Ecuador

Die Banane ist eine tropische Waldpflanze, die am besten bei etwa 25 °C und ganzjährig hohen Niederschlägen gedeiht.
Es gibt etwa 100 verschiedene Bananenarten, die jedoch nicht alle essbar sind.
In etwa acht Monaten wächst die Bananenstaude vier bis acht Meter in die Höhe. Aus der Blattkrone sprießt die rotviolette Blütendolde. In den Achseln der Deckblätter stehen mehrere Querreihen von Blüten, aus denen sich die Früchte entwickeln. Weil diese sich nach oben zum Licht hin krümmen, wird die Banane krumm. Von der Blüte bis zur Erntereife dauert es drei bis vier Monate.

**M 2** Wissenswertes zur Banane

**check-it**
- Ecuador lokalisieren
- Bananenproduktion beschreiben
- Merkmale der Plantagenwirtschaft am Beispiel der Banane erläutern
- Vorteile fair gehandelter Bananen beurteilen

## Bananen aus Ecuador

Ecuador gehört weltweit zu den größten Produzenten von Bananen. Sie reifen dort bis in 1000 Meter Höhe. Bananen können das ganze Jahr über geerntet werden, denn aus der Bananenstaude schießen immer wieder Jungtriebe hervor, an denen sich neue Fruchtstände entwickeln.

Die Bananen werden grün, also im unreifen Zustand, geerntet. Ließe man die Bananen an der Staude ausreifen, würden sie erst mehlig und dann matschig werden. Die bis zu 50 Kilogramm schweren Bananenbüschel werden von der Staude geschnitten und mit einer Art Seilbahn zur Verpackungsstation gefahren. Dort werden sie gewaschen und für den Transport verpackt. Nach etwa zwei Monaten erreichen sie mit speziellen Kühlschiffen Europa. Im Zielhafen angekommen, kommen sie zur Nachreife in moderne computergesteuerte Reifekammern. Nach vier bis sechs Tagen sind die Bananen für den Verkauf bereit.

## Anbau auf Plantagen

Produkte für den Weltmarkt werden im tropischen Regenwald auf **Plantagen** angebaut, landwirtschaftlichen Großbetrieben von mindestens 100 Hektar

**M 3** Bananenernte in Ecuador

**M 4** „Seilbahn" für Bananen

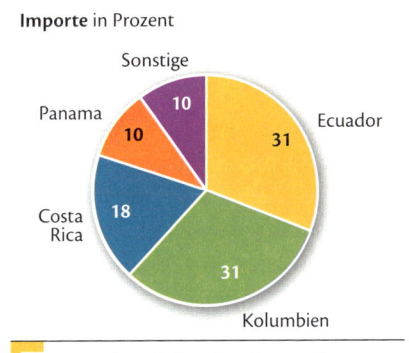

# NUTZUNG UND GEFÄHRDUNG DER TROPISCHEN REGENWÄLDER ERLÄUTERN

**Importe** in Prozent
- Ecuador 31
- Kolumbien 31
- Costa Rica 18
- Panama 10
- Sonstige 10

**M 5** Herkunftsländer der nach Deutschland eingeführten Bananen 2010

**Anteile am Verkaufspreis einer Banane:**
- Produzenten 7 %
- Verpackung und Transport 6 %
- Überseetransport 13 %
- Einfuhr 20 %
- Europäische Lizenzen 13 %
- Reifung und Handel 41 %

**Anteile am Verkaufspreis einer fair gehandelten Banane:**
- Produzenten 14 %
- Verpackung und Transport 6 %
- Überseetransport 12 %
- Einfuhr 5 %
- Europäische Lizenzen 17 %
- Reifung und Handel 46 %

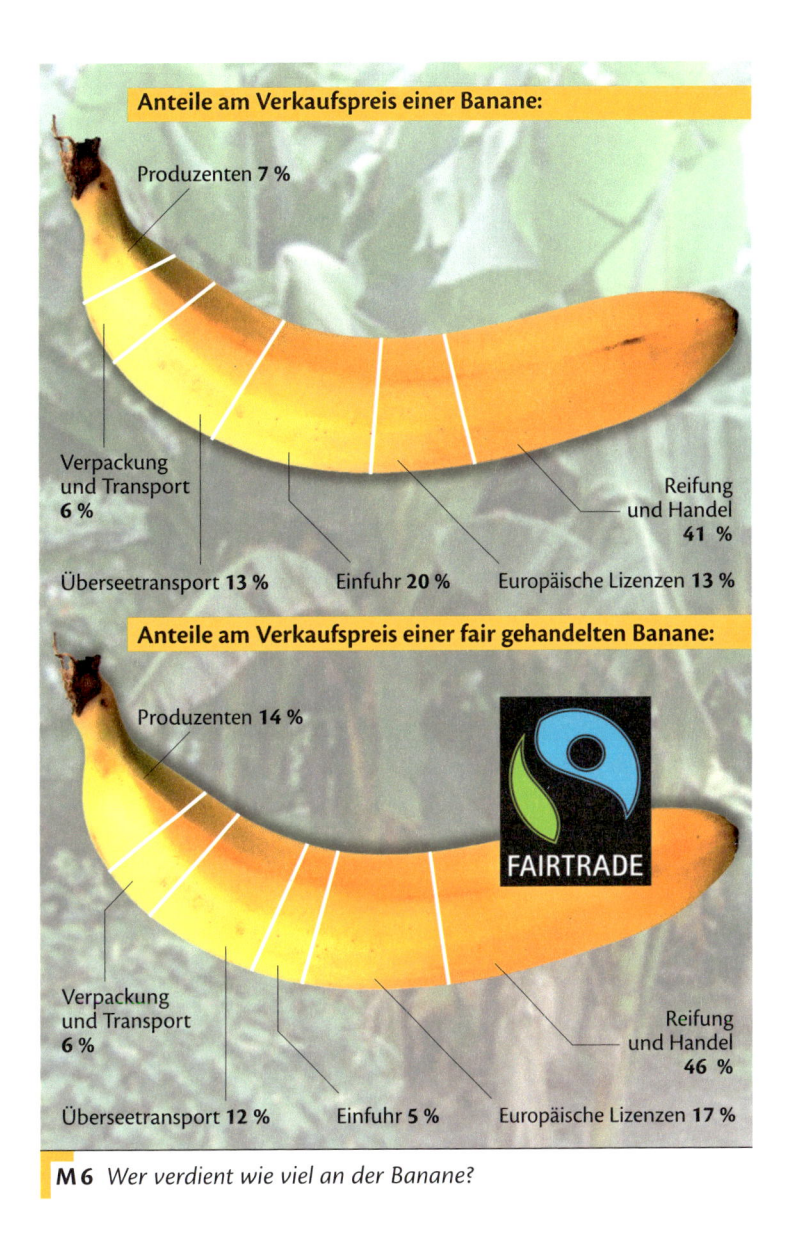

**M 6** Wer verdient wie viel an der Banane?

Größe (etwa 200 Fußballfelder). Viele Plantagen in den Tropen wurden im 19. Jahrhundert von Europäern angelegt, die sie auch leiteten. Als billige Arbeitskräfte beschäftigten sie Einheimische oder Sklaven. Inzwischen sind die meisten Plantagen im Besitz einheimischer Unternehmer oder sie gehören internationalen Konzernen. Sie beschäftigen Landarbeiter oder Saisonarbeiter, die aber häufig sehr schlecht bezahlt werden.

## Anbau in Monokultur

Auf den Plantagen werden mehrjährige Nutzpflanzen oder Dauerkulturen wie Kaffee, Kakao, Tee, Bananen oder Kautschuk in **Monokultur** angebaut. Pflanzen, die in Monokultur angebaut werden, sind sehr anfällig für Schädlinge und Krankheiten. Deshalb werden die Bananen, sobald sich die Früchte bilden, mit Plastikfolie umhüllt. Diese ist an der Innenseite mit **Pflanzenschutzmitteln** versehen. Zusätzlich werden die Bananenstauden während der gesamten Wachstumszeit vom Flugzeug aus mit Pflanzenschutzmitteln besprüht. Diese Chemikalien vergiften nicht nur die Böden und Gewässer, sie verursachen auch Gesundheitsschäden bei den Arbeitskräften auf den Plantagen.

## Hunger durch Plantagenwirtschaft?

Für die Anlage der Plantagen wurden riesige Flächen des tropischen Regenwaldes abgeholzt und in landwirtschaftliche Nutzflächen umgewandelt. Dennoch reichen die Nahrungsmittel nicht aus für die Bevölkerung, denn dort, wo Bananen für den **Export** angebaut werden, können keine Grundnahrungsmittel wie Hirse, Mais, Kartoffeln und Gemüse mehr angebaut werden. Die Arbeitskräfte auf den Plantagen verdienen so wenig, dass ihr Verdienst oft nicht ausreicht, um Nahrungsmittel zu kaufen.

## Fairer Handel

Bei uns werden nicht nur Bananen der großen internationalen Konzerne angeboten. Organisationen wie TransFair bemühen sich darum, dass die Arbeiterinnen und Arbeiter auf den Plantagen sowie die Kleinbauern bessere Arbeitsbedingungen und eine gerechtere Bezahlung erhalten. Zudem setzen sie sich dafür ein, dass auf chemische Dünge- und Pflanzenschutzmittel, die schädlich für die Menschen und die Umwelt sind, weitgehend verzichtet wird. Produkte mit dem TransFair-Siegel sind deshalb heute meistens auch Bio-Produkte.

1. Lokalisiere Ecuador und ordne das Land in die Zone der tropischen Regenwälder ein (Karte S. 79).
2. Beschreibe den Weg der Banane von der Plantage bis zu uns (**M 1** bis **M 5**).
3. Erläutere die Anbaubedingungen auf einer Plantage am Beispiel der Banane (**M 3**, **M 4**, **M 6**).
4. Plantagenwirtschaft mit Monokulturen im tropischen Regenwald – erläutere, welche Probleme sich daraus ergeben (S. 86/87; **M 1**).
5. Beurteile die Vorteile fair gehandelter Bananen für die Produzenten und die Verbraucher (**M 6**).

WEBCODE: UE649365-095

# Amazonien – Erschließung des Regenwalds

**M 1** Zusammenfluss des Amazonas und des Rio Negro

**check-it**
- Amazonien lokalisieren
- Flusssystem des Amazonas und seiner Nebenflüsse beschreiben
- Bedeutung des Flusssystems kennen
- Erschließung und Besiedlung erläutern

## Der Amazonas – größtes Flusssystem der Erde

Amazonien, das Gebiet mit dem größten zusammenhängenden Regenwald der Erde, verdankt seinen Namen dem Amazonas, der es durchfließt. Zusammen mit seinen Nebenflüssen bildet der Amazonas das wasserreichste Flusssystem der Erde. Der Amazonas ist 6 516 km lang und zusammen mit seinen mehr als 1 000 Nebenflüssen hat er ein Einzugsgebiet von über sieben Millionen Quadratkilometern, was etwa der Größe Australiens entspricht. Der Amazonas ist in seinem Unterlauf bei Santarém zwischen 11 und 18 Kilometer breit (zum Vergleich: Die breiteste Stelle des Bodensees ist 14 Kilometer breit).

## Die Nebenflüsse

Die Nebenflüsse des Amazonas unterscheiden sich durch ihre Färbung, die sich durch die mitgeführten Mineralstoffe ergibt.
**Schwarzwasserflüsse** sind sehr nährstoffarm. Sie durchfließen Moore und Sümpfe des Regenwaldes und erhalten so ihre dunkle Farbe.
**Weißwasserflüsse** haben aufgrund des hohen Gehalts an mineralischen Schwebstoffen ein schmutziglehmfarbenes Aussehen. Bei Hochwasser lagern sie die wertvollen Mineralien aus den Anden am Flussufer ab. Die Uferzonen sind daher bevorzugte Siedlungsgebiete für Kleinbauern.
**Klarwasserflüsse** entspringen in Bergländern mit sehr widerstandsfähigen Gesteinen und fließen über sandigen oder felsigen Untergrund.

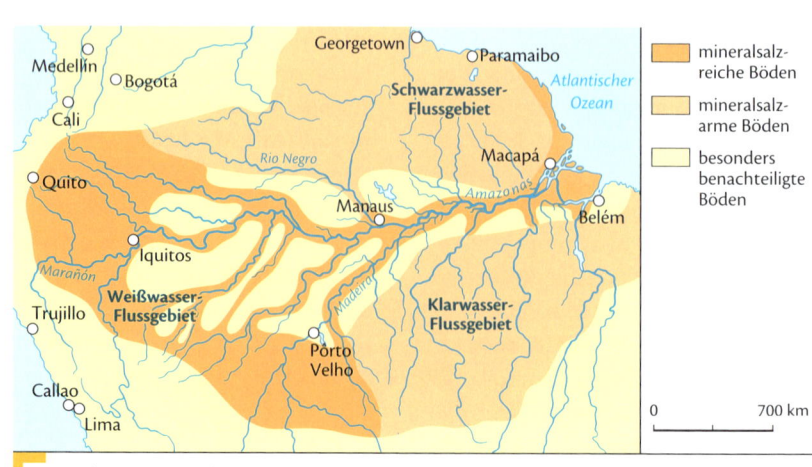

## Mit Ozeandampfern in den Regenwald

Der Amazonas mit seinen Nebenflüssen ist die wichtigste Verkehrsader Amazoniens und das größte Wasserstraßennetz der Erde. Viele Orte im tropischen Regenwald sind nur per Schiff zu erreichen, wie auch die Großstadt Iquitos. Bis Manaus können große Überseeschiffe vom Atlantik den Amazonas befahren. Mit Fracht- und Containerschiffen werden die Städte mit allen wichtigen Gütern versorgt und die Rohstoffe Amazoniens abtransportiert. Große Kreuzfahrtschiffe bringen Touristen in den Regenwald.

## Erschließung Amazoniens

Obwohl bereits im 16. Jahrhundert die ersten Europäer auf der Suche nach Gold das Amazonasbecken durchquerten, kam erst Ende des 19. Jahrhunderts die erste Einwandererwelle nach Amazonien, um **Kautschuk** zu gewinnen, der in großen Mengen für die Bereifung der Automobile gebraucht wurde. Der brasilianische Regenwald ist die Heimat der Kautschukpflanze, aus deren Stamm man pro Jahr bis zu zwei Liter Kautschuk gewinnen kann. Dazu wird die Rinde in regelmäßigen Abständen angeritzt und der austretende klebrige Saft in Behältern aufgefangen. Im Zuge der Kautschukgewinnung erlebten die Städte Manaus und Belém eine Blütezeit.
Als es nach dem Zweiten Weltkrieg gelang, Gummi aus Rohöl herzustellen, verlor der brasilianische Kautschuk seine Bedeutung. Viele Familien verließen das Amazonastiefland und nur wenige

**M 2** Flusssystem des Amazonas

blieben zurück, die neben der Kautschukgewinnung noch etwas Ackerbau betreiben.

Die großräumige Erschließung Amazoniens setzte 1970 mit dem Bau der **Transamazonika** und drei Nord-Süd-Verbindungen ein. Sie sind Teil eines Fernstraßennetzes von über 21 000 Kilometern zur Erschließung des Regenwaldes abseits der Wasserstraßen. Die Straßen sind jedoch größtenteils nicht geteert und selbst dort, wo sie geteert wurden, zerstören Überschwemmungen immer wieder den Belag. Teile der Straßen sind deshalb oft unbefahrbar oder werden ganz vom Regenwald überwuchert.

Entlang der Straßen wurden ländliche und städtische Siedlungen errichtet und das Land an Familien aus dem Nordosten und Süden Brasiliens verteilt unter dem Motto „Land ohne Menschen für Menschen ohne Land".

Bis 1980 sollten fünf Millionen Siedler aus dem Nordosten Brasiliens, wo es immer wieder zu Hungersnöten kam, in Amazonien angesiedelt werden. Heute leben noch etwa 200 000 Menschen entlang der Transamazonika, häufig in bitterer Armut, da die Böden des Regenwaldes nach wenigen Jahren kaum noch landwirtschaftlich genutzt werden können und andere Erwerbsmöglichkeiten fehlen. Große Flächen des tropischen Regenwaldes sind im Zuge der Erschließungsmaßnahmen komplett entwaldet worden.

**M 3** Kautschukgewinnung in Amazonien

**M 4** Straßenbau zur Erschließung Amazoniens

**M 5** Siedlung zur Erschließung Amazoniens

1 Beschreibe die Lage Amazoniens (**M 2**; Karte S. 79, 194/195).
2 Gestaltet eine Wandzeitung zum Amazonas und seinen Nebenflüssen: Quellgebiete und Mündung, Farbe der Flüsse, wichtige Städte, Bedeutung und Nutzung (**M 1**, **M 2**; Karte S. 79, 194/195).
3 Nenne alle Staaten, die der Amazonas und seine Nebenflüsse durchfließen (**M 2**; Karte S. 79, 194/195).
4 Erläutere die Erschließung und Besiedlung Amazoniens (**M 3** bis **M 5**).

WEBCODE: UE649365-097

NUTZUNG UND GEFÄHRDUNG DER TROPISCHEN REGENWÄLDER ERLÄUTERN

# Amazonien – die Schatzkammer wird geplündert

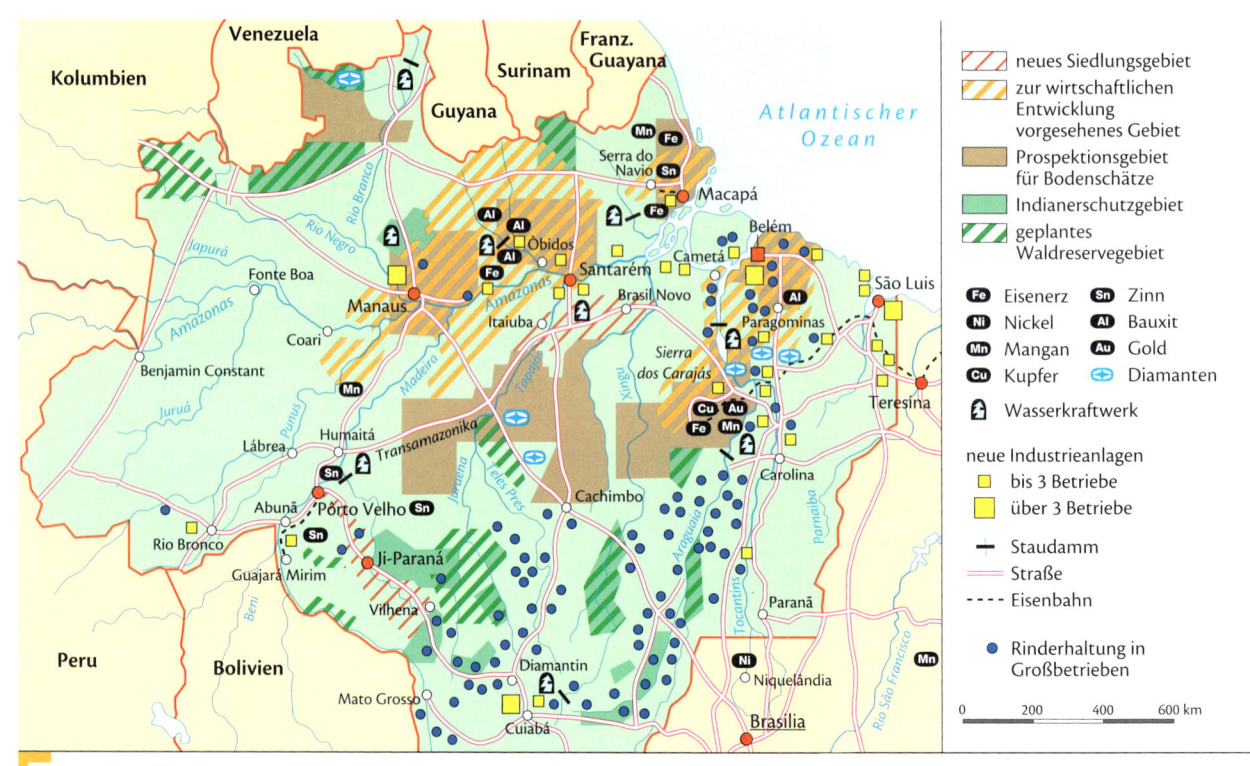

**M1** *Rohstoffvorkommen und Erschließung Amazoniens*

check-it
- Rohstoffvorkommen beschreiben
- Erschließung und Nutzung erläutern
- Auswirkungen der Erschließungsmaßnahmen beurteilen
- Lage der Haupterschließungsgebiete mit der Verbreitung des tropischen Regenwalds vergleichen

## Abbau von Bodenschätzen

Amazonien ist reich an Bodenschätzen. Da der brasilianische Staat auf die Einnahmen aus dem Verkauf der Rohstoffe angewiesen ist, werden immer größere Bereiche des tropischen Regenwaldes erschlossen, um die Bodenschätze abbauen zu können. Bauxit, das zur Aluminiumherstellung verwendet wird, und Eisenerz werden im Tagebau gewonnen.

Mit dem Bergbau entstanden zahlreiche Industriebetriebe. Diese müssen mit Strom versorgt werden. Deshalb

**M2** *Eisenerzabbau im Gebiet Carajas*

Der Erzbergbau führt zum Abbau ganzer Berge in Amazonien, zu Stauseen, die Tausende von Quadratkilometern intakten Regenwaldes überfluten. Mehr als zehntausend Waldbewohner verloren ihre Existenzgrundlage. Für zwei Indianerstämme war es das Ende. Indirekt führte die Erschließung des Gebietes um Carajas zur Entwaldung eines Gebietes von mehr als 100 000 Quadratkilometern – einer Fläche, die größer ist als Österreich. Die Eisenhütten mit ihrem unersättlichen Appetit auf Holzkohle fressen die Wälder auf.

**M3** *Augenzeugenbericht aus Carajas*

## NUTZUNG UND GEFÄHRDUNG DER TROPISCHEN REGENWÄLDER ERLÄUTERN

wurden Flüsse gestaut und Stauseen angelegt, die den Lebensraum vieler einheimischer Völker überfluten. Die Stahlindustrie verwendet Holzkohle. Nur ein geringer Teil des benötigten Holzes stammt aus firmeneigenen Plantagen. Der größte Teil wird im tropischen Regenwald geschlagen.

### Landwirtschaftliche Nutzung

Auf Rodungsweiden im tropischen Regenwald grasen tausende Rinder. In den letzten Jahren hat sich der Rinderbestand in Amazonien mehr als verdoppelt. Den Weideflächen fielen große Teile des Regenwalds zum Opfer. Zudem hat man große Plantagen angelegt, auf denen Soja als Viehfutter für den Export angebaut wird. Seit in Europa die Fütterung von Kühen und Rindern mit Tiermehl verboten ist, muss als Ersatz Futter aus Sojamehl importiert werden.

**M 4** Rodungsflächen für den Sojaanbau im Regenwald

1. Lege eine Tabelle an, in die du die Rohstoffe einträgst, die in Amazonien zu finden sind, sowie das Gebiet, in dem sie vorkommen (**M 1**).
2. Erläutere, welche Erschließungsmaßnahmen erforderlich sind, um die Rohstoffe nutzen zu können (**M 1** bis **M 3**).
3. Beschreibe die Lage der Rinderzuchtgebiete und erläutere, welche Nutzungskonflikte entstehen können (**M 1**, **M 5**).
4. Vergleiche die Lage der Haupterschließungsgebiete mit der Verbreitung des tropischen Regenwaldes (**M 1**, **M 6**).
5. Beurteile die Auswirkungen der Erschließung für Brasilien, die Menschen in Amazonien und die Natur (**M 1** bis **M 6**).

**M 5** Rinderzucht in Amazonien

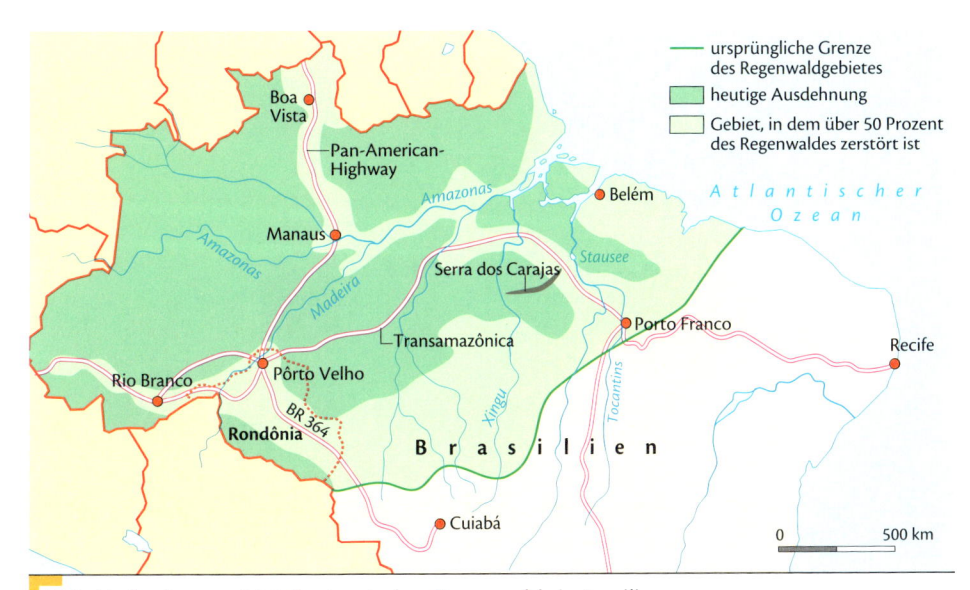

**M 6** Verbreitungsgebiet des tropischen Regenwalds in Brasilien

# 100 NUTZUNG UND GEFÄHRDUNG DER TROPISCHEN REGENWÄLDER ERLÄUTERN

## Der tropische Regenwald in Gefahr

**check-it**
- Ursachen und Folgen des weltweiten Rückgangs der Regenwälder erläutern
- Karikatur auswerten
- weltweite Bedeutung der Regenwälder beurteilen

**M 1** „Schnell wachsen!"

### Plünderer im Regenwald

Die tropischen Regenwälder können vielfältig genutzt werden. Tropenholz, tropische Früchte, Grundstoffe für die chemische Industrie und die Arzneimittelherstellung, aber auch Erze und andere Rohstoffe sind begehrte Produkte auf dem Weltmarkt.

Aufgrund der Rodungstätigkeit der Holzgesellschaften, Plantagenbesitzer, Kleinbauern und Straßenbauunternehmen sind heute bereits 80 Prozent der tropischen Regenwälder der Erde vernichtet. Alle zwei Sekunden wird Regenwald von der Größe eines Fußballfeldes zerstört – pro Jahr eine Fläche etwa von der Größe Großbritanniens. Schon das Schlagen eines Urwaldriesen zerstört eine große Waldfläche, denn der riesige Baum reißt beim Fallen viele andere Bäume und Sträucher mit. Damit man an die wertvollen Hölzer gelangt und das Holz abtransportieren kann, werden Schneisen in den Wald geschlagen und Straßen angelegt.

Wenn die Vernichtung der tropischen Regenwälder in diesem Tempo weitergeht, werden sie schon in wenigen Jahrzehnten ganz verschwunden sein.

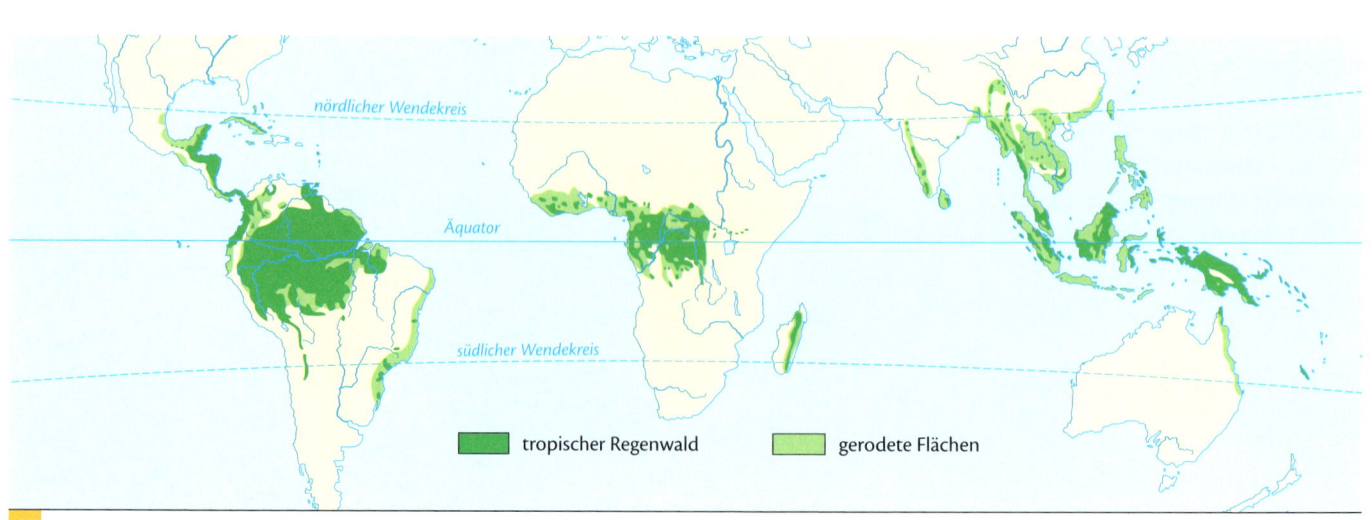

**M 2** Abholzung im tropischen Regenwald

**M 3** Ursprüngliche und heutige Fläche des tropischen Regenwalds

# NUTZUNG UND GEFÄHRDUNG DER TROPISCHEN REGENWÄLDER ERLÄUTERN

Rodung für die landwirtschaftliche Selbstversorgung (vor allem Ackerbau, aber auch Weidewirtschaft)

Rodung für den großflächigen Anbau exportfähiger Agrarprodukte (z. B. Pflanzenöl, Kakao, Kaffee)

Rodung für die Anlage von Siedlungen, Industrieanlagen, Energiegewinnung

Jedes Jahr verschwindet auf der Erde Regenwald durch Abholzung

|  |  |
|---|---|
| Brasilien | 25 500 km² |
| Indonesien | 10 800 km² |
| DR Kongo | 7 400 km² |
| Bolivien | 5 800 km² |
| Mexiko | 5 100 km² |
| Venezuela | 5 000 km² |
| Malaysia | 4 000 km² |
| Myanmar | 3 900 km² |
| Thailand | 3 300 km² |

Zum Vergleich
Fläche Nordrhein-Westfalen
34 080 km²

Rodung für den Abbau von Bodenschätzen

Rodung für den Straßenbau

Rodung für die Gewinnung von Nutz- und Brennholz

**M 4** *Gründe und Ausmaß der Rodung tropischer Regenwälder*

## Folgen der Regenwaldzerstörung

Schon das Fällen eines Urwaldriesen beeinträchtigt das Zusammenspiel der Arten im tropischen Regenwald. Die Luftfeuchtigkeit sinkt, die Temperatur steigt. Gerodete Flächen erwärmen sich stärker als bewaldete. Niederschläge werden nicht aufgenommen, sondern fließen sofort ab. Der Grundwasserspiegel sinkt. Da die schützende Pflanzendecke fehlt, wird bei Starkregen der Boden abgespült. Die Kreisläufe von Wasser, Energie und Nährstoffen sind zerstört.

Durch die Abholzung der tropischen Regenwälder kann sich das Weltklima ändern, da der gerodete Regenwald keine Feuchtigkeit mehr an die Luft abgeben kann. Zudem nimmt der Kohlenstoffdioxid-Gehalt der Atmosphäre zu, da die Bäume als Filter fehlen.

Mit dem tropischen Regenwald verschwindet auch der Artenreichtum. Man schätzt, dass jährlich bis zu 17 500 Arten verloren gehen könnten, von denen viele noch gar nicht entdeckt worden sind.

1. Beschreibe den weltweiten Rückgang der Regenwälder (**M 3**).
2. Erläutere Ursachen für die weltweite Abholzung der tropischen Regenwälder (**M 2, M 4**).
3. Die großflächige Zerstörung der Regenwälder beginnt mit dem Bau einer Straße. Begründe dies (**M 2, M 5**).
4. Erläutere, welche Auswirkungen die Vernichtung der Regenwälder weltweit und auf die Region selbst hat (**M 2, M 4, M 5**).
5. Werte die Karikatur aus und beurteile, ob die Bildlegende berechtigt ist (**M 1** bis **M 5**).
6. Führt eine Pro-und-Kontra-Diskussion durch, ob man den noch verbliebenen Regenwald am Amazonas unter Naturschutz stellen sollte. An der Diskussion sollten Vertreter der Regierung, große Holzfirmen, Rinderzüchter, Betreiber der Erzgruben, einheimische Indianerstämme sowie Naturschützer beteiligt sein (**M 1** bis **M 5**, Webcode).

WEBCODE: UE649365-101

**M 5** *Rodungsflächen in Amazonien*

# GEO-AKTIV

## Der Regenwald muss geschützt werden – ein Rollenspiel

**Ausgangssituation/Spielidee:**
Im nordostbrasilianischen Bundesstaat Piauí möchte „Sojabaron" Alessandro Garcia seine Produktion erweitern. Dazu will er neue Regenwaldflächen im Cerrado-Wald roden. Naturschutzorganisationen beklagen die Zerstörung des tropischen Regenwaldes, denn es werden Lebensräume von Tier- und Pflanzenarten vernichtet, die noch nicht auf Wirkstoffe für neue Medikamente erforscht sind. Die Holzwirtschaft möchte die Rodung der Flächen übernehmen und neue Arbeitsplätze für die Bevölkerung schaffen. Die Arbeiter auf der Sojaplantage möchten sichere Arbeitsplätze und unterstützen den Plan ihres Chefs. Einheimische Bauern betreiben Wanderfeldbau im Cerrado-Wald und sehen ihre Existenz bedroht.

Um eine Lösung für diesen Konflikt zu finden, hat der Gouverneur von Piauí alle Interessengruppen zu einem „runden Tisch" geladen. Er bittet die Vertreter darum, ihre Positionen darzulegen, und versucht eine Entscheidung oder einen Kompromiss zu finden.

*Flagge des brasilianischen Bundesstaates Piauí*

**Für das Rollenspiel gelten folgende Grundregeln:**
Mithilfe eines Rollenspiels ist es möglich, schwierige Situationen zu durchlaufen und so eventuell zu einer Lösung zu gelangen. Jeder Mitspieler vertritt den Standpunkt seiner Rollenfigur und begründet ihn.
→ **Argumentieren**

Die anderen Mitspieler hören zu und versuchen, den Standpunkt des anderen nachzuvollziehen.
→ **Zuhören**

Meinungen und Interessen werden gemeinsam diskutiert und gegeneinander abgewogen.
→ **Diskutieren**

Ziel ist es, strittige Fragen zu klären und einen Kompromiss zu finden, den alle mittragen können.
→ **Konflikt lösen**

**Durchführung des Rollenspiels:**
1. **Situation beschreiben:**
    Um welches Problem geht es?
    Was soll mit dem Spiel geklärt werden?
    Wer ist beteiligt?
    Wo findet das Ganze statt?
2. **Spiel vorbereiten:**
    Auf Rollenkarten sind die Rollen der Mitspieler beschrieben. Sie werden als „Drehbuch" an die Gruppen verteilt.
    Welche Standpunkte werden vertreten?
    Was wollen die Einzelnen erreichen?
    Wie treten sie auf?
    Die „Bühnengestaltung" wird festgelegt.
3. **Spiel durchführen:**
    Beachtet dabei die Grundregeln für das Rollenspiel. Ein Beobachter wird bestimmt, der das Spiel als Unbeteiligter verfolgt und moderiert. Er könnte zum Beispiel als Vertreter der Presse auftreten und auch Fotos machen.
4. **Spiel auswerten:**
    War verständlich, was die Spieler darstellen wollten?
    Haben die Spieler ihre Rollen eingehalten, konnten ihre Argumente überzeugen?
    Wie entwickelte sich die Handlung?
    Wurde eine Lösung erzielt?

**M1** *Piauí/Brasilien*

## GEO-AKTIV 103

**Plantagenbesitzer:**
- mehr Produktion und Sicherung der Arbeitsplätze
- möchte mehr Geld verdienen

**Forscher:**
- die Artenvielfalt im Regenwald muss erhalten werden, um neue Substanzen für Medikamente zum Wohle aller Menschen zu finden

**Gouverneur:**
- eröffnet und leitet die Konferenz
- erteilt das Wort
- lässt abstimmen
- beendet die Konferenz

**Bauer:**
- unsere Heimat wird zerstört
- traditionelles Leben im Einklang mit der Natur hat Vorrang

**Vertreter einer Naturschutzorganisation:**
- der Regenwald ist sehr wichtig für alle Menschen auf der Welt – einzelne Interessen dürfen hier nicht im Vordergrund stehen

Guppenmitglieder sind Zuschauer des Spiels. Die Pressegruppe fotografiert und protokolliert.

**Vertreter der Holzindustrie:**
- mehr Arbeitsplätze für die Bevölkerung
- Vermarktung der Ressourcen, um zu den Industrienationen aufzuschließen

**Plantagenarbeiter:**
- muss seine Familie ernähren
- möchte die Arbeit auf der Plantage nicht verlieren

# Geo-Check: Nutzung und Gefährdung der tropischen Regenwälder erläutern

**Sich orientieren**

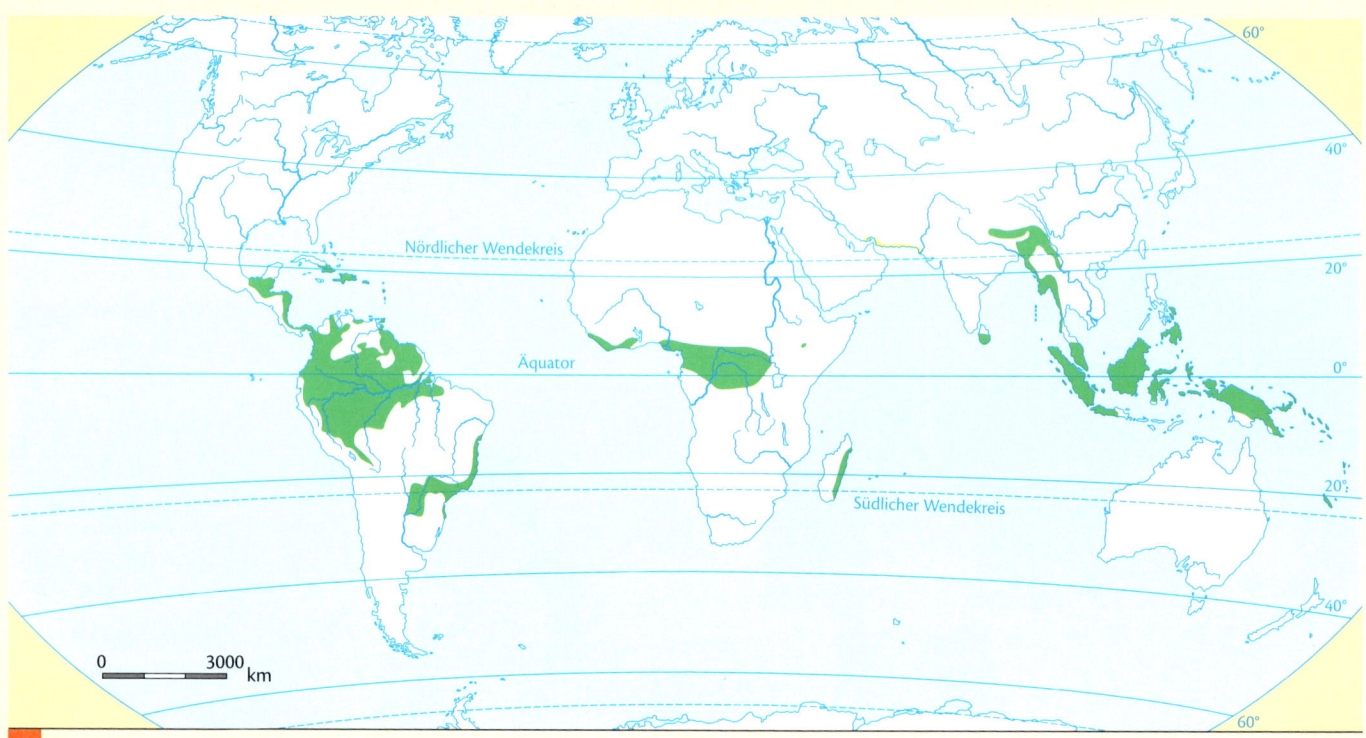

**M 1** *Tropischer Regenwald*

1. Benenne die Kontinente und mindestens fünf Länder, die Anteil an den tropischen Regenwäldern haben (**M 1**).
2. Benenne die in der Karte eingetragenen Länder und deren Hauptstädte sowie die Meere, den Fluss und das Gebirge (**M 2**, Karte S. 194/195).
3. Erkläre folgenden Sachverhalt: Die in der Karte benannten Länder produzieren ein Produkt, das in vielen Ländern der Welt gern gegessen wird.
4. Ordne die Flaggen den in der Karte bezeichneten Ländern zu (**M 2**, **M 3**, Internet).

**1–4** = Länder
**a+b** = Städte
**A** = Gebirge
**1** = Fluss
**A–C** = Meere

**M 2** *Stumme Karte Südamerika*

**M 3** *Flaggen*

# 107 ERDOBERFLÄCHE IM WANDEL BEGREIFEN

# Plattentektonik und Naturkatastrophen

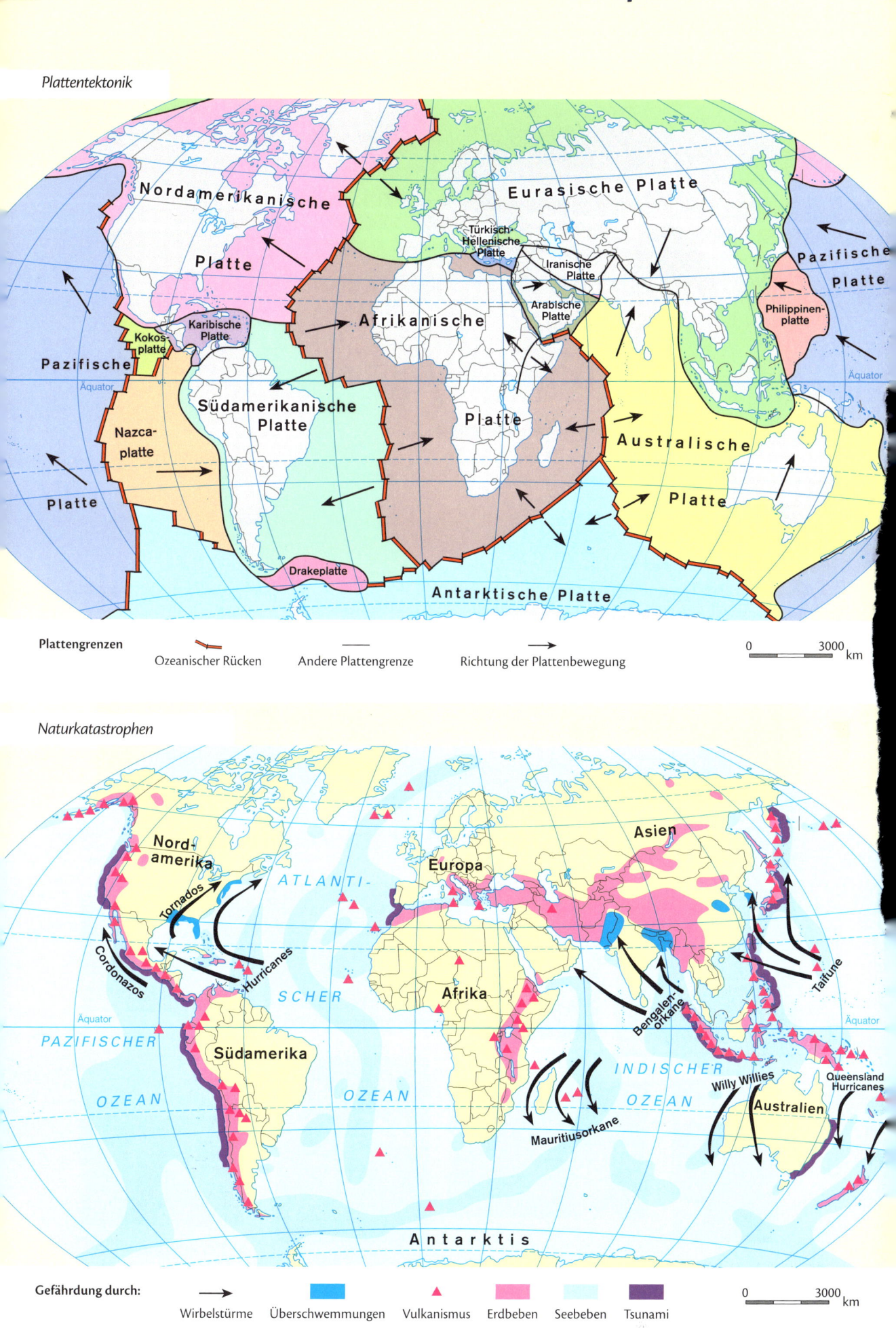

*Plattentektonik*

Nordamerikanische Platte
Eurasische Platte
Türkisch-Hellenische Platte
Iranische Platte
Arabische Platte
Afrikanische Platte
Pazifische Platte
Philippinenplatte
Pazifische Platte
Kokosplatte
Karibische Platte
Südamerikanische Platte
Nazcaplatte
Australische Platte
Drakeplatte
Antarktische Platte

**Plattengrenzen**
— Ozeanischer Rücken   — Andere Plattengrenze   → Richtung der Plattenbewegung

0   3000 km

*Naturkatastrophen*

Nordamerika, Europa, Asien, Afrika, Südamerika, Australien, Antarktis

ATLANTISCHER OZEAN, PAZIFISCHER OZEAN, INDISCHER OZEAN

Tornados, Cordonazos, Hurricanes, Bengalenorkane, Mauritiusorkane, Willy Willies, Queensland Hurricanes, Taifune

**Gefährdung durch:**
→ Wirbelstürme   ■ Überschwemmungen   ▲ Vulkanismus   ▲ Erdbeben   ■ Seebeben   ■ Tsunami

0   3000 km

**Sich verständigen, beurteilen und handeln**
8  Werte die Karikatur aus.

WEBCODE:
UE649365-106

**M 6** „Spende für die Regenwälder"

**Können und anwenden**
9  Erstelle ein Lernplakat zu einem Thema, das mit dem tropischen Regenwald im Zusammenhang steht.

10  Beurteile, ob das Lernplakat gut gelungen ist. Begründe und mache gegebenenfalls Verbesserungsvorschläge (**M 7**).

**Der tropische Regenwald**

**Artenvielfalt im Regenwald**

**M 7** Lernplakat zum tropischen Regenwald

## GEO-CHECK

### Wissen und verstehen

**5** Sortiere die Aussagen in richtige und falsche Aussagen. Verbessere die falschen Aussagen und schreibe diese richtig auf..

**Richtig oder falsch?**
- Das Klima im tropischen Regenwald ist immerfeucht und kühl.
- Auf Plantagen werden Bananen in Monokultur angebaut.
- Bei der Regenwaldvernichtung hat das Fällen eines Urwaldriesen keine weit reichenden Folgen.
- Der Boden des tropischen Regenwaldes ist nährstoffreich.
- Am Amazonas befindet sich das größte zusammenhängende Regenwaldgebiet der Erde.
- Im tropischen Regenwald leben Elefanten.
- Im tropischen Regenwald werden auf großen Plantagen Kartoffeln und Weizen angebaut.
- Der tropische Regenwald ist artenreich, immergrün und trocken.

**6** Ordne jedem dieser Begriffe mindestens zwei Merkmale zu, die ihn erklären (M 4).

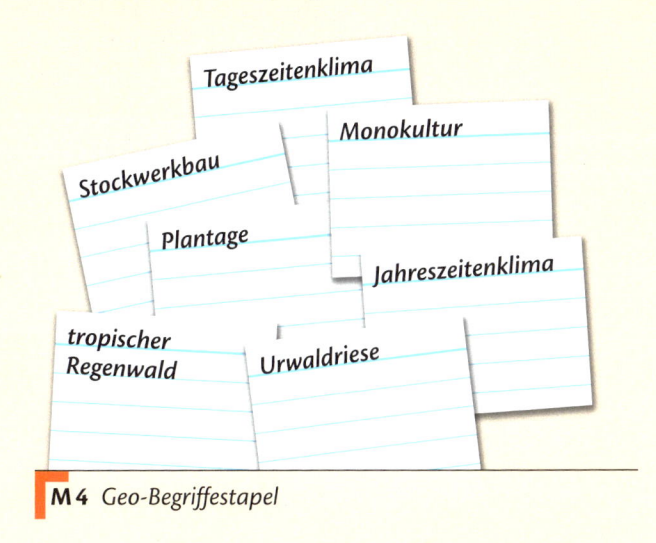

Tageszeitenklima
Monokultur
Stockwerkbau
Plantage
Jahreszeitenklima
tropischer Regenwald
Urwaldriese

**M 4** *Geo-Begriffestapel*

**7** Löse das Regenwaldrätsel (M 5). Die Buchstaben in den farbigen Feldern ergeben – von links nach rechts gelesen – das Lösungswort.

1. besonderer Kreislauf im tropischen Regenwald
2. landwirtschaftliche Großbetriebe im tropischen Regenwald
3. Abholzen von Bäumen
4. Suche nach neuen Medikamenten und Arten im Regenwald
5. ausschließlicher Anbau von nur einer Fruchtsorte
6. Wurzeln eines Urwaldbaumes
7. Tier, das im tropischen Regenwald lebt
8. gerechter Handel
9. Exporterzeugnis aus dem tropischen Regenwald, Grundstoff für Schokolade
10. Kulturpflanze, die auf Plantagen angebaut wird
11. viele Tier- und Pflanzensorten
12. hohe Bäume im tropischen Regenwald

Lösungswort:

**M 5** *Regenwaldrätsel*

# 5 Erdoberfläche im Wandel begreifen

**Naturgewalten in Aktion**
Blitze zucken vom Himmel – riesige Wolkentürme bei Nacht. Ein Gewitter? – Nein, ein Vulkan bricht aus. Gewaltige erdinnere Kräfte verändern die Landschaft der chilenischen Anden. Vulkanausbrüche stellen eine Gefahr dar und trotzdem wohnen viele Menschen in der Nähe von Vulkanen. Wie lässt sich das erklären?

**109**

**In diesem Kapitel lernst du**
- Erdbeben- und Vulkangebiete zu verorten,
- die Plattentektonik kennen,
- Vulkane und Erdbeben sowie deren Wirkungen zu beschreiben und zu vergleichen,
- die Einteilung und Entstehung von Hurrikanen und Tornados zu erläutern.

**Dazu nutzt du:**
- Blockbilder und
- Bilder.

**Du beurteilst**
- die Gefahren von Erdbeben und Vulkanausbrüchen für den Menschen
- die Auswirkungen von Wirbelstürmen,
- Möglichkeiten des Schutzes vor Naturkatastrophen.

*Ausbruch des Vulkans Chaitén in Chile am 6. Mai 2008*

ERDOBERFLÄCHE IM WANDEL BEGREIFEN

# Endogene Vorgänge formen die Erdoberfläche

*Der Mount St. Helens am 12. April 1980*

**M 1** *Vulkanausbruch des Mount St. Helens 1980*

**Der geköpfte Riese**
Hundert Jahre lang galt der Mount St. Helens im Nordwesten der USA als gutmütiger, 2950 Meter hoher Riese. Bis er Anfang 1980 mit leichten Erdstößen aus seinem Schlaf erwachte, war er auch ein beliebtes Ausflugsziel.
Wie der Korken einer Champagnerflasche wird die Nordflanke des Mount St. Helens am 18. Mai 1980 plötzlich weggesprengt. Mit mehreren Hundert Stundenkilometern ergießen sich Gestein, Geröll und vulkanische Gase ins Tal. Auf einer Fläche von 40 000 Quadratkilometern versinkt das Land im Ascheregen. So hoch steigt die Rauchsäule in die Atmosphäre, dass Flugzeu-

**check-it**
- Kräfte aus dem Erdinnern kennen
- Gestaltung der Erdoberfläche durch Kräfte aus dem Erdinnern erläutern
- endogene Vorgänge unterscheiden und Beispiele zuordnen

### Kräfte aus dem Erdinnern
Schon seit Beginn der Erdgeschichte beherrschen zwei Motoren die Gestaltung der Erde: ein innerer und ein äußerer. Der innere Motor wird durch die Wärmequelle im Erdinnern angetrieben, der äußere durch die Sonnenenergie. Die innere Wärme lässt Gesteine schmelzen und Vulkane entstehen, sie liefert die notwendige Energie, um Gebirge aufsteigen zu lassen, um Kontinente zu bilden und zu bewegen. Diese Vorgänge werden als **erdinnere (endogene)** Vorgänge bezeichnet.

### Neues Land entsteht
Am 14. November 1963 ragt südlich von Island ein Feuerberg einige Meter aus dem Meer. Er speit Rauch, Asche und **Lava** 3600 Meter hoch in den Himmel. Jeden Lavaausstoß begleitet ein Donnergrollen. In den folgenden Tagen sind die Ausbrüche auch im 120 Kilometer entfernten Reykjavik zu beobachten.
Am dritten Tag ist der **Vulkan** 550 Meter lang und 40 Meter hoch. Zwei Jahre lang wächst der Berg aus Asche und Lava, dann ist die neue Insel namens Surtsey auf 2,7 Quadratkilometer angewachsen und ragt 170 Meter über den Meeresspiegel. Im Sommer 1965 keimen erste Pflanzen auf dem Gestein. 1986 brüten erste Möwen auf der Insel, die sehr wichtig für die Ansiedlung von Pflanzen auf der Insel sind: 75 Prozent der Pflanzenarten sind durch Vögel auf die Insel Surtsey gelangt, lediglich 14 Prozent über den Wind und elf Prozent über das Meer. Mit der Zeit könnte die Insel dank der Möwen eine grüne Insel werden.
Doch sobald die neue Insel durch die erdinneren Kräfte entstanden war, begannen auch schon die **äußeren (exogenen)** Kräfte zu wirken. Die Wellen des Nordatlantiks haben die Fläche der Insel schon auf 1,4 Quadratkilometer verkleinert. Ein Geologe hat berechnet, dass Surtsey in 100 Jahren auf oder unter dem Meeresspiegel liegen wird.
Ebenso wie Surtsey wurde auch Island über Jahrmillionen durch Kräfte aus dem Erdinnern gebildet.

**M 2** *Surtsey – eine Insel wächst aus dem Meer*

ERDOBERFLÄCHE IM WANDEL BEGREIFEN  **111**

ge gezwungen sind, ihre Route zu ändern. Neun Tage dauert der Ausbruch, und als sich die Staubwolken allmählich legen, zeigt sich das ganze Ausmaß der Katastrophe. Im Umkreis von 15 Kilometern ist kein Baum mehr zu sehen. Eine riesige Lawine aus Geröll, Schlamm und mitgerissenen Baumstämmen hat eine Schneise der Verwüstung geschlagen. Der Berg ist um 500 Meter geschrumpft. Ein Zehntel des Riesen ist weggesprengt worden.
Insgesamt kostet der Ausbruch 57 Menschen das Leben: Vulkanologen und Schaulustige zumeist, die die Wucht des Ereignisses überraschte.
*(nach: WDR; Stichtag 18. Mai 2005)*

*Der Mount St. Helens am 30. Juni 1980*

### Die Erdoberfläche verändert ihr Gesicht

Die Kräfte aus dem Erdinnern gestalten die Oberflächenformen der Erde. Sie bewirken, dass sich Teile der Erdkruste heben und Gebirge entstehen. Andere Bereiche werden durch endogene Kräfte abgesenkt, es bilden sich Gräben und Becken.
Diese Vorgänge laufen sehr langsam über Jahrmillionen ab. Anders ist dies bei Erdbeben und Vulkanausbrüchen, die plötzlich auftreten und zu erheblichen Zerstörungen führen können.

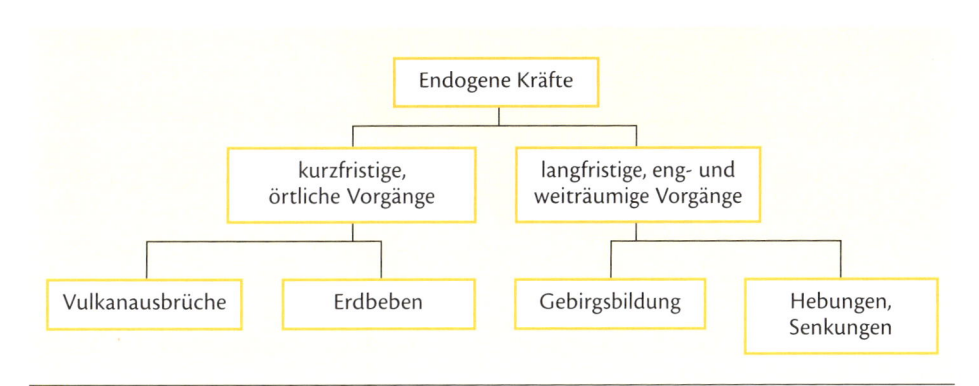

**M 3** *Endogene Kräfte im Überblick*

```
                    Endogene Kräfte
                    /             \
         kurzfristige,        langfristige, eng- und
        örtliche Vorgänge     weiträumige Vorgänge
          /        \             /          \
   Vulkanausbrüche  Erdbeben   Gebirgsbildung  Hebungen,
                                                Senkungen
```

1 Erkläre, was man unter „Kräften aus dem Erdinnern" versteht und nenne Beispiele (**M 3**).
2 Erläutert, wie endogene Kräfte die Erdoberfläche verändern. Bildet dazu zwei Gruppen. Gruppe 1 bearbeitet das Beispiel des Mount St. Helens (**M 1**). Gruppe 2 bearbeitet das Beispiel der Insel Surtsey (**M 2**).
3 Vergleiche langfristige und kurzfristige endogene Vorgänge und nenne jeweils Beispiele (**M 1** bis **M 4**).
4 Informiere dich über kurzfristige endogene Vorgänge des letzten Jahres in den Medien. Liste sie in einer Tabelle auf unter Angabe des Datums, des Ereignisses, der Folgen und des Ortes des Geschehens.

**M 4** *Gebirgsbildung*

WEBCODE: UE649365-111

112  ERDOBERFLÄCHE IM WANDEL BEGREIFEN

# Die Erde – vom Kern zur Kruste

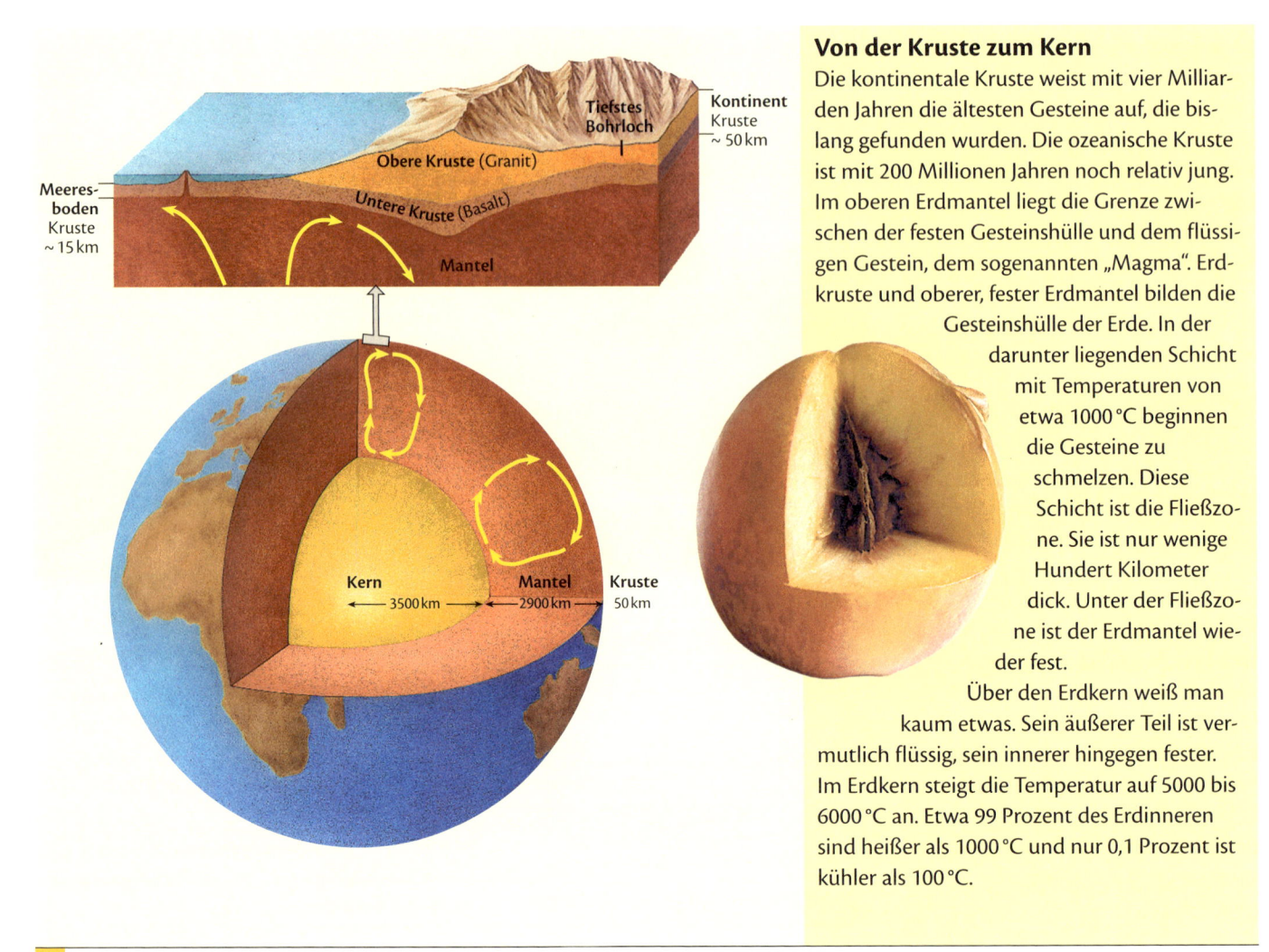

**Von der Kruste zum Kern**

Die kontinentale Kruste weist mit vier Milliarden Jahren die ältesten Gesteine auf, die bislang gefunden wurden. Die ozeanische Kruste ist mit 200 Millionen Jahren noch relativ jung. Im oberen Erdmantel liegt die Grenze zwischen der festen Gesteinshülle und dem flüssigen Gestein, dem sogenannten „Magma". Erdkruste und oberer, fester Erdmantel bilden die Gesteinshülle der Erde. In der darunter liegenden Schicht mit Temperaturen von etwa 1000 °C beginnen die Gesteine zu schmelzen. Diese Schicht ist die Fließzone. Sie ist nur wenige Hundert Kilometer dick. Unter der Fließzone ist der Erdmantel wieder fest.
Über den Erdkern weiß man kaum etwas. Sein äußerer Teil ist vermutlich flüssig, sein innerer hingegen fester. Im Erdkern steigt die Temperatur auf 5000 bis 6000 °C an. Etwa 99 Prozent des Erdinneren sind heißer als 1000 °C und nur 0,1 Prozent ist kühler als 100 °C.

**M 1**  *Der Schalenbau der Erde*

---

**check-it**
- Schalenaufbau der Erde beschreiben
- Möglichkeiten der Erkundung des Erdinnern erläutern
- Blockbilder auswerten

**Unsere Erde – in Schalen aufgebaut**

Obwohl noch niemand im Erdinnern war, haben Geowissenschaftler eine Vorstellung davon, wie es dort aussieht. Erkenntnisse über das Erdinnere können zum Beispiel über Tiefbohrungen gewonnen werden. Diese Bohrungen kosten sehr viel Geld, unter anderem weil sie stabile, dauerhafte Bohrtürme benötigen und mehrere Jahre dauern. Derartige Bohrungen sind zudem trotz des technischen Aufwands nur winzige Nadelstiche in die Erdkruste. Sie können keine erschöpfende Auskunft über das Erdinnere geben.

Erdbeben bieten die einzige Möglichkeit, das Erdinnere zu erforschen. Vor etwa einhundert Jahren waren Geologen dazu erstmals in der Lage. Der Göttinger Professor Emil Wiechert sagte damals: „Man kann jedes Erdbeben mit einer Laterne vergleichen, die für kurze Zeit angezündet wird und das Innere der Erde erleuchtet." Über die Ausbreitung von Erdbebenwellen lassen sich Rückschlüsse auf den Aufbau der Erde ziehen. Diese Wellen werden in bestimmten Tiefen wie an einem Hindernis abgelenkt oder ihre Ausbreitungsgeschwindigkeit ändert sich. Die Ursache dafür kann nur sein, dass die Erde in Schalen aus unterschiedlich dichtem Material aufgebaut ist.

**Die Kontinentale Tiefbohrung (KTB) Windischeschenbach**

1986 kündigte die Bundesregierung ein Projekt zur Erkundung des Erdinneren an. In Bayern bei Windischeschenbach sollte durch eine Tiefbohrung das tiefste Loch der Welt entstehen. Für das gesamte Projekt standen etwa 270 Millionen Euro zur Verfügung. Allein eine neue Bohrspitze, die nach nur hundert Stunden Einsatz abgearbeitet war und

ERDOBERFLÄCHE IM WANDEL BEGREIFEN  **113**

**M 2** Der 83 Meter hohe Bohrturm in Windischeschenbach

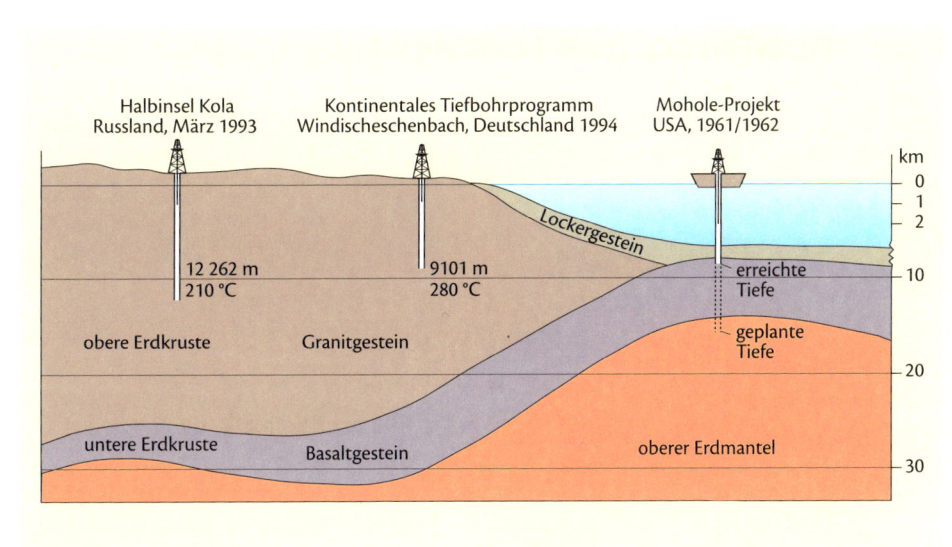

**M 4** Schemazeichnung bedeutender Tiefbohrprojekte

**M 3** Benutzter Bohrkopf

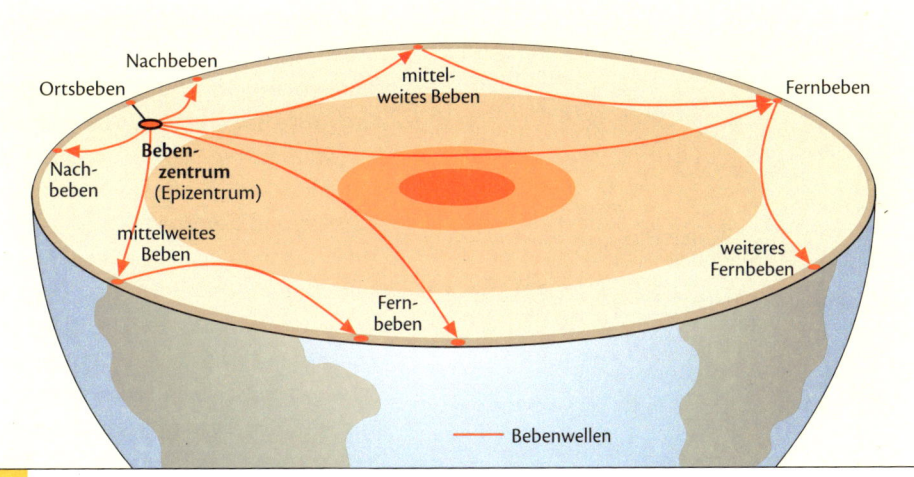

**M 5** Wege von Erdbebenwellen

ersetzt werden musste, kostete etwa 13 000 Euro.

Im September 1987 wurde mit der Vorbohrung begonnen. 4000 Meter fraßen sich die Bohrmeißel in den Erdboden. Dabei stiegen die Temperaturen schneller als erwartet – der magische Grenzwert von 300 °C, der die Hitzegrenze für das Bohrgerät bedeutete, würde früher als erwartet erreicht werden. Somit stand fest, dass es keinen Tiefenrekord geben würde. Im September 1990 wurde die Hauptbohrung gestartet. Anfang 1994 erreichte die Bohrung eine Tiefe von 8600 Metern. Bei 9000 Metern stieg die Temperatur auf 270 °C an. Am 6. Oktober wurde die Bohrung schließlich bei 9101 Metern abgebrochen. Die Auswertung der Daten und Gesteinsproben beschäftigte die Fachleute über viele Jahre.

Heute befindet sich in Windischeschenbach ein GEO-Zentrum für die kontinentale Tiefbohrung und weitere geowissenschaftliche Themen. Führungen und Ausstellungen ermöglichen somit einer breiten Öffentlichkeit Einblicke ins Innere der Erde.

1 Vergleiche den Aufbau des Pfirsichs mit dem Schalenbau der Erde (**M 1**).
2 Beschreibe den Aufbau der Erdkruste im Bereich der Kontinente und der Ozeane (**M 1**).
3 Berichte über das Projekt Windischeschenbach. Beachte dabei den Aufbau der Erde (**M 1** bis **M 4**).
4 Erläutere, wie Erdbeben zur Erkundung des Erdinneren genutzt werden (**M 5**).
5 Informiere dich über die anderen in **M 4** genannten Tiefbohrungen. Stelle deine Ergebnisse der Klasse in einem Kurzreferat vor (**M 4**).

WEBCODE: UE649365-113

# Kontinente in Bewegung

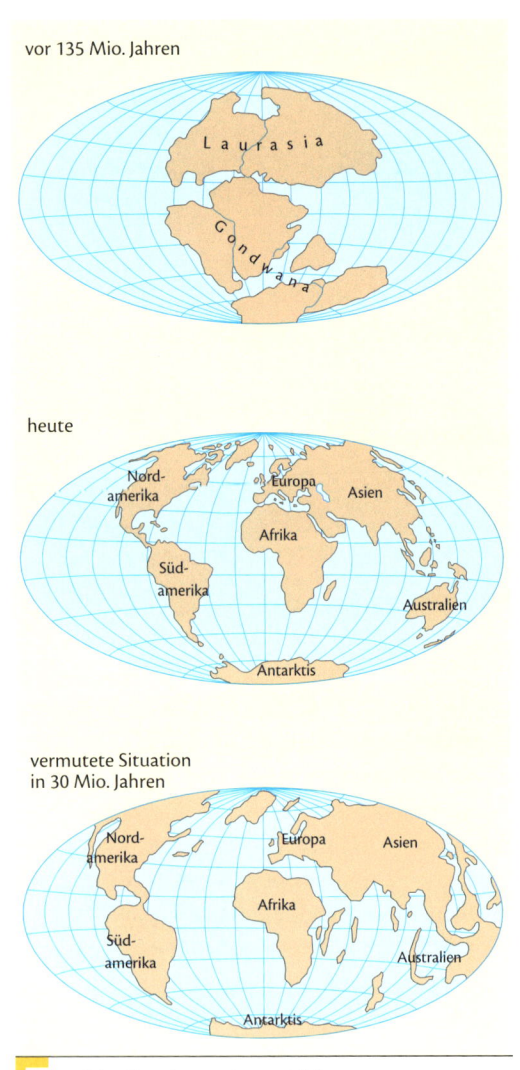

**M 1** *Die Kontinentalverschiebung*

(vor 135 Mio. Jahren – Laurasia, Gondwana)
(heute – Nordamerika, Europa, Asien, Afrika, Südamerika, Australien, Antarktis)
(vermutete Situation in 30 Mio. Jahren)

**check-it**
- Theorie der Kontinentalverschiebung und der Plattentektonik kennen
- Plattenbewegungen erläutern
- Blockbilder auswerten

## Plattentektonik: das neue Bild der Erde

Wer auf einer Weltkarte die Westküste Afrikas und die Ostküste Südamerikas betrachtet, dem fällt auf, dass beide Küsten wie zwei Puzzleteile zusammenpassen. Diese Beobachtung machte schon zu Beginn des vorigen Jahrhunderts ein Wissenschaftler mit dem Namen Alfred Wegener. Wegener entwickelte die sogenannte „Theorie der Kontinentalverschiebung", die heute durch viele Beweise belegt ist. Auf beiden Kontinenten gibt es gleichartige Gesteine sowie Überreste verwandter Pflanzen- und Tierarten.

Eine Erweiterung der Theorie der Kontinentalverschiebung ist die Theorie der Plattentektonik. Nach heutigen Erkenntnissen besteht die Erdkruste aus mehreren großen und vielen kleineren Bruchstücken, die man „Platten" nennt. Diese starren Gesteinsplatten schwimmen auf dem zähflüssigen Gestein der Fließzone. Aus dem Erdinnern gelangt an manchen Stellen vermehrt Wärme nach oben. Dort quillt das Magma auf und drückt die benachbarte Gesteinsschmelze zur Seite. Andernorts sinkt kühleres **Magma** wieder ab. Auf diese Weise entstehen geschlossene Magmawalzen, die man **Konvektionsströme** nennt. Die Platten werden von den Konvektionsströmen angetrieben – wie Eisschollen durch Meeresströmungen. Sie driften jährlich bis zu dreißig Zentimeter.

## Auswirkungen der Plattenbewegungen

Die Auswirkungen der Plattenbewegungen lassen sich gut am Beispiel Südamerikas, des Atlantischen Ozeans und Afrikas erkennen. Unter dem Atlantik strömt Gesteinsschmelze aus dem Erdmantel auf und dehnt dort den Ozeanboden. Dadurch kann Magma aufsteigen und untermeerische Vulkanausbrüche hervorrufen. Das aufsteigende Material bildet untermeerische Gebirge beziehungsweise mittelozeanische Rücken, hier den Mittelatlantischen Rücken. Er ist über 3000 Meter hoch und 17 000 Kilometer lang. Beiderseits dieses Rückens werden die

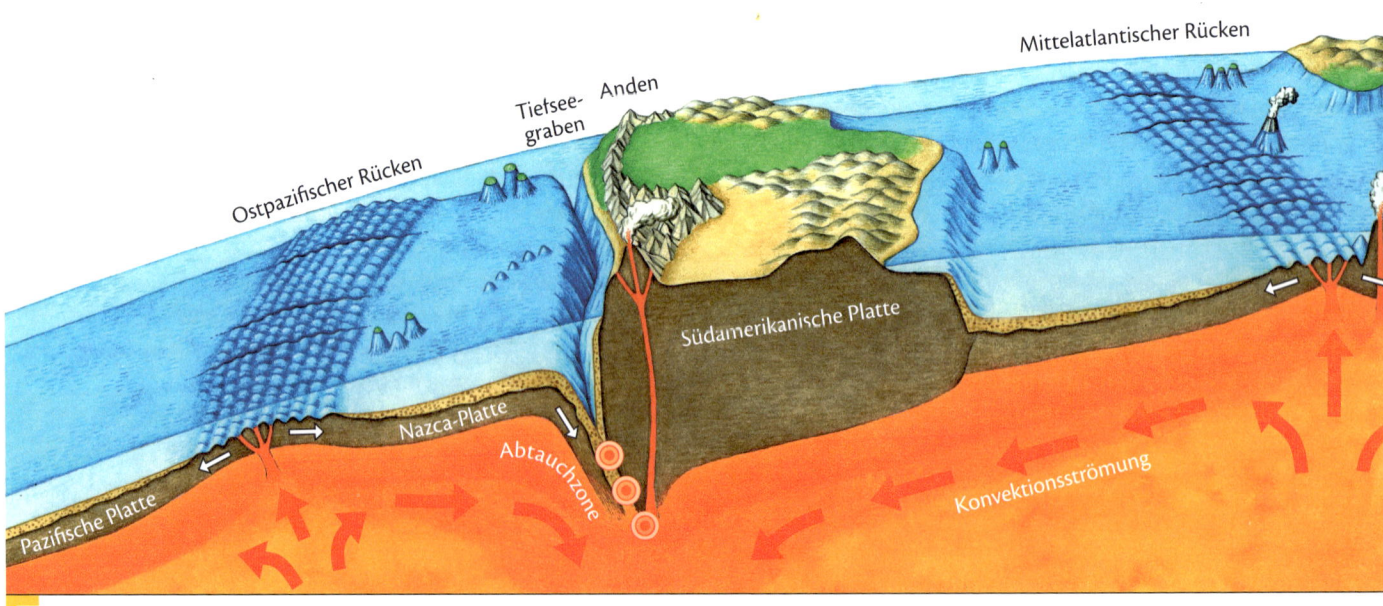

**M 2** *Modell der Plattentektonik*

**M 3** *Brücke auf Island, die die Nordamerikanische und Eurasische Platte verbindet*

Platten durch aufsteigendes Magma auseinandergeschoben. Der Atlantik verbreitert sich durch die Bildung von neuem Ozeanboden, sodass Afrika und Südamerika sich voneinander entfernen. Die Entstehung eines neuen Ozeans und seine Verbreiterung nennt man **Sea-Floor-Spreading**.

An der Westseite wird Südamerika gegen die Nazca-Platte geschoben. Durch diese Stauchung faltete sich am Kontinentalrand ein Gebirge auf, die Anden. Das Basaltgestein der ozeanischen Kruste ist schwerer als das Granitgestein der kontinentalen Kruste und taucht deshalb unter den Kontinent ab. Am Meeresboden entstand in Küstennähe ein Tiefseegraben, der Atacamagraben. Das Abtauchen einer Platte unter eine andere bezeichnet man als **Subduktion**.

1 Erkläre: „Kontinente bewegen sich" (**M 1**).
2 Informiere dich über Alfred Wegener und erstelle seinen Lebenslauf.
3 Benenne die großen Platten der Erdkruste und beschreibe, wo Subduktionszonen liegen und wo Sea-Floor-Spreading stattfindet (**M 2**, **M 3**; Karte S. 107 oben).
4 Erläutere die Plattenbewegungen und ihre Auswirkungen am Beispiel des Atlantischen Ozeans und Südamerikas (**M 2**).
5 Begründe, warum Kolumbus heute, 500 Jahre nach seiner Entdeckungsreise, etwa zehn Meter weitersegeln müsste, um Amerika zu erreichen.

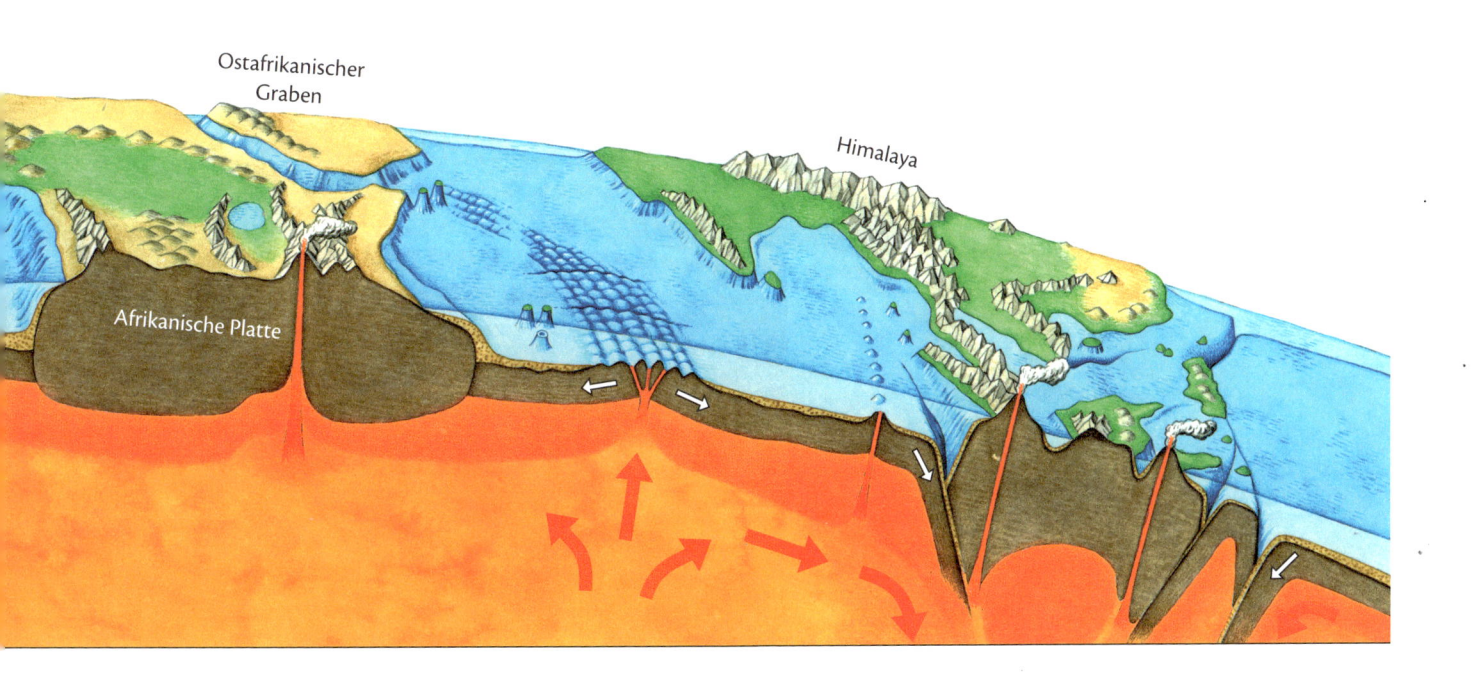

WEBCODE: UE649365-115

## Wir erstellen eine Wandzeitung zu Naturereignissen

**Eine Wandzeitung gestalten**

Wo treten Vulkanausbrüche, Erdbeben, Tsunamis oder Wirbelstürme auf? Welche Schäden richten diese Naturereignisse an, sind auch Menschen davon betroffen?
Sammelt aktuelle Berichte aus Zeitungen, Zeitschriften und dem Internet. Erstellt über mehrere Monate oder sogar über ein ganzes Schuljahr eine Wandzeitung, die euch und anderen einen informativen Einblick in das Thema „Naturereignisse" gibt. Die Wandzeitung sollte so gestaltet sein, dass sie ein Blickfang ist und zum Lesen einlädt.
Die folgenden Merkmale und Schritte zum Gestalten einer Wandzeitung bieten Anleitung und Hilfe.

**Gestaltungsmerkmale einer Wandzeitung**

- Schreibt mit ordentlicher Handschrift und so groß, dass eure Texte auch aus der Entfernung gut lesbar sind. Ihr könnt eure Texte natürlich auch mit dem Computer schreiben und ausdrucken. Wählt eine geeignete Schriftgröße.
- Eure Wandzeitung sollte dazu anregen, sich aktiv mit ihr auseinanderzusetzen. Ihr könnt euch z. B. spannende Rätsel ausdenken und diese aufnehmen.
- Die Wandzeitung soll ins Auge fallen. Unterschiedliche Fotos, Zeichnungen, Karikaturen ermöglichen ein vertieftes Erfassen der Inhalte und erhöhen den Anreiz, sich die Wandzeitung genauer anzuschauen.
- Ordnet Schrift und Bilder so an, dass man schnell einen Überblick gewinnt.
- Verwendet gutes Material, zum Beispiel stabilen Karton als Untergrund, sowie farbiges Papier.

Nimm eine Folie mit den Umrissen der Kontinente und vergrößere diese mithilfe des Tageslichtprojektors auf Plakatkarton.
Sammle über einen längeren Zeitraum hinweg Zeitungsmeldungen über Vulkanausbrüche und Erdbeben.
Markiere auf dem Plakat mit farbigen Klebepunkten die Orte der Naturereignisse. Nummeriere die Klebepunkte und versieh die ausgeschnittenen und am Rand aufgeklebten Zeitungsmeldungen mit der gleichen Zahl.
Was fällt dir auf, wenn die Karte sich allmählich füllt?

## Das Vorgehen beim Gestalten einer mitwachsenden Wandzeitung

**Ideen finden**
Auftrag an alle: Jeder, der etwas zum Thema „Naturereignisse" hört, liest, findet, informiert die anderen Mitschüler oder bringt die Materialien mit.
Sucht einen guten Platz im Klassenraum oder im Schulgebäude für die Wandzeitung.

**Material suchen**
Überlegt, ob ihr in Gruppen arbeiten möchtet.
Geeignete Informationsquellen sind: Tageszeitungen, Zeitschriften, Nachrichtensendungen, das Internet.

**Material vorbereiten**
Eine Weltkarte oder eine andere geeignete Basiskarte muss erstellt werden. Legt die Art der Materialien fest, zum Beispiel: Fotos, Zeitungsausschnitte, eigene Texte, Diagramme, Zeichnungen, …

**Wandzeitung gestalten**
Überlegt, wie ihr den Platz auf eurer Wandzeitung sinnvoll aufteilen könnt.
Wo sollen die Texte, Bilder, Grafiken usw. platziert werden, wo soll die Überschrift stehen?
Legt die Materialien zunächst nur auf und überprüft, ob sie den Gestaltungsmerkmalen genügen. Klebt die Materialien erst fest, wenn ihr zufrieden seid.

**Wandzeitung präsentieren**
Wem möchtet ihr die Wandzeitung präsentieren, vielleicht einer Parallelklasse oder den Eltern?

ERDOBERFLÄCHE IM WANDEL BEGREIFEN

# Vulkanismus in Europa

M 1 *Ausbruch des Ätna 2002*

**Vulkane Europas**
1. Ätna (ca. 3340 m)
2. Hvannadalshnúkur
   (2119 m, unter dem Vatnajökull)
3. Grímsvötn
   (1725 m, unter dem Vatnajökull)
4. Herðubreið (1682 m)
5. Hekla (1491 m)
6. Vesuv (ca. 1200 m)
7. Stromboli (ca. 926 m)

M 2 *Vulkane Europas*

**check-it**
- geographische Lage von Vulkanen beschreiben
- Vulkantypen vergleichen
- Vulkanausbrüche erläutern
- Bilder auswerten
- Risiken und Nutzen in Vulkangebieten beurteilen

### Der Ätna – ein aktiver Vulkan
Am 17. Mai 2008 strömte Lava aus einem Südostkrater des Ätna. Nur drei Tage später ging im Bereich der Gipfel Ascheregen nieder und es traten mehrere Erdbeben auf. Die seit Jahrhunderten dauernde Vulkantätigkeit hat der Ätna weltweit nur mit acht Vulkanen gemein, unter anderem mit dem Stromboli. Aufgrund seiner Aktivität wächst der Ätna jährlich, kann aber auch durch Einbrüche an Höhe verlieren. Die häufigen Flankenausbrüche lassen immer wieder neue Öffnungen entstehen, die mehrere Wochen bis Monate aktiv Lava ausspeien können. Die Lavaströme dringen dabei teilweise bis in die Vorgärten der Anwohner benachbarter Ortschaften vor.

Der Vulkanismus Süditaliens steht in direktem Zusammenhang mit Bewegungen in der Erdkruste im Apenninen-Gebirge, das Italien von Nord nach Süd durchläuft und zu dem auch der Ätna gehört. Das Magma des Ätna stammt aus dem oberen Erdmantel, aus einer Tiefe von 70 bis 120 Kilometern.

### Schicht- und Schildvulkane
Dadurch, dass sich Lavaströme und verfestigtes vulkanisches Lockermaterial abwechselnd ablagern, zählt der Ätna zu den sogenannten **Schichtvulkanen**. Der Austritt von Gasen, die in der Gesteinsschmelze enthalten sind, erfolgt bei den Schichtvulkanen meistens abrupt. Lavafetzen werden hochgeschleudert, erstarren und fallen als Bomben, kleinere (etwa walnussgroße) Steine und Asche zurück. Die Lava von Schichtvulkanen ist zähflüssig, erkaltet schnell und bildet relativ steil einfallende Schichten.

Anders ist es bei den sogenannten **Schildvulkanen**. Deren Lava ist dünnflüssig. Dies führt zu einem gleichmäßigen Ausfluss. Der Mauna Loa auf Hawaii ist ein Schildvulkan und mit mehr als 4000 Metern Höhe der größte aktive Vulkan der Erde.

M 3 *Zerstörtes Haus am Ätna*

ERDOBERFLÄCHE IM WANDEL BEGREIFEN  **119**

## Leben mit den Vulkanen

Vulkane bringen auch Nutzen: Lava und Asche sind gewöhnlich reich an Mineralien. Dadurch entsteht ein fruchtbarer Boden, der sich gut für Acker- und Weinbau eignet.

Vulkanische Wärme dient der Stromerzeugung. Dazu werden die Dampfkammern ehemaliger Vulkane angebohrt und der heiße Dampf in Kraftwerken zu elektrischer Energie umgewandelt. So kann zum Beispiel auf Island der gesamte Bedarf an Wärmeenergie aus vulkanischer Erdwärme gedeckt werden. Islands Hauptstadt Reykjavik wird deshalb „Stadt ohne Schornsteine" genannt. Es werden keine fossilen Brennstoffe verbrannt und damit auch keine Schornsteine benötigt.

Vulkanausbrüche sind spektakuläre Naturereignisse, die viele Touristen anlocken. Aber auch Lavagrotten oder die unterirdische Hitze, die unter anderem zum Grillen genutzt werden kann wie auf Lanzarote, sind touristisch attraktiv. Dadurch ist in vielen Vulkangebieten der Tourismus eine wichtige Einnahmequelle.

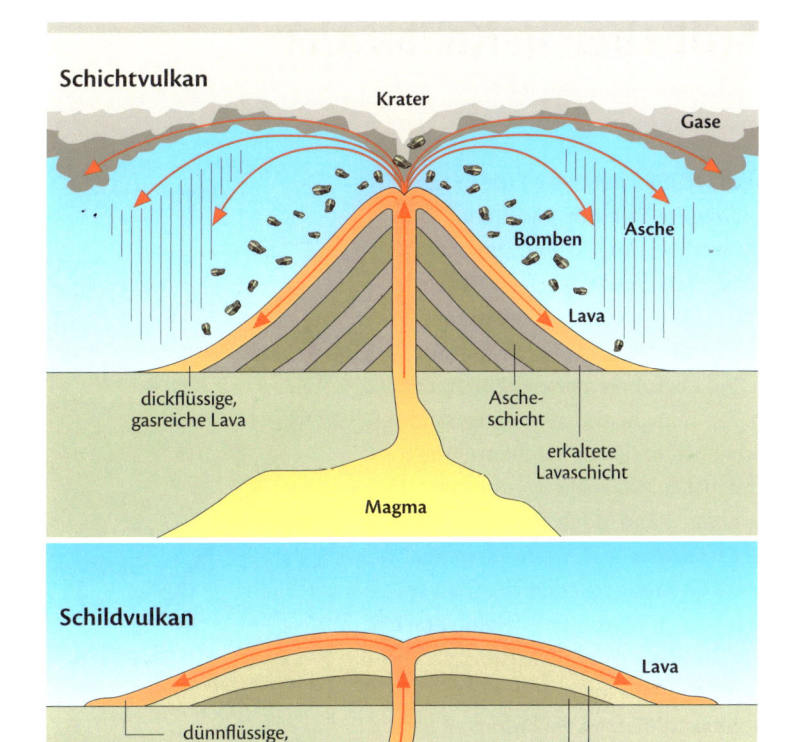

**M 4** *Schicht- und Schildvulkan*

1. Beschreibe die geographische Lage des Ätna (Karte S. 180/181).
2. Finde heraus, in welchen Ländern sich die Vulkane Europas befinden, und beschreibe ihre geographische Lage (**M 2**, Karte S. 180/181).
3. Erläutere Ursachen, Erscheinungsformen und Folgen eines Vulkanausbruchs (**M 1**, **M 3**, **M 4**).
4. Vergleiche Schicht- und Schildvulkane und erkläre die Unterschiede (**M 4**).
5. Menschen leben trotz der potenziellen Gefahren in der Nähe von Vulkanen. Beurteile die Bedrohungen und Bereicherungen (**M 3**, **M 5**, **M 6**).
6. „Der Ätna kann Leben zerstören und Leben geben." Nimm zu dieser Aussage Stellung (**M 3**, **M 5**).

WEBCODE: UE649365-119

**M 5** *Weinanbau am Ätna*

**M 6** *Touristen am Ätna*

# Erdbeben in Kalifornien

Am 17. Oktober 1989 bebte die Erde in San Francisco für einige Sekunden während des Hauptberufsverkehrs um 17 Uhr. Das Beben erreichte eine Stärke von 6,9 auf der **Richter-Skala.** Mehr als 500 Meter der oberen Fahrbahn einer doppelstöckigen Autobahn stürzten herab und begruben mehr als 200 Autos unter sich. Auf manchen Straßen taten sich riesige Löcher auf, in denen komplette Autos verschwanden. Die Wolkenkratzer hielten dem Beben zwar stand, doch erschlugen herabfallende Fassadenteile mehrere Passanten. Viele kleinere Gebäude stürzten ein. Die Versorgung mit Strom, Wasser und Telefon brach zusammen. Die Schäden summierten sich auf etwa sechs Milliarden Dollar.

Am 30. Oktober 2007 fand ein Erdbeben der Stärke 5,6 statt, dessen **Epizentrum** in der Nähe von San José lag. Zu Schäden in San Francisco kam es dabei nicht. Experten befürchten für die Zukunft jedoch noch stärkere Erdbeben in Kalifornien. Forscher ermittelten eine Wahrscheinlichkeit von 99,7 Prozent für ein Beben der Stärke 6,7.

Am 29. Juli 2008 wurden die Bewohner von Los Angeles wieder daran erinnert, dass sie auf unsicherem Grund leben. 30 Sekunden lang bebte die Erde mit einer Stärke von 5,4 auf der Richter-Skala. Es war das heftigste Beben seit mehr als zehn Jahren.

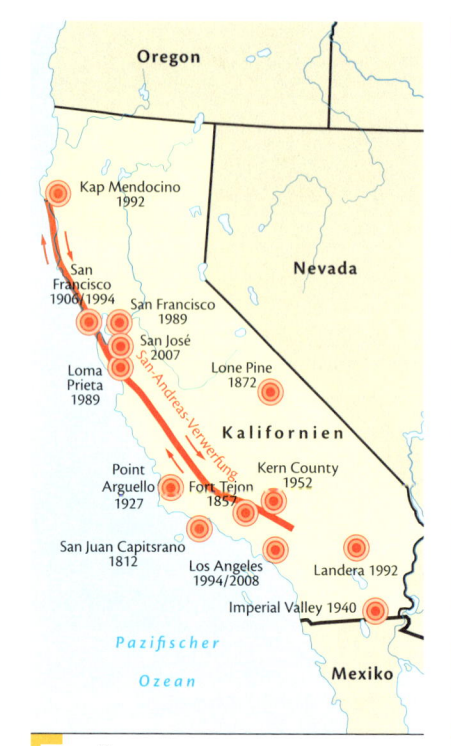

**M 1** *Erdbeben in Kalifornien*

**M 3** *Übersicht über Erdbeben in Kalifornien*

**check-it**
- geographische Lage Kaliforniens und der San-Andreas-Verwerfung beschreiben
- Auswirkungen von Erdbeben benennen
- Entstehung von Erdbeben erklären
- thematische Karten auswerten
- Gefahr von Erdbeben beurteilen

**M 4** *San-Andreas-Verwerfung*

## Entstehung von Erdbeben in Kalifornien

Die Ursache für die Erdbeben in Kalifornien ist die San-Andreas-Verwerfung, ein etwa tausend Kilometer langer Riss in der Erdkruste. An dieser Verwerfung verschieben sich Teile der Erdkruste gegeneinander. Beim Vorbeigleiten der Krustenteile aneinander verhakt sich das Gestein zu beiden Seiten und baut eine Spannung auf. Wird sie zu groß, verschiebt sich das Gestein beiderseits der Verwerfung ruckartig um bis zu mehrere Meter: Ein Erdbeben wird ausgelöst.

## Messung von Erdbeben

Die Erschütterungen bei einem Erdbeben breiten sich über große Entfernungen aus. Mithilfe eines **Seismographen** kann man sie messen und den Verlauf von Erdbeben aufzeichnen. Eine solche Aufzeichnung heißt „Seismogramm". Forscher fanden heraus, dass die meisten Erdbeben in Tiefen bis zu hundert Kilometern entstehen.

**M 2** *Zerstörungen an einem doppelstöckigen Highway in San Francisco nach dem Erdbeben 1989*

ERDOBERFLÄCHE IM WANDEL BEGREIFEN  **121**

**Der auslösende Vorgang:**

Erdkrustenblöcke in Ruhelage

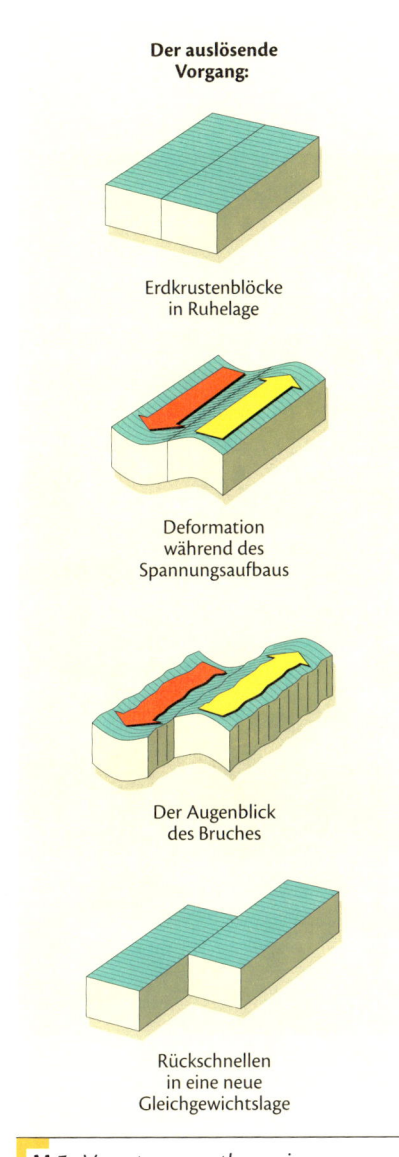

Deformation während des Spannungsaufbaus

Der Augenblick des Bruches

Rückschnellen in eine neue Gleichgewichtslage

**M 5** *Versetzung entlang einer Verwerfung*

## Vorhersage und Schutz vor Erdbeben

Eine sichere Vorhersage von Erdbeben ist nicht möglich. Nur in seltenen Fällen konnten sich Menschen aufgrund von Veränderungen an der Erdoberfläche oder durch Beobachtung ungewöhnlicher Verhaltensweisen von Tieren auf ein kommendes Erdbeben vorbereiten. In den erdbebengefährdeten Gebieten wird versucht, Häuser zu bauen, die nicht einstürzen. So ist es gelungen, Gebäude mit einer Art von Stoßdämpfern auszustatten, die Erschütterungen elastisch aufnehmen können.

Amerikanische Geologen haben zudem ein Frühwarnsystem für die Erdbebenregion Kalifornien entwickelt. Das System fußt auf einem Netzwerk aus 155 seismischen Messstationen. Das automatische Netzwerk soll – so heißt es zumindest aus Kreisen der Forscher – etwa 40 Sekunden vor dem Erdbeben schwache Energiewellen erkennen. Diese gehen ebenso wie die zerstörerischen Bebenwellen vom Erdbebenzentrum aus, wandern aber schneller durch das Gestein und erreichen daher die Erdoberfläche eher.

In diesen lebenswichtigen Sekunden hätte die Bevölkerung noch Zeit, um ins Freie zu laufen oder sich unter Tischen zu schützen. Flugzeuge könnten noch vom Landen abgehalten, Brücken vom Verkehr freigemacht und Gas-**Pipelines** unterbrochen werden.

1. Berichte über die Auswirkungen von Erdbeben für San Francisco (**M 1**, **M 2**, **M 6**).
2. Erkläre die Entstehung von Erdbeben in Kalifornien (**M 3** bis **M 5**).
3. Beschreibe, in welchen Gebieten Kaliforniens größere Erdbeben auftraten. Stelle einen Zusammenhang zur San-Andreas-Verwerfung her (**M 1**, **M 3** bis **M 5**).
4. Das Erdbeben in Kalifornien 1989 hatte eine Stärke von 6,9 auf der Richter-Skala. Beschreibe die zu erwartenden Zerstörungen und vergleiche mit dem tatsächlichen Geschehen (**M 1**, **M 6**).
5. Auch in Deutschland gab es Erdbeben. Sammle z. B. mithilfe des Internets Informationen über Erdbeben in Deutschland.
6. Erläutere die Messung und Möglichkeiten der Vorhersage von Erdbeben (**M 7**).

WEBCODE: UE649365-121

| Stärke 1 bis 2 | nur durch Instrumente nachweisbar |
|---|---|
| Stärke 3 | selten nahe dem Bebenherd zu spüren |
| Stärke 4 bis 5 | im Umkreis von 30 Kilometern um das Bebenzentrum spürbar, leichte Schäden |
| Stärke 6 | mäßiges Beben, Todesopfer und schwere Schäden in dicht besiedelten Regionen |
| Stärke 7 | starkes Beben, Zerstörungen im Umkreis von wenigen Hundert Kilometern |
| Stärke 8 bis 10 | Großbeben; 9,5 war bisher der höchste gemessene Wert, katastrophale Zerstörungen im Umkreis von mehreren Hundert Kilometern |

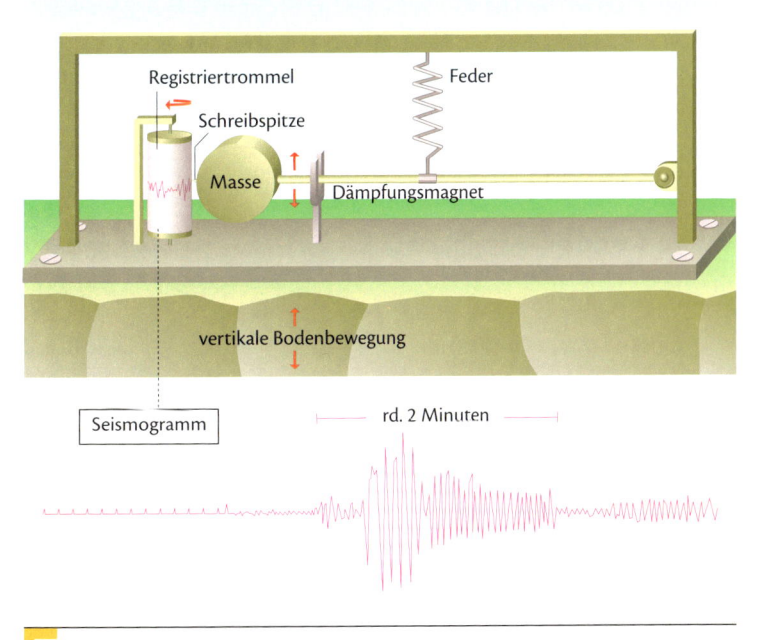

**M 6** *Die nach oben offene Richter-Skala*

**M 7** *Seismograph und Seismogramm*

# Danger from the sea – tsunamis

**M 1** *Aerial view of the coast of Sumatra after the tsunami in 2004*

1. 'The beach of Kamala on the island of Phuket does not exist any more, neither do any of the bridges. Seven people in the family are missing. Paul's mother was swept away by the masses of water, Paul was swept up to the club. Leo was able to get out of the car at the last moment. Hans, who was in the same car, was swept away[1] and was missing for hours.'
2. 'I was sitting in the room when suddenly I saw water flowing in from under the door. Within seconds the water was up to the ceiling. I can't remember how I got out.'
3. 'We were standing in the conservatory[2] when a big wave came over the garden wall and within seconds broke the windows. We found ourselves swept several hundred metres further inland.'

**M 2** *Eyewitness reports[3] about the tsunami in 2004*

1 **(to) be swept away** *weggerissen werden*
2 **conservatory** *Wintergarten*
3 **eyewitness report** *Augenzeugenbericht*
4 **disturbance** *Störung*
5 **seaquake** *Seebeben*
6 **eruption** *Ausbruch*
7 **coast** *Küstenraum*
8 **(to) recede** *zurückgehen*
9 **destructive** *zerstörerisch*
10 **bulletin** *Bericht*
11 **magnitude** *Stärke*

## Development into a deadly wave

A tsunami is a huge ocean wave. It happens after an underwater disturbance[4] like a seaquake[5] or the eruption[6] of a volcano. Tsunami is the Japanese word for harbour wave. The wave travels in all directions from the area of disturbance with a speed up to 800 kilometres per hour. In the open water people often do not notice a tsunami since the wave height is only about half a metre. But when the wave approaches the coast[7], it can build up and reach a height of up to 30 metres. Before a tsunami breaks at the coast the water can be seen receding[8] on the beach in a long and constant process. Then the water comes back as a destructive[9] wave. In 2004 there was a very destructive tsunami in South and South-eastern Asia. Over 200,000 people died. All the cities, villages and roads along the coasts were destroyed.

## Precautions against tsunamis

Tsunamis are noticed very late, so early warning systems have been established in many regions. They use sensors on the sea floor which register seaquakes. Tsunami warning centres issue bulletins[10] with information on the location, time and magnitude[11] of a seaquake. They indicate areas which might be affected by a tsunami and estimate the arrival time of the wave.

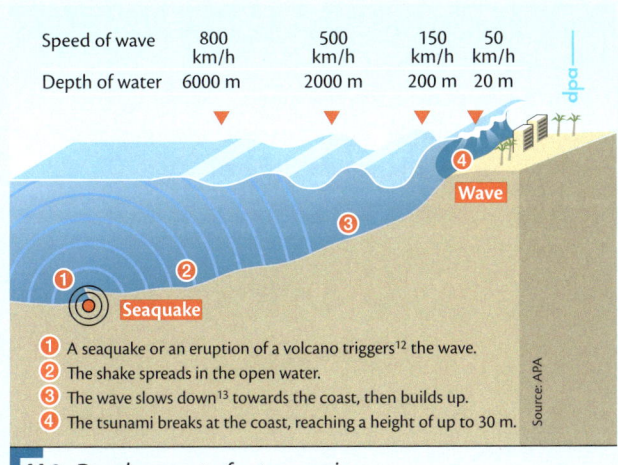

GEO-BILINGUAL  123

**M 3** *Development of a tsunami*

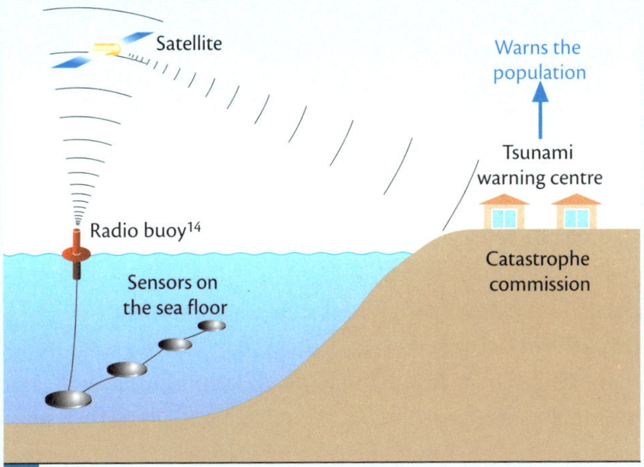

Speed of wave: 800 km/h, 500 km/h, 150 km/h, 50 km/h
Depth of water: 6000 m, 2000 m, 200 m, 20 m

① Seaquake
① A seaquake or an eruption of a volcano triggers[12] the wave.
② The shake spreads in the open water.
③ The wave slows down[13] towards the coast, then builds up.
④ The tsunami breaks at the coast, reaching a height of up to 30 m.

Source: APA

**M 4** *Early warning system*

Satellite — Radio buoy[14] — Sensors on the sea floor — Tsunami warning centre — Catastrophe commission — Warns the population

1. Make a radio broadcast on tsunamis. Work in groups. Each group works on one report (see tasks A, B, C, D, E or F). Record your report on an MP3-player or an audio cassette.
   A Introduce the radio broadcast on tsunamis (**M 5**).
   B Report the consequences of the tsunami in South and South-eastern Asia (**M 1, M 2**).
   C Explain what causes tsunamis (**M 3, M 6**).
   D Describe the early warning system (**M 4, M 6**).
   E Indicate the tsunami risk for Germany and give reasons for your evaluation (map p. 210).
2. Prepare two questions about your topic which the other groups can answer after they have listened to your report.
3. Join all reports to one (or more) radio broadcast(s) (see structure in **M 5**). Reports recorded on an MP3-player can easily be put together with a media player on a computer.
4. Give the broadcast a thrilling title.
5. Play the broadcast. Change anything if necessary.
6. Hand out the questions you have prepared to the other groups. Now play the broadcast once more. Each group listens to the reports and works on the questions.

12 **(to) trigger** *auslösen*
13 **(to) slow down** *abbremsen*
14 **radio buoy** *Messboje*

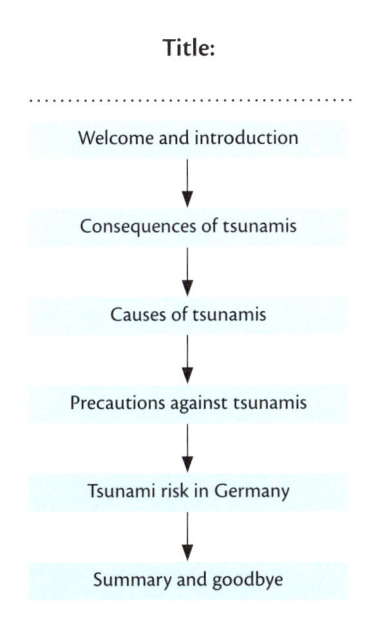

**M 5** *Structure of the radio broadcast*

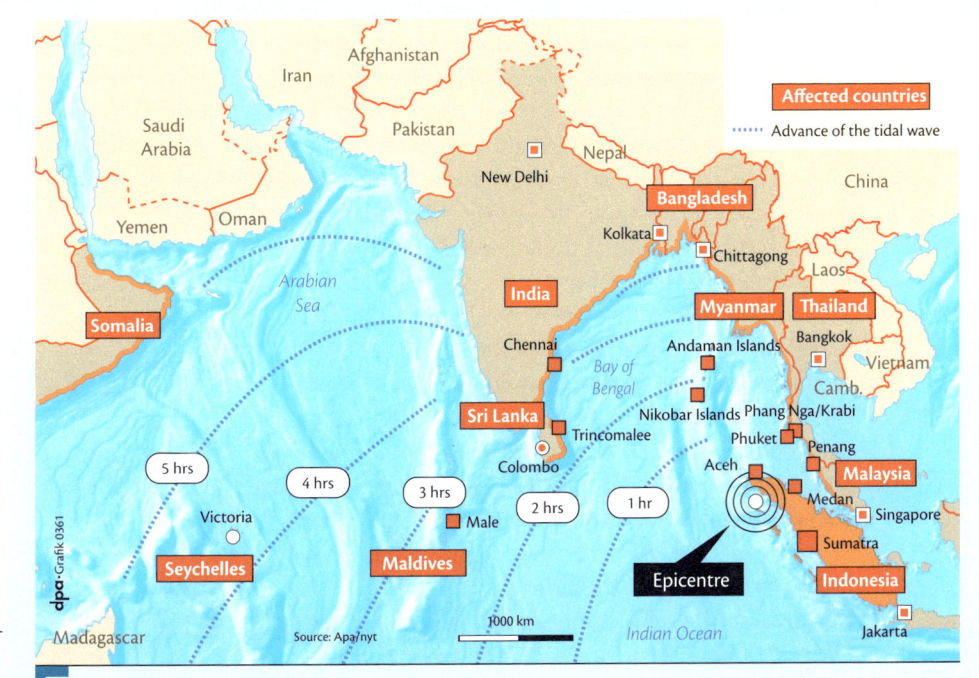

Title: ..................
↓
Welcome and introduction
↓
Consequences of tsunamis
↓
Causes of tsunamis
↓
Precautions against tsunamis
↓
Tsunami risk in Germany
↓
Summary and goodbye

**M 6** *Advance of the tsunami*

Affected countries
Advance of the tidal wave

**GEO-METHODE**

# Wir führen eine Internetrecherche durch

**check-it**
- Möglichkeiten der Informationssuche im Internet kennen
- Schrittfolge für die Beschaffung geografischer Informationen durch Internetrecherche kennen und anwenden

## Internetseiten finden – die Suchmaschine

Das Internet ermöglicht es heute, schnell an aktuelle Informationen zu nahezu jedem Thema zu kommen. Sie ergänzen die Inhalte aus dem Schulbuch, aus Nachschlagewerken oder anderen Medien. Am schnellsten funktioniert die Internetrecherche, wenn du eine passende Internetadresse hast. Wenn nicht, dann helfen Suchmaschinen weiter. Das sind Programme, die mithilfe von einzelnen Suchbegriffen alle in einem Computer oder Computernetzwerk wie dem World Wide Web (WWW) gespeicherten Dokumente finden können. Meist werden so viele Einträge angezeigt, sodass du unmöglich alle anschauen kannst. Deshalb solltest du professioneller suchen, indem du mehrere Suchbegriffe kombinierst. Einige Suchmaschinen bieten Themenkataloge an, die häufig eine höhere inhaltliche Qualität haben.

## Checkliste für die Internetrecherche

**1. Schritt:** Starte die Suchmaschine
Gib in das Adressfeld der Internet-Startseite entweder die gewünschte Adresse oder die Suchmaschine ein. Drücke die Enter-Taste, um die Suche zu starten.

**2. Schritt:** Gib einen Suchbegriff ein
Füge den Suchbegriff ein und die Web-Seiten werden angezeigt. Manchmal ist es sinnvoll, erst nach Oberbegriffen zu suchen, um dann weiter ins Detail zu gehen. Dies ist dann der Fall, wenn ein Begriff auch in anderen Bereichen benutzt wird oder so selten ist, dass eine Suchmaschine ihn nicht findet.

**3. Schritt:** Wähle die Web-Seite aus
Wähle aus den gefundenen Einträgen einige aus. Auf den Seiten finden sich oft Links, die weitere Informationen zum Thema bieten. Dabei wirst du feststellen, dass einige Seiten nicht zu deinem Thema passen. Wenn keine der gefundenen Seiten passt, solltest du zum zweiten Schritt zurückkehren und einen anderen Suchbegriff versuchen.

**4. Schritt:** Speichere die Information oder drucke sie aus
Die wichtigen Informationen werden markiert und entweder sofort ausgedruckt oder auf dem Computer abgespeichert. Manchmal verbergen sich hinter einem Link ganze Buchkapitel oder Aufsätze. Markiere die Seiten oder Absätze, die dir wichtig erscheinen. Gib dem Drucker den Befehl, nur den markierten Text zu drucken.
Denke daran, die genaue Adresse als Quelle zu kopieren, damit dein Lehrer die Fundstelle überprüfen kann.

## Durchführen einer Internetrecherche zum Thema „Naturkatastrophen"

**1. Schritt:** Starte die Suchmaschine
Gib ins Adressfeld die Suchmaschine www.google.de ein. Drücke die Enter-Taste, um die Suche zu starten.

**M 1** *Starten der Suchmaschine*

**2. Schritt:** Gib einen Suchbegriff ein
Füge in das Suchfeld den Begriff „Naturkatastrophen" ein und starte die Suchmaschine durch Anklicken der Taste „Google-Suche".

**3. Schritt:** Wähle die Web-Seite aus
Wähle aus der angezeigten Liste von Internetseiten zum Thema „Naturkatastrophen" eine aus. Entscheide, ob die Information für das Thema wichtig und aktuell ist.

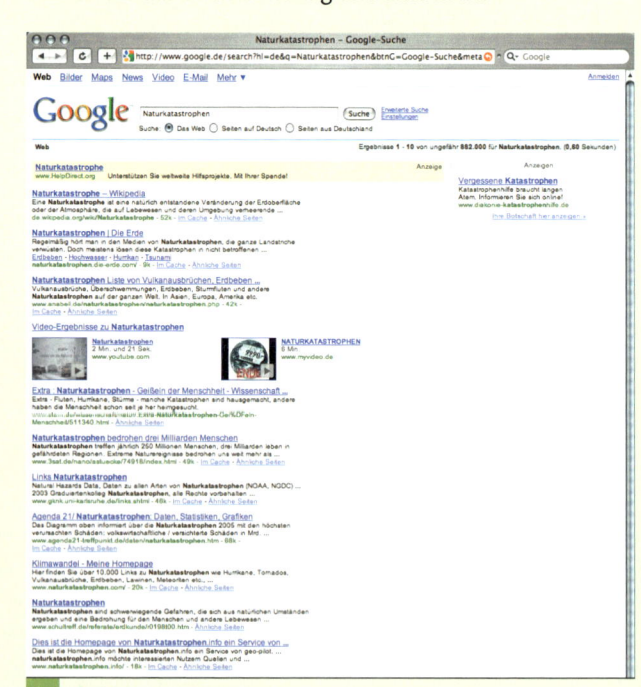

**M 2** *Ergebnisliste nach dem Eingeben des Suchbegriffs*

**4. Schritt:** Speichere die gesuchten Information oder drucke sie aus
Öffne eine neue Datei. Markiere den gefundenen Artikel und speichere ihn mit der Quellenangabe unter deinem Namen auf dem Computer oder drucke ihn aus.

**Anmerkung:** Du kannst auch Bilder suchen, aufrufen, drucken und speichern. Dazu klickst du bei Google „Bilder" statt „Web" an. Anschließend gehst du nach den Schritten 2 bis 4 vor.

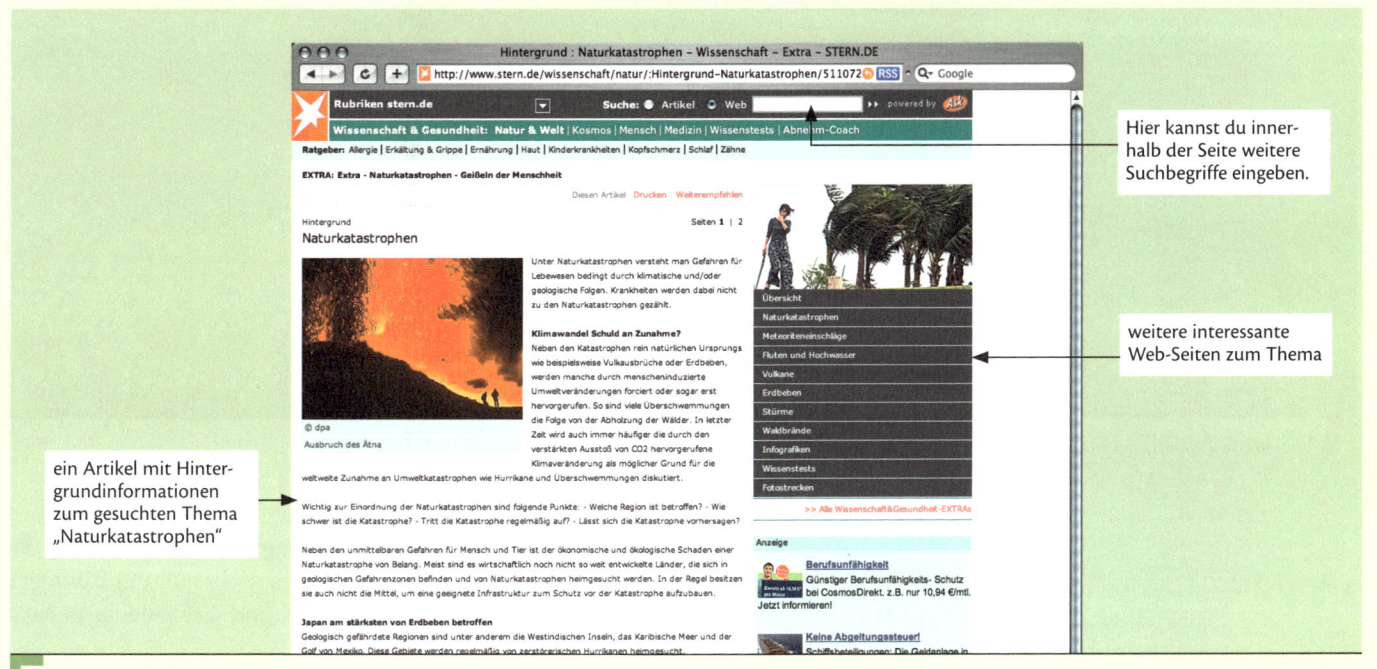

ein Artikel mit Hintergrundinformationen zum gesuchten Thema „Naturkatastrophen"

Hier kannst du innerhalb der Seite weitere Suchbegriffe eingeben.

weitere interessante Web-Seiten zum Thema

**M 3** *Lesen der Internetseite*

Internationale Suchmaschinen verzeichnen Web-Seiten weltweit. Sie können Inhalte in allen Sprachen und Ländern finden. Deutsche Suchmaschinen suchen nur Web-Seiten aus dem deutschsprachigen Raum. Häufig sind sie für den deutschsprachigen Raum genauer als internationale Suchmaschinen. Metasuchmaschinen können Inhalte in mehreren Suchmaschinen gleichzeitig finden.

| Deutsche Suchmaschinen (eine Auswahl): | Themenkatalog (eine Auswahl): |
|---|---|
| www.fireball.de | www.dino-online.de |
| www.bing.de | www.yahoo.de |
| www.google.de | www.allesklar.de |
| **Internationale Suchmaschinen** (eine Auswahl): | **Metasuchmaschinen** (eine Auswahl): |
| www.altavista.com | www.metager.de |
| www.infoseek.com | www.hurra.de |
| www.hotbot.com | www.metacrawler.de |

**M 4** *Auswahl an Suchmaschinen*

1. Führe eine Internetrecherche mithilfe der Schritte 1 bis 4 durch und suche Informationen zu verschiedenen Naturereignissen (**M 1** bis **M 4**).
2. Suche mithilfe der Schritte 1 bis 4 die passenden Bilder zu deinem Thema.
3. Speichere alle Ergebnisse, die dir nützlich erscheinen, oder drucke sie aus. Denke daran, die jeweilige Quelle festzuhalten.
4. Werte deine gesammelten Ergebnisse aus und stelle sie unter Angabe der Quellen deinen Mitschülern vor.

**M 5** *Das Copyright beachten*

# Wenn Stürme zur Gefahr werden

**M 1** Sturmschäden in Deutschland

**check-it**
- Ausbreitungsgebiete von Wirbelstürmen lokalisieren
- Merkmale tropischer und außertropischer Stürme benennen
- Auswirkungen von Stürmen erläutern

## Stürme

Stürme entstehen immer dann, wenn auf engem Raum die Druckunterschiede zwischen einem **Hoch-** und einem **Tiefdruckgebiet** sehr groß sind. Man spricht von einem Sturm ab Windstärke 9.

Stürme entstehen meist über dem Meer. Wenn der Wind aufs Festland auftrifft, kann es dort zu erheblichen Verwüstungen kommen. Die Kraft eines Sturmes reicht aus, um Bäume zu entwurzeln und Gebäude zu beschädigen.

Je nach Entstehungsort eines Sturms unterscheidet man zwischen tropischen und außertropischen Stürmen.

## Blizzards – Schneestürme in den USA

Blizzards richten jedes Jahr in Nordamerika enorme Schäden an und fordern zahlreiche Todesopfer. Sie treten in der Zeit zwischen Dezember und März auf. Ihnen geht meist mildes Wetter voraus. Sie entstehen durch starke Kaltlufteinbrüche aus nördlicher und nordwestlicher Richtung. Die kalte Luft kann beinahe ungehindert bis zur Golfküste vordringen, da sich ihr kein Hindernis in Form von Gebirgen entgegenstellt. Bei einem Blizzard fallen in der Regel in kurzer Zeit große Mengen Schnee, die durch den Sturm verweht werden.

## Tropische Wirbelstürme

Jedes Jahr richten tropische Wirbelstürme gewaltige Zerstörungen an und kosten viele Menschenleben. Wirbelstürme sind rotierende sturmartige

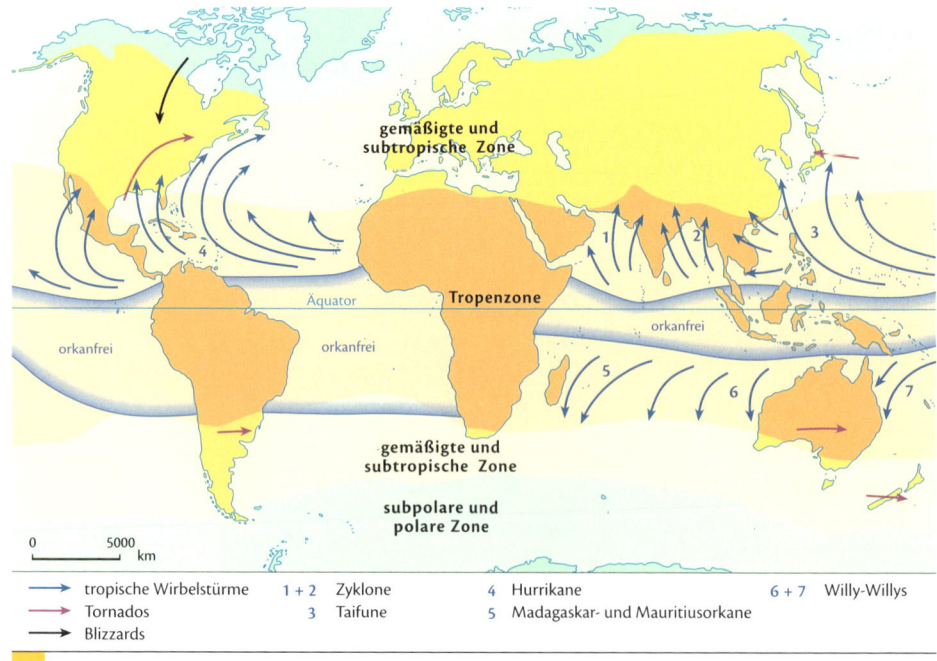

→ tropische Wirbelstürme    1 + 2 Zyklone    4 Hurrikane    6 + 7 Willy-Willys
→ Tornados    3 Taifune    5 Madagaskar- und Mauritiusorkane
→ Blizzards

**M 2** Zugbahnen von Wirbelstürmen

ERDOBERFLÄCHE IM WANDEL BEGREIFEN  **127**

Winde. Sie bilden sich über den Ozeanen in den Tropen, wenn dort eine Wassertemperatur von mindestens 27 Grad herrscht. Wenn Wirbelstürme auf Küsten treffen, können dort riesige Flutwellen entstehen. Ziehen die Stürme über Land, hinterlassen sie eine Schneise der Verwüstung.

Mithilfe von Satelliten und Beobachtungsflugzeugen lassen sich heute die Zugbahnen der Wirbelstürme ziemlich genau vorhersagen, sodass die Bevölkerung gewarnt werden kann.

```
                    Wirbelstürme
                   /            \
        außertropische          tropische
        Wirbelstürme            Wirbelstürme
            |                  /    |     \
         Tornado          Hurrikan Taifun Zyklon
```

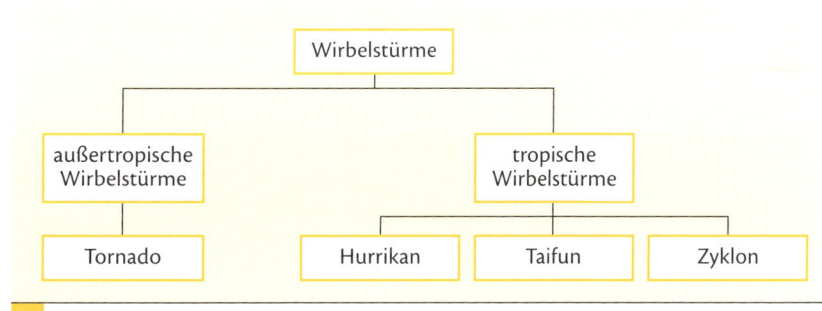

**M 3** Einteilung der Wirbelstürme

1 Beschreibe die Verbreitungsgebiete der verschiedenen Stürme (**M 2**).
2 Gliedere die Stürme nach ihrem Entstehungsgebiet in tropische und außertropische Stürme (**M 2**).
3 Erstelle eine Tabelle, in die du die tropischen Wirbelstürme mit ihren Entstehungsgebieten und den Küsten, die von ihnen bedroht sind, einträgst (**M 2** bis **M 5**).
4 Leben an der Küste bedeutet „Leben am Rande der Katastrophe". Nimm Stellung zu dieser Aussage (**M 2**, **M 4**, **M 5**).
5 Ergänzt eure Wandzeitung der Naturereignisse um die Stürme.

WEBCODE: UE649365-127

Anfang Mai 2008 traf der Zyklon „Nargis" mit Windgeschwindigkeiten von zum Teil 200 Kilometern pro Stunde auf die Küste von Myanmar. Er hatte sich im April über dem Golf von Bengalen gebildet. Beim Auftreffen auf die sehr dicht besiedelte Küstenregion im Irrawaddy-Delta zerstörten der Sturm und die Flutwelle Zehntausende von Häusern. Auch die Hauptstadt Rangun lag in der Zugbahn des Zyklons.

**M 4** Der Zyklon Nargis

Madinal Haq lebt auf einer Insel vor dem Irrawaddy-Delta. Früher besaß er sechs Hektar Land, von denen er mit seiner Familie gut leben konnte. Seit der Ozean seine Felder überflutete, gehört er zu den Landlosen. Unter ein paar Bäumen stand seine Hütte, umgeben von einem winzigen Garten, der die Familie mit Gemüse versorgte. Familie Haq wohnte keine zehn Meter vom Meer entfernt. Mardinal konnte zusehen, wie die Strömung alles wegriss. Nun wird er fortziehen müssen – er besitzt nichts mehr. Wenn er Glück hat, wird es anderswo im Delta ein paar Quadratmeter Land geben. Der fruchtbare Löss im Delta, der durch natürliche Aufschüttung entstanden ist, erlaubte bis zu vier Ernten im Jahr.

**M 5** Leben mit der Gefahr

# Hurrikane und Tornados

**M 1** Der Hurrikan „Katrina" im Golf von Mexiko

### Hurrikan „Katrina"
Am 29.08 2005 erreichte „Katrina" mit Windgeschwindigkeiten von 200 Stundenkilometern südlich von New Orleans die US-Golfküste und zog dann weiter nach Norden, wo er etwas später die Küste von Mississippi verwüstete. Durch den Sturm und die dadurch ausgelöste Sturmflut wurden Häuser an der Küste fortgespült, Schiffe auf das Festland gesetzt, Fahrbahnen aus Betonbrücken gerissen und es brachen Deiche. Die tiefer liegende Stadt New Orleans wurde zu 80 Prozent der Fläche geflutet. Eine Million Menschen wurden obdachlos und fünf Millionen waren wochenlang ohne Strom und Wasser.

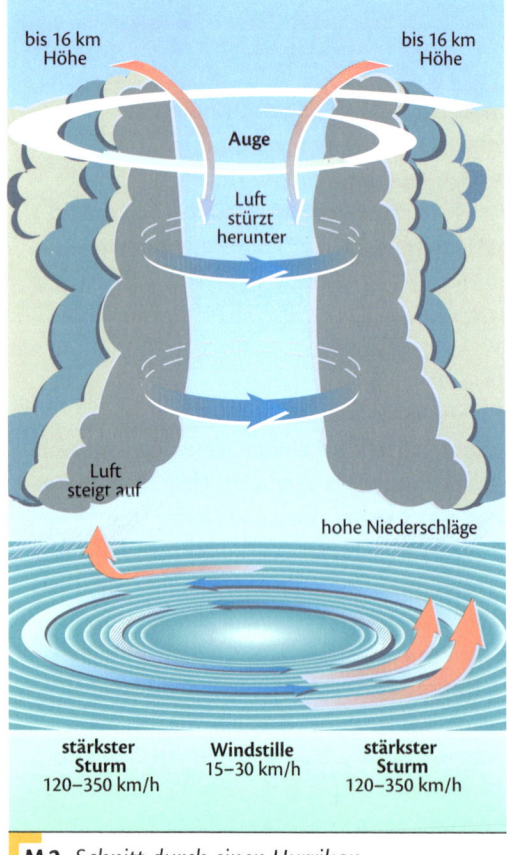

**M 2** Schnitt durch einen Hurrikan

**check-it**
- Verbreitungsgebiete der Hurrikane und Tornados vergleichen
- Entstehung von Hurrikanen und Tornados erläutern
- Grafiken auswerten

## Hurrikane
Hurrikane sind Wirbelstürme, die über den tropischen Teilen des Atlantischen Ozeans entstehen. Als Hurrikane werden sie eingestuft, wenn sie Windstärke 12 oder Windgeschwindigkeiten von mehr als 117 Stundenkilometern erreichen.
Die Sonne erwärmt in den Tropen das Meer stark. Das Wasser verdunstet und steigt als Wasserdampf auf. Es bilden sich immer dickere Wolken. Durch die Erddrehung entsteht ein Wirbel, sodass die Luft in einer Spirale nach oben steigt. Sie dreht sich dabei um einen zentralen Bereich, das „Auge" des Hurrikans. Im Auge herrscht absolute Windstille, es gibt keine Wolken und deshalb auch keine Niederschläge. Umso stärker sind der Sturm und die Niederschläge vor und nach dem Durchzug des „Auges".

Hurrikane wandern vom Atlantik zunächst in Richtung Westen und Nordwesten und drehen dann zwischen dem 20. und 35. **Breitengrad** meist nach Norden oder Nordosten ab. Über dem Meer wird der Hurrikan mit genügend feuchter Luft versorgt, sodass er sich dort bis zu zwei Wochen lang halten kann und oft noch an Stärke zunimmt. Trifft er aufs Land, so regnet er ab und löst sich rasch auf, da keine feuchte Luft nachströmt.
Die Hurrikan-Saison dauert von Juni bis November. Mit Wettersatelliten und Wetterflugzeugen werden Wirbelstürme beobachtet. Computer berechnen ihre voraussichtliche Zugbahn und Stärke, damit die Bewohner der betroffenen Gebiete rechtzeitig gewarnt werden können.

## Tornados
Tornados sind außertropische Wirbelstürme, die in der gemäßigten Klimazone auftreten. Tornados entstehen, wenn sich große Gewitterwolken über einer Schicht mit aufgeheizter Luft bilden. Die warme Luft steigt von unten auf und die kalten Luftmassen sinken nach unten. Beide Luftmassen prallen

ERDOBERFLÄCHE IM WANDEL BEGREIFEN  129

aufeinander. Dabei bilden sich mächtige Luftverwirbelungen, die sich schnell um ein schmales Gebiet äußerst niedrigen Luftdrucks drehen und mehrere hundert Meter Durchmesser erreichen können. Tornados erreichen rasante Geschwindigkeiten.

Der schlauchartige Luftwirbel ist das äußere Kennzeichen eines Tornados. Aus einiger Entfernung ähnelt der Luftwirbel einem Elefantenrüssel, der unberechenbar hin und her pendelt und sich gelegentlich vom Boden abhebt. Mit diesem „Rüssel" wird Staub und Sand aufgewirbelt. Über Wasserflächen bilden sich Wasserwirbel, so genannte Wasserhosen.

Dort, wo der Rüssel auf die Erde trifft, entsteht eine Schneise der Verwüstung. Bäume werden umgeknickt, Fahrzeuge wirbeln durch die Luft und Häuser stürzen ein. Da der Tornadorüssel nicht immer aus Wolkentröpfchen besteht, kann er auch unsichtbar bleiben. Erst umherfliegende Trümmer und Sandmassen verraten ihn.

Die Lebensdauer eines Tornados ist gering. Sie beträgt von mehreren Sekunden bis zu einer Stunde, aber in den meisten Fällen nur etwa 10 Minuten.

M 3  Tornado in den USA

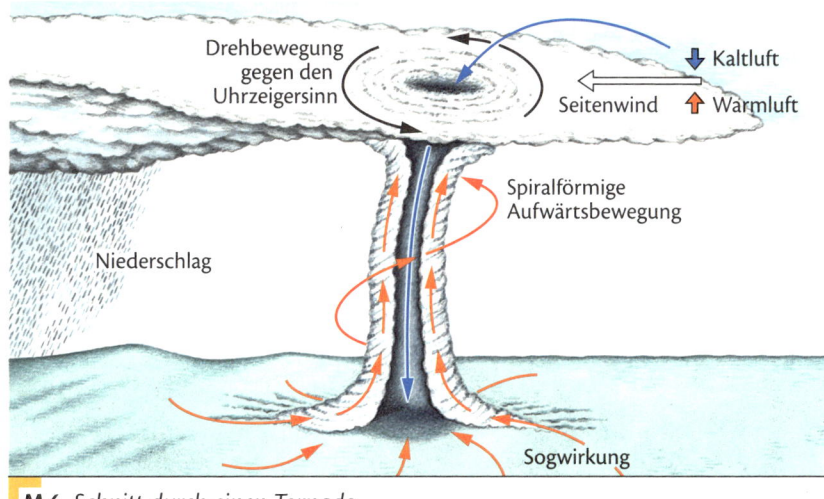

M 4  Schnitt durch einen Tornado

1  Beschreibe die Zugrichtung von Hurrikan „Katrina" und nenne Schäden, die er verursachte (M 1, Karte S. 198/199).

2  Vergleiche Verbreitung, Gestalt, Entstehung und Wirkung von Hurrikanen und Tornados. Fertige dazu eine Tabelle an (M 1 bis M 5, S. 126 M 2).

3  Hurrikan „Katrina" erreichte teilweise Stärke 5. Erläutere, welche Zerstörungen Wind und Flut dabei anrichteten (M 5).

WEBCODE: UE649365-129

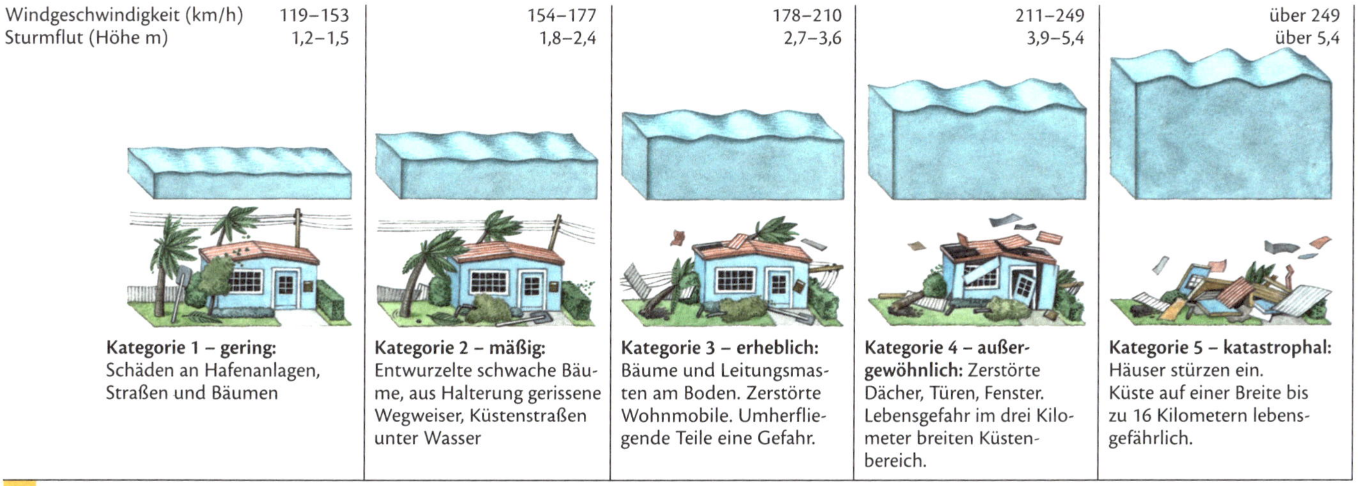

| Windgeschwindigkeit (km/h) | 119–153 | 154–177 | 178–210 | 211–249 | über 249 |
| Sturmflut (Höhe m) | 1,2–1,5 | 1,8–2,4 | 2,7–3,6 | 3,9–5,4 | über 5,4 |

Kategorie 1 – gering: Schäden an Hafenanlagen, Straßen und Bäumen

Kategorie 2 – mäßig: Entwurzelte schwache Bäume, aus Halterung gerissene Wegweiser, Küstenstraßen unter Wasser

Kategorie 3 – erheblich: Bäume und Leitungsmasten am Boden. Zerstörte Wohnmobile. Umherfliegende Teile eine Gefahr.

Kategorie 4 – außergewöhnlich: Zerstörte Dächer, Türen, Fenster. Lebensgefahr im drei Kilometer breiten Küstenbereich.

Kategorie 5 – katastrophal: Häuser stürzen ein. Küste auf einer Breite bis zu 16 Kilometern lebensgefährlich.

M 5  Skala der Stärken von Hurrikanen

# Schutz vor Naturkatastrophen

**M 1** Schutzmaßnahmen vor einem Hurrikan in Florida

**check-it**
- Möglichkeiten der Frühwarnung erläutern
- Schutzmaßnahmen beschreiben
- Wirksamkeit der Frühwarnsysteme und Schutzmaßnahmen beurteilen

## Gefahr durch Naturkatastrophen

Jedes Jahr verlieren mehrere Zehntausend Menschen durch Naturkatastrophen ihr Leben und es entstehen Sachschäden in Milliardenhöhe. In den kommenden Jahren könnte die Zahl der Opfer nach Ansicht von Experten noch weiter steigen, da die größten Städte der Erde an Küsten liegen, die von Stürmen bedroht sind. Auch die Zahl der Menschen, die in Erdbeben- und Vulkangebieten leben, steigt. Um die Zahl der Opfer und Schäden möglichst niedrig zu halten, werden genaue Vorhersagen über den Zeitpunkt eines Naturereignisses immer notwendiger.

## Frühwarn- und Erdbeobachtungssysteme

Mithilfe von Wettersatelliten lassen sich heute die Zugbahnen und die Geschwindigkeit von Wirbelstürmen sehr genau vorhersagen. So bleibt den Menschen in den betroffenen Gebieten ausreichend Zeit, ihre Häuser zu schützen und sich in Sicherheit zu bringen.
Weitaus schwieriger ist die Vorhersage und damit auch die Frühwarnung bei Erdbeben und Vulkanausbrüchen.

Die meisten aktiven Vulkane der Erde werden ständig überwacht. Fest installierte Messgeräte messen automatisch, ob vermehrt Gase austreten, sich die Temperatur im Krater erhöht, ob stärkere Erdbeben zu verzeichnen sind oder ob sich die Oberfläche des Vulkans verformt. Die Daten werden an die Überwachungsstationen gesendet, die sie auswerten und gegebenenfalls Alarm auslösen. Anhand der Daten können die Wissenschaftler zwar feststellen, ob sich die Wahrscheinlichkeit eines Ausbruchs erhöht hat, wann und ob dieser aber tatsächlich stattfinden wird, lässt sich noch nicht sicher vorhersagen. Dennoch konnten aber zum Beispiel beim Ausbruch des Mount St. Helens 1980 viele Menschenleben gerettet werden, weil die Umgebung des Vulkans rechtzeitig geräumt wurde. Noch schwieriger ist die Frühwarnung vor Erdbeben. Seit Jahrhunderten wird beobachtet, dass sich Tiere oft schon Tage vor starken Erdbeben merkwürdig verhalten. Man vermutet, dass sie viel eher als Menschen kleinste Erschütterungen der Erdkruste oder austretende Gase wahrnehmen.
Die einzige kurzfristige Warnung, die heute schon möglich ist, basiert auf Frühwarnsystemen, die wenige Minuten oder Sekunden vor der größten Zerstörungswucht eines Erdbebens Alarm schlagen. Messgeräte registrieren bei einem Erdbeben bereits schwache Erdbebenwellen, die schneller

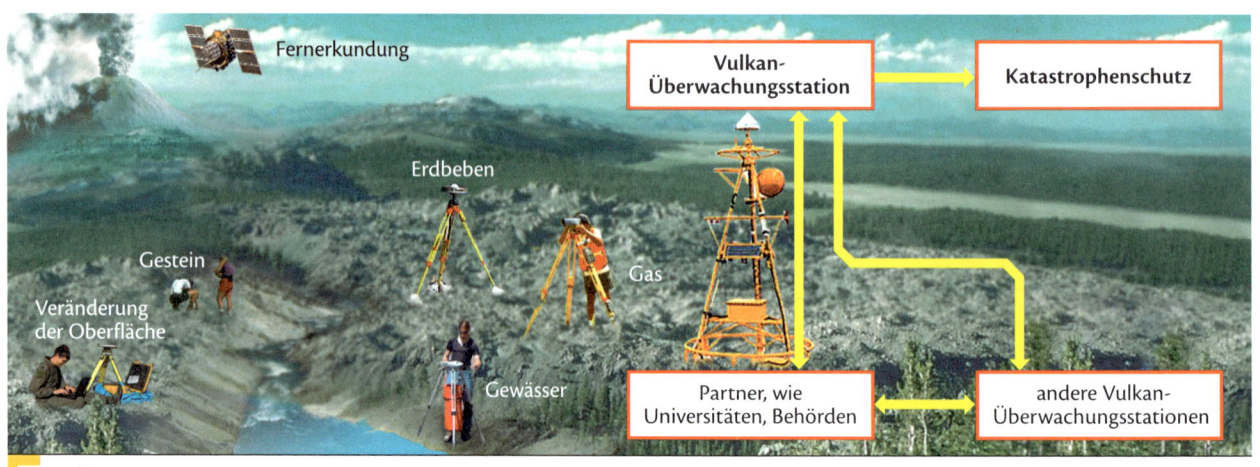

**M 2** Überwachung von Vulkanen

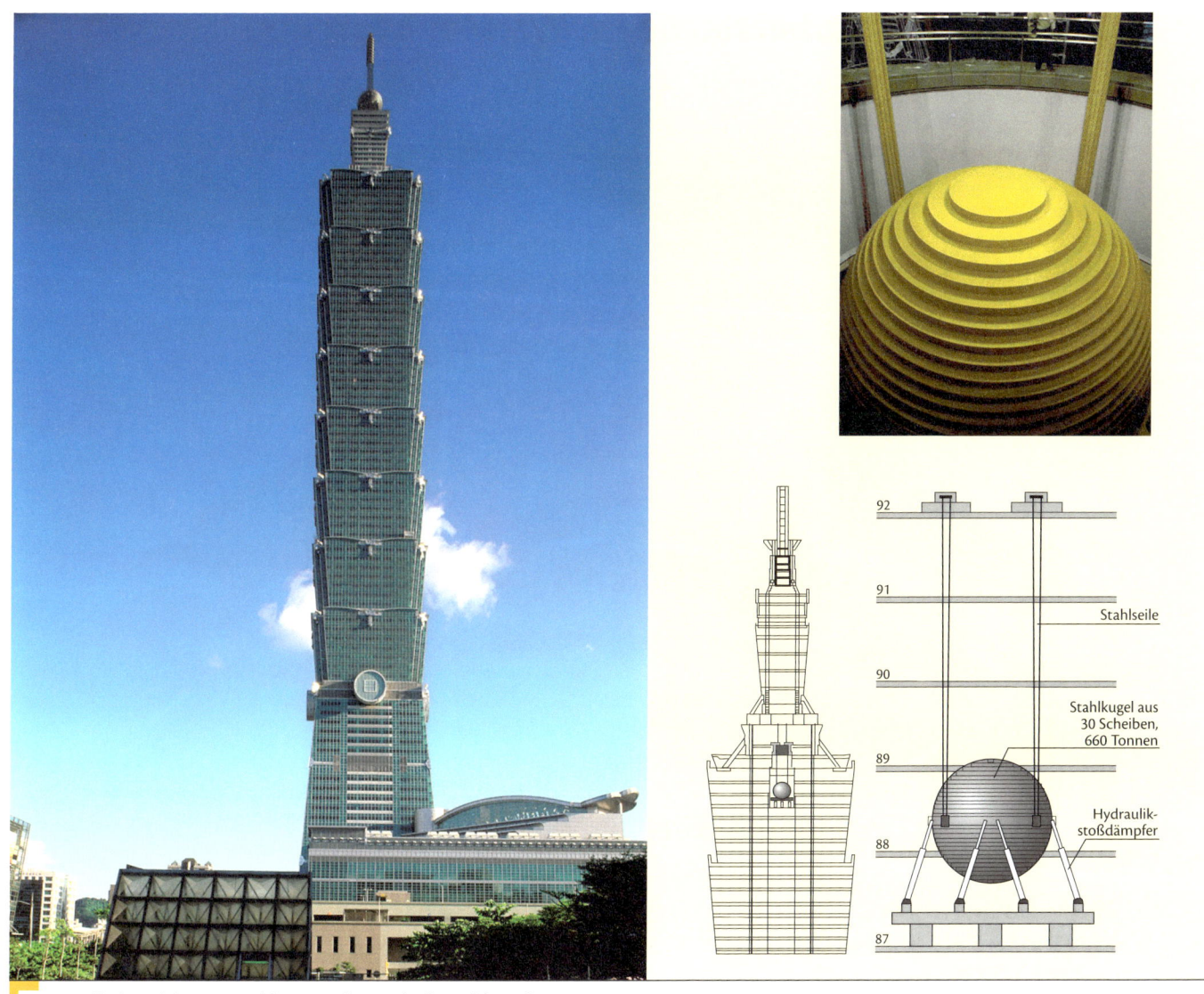

ERDOBERFLÄCHE IM WANDEL BEGREIFEN **131**

**M 3** *Erdbebensicheres Hochhaus – das „Taipei 101" in Taiwan*

durchs Gestein wandern als die zerstörerischen Wellen, und können vorwarnen. In den Sekunden, die bis zum Eintreffen des Bebens bleiben, können zum Beispiel Fahrstühle angehalten oder Hochgeschwindigkeitszüge gestoppt werden.

**Erdbebensicheres Bauen**
Beim letzten stärkeren Erdbeben in San Francisco fiel auf, dass zwar viele kleinere Gebäude stark beschädigt wurden oder einstürzten, die Hochhäuser aber dem Beben standhielten.
Moderne Hochhäuser bestehen aus Beton und einem Stahlgerüst, das durch Querstreben verstärkt ist. Das sind ideale Baustoffe in Erdbebengebieten, da Stahl sehr elastisch ist und nicht gleich bricht. Zusätzlich sind einige Gebäude auf Stoßdämpfern gelagert, um die durch ein Erdbeben ausgelösten Erschütterungen abzuschwächen.
Ein Problem bei Hochhäusern ist, dass sie bei einem Erdbeben im oberen Bereich sehr stark anfangen würden zu schwingen. Um dies zu verhindern, wurde in dem bis 2007 höchsten Gebäude der Erde, dem „Taipei 101" in Taiwan, eine Stahlkugel in die obersten der 101 Stockwerke gehängt. Sie verringert im Falle eines Erdbebens die Schwingung des Gebäudes.

1 Erstelle eine Tabelle, in die du die Naturgefahren (Vulkanausbruch, Erdbeben, Stürme), die jeweiligen Möglichkeiten der Frühwarnung und Schutzmaßnahmen einträgst (**M 1** bis **M 3**).

2 Erläutere anhand eines Fließdiagramms die einzelnen Schritte der Überwachung von Vulkanen (**M 2**).

3 Erstelle einen Werbeprospekt für ein Büro im „Taipei 101", in dem du die Erdbebensicherheit besonders erläuterst (**M 3**).

4 Beurteile die Wirksamkeit der Frühwarnsysteme und Schutzmaßnahmen in von Naturkatastrophen bedrohten Gebieten (**M 1** bis **M 3**, S. 118/119, 120/121 und 128/129).

5 Untersucht bei den auf eurer Wandzeitung verzeichneten Naturereignissen, ob frühzeitig gewarnt wurde und welche Schutzmaßnahmen ergriffen werden (S. 116/117).

WEBCODE: UE649365-131

# Geo-Check: Erdoberfläche im Wandel begreifen

## Sich orientieren

**1** Benenne Folgendes:

**A** bis **D**:
- Schalen des Erdkörpers,

**1** bis **7**:
- Platten,
- Formen, die durch Plattenbewegungen entstehen,
- Erscheinungen, die im Zusammenhang mit erdinneren Vorgängen auftreten.

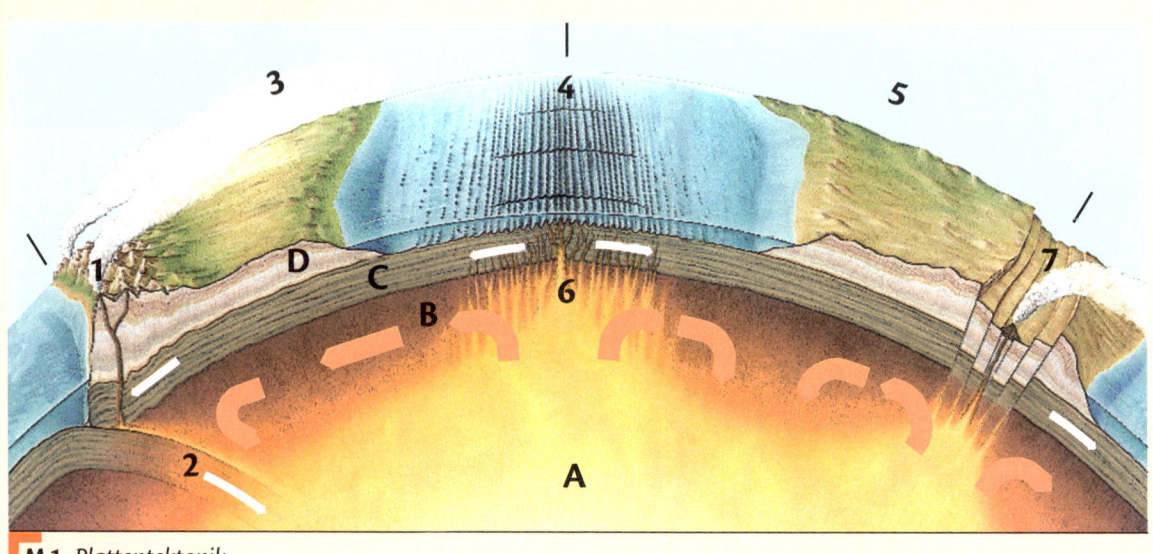

**M 1** Plattentektonik

## Wissen und verstehen

**2** Nenne zu jedem dieser Begriffe mindestens zwei Merkmale.

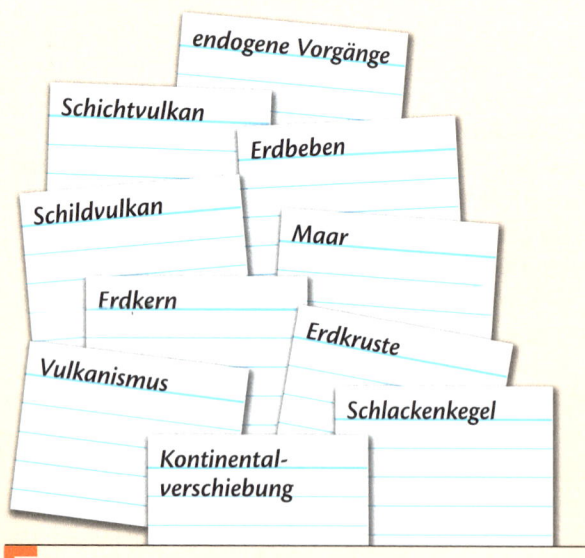

- endogene Vorgänge
- Schichtvulkan
- Erdbeben
- Schildvulkan
- Maar
- Erdkern
- Erdkruste
- Vulkanismus
- Schlackenkegel
- Kontinentalverschiebung

**M 2** Geo-Begriffestapel

**3** Sortiere die Aussagen in richtige und falsche Aussagen. Verbessere die falschen Aussagen und schreibe diese richtig auf.

### Richtig oder falsch?

- Bei der Subduktion von Platten taucht eine schwerere Platte unter eine leichtere Platte.
- Die Erde ist streifenförmig aufgebaut. Vom Erdinneren nach außen folgen die Streifen Erdmantel, Erdkruste und Erdkern aufeinander.
- Hurrikane und Tornados sind tropische Wirbelstürme, die über dem Meer entstehen.
- Für die Bewegungen der Platten sind Konversationsströme verantwortlich.
- Die Zerstörungen bei Erdbeben sind heute meist sehr gering, denn die Vorhersage von Erdbeben ist äußerst zuverlässig und in Erdbebengebieten wird einsturzgefährdet gebaut.
- Vulkanismus, Erdbeben, Gebirgsbildung, Hebungen und Senkungen sind endogene Vorgänge.
- Basalt ist ein Vulkangestein.
- Typische vulkanische Erscheinungen in der Eifel sind Schicht- und Schildvulkane.

# 135 EINFLUSS DES MENSCHEN AUF DEN NATURHAUSHALT UNTERSUCHEN

## Erde: Luftdruck und Winde

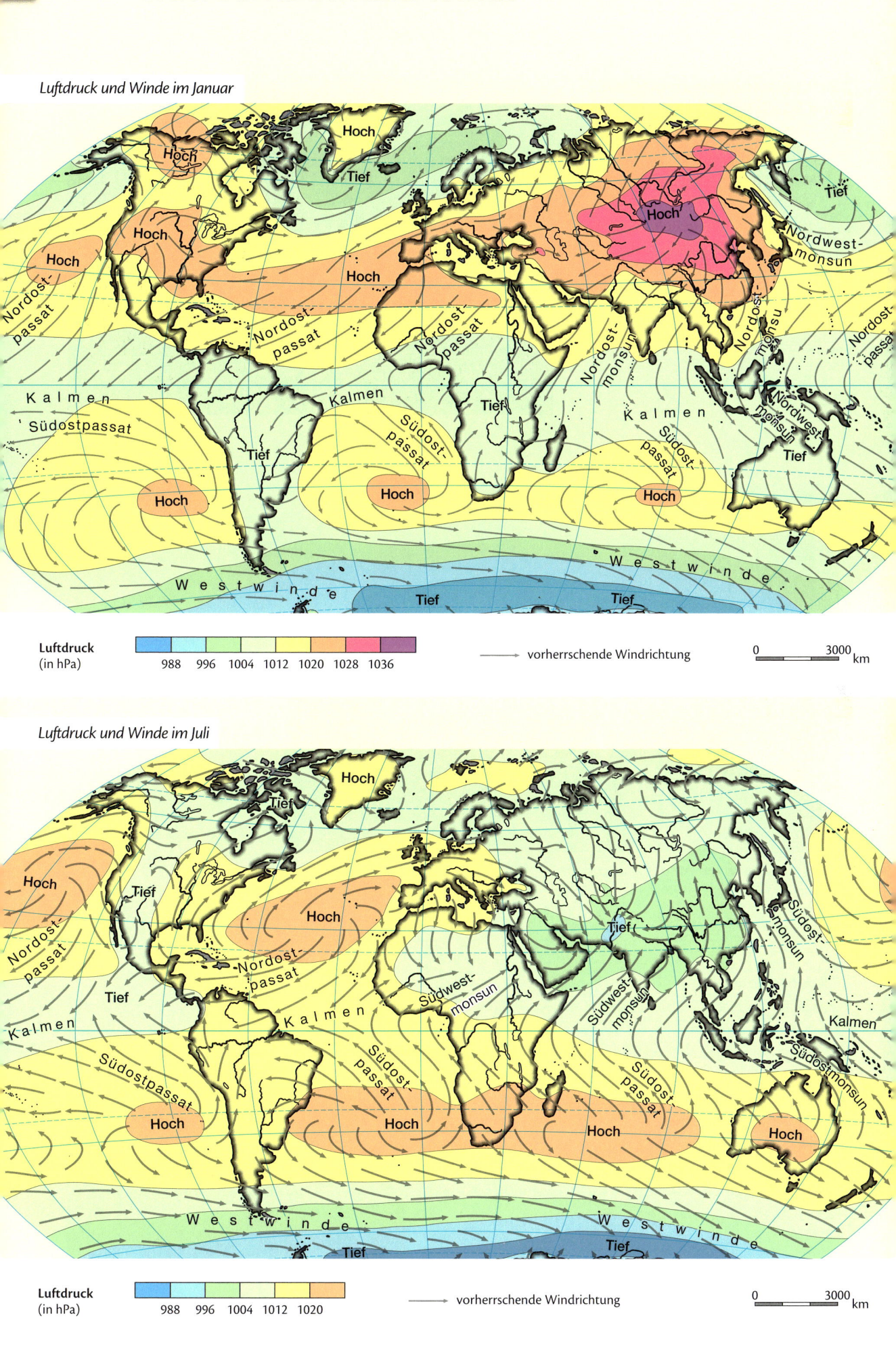

*Luftdruck und Winde im Januar*

Luftdruck (in hPa): 988 | 996 | 1004 | 1012 | 1020 | 1028 | 1036

→ vorherrschende Windrichtung

0 — 3000 km

*Luftdruck und Winde im Juli*

Luftdruck (in hPa): 988 | 996 | 1004 | 1012 | 1020

→ vorherrschende Windrichtung

0 — 3000 km

**GEO-CHECK** **134**

**Sich verständigen, beurteilen und handeln**

7 „Vulkane – Fluch oder Segen?" – Beurteile die Materialien M 5 bis M 7 unter dem Gesichtspunkt der Naturrisiken und der Vorteile für das Leben und Arbeiten von Menschen in Vulkangebieten.

8 Verfasse eine begründete Stellungnahme zu dieser Frage.

9 Diskutiert eure Standpunkte in der Klasse.

**M 5** Zitronenplantage am Ätna

**M 6** Lavastrom des Ätna überquert eine Straße

WEBCODE: UE649365-134

**Abenteuer pur**
Täglich verschiedene private Trekkingtouren auf das „Dach des Mittelmeeres".
Überqueren Sie junge Lavaströme, werfen Sie einen Blick in einen der Gipfelkrater! Wir bringen Sie mit Jeeps oder Seilbahn und zu Fuß auf den höchsten Vulkan Europas – ein einzigartiges Event. Aber die Abenteuerlust muss nicht der einzige Grund für einen Ausflug auf den Ätna sein. Auf dem Weg werden Ihnen zahlreiche Trattorien (Gasthäuser) begegnen. Kosten Sie Wein vom Ätna, hausgemachte Nudeln oder ein Lammgericht.

**M 7** Ausschnitt aus einem Reiseprospekt

**GEO-CHECK** **133**

**4** Löse das Kreuzworträtsel (**M 3**). Schreibe dazu die Begriffe in dein Heft und kennzeichne den entsprechenden Buchstaben. Das Lösungswort (farbig markierte Felder) bezeichnet einen endogenen Vorgang.

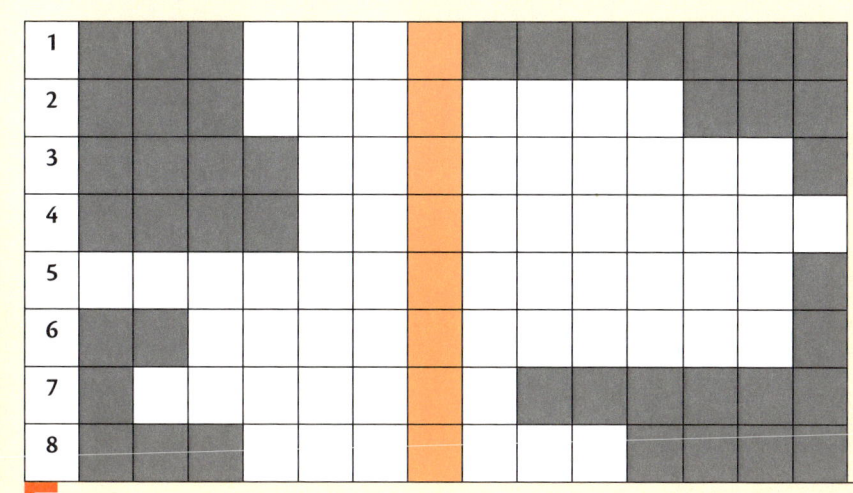

**Rätsel**
1. zentraler, absolut windstiller Bereich eines tropischen Wirbelsturms
2. tropischer Wirbelsturm
3. äußerste Schale der Erde
4. Fachbegriff für das Abtauchen von Platten
5. Gebiet am Rand der Kontinente, das durch das Abtauchen von Platten entstanden ist
6. Methode zur Erkundung des Erdinnern
7. sich bewegende Teile der Erdkruste
8. außertropischer Wirbelsturm

**M 3** *Rätsel*

## Können und anwenden

**5** Überprüfe die Abbildung aus einer Präsentation anhand der „Tipps zum Präsentieren" (**M 4**).

**6** Mache Vorschläge, wie du das Thema präsentieren würdest und entwirf eine Gliederung.

### Vulkanismus und Erdbeben

**Folgen**

**Der Vulkanausbruch** – Schemazeichnung

**Erdbeben – gemessen mit der Richter-Skala**

| Stärke 1–3 | Nur durch Instrumente nachweisbar |
| --- | --- |
| Stärke 3 | Selten nahe dem Bebenherd zu spüren |
| Stärke 4–5 | Im Umkreis von 30 Kilometern um das Bebenzentrum spürbar, leichte Schäden |
| Stärke 6 | Mäßiges Beben, Todesopfer und schwere Schäden in dicht besiedelten Regionen |
| Stärke 7 | Starkes Beben, das zu Katastrophen führen kann |
| Stärke 8 | Großbeben; 8,9 war der bisher größte gemessene Wert |

**Schwere Erd- und Seebeben**

| Ort | Jahr | Tote |
| --- | --- | --- |
| China | 1976 | 240 000 |
| Mexiko | 1985 | 9 500 |
| Armenien | 1988 | 25 000 |
| Iran | 1990 | 50 000 |
| Indien | 1993 | 9 800 |
| Japan | 1995 | 6 000 |
| Türkei | 1999 | 17 000 |
| Indien | 2001 | 13 000 |
| Südostasien | 2004 | 228 000 |
| Kaschmir | 2005 | 73 000 |
| Indonesien | 2006 | 5 100 |

**M 4** *Präsentation zum Thema „Vulkanismus und Erdbeben"*

# 6 Einfluss des Menschen auf den Naturhaushalt untersuchen

# 137

**In diesem Kapitel lernst du**
- Ursachen und Folgen von Hochwasser zu erläutern,
- Anzeichen und Merkmale des Klimawandels darzulegen,
- Ursachen des Treibhauseffekts zu erklären,
- Auswirkungen des Klimawandels zu analysieren,
- Maßnahmen des Bodenschutzes zu erläutern,
- Statistiken zu vergleichen.

**Dazu nutzt du**
- thematische Karten,
- Statistiken,
- Diagramme
- Schemaskizzen,
- ein Gruppenpuzzle,
- Befragungen,
- Experimente.

**Du beurteilst**
- die Gefährdung der Natur durch menschliche Nutzung,
- Möglichkeiten des Bodenschutzes,
- die Aussagekraft von Daten,
- eigene Handlungsmöglichkeiten.

*Am 16. Januar 2011 hat das Hochwasser des Rheins auch die Bundesstraße 42 in der Nähe von Koblenz erreicht. Die Auswirkungen sind dramatisch.*

# Anzeichen des Klimawandels – von Eis zu heiß

**check-it**
- Anzeichen für den Klimawandel darlegen
- Gletscherveränderungen vergleichen und erklären
- Rolle des Eises im Klimasystem erläutern
- Satellitenbilder und Kartogramme auswerten

## Anzeichen des Klimawandels

Langfristige Messungen beweisen, dass die globalen Luft- und Meerestemperaturen angestiegen sind. Die Meereisflächen der Arktis und die Schneebedeckung der Nordhalbkugel haben sich seit 1960 um zehn Prozent verringert. Die schmelzenden Gletscher und die Ausdehnung des Wassers führen weltweit zum Ansteigen des Meeresspiegels. Die Häufigkeit von extremen Niederschlägen in den gemäßigten und polaren Breiten der Nordhalbkugel hat zugenommen. Auch tropische Wirbelstürme treten häufiger und intensiver auf. Durch sommerliche Trockenperioden und Dürren breiten sich die Wüsten in Afrika, Zentralasien, Nordindien und Südamerika immer mehr aus. Hitzeperioden führten in den USA zu den schlimmsten Waldbränden seit 50 Jahren. Zu berücksichtigen ist, dass das Klima infolge seiner Trägheit auf äußere Anregungen immer mit einer Zeitverzögerung von einigen Jahrzehnten reagiert.

## Schnee und Eis im Klimasystem

Die Anzeichen für die weltweite Klimaerwärmung lassen sich besonders gut an Veränderungen bei Schnee und Eis erkennen.

Die Gletschermumie „Ötzi" wurde 1991 in den Ötztaler Alpen in Südtirol gefunden. „Ötzi" lag seit etwa 3400 vor Christus in einer Querrinne unterhalb eines Gletschers. Der Gletscher glitt über 5400 Jahre über diese Querrinne hinweg, sodass die Gletschermumie dort relativ unbeschadet überstehen konnte. Erst mit dem Rückzug des Gletschers wurde die Fundstelle frei.

Gletscherveränderungen werden weltweit beobachtet. In den Alpen haben die Gletscher in den letzten 100 Jahren etwa 50 Prozent ihrer Masse verloren.

Die schnee- und eisbedeckten Flächen beeinflussen die **Albedo,** das heißt das Rückstrahlvermögen von Flächen und damit den globalen Wärmehaushalt der Erde.

Messungen zum Volumen, der Masse oder Oberflächenbewegung von Gletschern finden durch Gletscherforscher (Glaziologen) an den Gletscherzungen und durch Auswertung von Satellitenaufnahmen statt.

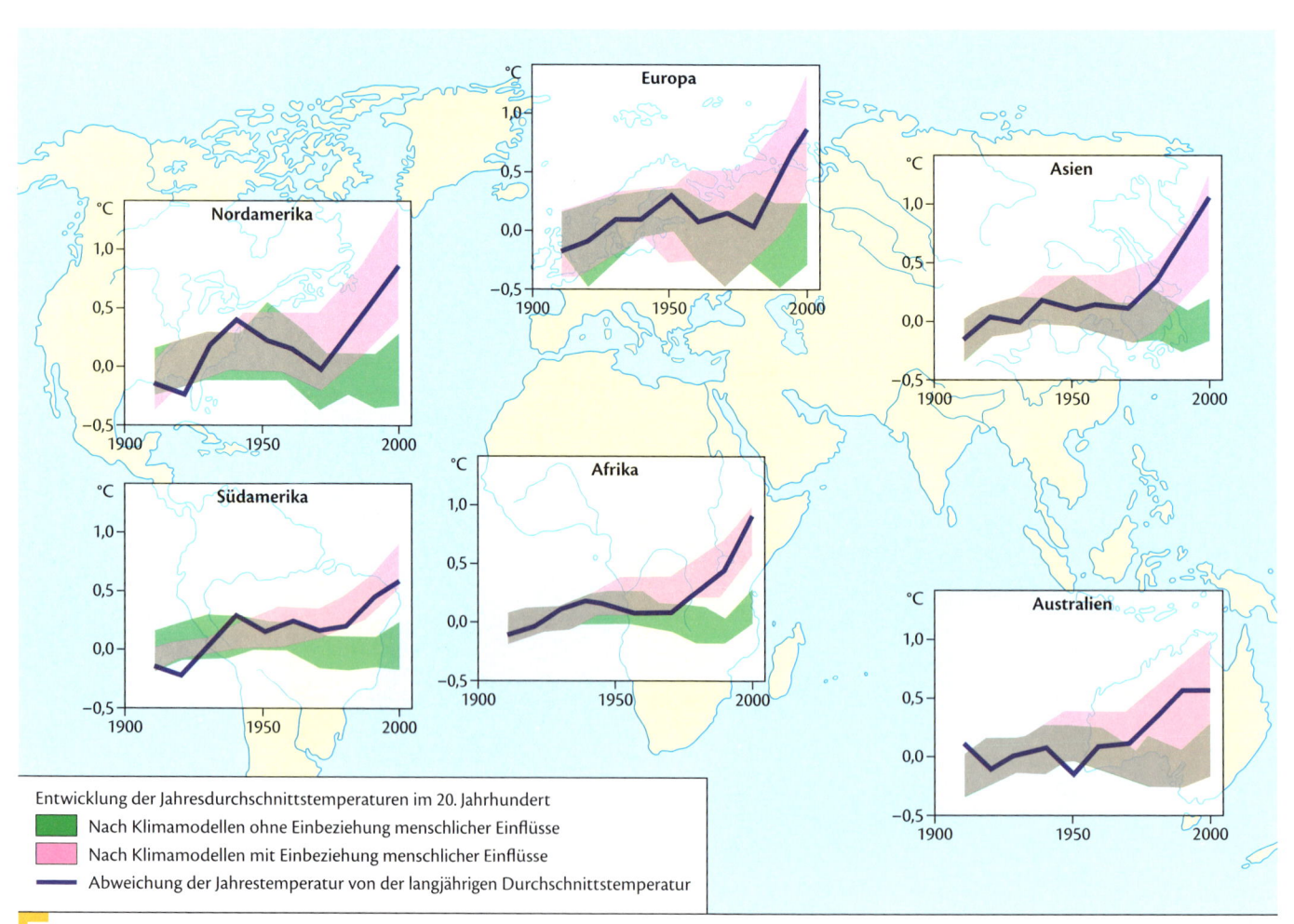

Entwicklung der Jahresdurchschnittstemperaturen im 20. Jahrhundert
- 🟩 Nach Klimamodellen ohne Einbeziehung menschlicher Einflüsse
- 🟪 Nach Klimamodellen mit Einbeziehung menschlicher Einflüsse
- — Abweichung der Jahrestemperatur von der langjährigen Durchschnittstemperatur

**M 1** Entwicklung der weltweiten Jahresdurchschnittstemperaturen nach Klimamodellen

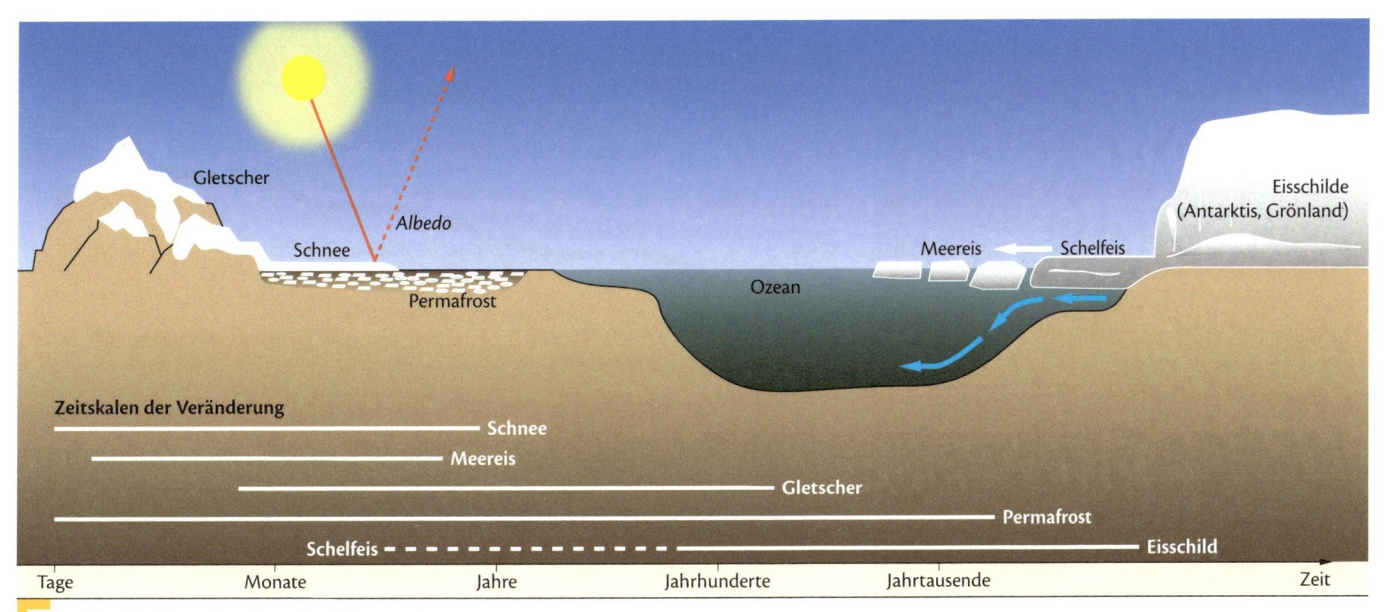

EINFLUSS DES MENSCHEN AUF DEN NATURHAUSHALT UNTERSUCHEN   **139**

**M 2** *Der Einfluss des Eises im Klimasystem*

Bei den Gletschern in den Höhenlagen der Tropen sind die Temperaturschwankungen und Niederschläge im Jahresverlauf geringer. Wegen ihrer kleineren Ausdehnung reagieren sie empfindlicher und schneller auf Klimaveränderungen. Schon ein vergleichsweise geringer Temperaturanstieg wirkt sich unmittelbar aus.

1 Benenne Anzeichen des Klimawandels (M 1 bis M 3).
2 Beschreibe die weltweiten Temperaturveränderungen im 20. Jahrhundert (M 1).
3 Vergleiche die Bilder des Vernagtferners (M 3).
4 Erläutere die Rolle des Eises im Klimasystem (M 2).
5 Erstelle eine Übersicht mit den Eisformen, ihren Verbreitungsgebieten auf der Erde und den Zeiträumen ihrer Veränderungen (M 2).
6 Führe eine Internetrecherche durch zum Thema: Anstieg des globalen Meeresspiegels.

**M 3** *Veränderungen des Vernagtferners in den Ötztaler Alpen in der Gegenüberstellung von 1844 zu 2001*

# Der Treibhauseffekt

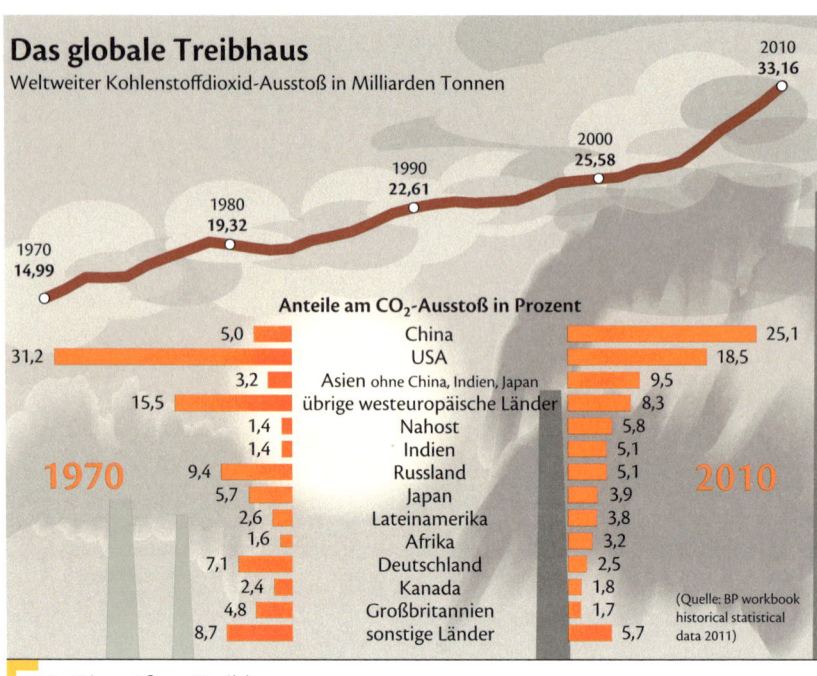

## Das globale Treibhaus
Weltweiter Kohlenstoffdioxid-Ausstoß in Milliarden Tonnen

- 1970: 14,99
- 1980: 19,32
- 1990: 22,61
- 2000: 25,58
- 2010: 33,16

### Anteile am $CO_2$-Ausstoß in Prozent

| Land | 1970 | 2010 |
|---|---|---|
| China | 5,0 | 25,1 |
| USA | 31,2 | 18,5 |
| Asien ohne China, Indien, Japan | 3,2 | 9,5 |
| übrige westeuropäische Länder | 15,5 | 8,3 |
| Nahost | 1,4 | 5,8 |
| Indien | 1,4 | 5,1 |
| Russland | 9,4 | 5,1 |
| Japan | 5,7 | 3,9 |
| Lateinamerika | 2,6 | 3,8 |
| Afrika | 1,6 | 3,2 |
| Deutschland | 7,1 | 2,5 |
| Kanada | 2,4 | 1,8 |
| Großbritannien | 4,8 | 1,7 |
| sonstige Länder | 8,7 | 5,7 |

(Quelle: BP workbook historical statistical data 2011)

**M1** Karikatur

**M2** Die größten Treibhausgaserzeuger

---

**check-it**
- Treibhausgase benennen
- natürlichen und anthropogenen Treibhauseffekt erläutern
- Experiment durchführen und Karikatur auswerten
- Entwicklung der Treibhausgas-Emissionen beurteilen

### Der natürliche Treibhauseffekt

Der Treibhauseffekt ist ein Vorgang, an dem physikalische und chemische Prozesse beteiligt sind. Sonnenstrahlung dringt durch die Lufthülle zur Erdoberfläche und erwärmt sie. Von der Erdoberfläche wird nun Wärmestrahlung in das Weltall zurückgesendet. Einige Spurengase in der Atmosphäre, darunter vor allem Kohlenstoffdioxid ($CO_2$) und Wasserdampf, können diese Wärmestrahlung aufnehmen und dadurch die Energie in der Atmosphäre halten. Durch diesen natürlichen Treibhauseffekt erhöht sich die Temperatur der unteren Atmosphärenschichten um etwa 33 Grad Celsius, sodass auf der Erde eine durchschnittliche Temperatur von 15 Grad Celsius erreicht wird. Ohne den natürlichen Treibhauseffekt wäre es nämlich auf der Erde sehr kalt – minus 18 Grad Celsius im Durchschnitt – und Leben wäre auf unserem Planeten kaum möglich.

### Der anthropogene Treibhauseffekt

Im Zuge der Industrialisierung wurden und werden vom Menschen Treibhausgase produziert, die sich in der Atmosphäre anreichern. Dieser anthropogene Treibhauseffekt verstärkt den natürlichen Treibhauseffekt und lässt die Temperaturen auf der Erde ansteigen. Treibhausgase sind vor allem Kohlenstoffdioxid, Methan, Lachgas und Fluorchlorkohlenwasserstoffe.

**Kohlen(stoff)dioxid ($CO_2$)** entsteht durch die Verbrennung fossiler Energieträger wie Kohle, Öl oder Gas.

**Methan ($CH_4$)** entsteht bei der Zersetzung organischer Substanzen unter Luftabschluss. Moore, Nassreisfelder und Müllkippen tragen zur Methanbildung bei. Auch die Ausweitung der Rinderhaltung verstärkt den Treibhauseffekt, denn beim Wiederkäuen erzeugen die Tiere Methangas. Ein Rind verursacht pro Tag rund 250 Liter Methan. Weltweit grasen inzwischen mehr als drei Milliarden Rinder, Schafe und Ziegen auf den Weiden und tragen so auch zur Verstärkung des Treibhauseffektes bei.

Die verschiedenen **Fluorchlorkohlenwasserstoffe (FCKW)** werden als Kühl-

|  | Anteil der Treibhausgase am Treibhauseffekt | Verweildauer in der Atmosphäre | Zunahme der Konzentration seit Beginn der Industrialisierung |
|---|---|---|---|
| Kohlenstoffdioxid $CO_2$ | 64 % | 50–200 Jahre | + 28 % |
| Methan $CH_4$ | 20 % | 9–15 Jahre | + 146 % |
| Lachgas $N_2O$ | 6 % | 120 Jahre | + 13 % |
| Fluorchlorkohlenwasserstoffe FCKW u. a. | 10 % | 264 Jahre | + 13 % |

**M3** Treibhausgase

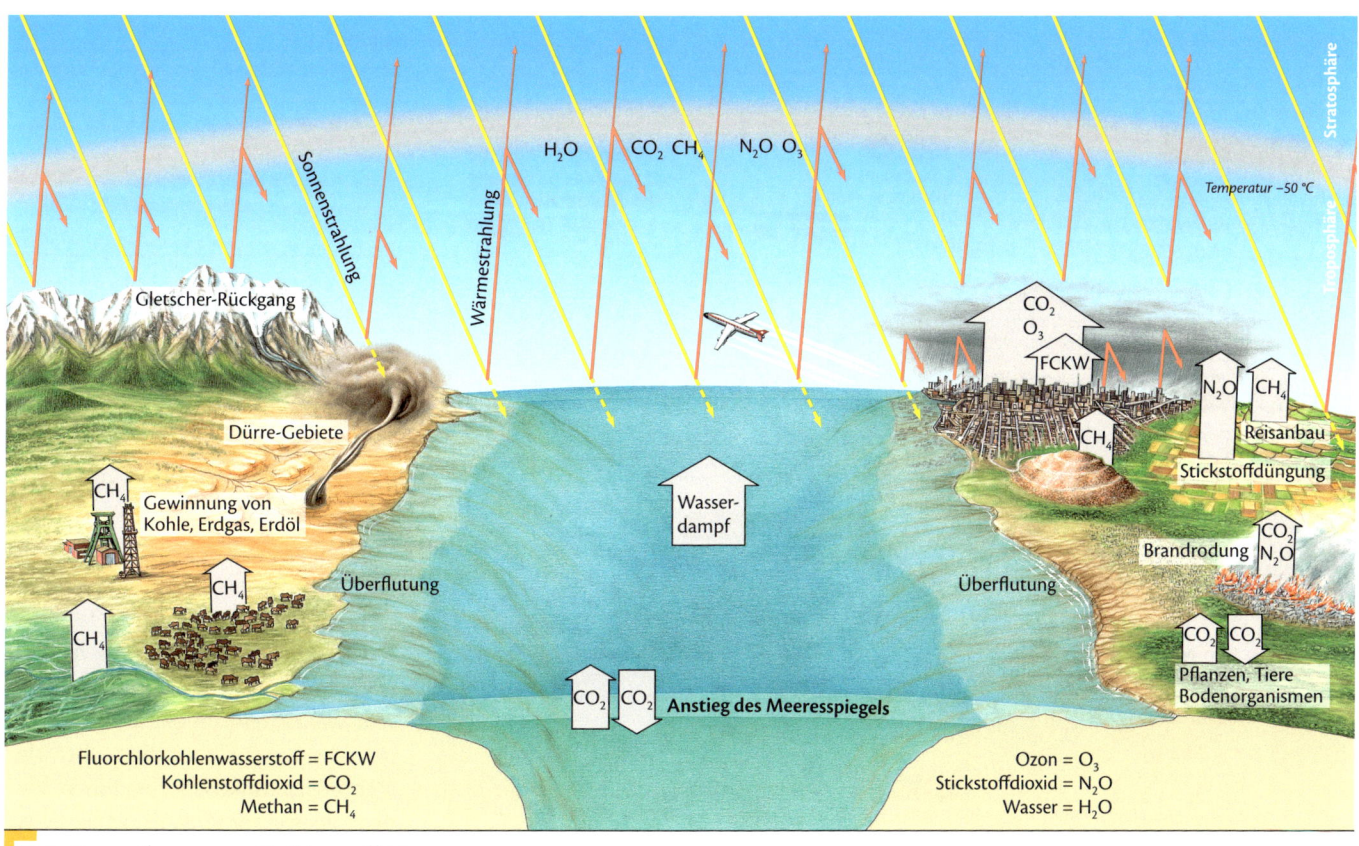

EINFLUSS DES MENSCHEN AUF DEN NATURHAUSHALT UNTERSUCHEN  **141**

**M 4** *Der anthropogene Treibhauseffekt*

mittel, Treibgas in Sprühdosen und zum Aufschäumen von Kunststoff verwendet.

### Messung der Treibhausgase
Die Konzentration der wichtigsten Treibhausgase wird seit Januar 2009 auch vom Weltraum aus überwacht. Aktuelle Daten zur Verteilung und Konzentration von Kohlenstoffdioxid und Methan liefert der Satellit Ibuki, der die Erde in 666 Kilometern Höhe 14-mal täglich in jeweils 100 Minuten umrundet. Er überfliegt alle drei Tage dieselben Stellen. So können Gaskonzentrationen an 56 000 Punkten, in einer Höhe von bis zu drei Kilometern über der Erdoberfläche, gemessen werden.

**Material:** Kakteentreibhaus, zwei Thermometer (möglichst elektronisch)
**Zeitaufwand:** 10 bis 15 Minuten
**Durchführung:** Das Treibhaus an einen sonnigen Platz stellen. Ein Thermometer misst die Temperatur im Inneren des Treibhauses. Das zweite Thermometer misst die Außentemperatur. Messergebnisse nach 10 Minuten ablesen.

**M 5** *Experiment zum Treibhauseffekt*

1 Benenne Treibhausgase und beschreibe ihre Auswirkungen auf das Klima (**M 3**).
2 Erläutere den natürlichen und den anthropogenen Treibhauseffekt (**M 4**).
3 Führe das Experiment durch und werte deine Beobachtungen aus (**M 5**).
4 Werte die Karikatur aus (**M 1**).
5 Beurteile die Entwicklung der Treibhausgas-Emissionen (**M 2**, **M 3**).
6 Erörtere die Notwendigkeit von Maßnahmen zur Vermeidung der Treibhausgase. Beachte dabei auch ihre Verweildauer in der Atmosphäre (**M 2**).

WEBCODE: UE649365-141

# Palmen in Deutschland?

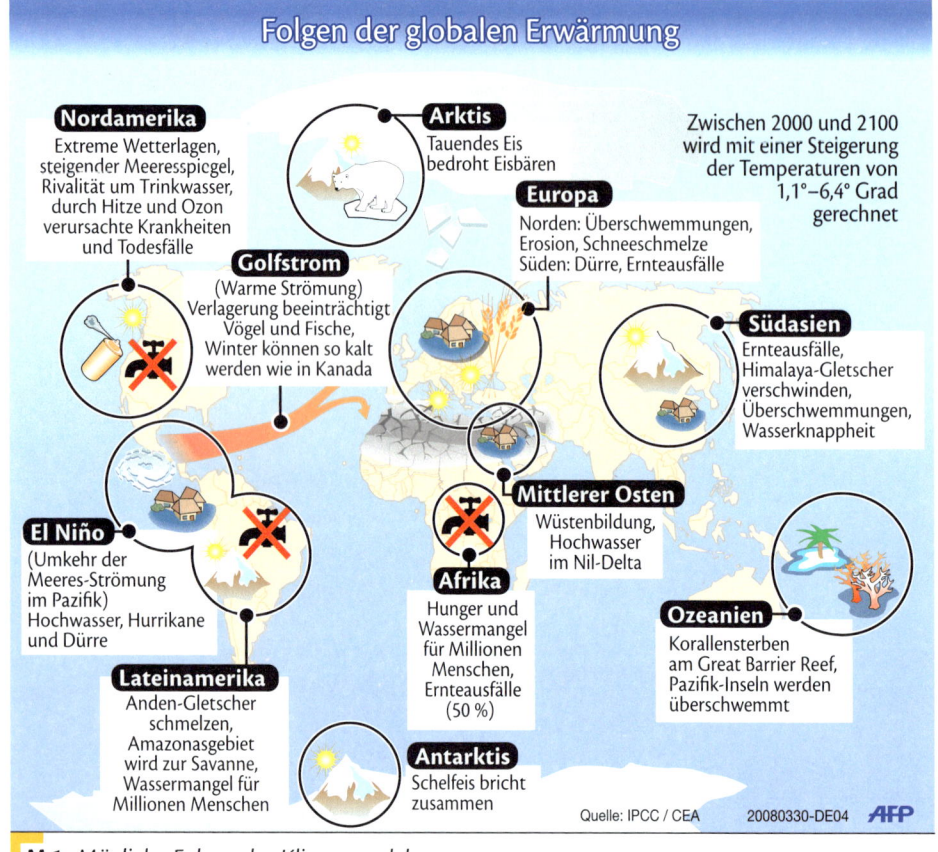

## Folgen der globalen Erwärmung

**Nordamerika**: Extreme Wetterlagen, steigender Meeresspiegel, Rivalität um Trinkwasser, durch Hitze und Ozon verursachte Krankheiten und Todesfälle

**Arktis**: Tauendes Eis bedroht Eisbären

**Europa**: Norden: Überschwemmungen, Erosion, Schneeschmelze; Süden: Dürre, Ernteausfälle

**Golfstrom** (Warme Strömung): Verlagerung beeinträchtigt Vögel und Fische, Winter können so kalt werden wie in Kanada

**Südasien**: Ernteausfälle, Himalaya-Gletscher verschwinden, Überschwemmungen, Wasserknappheit

**El Niño** (Umkehr der Meeres-Strömung im Pazifik): Hochwasser, Hurrikane und Dürre

**Mittlerer Osten**: Wüstenbildung, Hochwasser im Nil-Delta

**Afrika**: Hunger und Wassermangel für Millionen Menschen, Ernteausfälle (50 %)

**Ozeanien**: Korallensterben am Great Barrier Reef, Pazifik-Inseln werden überschwemmt

**Lateinamerika**: Anden-Gletscher schmelzen, Amazonasgebiet wird zur Savanne, Wassermangel für Millionen Menschen

**Antarktis**: Schelfeis bricht zusammen

Zwischen 2000 und 2100 wird mit einer Steigerung der Temperaturen von 1,1°–6,4° Grad gerechnet

Quelle: IPCC / CEA

**M 1** Mögliche Folgen des Klimawandels

**M 2** Möglicher Meeresspiegelanstieg an der südlichen Nordseeküste

## check-it
- mögliche Auswirkungen des Klimawandels benennen und verorten
- Folgen des Temperaturanstiegs für die Vegetation erläutern
- thematische Karte auswerten
- Auswirkungen des Klimawandels beurteilen

## Negative und positive Auswirkungen

Die Erkenntnisse über Veränderungen bei extremen Wetter- und Klimaereignissen werden als praktisch sicher, sehr wahrscheinlich oder wahrscheinlich eingestuft. Als praktisch sicher gilt, dass über den meisten Landflächen wärmere und weniger kalte Tage und Nächte sowie wärmere und häufiger heiße Tage und Nächte geben wird. Als sehr wahrscheinlich gilt, dass Wärmeperioden und Hitzewellen über den meisten Landflächen zunehmen werden, ebenso Starkniederschlagsereignisse. Als wahrscheinlich gilt, dass sich von Dürre betroffene Gebiete ausweiten, sodass die Zahl der von Hunger bedrohten Länder, meist arme Länder mit hohem Bevölkerungswachstum, zunehmen wird. Die Aktivität und Häufigkeit tropischer Stürme sowie extrem hoher **Meeresspiegelanstieg** treten vermehrt auf.

Die Artenvielfalt ist durch den Klimawandel bedroht. Viele Tierarten werden aussterben und die Korallenriffe in den Meeren zerstört. Neue Tier- und Pflanzenarten aus wärmeren Klimazonen siedeln sich in einst kälteren Gebieten an und verändern so das Landschaftsbild. Tropische Krankheiten, zum Beispiel die Malaria, breiten sich auch in Europa stärker aus.

Als positive Auswirkungen werden eine Abnahme Kälte bedingter Krankheits- und Sterberaten, reduzierter Heizenergiebedarf oder mehr Ackerland in Permafrost-Regionen, zum Beispiel in Sibirien, erwartet.

Allerdings könnte eine steigende Zahl von Klimaflüchtlingen den Weltfrieden bedrohen.

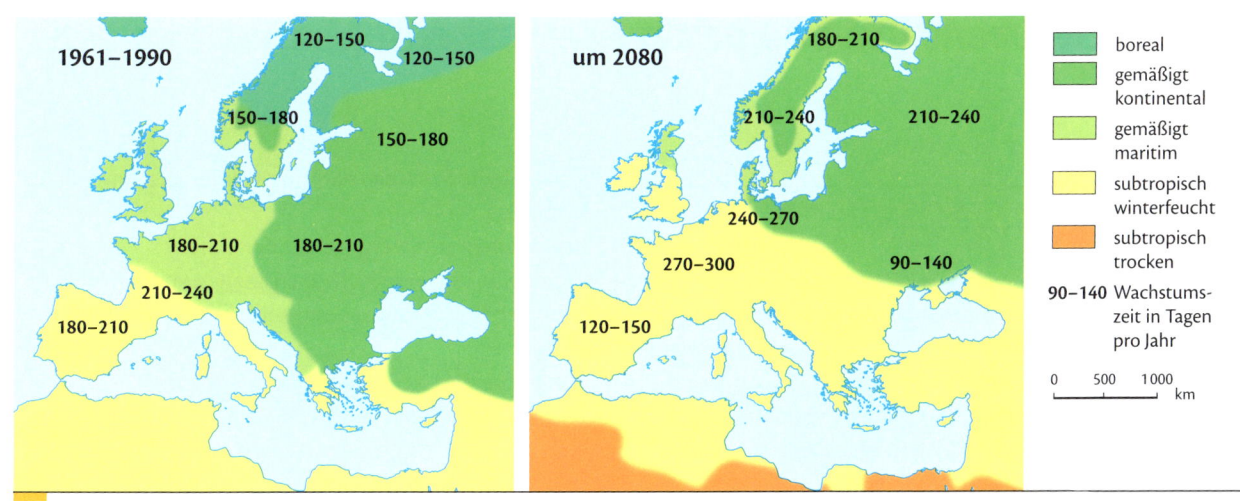

# EINFLUSS DES MENSCHEN AUF DEN NATURHAUSHALT UNTERSUCHEN

**M 3** Mögliche Verschiebung von Klimazonen und Wachstumszeiten in Europa bis 2080

Legende:
- boreal
- gemäßigt kontinental
- gemäßigt maritim
- subtropisch winterfeucht
- subtropisch trocken

90–140 Wachstumszeit in Tagen pro Jahr

## Anpassungen an sich verändernde Lebensumstände

Veränderte Lebensumstände erfordern Anpassungsleistungen und Handeln der gesamten Menschheit. Bestimmte Regionen werden dabei mehr betroffen sein als andere. Folgende Maßnahmen zur Anpassung an die veränderten Bedingungen könnten erforderlich sein:

- Umsiedlung und Anpassung von Nutzpflanzen, nachhaltiges Wirtschaften in der Landwirtschaft,
- verbesserte Bodenbewirtschaftung,
- Baumpflanzungen zur Erosionsbekämpfung und zum Bodenschutz,
- vermehrter Einsatz von Pestiziden, da in den milden Wintern Schädlinge überleben,
- erweiterte Regenwassernutzung,
- Nutzung neuer Wasserspeicherungs- und Wasserschutztechniken,
- Umsiedlung von Küstenbewohnern,
- Verstärkung der Deiche und Sturmflutbarrieren,
- Landgewinnung als Puffer gegen den zu erwartenden Meeresspiegelanstieg,
- Aktionspläne der Gesundheitsbehörden bei Hitzewellen und anderen Notsituationen,
- Erweiterung des Angebots an Tourismusattraktionen, zum Beispiel durch Verlagerung von Skipisten in höhere Lagen,
- Neuplanung von Straßen, Schienen und anderen Infrastruktureinrichtungen,
- Nutzung alternativer Energiequellen und Verbesserung der Energieeffizienz.

### „Deutschland hat Fieber"

Rekordtemperaturen, Ozon-Höchstwerte, Waldbrände und Hitzetote: In vielen europäischen Ländern wird die Hitzewelle zur Plage. Die Deutschen schwitzen bei extremer Sommerhitze – und es soll in den nächsten Tagen noch heißer und schwüler werden. „Deutschland hat Fieber", sagte der Wetterexperte Jörg Kachelmann. „Der Sommer 2006 liefert sich im Augenblick ein Kopf-an-Kopf-Rennen mit dem Rekordsommer 2003."

**M 4** Frankfurter Allgemeine vom 21. Juli 2006

1. Benenne mögliche Auswirkungen des Klimawandels (**M 1** bis **M 3**).
2. Erläutere die Auswirkungen der globalen Erwärmung für die Vegetation (**M 1**, **M 3**).
3. Zeige Auswirkungen des Klimawandels für Deutschland auf. Zeichne dazu eine Mindmap (**M 2**, **M 3**).
4. Beurteile, welche Bedeutung der Klimawandel für Nordwestdeutschland hat (**M 2**, **M 3**).
5. Überlege und begründe mögliche Handlungen, die sich für dich durch die räumlichen Auswirkungen des Klimawandels ergeben könnten (**M 1** bis **M 4**).
6. Nimm Stellung zu der Alternative, schwimmende Häuser zu bauen: Wäre hiermit das Problem eines Meeresspiegelanstiegs gelöst (**M 5**)?

WEBCODE: UE649365-143

**M 5** Erstes Haus des ersten deutschen schwimmenden Wohnparks auf dem Geierswalder See (Oberlausitz) im Sommer 2009

# Wir vergleichen und bewerten Statistiken

**check-it**
- Information aus Statistiken entnehmen, vergleichen und bewerten

## Statistiken

Wir kommen nicht ohne Zahlen aus. Um Entwicklungen der Bevölkerung, der Wirtschaft und Ähnliches zu erfassen, Unterschiede zwischen einzelnen Ländern und Gebieten festzustellen und Größenvergleiche durchführen zu können, benötigen wir Zahlen. Statistiken stellen absolute und relative Zahlen in Tabellen oder Diagrammen dar.

## Zahlen lügen nicht?

Zahlen sind nicht immer vergleichbar, weil in den Statistiken einzelner Länder und Organisationen unterschiedliche Grundlagen für die Berechnung gelten und verschiedene Methoden, zum Beispiel Hochrechnungen oder Befragungen, angewandt werden.

Zahlen sind nicht immer vertrauenswürdig, weil zum Beispiel in den Entwicklungsländern viele Daten nur auf Schätzungen beruhen. Außerdem haben manche Regierungen ein Interesse daran, „geschönte" Zahlen zu veröffentlichen.

Zahlen erfassen nicht die Wirklichkeit, denn sie geben Durchschnittswerte oder Summen an. So muss man zum Beispiel beim Durchschnittseinkommen pro Kopf beachten, dass viele Menschen viel weniger oder aber viel mehr verdienen.

## Checkliste zum Vergleichen und Bewerten von Statistiken

1. **Überprüfen der Daten**
- Überprüfe die Quellenangabe, die dargestellten Inhalte sowie die Maßeinheiten.
- Ermittle die Aktualität der Daten und deren Vertrauenswürdigkeit.
- Prüfe, ob die Statistik relative und/oder absolute Zahlen beinhaltet.

2. **Beschreiben und vergleichen der Daten**
- Beschreibe und vergleiche die Daten, zum Beispiel die höchsten und tiefsten Werte sowie die Anfangs- und Endwerte.
- Vergleiche die Daten und zeige Entwicklungen, Extreme und Verlaufsphasen sowie räumliche Unterschiede auf.
- Teile die Daten/Angaben in Gruppen ein.

3. **Bewerten der Daten**
- Erkläre typische Erscheinungen und die Ursachen für Entwicklungen.
- Erläutere abweichende Daten und unerwartete Ergebnisse. Formuliere Thesen über die weitere Entwicklung.
- Ergänze deine Ergebnisse durch weitere Materialien und Statistiken.

4. **Darstellen der Daten**
- Überlege, ob es sinnvoll ist, ausgewählte Daten grafisch darzustellen.

## Beispiel zum Vergleichen und Bewerten einer Statistik am Beispiel M 1.

1. Die Tabelle enthält Zahlen aus dem Workbook der Erdölgesellschaft British Petrol (BP) über den Ausstoß von Kohlenstoffdioxid ($CO_2$). Im Tabellenkopf sind Zehn-Jahresabstände von 1980 bis 2010 eingetragen, darunter der $CO_2$-Ausstoße in Millionen Tonnen. Rechts ist die Änderung von 1980 bis 2010 in Prozent angegeben. In der Vorspalte links sind zehn Länder aufgeführt. Die Tabelle wurde 2011 erstellt. Sie enthält absolute Zahlenwerte, das heißt die Mengenangaben über den $CO_2$-Ausstoß, und relative Werte. Diese stellen den $CO_2$-Ausstoß für die Jahre 1980 und 2010 zueinander in Beziehung und sind in Prozent angegeben.

| Staat | 1980 $CO_2$ in Mio. t | 1990 $CO_2$ in Mio. t | 2000 $CO_2$ in Mio. t | 2010 $CO_2$ in Mio. t | Änderung 1980–2010 (%) |
|---|---|---|---|---|---|
| China | 1 499,7 | 2 459,2 | 3 659,3 | 8 332,5 | +455,6 |
| USA | 5 158,9 | 5 444,6 | 6 377,0 | 6 144,9 | +19,1 |
| Indien | 324,2 | 581,4 | 952,8 | 1 707,5 | +426,7 |
| Russland | 2 059,9 | 2 343,4 | 1 563,0 | 1 700,2 | -17,5 |
| Japan | 1 008,4 | 1 158,2 | 1 327,1 | 1 308,4 | +29,7 |
| Deutschland | 1 126,2 | 1 030,5 | 902,5 | 828,2 | -26,5 |
| Südkorea | 126,3 | 255,0 | 527,0 | 715,8 | +466,7 |
| Kanada | 474,8 | 494,5 | 592,1 | 605,1 | +27,4 |
| Saudi-Arabien | 112,4 | 239,1 | 329,5 | 562,5 | +400 |
| Iran | 112,1 | 196,7 | 329,6 | 557,7 | +397,5 |

**M 1** Die zehn größten Erzeuger von Kohlenstoffdioxid durch die Verbrennung von Kohle, Öl und Gas
(Quelle: BP Workbook, historical statistical data from 1965–2010, 2011)

2. 1980 erreichten die USA mit 5,158 Mrd. t den höchsten Wert, gefolgt von Russland. Länder wie Saudi-Arabien und der Iran, aber auch Südkorea und Indien spielten noch eine untergeordnete Rolle. Deutschland lag 1980 mit rd. 1 Mrd. t $CO_2$ an vierter Stelle in der Welt.

2010 hat sich die Rangfolge geändert. An erstelle Stelle steht nun China mit einem Ausstoß von über 8,3 Mrd. t $CO_2$. Den zweiten Rang nehmen die USA mit 6,14 Mrd. t ein. Das sind 986 Mio. t mehr als 1980. Die beiden einzigen Länder, bei denen der $CO_2$-Ausstoß 2010 gegenüber 1980 zurückgegangen ist, sind Russland und Deutschland.

Den höchsten relativen Zuwachs der Emissionen von 1980 bis 2010 hatten Südkorea, China und Indien sowie Saudi-Arabien und der Iran.

Bei einer Unterteilung nach Ländergruppen fällt auf, dass die Schwellenländer in Asien, allen voran China und Indien, den höchsten Zuwachs haben. Zu dieser Gruppe gehören auch die Länder des Nahen Ostens. Dem stehen die Industrieländer gegenüber. Der prozentuale Zuwachs bleibt weit unter dem der Schwellenländer. Aber absolut betrachtet, erreichen die USA, Deutschland und Japan zusammen nahezu die gleichen Werte wie China.

3. Der starke Zuwachs Chinas ist auf die verstärkte Industrialisierung zurückzuführen. Der Energiebedarf des Landes wird noch überwiegend von zum Teil veralteten Kohlekraftwerken gedeckt. Ebenso muss Indien auf fossile Energierohstoffe zurückgreifen. Wie irreführend die Prozentangaben allein sein können, zeigt das Beispiel Russland. Der Rückgang um 17,5 % von 1980 bis 2010 scheint auf besondere Maßnahmen des Umweltschutzes hinzuweisen. Tatsächlich ist der verringerte $CO_2$-Ausstoß ein Ergebnis des Niedergangs der Wirtschaft in der damaligen Sowjetunion. Von 2000 bis 2010 stieg der Ausstoß aber bereits wieder um 8 %. Anders sieht es in Deutschland aus. Hier ist es gelungen, den $CO_2$-Ausstoß gegenüber 1980 um mehr als ein Viertel zu senken. Dafür verantwortlich ist die Einhaltung von internationalen Verpflichtungen, die auch Deutschland einhalten muss.

Die Staatenfläche und die Einwohnerzahlen werden in der Tabelle nicht berücksichtigt. Bezogen auf den $CO_2$-Ausstoß pro Kopf ergibt sich ein anderes Bild als bei den Angaben über die Länder.

4. Zur Darstellung der Daten können Säulendiagramme gezeichnet werden.

1 Werte die Karikatur aus (M 2).
2 Werte die Statistik mithilfe der Checkliste aus (M 3).

**M 2** Karikatur

| Land | $CO_2$-Emissionen aus der Entwaldung im Jahre 2020 | $CO_2$-Aufnahme durch Aufforstung im Jahre 2020 |
|---|---|---|
| Deutschland | 0 | 4,2 (3,6–4,8) |
| EU-25 | 3 | 211 (179–243) |
| USA | 0 | 12 (10–13) |
| Kanada | 0 | 0 |
| Russische Föderation | 17 (3–39) | 10 (3–20) |
| Japan | 0 | 0 |
| Australien | 83 (27–133) | 14 (9–27) |
| Argentinien | 49 (15–89) | 10 (2–17) |
| Brasilien | 836 (262–1516) | 5 (0–9) |
| China | 0 | 1810 (1130–3390) |
| Indien | 14 (11–23) | 97 (61–182) |
| Indonesien | 404 (264–571) | 17 (11–32) |
| Malaysia | 50 (38–63) | 0 |
| Papua Neuguinea | 44 (14–71) | 0 |
| Dem. Rep. Kongo | 5 (2–8) | 0 |
| **Welt** | **3136 (1400–5000)** | **3030 (1700–5600)** |

**M 3** Kohlenstoffdioxidemissionen und -speicherung (in Mio. t)

EINFLUSS DES MENSCHEN AUF DEN NATURHAUSHALT UNTERSUCHEN

# Hochwasserereignisse – vom Menschen beeinflusst

M 1  Dresden am 17. August 2002

**check-it**
- Gewässernetz in Deutschland beschreiben
- Fließrichtung der Flüsse erklären
- Ursachen für Hochwasser an Flüssen erläutern
- Einfluss des Menschen beurteilen und Lösungen aufzeigen
- physische Karte auswerten

## Fläche sparen – Natur bewahren

Deutschland ist ein dicht besiedeltes Land. Die Flächen für Verkehrsbauten und Siedlungen nehmen stetig zu. Gegenwärtig werden jährlich rund 115 Hektar Freiflächen in Siedlungs- und Verkehrsflächen umgewandelt. Das entspricht der Größe von 115 Fußballstadien mit Zuschauertribünen.
Diese Flächen werden bebaut, betoniert oder gepflastert. Der Boden kann seine natürliche Filter- und Pufferfunktion nicht mehr wahrnehmen. Niederschlagswasser kann nicht versickern, der Boden kann nicht mehr ausreichend mit Sauerstoff versorgt werden. Insbesondere bei lang anhaltenden, starken Regenfällen und zur Schneeschmelze fehlt die Speicherkapazität des Bodens. Große Wassermassen gelangen so sehr schnell in die Kanalisation, in die Bäche und Flüsse. Als „Flutwellen" bewegen sich diese dann durch die Täler und führen zu Überschwemmungen.

## Veränderung der Flüsse und ihrer Täler

Um die Flüsse als Schifffahrtswege nutzen zu können, wurden Flüsse begradigt und kanalisiert. Diese Maßnahmen führten zur Verkürzung des Wasserweges, zur regelmäßigeren Wasserführung der Flüsse und zur Veränderung des Pflanzenbewuchses an den Ufern.
Fluss- und Bachtäler sowie deren Umgebung waren schon immer bevorzugte Siedlungsgebiete. Dafür wurden die feuchten **Flussauen** trockengelegt. Viele Flüsse verloren dadurch ihre natürlichen Überschwemmungsgebiete.

---

**12. August:** In weiten Teilen Sachsens fallen binnen zwölf Stunden rund 80 Liter Regen pro Quadratmeter, vielerorts wird Katastrophenalarm ausgelöst. In Glashütte wälzt sich nach einem Dammbruch an einem Rückhaltebecken eine Schlammlawine durch den Ort. Die Talsperre Malter läuft über, die Rote Weißeritz fließt unkontrolliert in Richtung Dresden, wo sie in die Elbe mündet.
**13. August:** Um 3.00 Uhr beginnt die Evakuierung der ersten Stadtteile Dresdens. Die Weißeritz, die das Hundertfache der üblichen Wassermenge mit sich führt, überflutet den Dresdner Hauptbahnhof, Semperoper, Zwinger und Landtag. Der Elbpegel liegt mittlerweile bei über sieben Metern. Das Telefonnetz und die Stromversorgung brechen zusammen.
**14. August:** Das Hochwasser hat inzwischen acht Todesopfer gefordert. Die nächste Elbe-Flutwelle aus Tschechien droht.
**17. August:** Die Flutwelle erreicht Dresden mit einem Höchststand von 9,40 Metern – normalerweise steht der Elbpegel dort bei 2 Metern. Ein Siebtel des Stadtgebiets ist überschwemmt. Tausende sind im Einsatz: Mitarbeiter des Katastrophenschutzes, Bundeswehrsoldaten, Feuerwehrleute und freiwillige Helfer.
**20. August:** Der Flussspiegel sinkt. Die Menschen versuchen zur Normalität zurückzukehren. In Sachsen mit Ausnahme des Elbtals sind 740 Kilometer Straßen und 180 Brücken zerstört. Die Bahn beklagt den Verlust eines Fünftels des sächsischen Schienennetzes.
**November 2002:** Der durch die Jahrhundertflut angerichtete Schaden wird auf rund 6 Mrd. Euro beziffert. Zehntausende mussten ihre Häuser verlassen. Rund 150 000 Helfer, darunter zahlreiche Freiwillige aus allen Teilen Deutschlands, waren im Einsatz.
(nach: mz-web.e. Die Jahrhundertflut 2002, 13.08.2007)

M 2  Aus dem Tagebuch der so genannten Jahrhundertflut 2002 in Dresden

**EINFLUSS DES MENSCHEN AUF DEN NATURHAUSHALT UNTERSUCHEN** **147**

**M 3** Kanalisierter Flusslauf

**M 4** Elbe mit natürlicher Auenlandschaft

**Immer wieder treten an Donau, Rhein, Mosel und andern Flüssen in Deutschland Hochwasserkatastrophen auf, die Schäden in Milliardenhöhe anrichten. Was kann man dagegen tun?**
Hochwasser an Flüssen nach Starkregen oder zur Schneeschmelze sind etwas ganz Normales. Doch Sie sprechen die katastrophalen Hochwasserereignisse an, die auf die Sünden der Vergangenheit zurückzuführen sind, und dagegen müssen wir gezielte Maßnahmen ergreifen.

**Welche Maßnahmen gegen diese Hochwasserkatastrophen haben Sie eingeleitet?**
Ein verbessertes Frühwarnsystem informiert über die Pegelstände der Flüsse, um die Bevölkerung rechtzeitig informieren und Schutzmaßnahmen einleiten zu können. Außerdem gibt es ein Talsperreninformationssystem, das die Füllstände der Talsperren überwacht und genaue Auskunft darüber gibt, welche Wassermengen bei einem Starkregen oder zur Schneeschmelze aufgenommen werden können. Zahlreiche Rückhaltebecken wurden vor allem im Mittelgebirgsland gebaut.
Außerdem hat man in den Städten und Gemeinden Karten mit den hochwassergefährdeten Gebieten erstellt und darin nicht bebaubare Flächen ausgewiesen. Man will damit verhindern, dass noch mehr flussnahe Flächen versiegelt werden.
In einigen Städten wie Hitzacker oder Dresden wurden so genannte Flutmauern errichtet, die bei Bedarf hoch gefahren werden können und die Altstädte vor Hochwasser schützen sollen.

**Das klingt ja alles richtig und gut. Aber was passiert denn an den Flüssen selbst?**
Wir haben früher die Deiche zu nahe an die Flüsse gebaut und ihnen dadurch zu viel Platz genommen. Es reicht also nicht aus, die Flussdeiche zu erhöhen, sondern die Flüssen müssen dort wo möglich ihre natürlichen Überschwemmungsgebiete zurückerhalten. So entstehen wieder Flussauen.
Darüber hinaus werden Fluss- und Bachläufe renauriert, das heißt, Begradigungen und Kanalisationen werden rückgebaut.

**M 5** Interview mit einem Vertreter aus dem Umweltministerium

1 Beschreibe den Verlauf der großen Flüsse und Kanäle in Deutschland (Karte S. 178)
2 Erkläre, warum die Mehrzahl der großen Flüsse nach Norden fließt, und benenne Flüsse, die eine andere Fließrichtung haben (Karte S. 178)
3 Erläutere Ursachen und Folgen des Elbehochwassers in Dresden 2002 (**M 1**, **M 2**).
4 Sucht Beispiele für Hochwasserereignisse in eurer Nähe.
5 Hochwasserereignisse sind auch vom Menschen beeinflusst. Erläutere diese Aussage und beurteile den Einfluss des Menschen (**M 1** bis **M 4**).
6 Stellt in einer Grafik Möglichkeiten für den Hochwasserschutz dar. Erkundet, wo es in eurer Nähe derartige Beispiele gibt.

WEBCODE: UE649365-147

# Der Boden – eine Lebensgrundlage in Gefahr

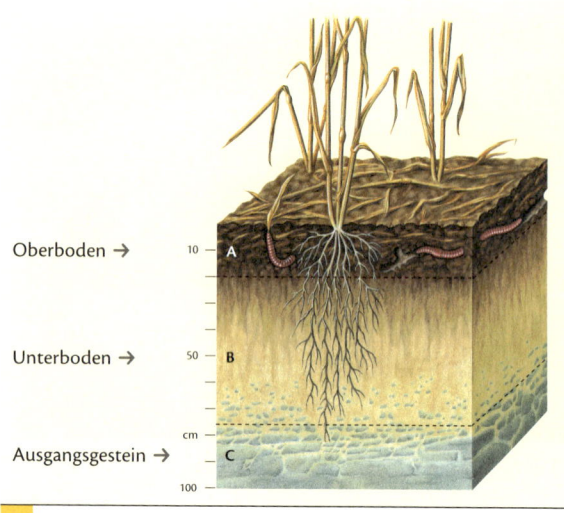

Der Boden ist die oberste Schicht der Erdoberfläche. Dort finden Pflanzen Nährstoffe und deren Wurzeln halt. Boden entsteht durch die die langsame Umwandlung von abgestorbenen Pflanzen und Gesteinen. An diesem Prozess ist bei uns vor allem Regenwasser beteiligt, aber auch Lebewesen wie Bakterien, Pilze, Insekten und Würmer.

Oberboden → A (10)
Unterboden → B (50)
Ausgangsgestein → C (100 cm)

**M 1** *Der Boden*

**check-it**
- Merkmale von Boden benennen
- Maßnahmen zum Bodenschutz erläutern
- Wirkung von Schutzmaßnahmen zeichnerisch darstellen
- Erhebung vor Ort durchführen
- Schutzmaßnahmen erörtern

## Schutzgut Boden

Boden gehört zu den kostbarsten Gütern der Menschheit. Doch gerade durch menschliches Handeln wird er zunehmend zerstört. Zum Schutz des Bodens ist es daher unerlässlich, verstärkt neue oder bereits bewährte Wege in der Bodennutzung zu gehen.

## Bodenschutz in der Landwirtschaft

Durch die Zerstörung fruchtbarer Böden und der gleichzeitigen Zunahme der Weltbevölkerung hat sich die landwirtschaftlich nutzbare Fläche pro Kopf der Bevölkerung ständig verringert. 1970 standen jedem Menschen rein rechnerisch 0,18 Hektar Ackerfläche zur Verfügung, heute sind es 0,11 Hektar. Diese Berechnungen ergeben sich aus einem Kreislauf, aus dem es scheinbar kein Entrinnen gibt: Die wachsende Weltbevölkerung hat einen höheren Nahrungsmittelbedarf. Um diesen zu decken, werden die zur Verfügung stehenden knappen landwirtschaftlichen Flächen immer intensiver genutzt, teilweise sogar übernutzt. Dadurch wird die Bodenfruchtbarkeit geringer und Böden sogar völlig zerstört.

Doch ein Ausstieg aus dieser Spirale ist möglich. Die Bodenzerstörung in der Landwirtschaft kann durch nachhaltiges Wirtschaften und weitere gezielte Schutzmaßnahmen gestoppt werden. So bewahren beispielsweise Windschutzstreifen, in sehr trockenen Gebieten auch Trockenmauern, vor der Bodenzerstörung durch Wind- und Wasser. Im hügeligen oder welligen Gelände ist das Konturpflügen parallel zu den Höhenlinien eine weitere mögliche Maßnahme.

**M 2** *Windschutzstreifen*

**M 3** *Konturpflügen*

## Schützen statt übernutzen – auch außerhalb der Landwirtschaft

Industrie und Gewerbe, private Haushalte und Verkehr tragen auf verschiedene Weise zur Bodenzerstörung bei. Die Maßnahmen zum Bodenschutz sind entsprechend vielfältig. Die Entsiegelung von Boden, also der Rückbau von Gebäuden, Straßen und anderen versiegelten Flächen, ist eine mögliche Maßnahme. Der Bodenbelastung durch Schadstoffe kann beispielsweise durch eine umweltgerechte Abfallentsorgung entgegengewirkt werden. Dazu gehören die Verringerung der Abfallmenge und die Trennung des Mülls. Dinge, auf die jeder von uns achten kann. Weitere Maßnahmen sind eine umweltgerechte Abfallentsorgung: das Lagern von Müll in sicheren Deponien, das Wiederverwenden von Müll sowie dessen Verbrennung in modernen technischen Anlagen.

1. Was ist Boden? Benenne Merkmale (M 1).
2. Vergleiche die Fotos und zeige Gemeinsamkeiten und Unterschiede auf (M 2 bis M 4).

**M 4** *Trockenmauer*

3. Zeichne einen Querschnitt durch eine Trockenmauer a) vor einem Starkregen und b) nach einem Starkregen. Berücksichtige dabei Aufbau und Wirkungsweise der Trockenmauer (M 4).
4. Erläutere die Maßnahmen zum Bodenschutz (M 5).
5. Erkunde deinen Nahraum und führe eine Erhebung von Anzeichen für Bodenzerstörung durch. Frage anschließend bei deiner Gemeinde oder dem Umweltamt nach, welche Bodenschutzmaßnahmen umgesetzt werden.
6. Sammle Begründungen für den Bodenschutz vor Ort und erstelle ein Argumentationsposter. Ladet Politiker eurer Region ein (z. B. Landtags- oder Bundestagsabgeordnete) und erörtert mit ihnen die Umsetzung von Bodenschutzmaßnahmen.

WEBCODE: UE649365-149

- im hügeligen und welligen Gelände entlang der Höhenlinien pflügen (Konturpflügen)
- im Ackerbau effektivere Techniken zur Bewässerung wie die Tröpfchenbewässerung anwenden und gleichzeitig salzhaltiges Wasser über Entwässerungssysteme abführen
- auf Ackerflächen verschiedene Nutzpflanzen nebeneinander anbauen
- statt permanenten Anbau von Monokulturen Fruchtwechsel einführen
- Schadstoffe im Boden zum Beispiel durch Bodenwäsche beseitigen
- Abfall verringern und umweltgerecht entsorgen
- fossile (Erdöl, Erdgas, Kohle) und nukleare (Uran) Energieträger weniger nutzen und mehr alternative Energieträger (Wind, Wasser, Sonne) einsetzen
- Ackerboden mit Getreidestoppeln und anderen zerkleinerten Pflanzenresten bedecken (Mulchen)
- Düngung dem Pflanzenbedarf im Hinblick auf Menge und Zeitpunkt anpassen
- mit Boden und Tagebergbau sparsamer und schonender umgehen
- private und berufliche Nutzung von Auto, Lastkraftwagen, Flugzeug verringern
- vorhandene Industrie-, Gewerbe- und Wohnflächen effektiver für Neubauten nutzen
- Filtertechnik weiterentwickeln und moderne Luft- und Wasserfilter einbauen
- Einsatz schwerer Ackergeräte und -maschinen auf Landwirtschaftsflächen mindern und Auflagendruck durch spezielle Reifen herabsetzen
- Wälder erhalten sowie an die natürlichen Bedingungen angepasste Baumarten wiederaufforsten oder neu anlegen
- mit Verkehrswegen, Industrie-, Gewerbe- oder Siedlungsbauten wasserdicht versiegelte Flächen entsiegeln

**M 5** *Maßnahmen zum Bodenschutz*

# Klimaschutz geht uns alle an – ein Gruppenpuzzle

**Das Gruppenpuzzle**
Beim Gruppenpuzzle werden vorbereitete Wissensinhalte in mehreren Phasen in jeweils neu zusammengesetzten Kleingruppen erarbeitet. Dabei werdet ihr zu Experten.
Folgende Problemstellung bildet den Ausgangspunkt: Klimaschutz betrifft nur die Politiker.

Dazu werden vier Bereiche des Klimaschutzes bearbeitet:
- **Teilbereich 1:** Positionen und Ziele von Nichtregierungsorganisationen.
  Weltweit operierende nichtstaatliche Organisationen – Non-Governmental Organizations (NGOs) – versuchen, mit teilweise spektakulären Aktionen auf den Klimawandel aufmerksam zu machen.
- **Teilbereich 2:** Positionen und Ziele der internationalen Politik.
  Mit Entscheidungen auf der nationalen und internationalen Ebene werden Ziele des Klimaschutzes umgesetzt.
- **Teilbereich 3:** Technische Innovationen.
  Die Industrienationen entwickeln Konzepte, die die Zunahme der Treibhausgase in der Atmosphäre verringern sollen. Informiert euch bei Kraftwerksbetreibern, wie diese mit Kohlenstoffdioxidemissionen umgehen.
- **Teilbereich 4:** Eigene Handlungsmöglichkeiten.
  Klimaschutz findet vor Ort und im persönlichen Bereich statt. Auch ihr könnt dazu beitragen, dass das Klima geschützt wird.

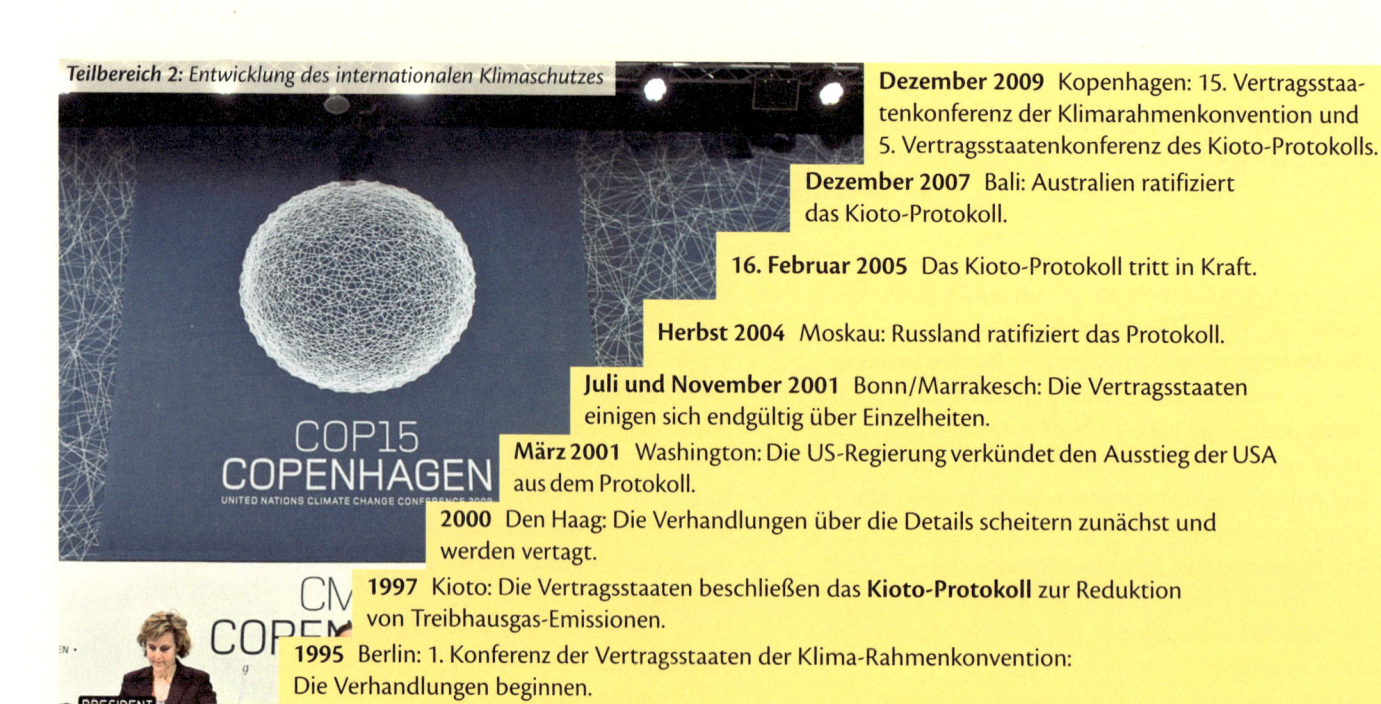

*Teilbereich 1: Greenpeace-Aktivisten haben auf dem Schweizer Gorner-Gletscher am 25. 08. 2009 einen 7700 Quadratmeter großen Appell für den Klimaschutz entrollt.*

**Teilbereich 2: Entwicklung des internationalen Klimaschutzes**

**Dezember 2009** Kopenhagen: 15. Vertragsstaatenkonferenz der Klimarahmenkonvention und 5. Vertragsstaatenkonferenz des Kioto-Protokolls.

**Dezember 2007** Bali: Australien ratifiziert das Kioto-Protokoll.

**16. Februar 2005** Das Kioto-Protokoll tritt in Kraft.

**Herbst 2004** Moskau: Russland ratifiziert das Protokoll.

**Juli und November 2001** Bonn/Marrakesch: Die Vertragsstaaten einigen sich endgültig über Einzelheiten.

**März 2001** Washington: Die US-Regierung verkündet den Ausstieg der USA aus dem Protokoll.

**2000** Den Haag: Die Verhandlungen über die Details scheitern zunächst und werden vertagt.

**1997** Kioto: Die Vertragsstaaten beschließen das **Kioto-Protokoll** zur Reduktion von Treibhausgas-Emissionen.

**1995** Berlin: 1. Konferenz der Vertragsstaaten der Klima-Rahmenkonvention: Die Verhandlungen beginnen.

**1994** **Klima-Rahmenkonvention** tritt in Kraft.

**1992** Rio de Janeiro: UN-Konferenz zu „Umwelt und Entwicklung". Die Agenda 21 und Klima-Rahmenkonventionen werden unterzeichnet.

**1990** Auf die Treibhausgas-Emissionen dieses Jahres bezieht sich das Kioto-Protokoll.

## Ablauf und Durchführung des Gruppenpuzzles

- **Phase 1:** Einführung in das Thema und Einteilung in Stammgruppen.
Klärt den Ablauf des Gruppenpuzzles und bildet Stammgruppen mit vier bis fünf Schülern.
- **Phase 2:** Verteilen der Teilbereiche des Themas.
Besprecht in den Stammgruppen das Gesamtthema und ordnet jedem Gruppenmitglied einen Teilbereich zu.
- **Phase 3:** Arbeit in den Expertengruppen.
Findet euch mit den Schülern, die sich mit dem gleichen Bereich befassen, zu Expertengruppen zum Bearbeiten zusammen. Recherchiert dazu im Internet. Teilaufgaben könnt ihr auch zu Hause erledigen.
- **Phase 4:** Rückkehr in die Stammgruppe.
Danach kehrt ihr als „Experten" in die Stammgruppe zurück und berichtet über eure Ergebnisse.
- **Phase 5:** Präsentation der Gruppenergebnisse.
Erarbeitet in der Stammgruppe eine Präsentation eures Themas. Diskutiert eure Gruppenergebnisse und beurteilt den Verlauf der Arbeitsprozesse in den Gruppen. Ihr könnt die Gruppenergebnisse z. B. in Form einer Wandzeitung oder eines Lernplakates zusammenstellen.

**TIPP:** Falls wenig Zeit zur Verfügung steht, können gleich Expertengruppen gebildet werden. Die Phase 2 fällt dann weg.

*Teilbereich 4:* Mein Beitrag zum Klimaschutz

**Gegen globale Erwärmung – Selbst etwas tun!**

**AKTIV SEIN**
- Wähle!
- Politiker ansprechen
- Schule und Freunde
- Bücher
- Lerne!
- Medien
- Werde stärker!
- Sei stark!
- Die globale Erwärmung ist real!

**REISEN**
- Flugzeug ($CO_2$)
- Gehen
- Fahrrad fahren
- öffentlicher Personennahverkehr
- Auto
  - weniger Treibstoff
  - Hybridantrieb
  - Elektroauto
  - Mitfahrgelegenheit
  - Reifendruck überprüfen

**EINKAUFEN**
- keine Tiefkühlprodukte
- Früchte aus der Region kaufen
- Ab-Hof-Verkauf
- Bäume pflanzen
- Emissionszertifikate kaufen

**ZUHAUSE**
- Wärmedämmung bei Gebäuden
- Solarthermie
- Photovoltaikanlage
- Strom
  - Ökostrom
  - Energiesparlampen
- Elektrogeräte
  - Geräte vom Stromnetz trennen
  - Energiespargeräte
  - kein Wäschetrockner
  - Wäsche auf der Leine trocknen

**WENIGER KONSUM**
- Weniger Fleisch essen
- Reklame und Werbung ablehnen
- Umweltschutzpapier
- Stofftasche zum Einkaufen
- Energie sparen
- Spare Strom und Geld

# Geo-Check: Einfluss des Menschen auf den Naturhaushalt untersuchen

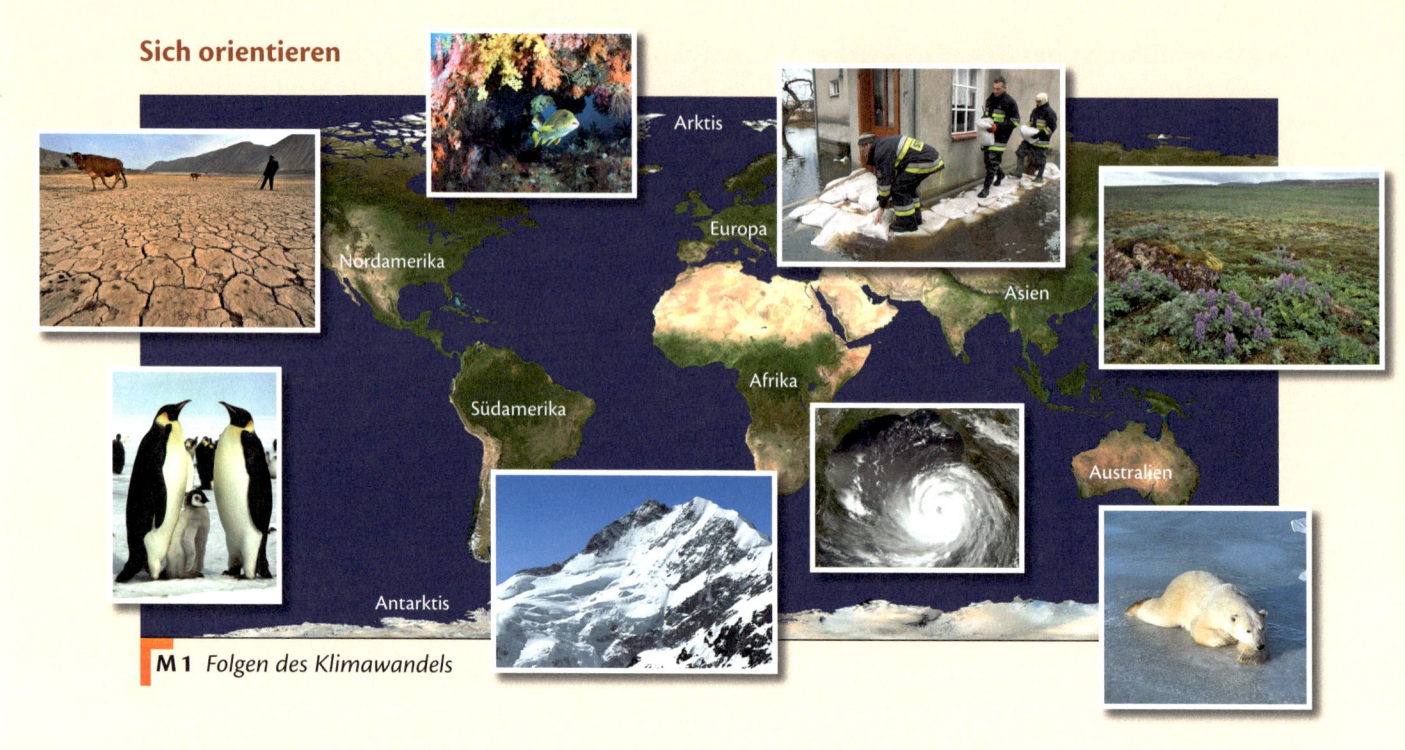

**Sich orientieren**

**M 1** Folgen des Klimawandels

1. Ordne mögliche Folgen des Klimawandels den in der Weltkarte verzeichneten Gebieten und Kontinenten zu. (**M 1**).
   - Der Lebensraum der Eisbären wird bedroht.
   - Die Tundra ist gefährdet.
   - Die Gefahr von Überschwemmungen durch tropische Wirbelstürme wächst.
   - Das Eis taut.
   - Hungersnöte und Verwüstung nehmen zu.
   - Der Lebensraum der Pinguine wird bedroht.
   - Die Korallenriffe sind gefährdet.
   - Die Gletscher in den Alpen schmelzen weiter ab.
   - Der Wasserspiegel in den Großen Seen wird sinken.
   - Küstennahe Gebiete werden überflutet.

**Wissen und verstehen**

2. Ordne jedem Bild einen Bildtitel zu. Formuliere mindestens 3 Sätze zur Aussage jedes Bildes (**M 2**, **M 3**).

**M 2**

**M 3**

## 155 PROJEKT: NORDAMERIKA ERFORSCHEN

# Physische Karte Nordamerika

**Orte**
- ■ über 1 000 000 Einwohner
- ■ 500 000 – 1 000 000 Einwohner
- ● 100 000 – 500 000 Einwohner
- ○ unter 100 000 Einwohner
- <u>Ottawa</u> Hauptstadt eines Staates

**Landhöhen**
unter 0 | 0 | 100 | 200 | 500 | 1000 | 2000 | 4000 m | Gletscher

1 : 35 000 000
0   250   500   750   1000 km

**Sich verständigen, beurteilen, handeln**

6 Der Cartoon könnte für einen Ort in Nordrhein-Westfalen gezeichnet worden sein. Nenne den Namen des Ortes und beschreibe dessen Lage (M 7).

7 Erläutere Veränderungen durch den Klimawandel, die in dem Cartoon angesprochen werden (M 7)

**M 7** *Cartoon*

8 Formuliere die Aussage der Karikatur (M 8).

**M 8** *Karikatur*

WEBCODE: UE649365-154

**GEO-CHECK** **153**

3 Ordne jedem dieser Begriffe (M 4) mindestens zwei Merkmale zu.

4 Arbeite mit einem Partner. Entscheidet, welche Wortgruppen nicht in die Reihe passen. Formuliert aus den restlichen Wortgruppen ein oder zwei sinnvolle Aussagen und notiert diese im Arbeitsheft (M 5).

Klimawandel, Treibhauseffekt, Hochwasser, Flussaue, Treibhausgase, Bodenzerstörung, Boden

**M 4** Geo-Begriffestapel

| negative Auswirkungen | Funktionen einer Landes-hauptstadt | Klimawandel in Deutschland | positive Auswirkungen |
|---|---|---|---|
| Frauen in Entwicklungs-ländern | Treibhausgase wie Methan und Kohlenstoff-dioxid in der Atmosphäre | natürlicher Treibhauseffekt | anthropogener Treibhauseffekt verstärkt |
| Anstieg der Luft- und Meeres-temperaturen und extreme Niederschläge | Bodenerosion durch Wind, Wasser und fal-sche Bearbeitung | Abschmelzen der Gletscher in den Polargebie-ten und den Hochgebirgen | Anzeichen des Klimawandels |
| Hochwasser bei Starkregenfällen und Schnee-schmelze | Flüsse begradigt und kanalisiert | Flächen für Verkehrsbauten und Siedlungen steigen | Maßnahmen gegen den Klimawandel |

**M 5** Einflüsse des Menschen auf die Natur

## Können und anwenden

5 Wiederhole die Checkliste zum Auswerten und Vergleichen von Statistiken. Werte die Statistik aus und erläutere die Auswirkungen des Meeresspiegelanstiegs für Vietnam, Ägypten und Indien. Wähle drei weitere Beispiele selbst aus (M 6, Seiten 144/145).

| Staat | Einwohner in den niedrig gelegenen Küstengebieten | Anteil an der Gesamt-bevölkerung in Prozent |
|---|---|---|
| 1. China | 143 879 600 | 11 |
| 2. Indien | 63 341 208 | 6 |
| 3. Bangladesch | 62 524 048 | 46 |
| 4. Vietnam | 43 050 593 | 55 |
| 5. Indonesien | 41 609 754 | 20 |
| 6. Japan | 30 477 106 | 24 |
| 7. Ägypten | 25 655 481 | 38 |
| 8. USA | 22 859 359 | 8 |
| 9. Thailand | 16 478 448 | 26 |
| 10. Philippinen | 13 329 191 | 18 |

**M 6** Vom Meeresspiegelanstieg betroffene Staaten mit Küstengebieten unter zehn Metern Landhöhe

# 7 Projekt: Nordamerika erforschen

**Unterwegs im Wilden Westen**

Dort, wo früher Indianer mit ihren Pferden anzutreffen waren, sind heute Nordamerika-Touristen unterwegs, die von den beeindruckenden Landschaften begeistert sind. Um diesen Kontinent zu erforschen, muss man mobil sein, denn zwischen den Naturräumen und Städten im Westen und Osten liegen riesige Entfernungen. Geht im Rahmen eures Projekts selbst auf Entdeckungsreise!

**In diesem Kapitel lernst du**
- die geographische Lage Nordamerikas zu beschreiben,
- die Naturräume zu vergleichen,
- Anbaubedingungen und -methoden in den Prärien zu benennen,
- die Gliederung einer nordamerikanischen Großstadt zu erläutern,
- die Auswirkungen einer mobilen Gesellschaft zu beschreiben und
- Ziele und Aufgaben von Nationalparks zu benennen.

**Dazu nutzt du**
- Karten,
- Bilder,
- Blockbilder,
- Grafiken und
- Tabellen.

**Du beurteilst**
- die Auswirkungen der Größe des Landes auf das Mobilitätsverhalten

*Im Monument Valley im Südwesten der USA*

## 158 GEO-METHODE

# Wir führen ein Projekt durch

**check-it**
– Ablauf eines Projektes kennen

### Was ist ein Projekt?
Ein Projekt ist ein größeres, geplantes Lernvorhaben. Es durchzuführen bedeutet, dass mehrere Gruppen selbstständig an einem Thema arbeiten.
Das nachstehende Kapitel ist so aufgebaut, dass ihr es als Grundlage für ein Projekt zum Thema „Nordamerika – ein vielfältiger Kontinent" nutzen könnt. Hierzu werden vier große Wahlthemen vorgestellt:

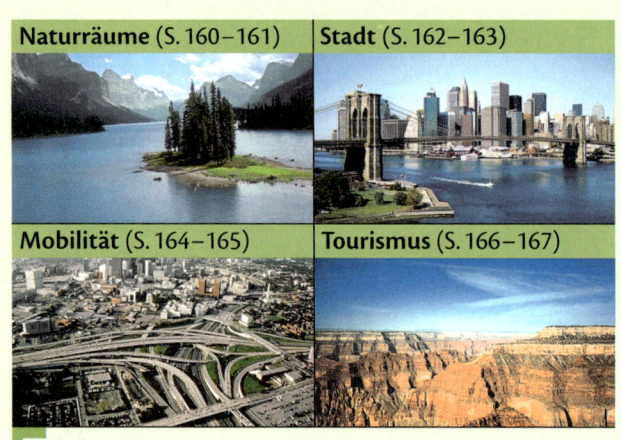

| Naturräume (S. 160–161) | Stadt (S. 162–163) |
| Mobilität (S. 164–165) | Tourismus (S. 166–167) |

**M 1** *Wahlthemen des Projekts*

Jedes Thema wird in einem Text kurz erläutert. Die Arbeitsaufträge helfen euch, das Thema vertiefend zu bearbeiten. Eure eigenen Ideen und eure Kreativität sind allerdings ausschlaggebend für das Erreichen eines außergewöhnlichen Arbeitsergebnisses.

### Wahl der Gruppe
Für die Bildung der Projektgruppen gibt es zwei Möglichkeiten:
- **A** Je nach Interesse entscheidet sich jeder Schüler und jede Schülerin für eines der vier Wahlthemen. Die Schüler mit dem gleichen Interesse bilden eine Projektgruppe. Seid ihr zu viele Schüler in einer Gruppe, teilt sie auf. Ein Wahlthema kann von mehreren Gruppen gleichzeitig bearbeitet werden.
- **B** Bildet zunächst vier etwa gleich große Gruppen. Jede Gruppe wählt nun eines der vier Themen aus.

Jede Gruppe sollte einen Gruppensprecher wählen, der Ansprechpartner ist. Vereinbart in eurer Gruppe klare Regeln und schreibt diese auf. Diese Regeln sollten Absprachen zum Umgang miteinander, zur Hilfsbereitschaft, zur Arbeitsteilung und so weiter beinhalten. Damit die Regeln für eure Gruppe gültig werden, unterschreibt sie.

### Auf die Planung kommt es an
Jedes Projekt beginnt mit einer Vorbereitungsphase. Die Gruppen müssen sich in das Wahlthema einarbeiten, Arbeitsaufträge verteilen und ein gemeinsames Ziel formulieren. Die Planung ist der schwierigste, aber auch wichtigste Teil des Projektes. Geht dabei nach folgenden Schritten vor:

**1. Ziel festlegen**
Was wollt ihr erarbeiten?

**2. Arbeitsschritte planen**
Wer macht was?

**3. Zeitplan festlegen**
Bis wann?

**4. Arbeitsergebnisse überprüfen**
Was wollt ihr erarbeiten?

**M 2** *Projektplanung in vier Schritten*

## Die Durchführung des Projekts

Sind die Gruppen festgelegt und die Vorbereitungsphase abgeschlossen, kann die Durchführung beginnen. Auch hier empfiehlt es sich, schrittweise vorzugehen.

**1 Material besorgen und sichten**
Ihr findet Informationen in Tages- und Wochenzeitungen, Fachzeitschriften, Lexika und im Internet. Sammelt die Informationen und notiert euch die Quellen.

**2 Material bearbeiten**
Sichtet euer Informationsmaterial und nehmt bereits eine erste Gliederung vor. Ordnet Fotos und Grafiken den Texten zu.

**3 Arbeitsergebnisse überprüfen**
Trefft euch regelmäßig sowohl in der Projektgruppe als auch mit der ganzen Klasse zum Austausch von Anregungen, Fragen und Material. Überprüft eure Zwischenergebnisse, stellt sie vor und diskutiert sie.

**4 Präsentation vorbereiten**
Besprecht, in welchem Rahmen die Arbeitsergebnisse präsentiert werden sollen. Könnten eure Ergebnisse für die Parallelklassen, die Eltern oder eine breitere Öffentlichkeit (Lokalzeitung) von Bedeutung sein?

**M 3** *Projektdurchführung im Überblick*

## Die Präsentation der Ergebnisse

Wichtig ist, dass ihr euch genau überlegt, wie ihr den Mitschülern der anderen Projektgruppen eure Ergebnisse erklären könnt. Bedenkt, dass diese sich mit einem ganz anderen Thema beschäftigt haben.
Teilt am Anfang der Präsentation mit, warum ihr dieses Thema gewählt habt und um welchen Sachverhalt es geht. Für die Mitschüler ist es auch wichtig zu wissen, woher ihr die Informationen und Materialien habt.
Nutzt die Tafel, den Tageslichtprojektor oder den Laptop mit Beamer, um den Zuhörern die Gliederung eurer Präsentation zu erläutern.
Während der Präsentation könnt ihr Fragen an eure Mitschüler richten. Bezieht die Zuhörer ein, damit sie interessiert und konzentriert bleiben. Am Ende der Präsentation solltet ihr den Zuhörern die Gelegenheit geben, Fragen zu stellen und positive und negative Kritik zu den Inhalten und zu eurem Vortrag zu äußern.

**M 4** *Vortragsgliederung*

## Auswertung des Projekts

Nach der Vorstellung der Ergebnisse solltet ihr in den Projektgruppen und auch mit der gesamten Klasse über eure Arbeit sprechen und festhalten, was gut geklappt hat und wo Schwachpunkte lagen. Was hättet ihr besser machen können?

# Wahlthema 1: Naturräume Nordamerikas

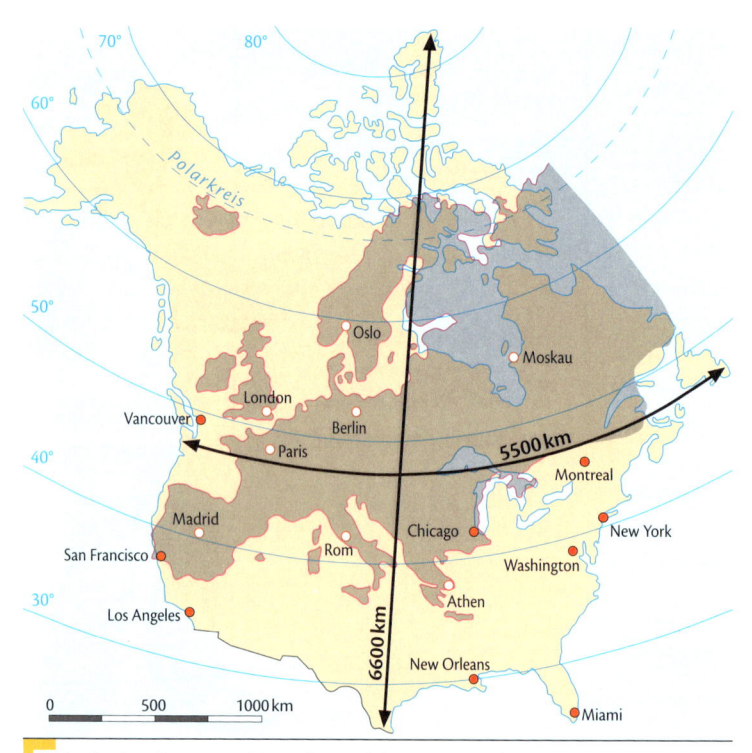

**M1** Kalifornisches Längstal

**M2** Rocky Mountains

**M3** Breitenlage von Kanada und den USA und Europas im Vergleich

### check-it
- geographische Lage der Naturräume beschreiben
- Abgrenzung von Nordamerika und Angloamerika erläutern
- Naturräume beschreiben
- Blockbild und Bilder auswerten und vergleichen
- Ausdehnung und Breitenlage vergleichen

## Abgrenzung

Nordamerika ist der nördliche Teil des Doppelkontinents Amerika. Die Grenze zwischen Nord- und Südamerika bildet der Panamakanal.

Der Kulturerdteil Angloamerika besteht aus den Staaten USA und Kanada, in denen Englisch die Landessprache ist. In Kanada ist die zweite Amtssprache Französisch. Die Bevölkerung beider Staaten besteht zu einem großen Teil aus Nachfahren von Einwanderern aus Europa, die den Kontinent einst besiedelten.

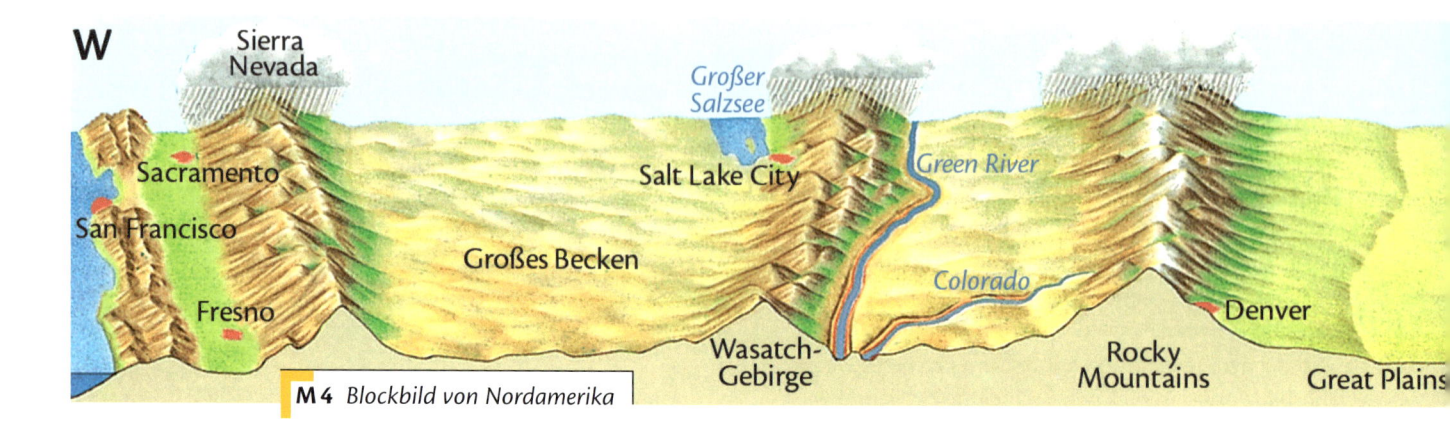

**M4** Blockbild von Nordamerika

**PROJEKT: NORDAMERIKA ERFORSCHEN** 161

M5 *Great Plains*

M6 *Appalachen*

**Naturräume**

Nordamerika ist so groß, dass man von West nach Ost sechs Zeitzonen durchquert. Das Landschaftsbild ist geprägt von den in Nord-Süd-Richtung verlaufenden Gebirgen, zwischen denen ausgedehnte Tiefländer und Ebenen liegen. Die Hochgebirgsketten entlang der Pazifikküste werden auch als „Kordilleren" bezeichnet. Zwischen den Gebirgsketten liegen Hochplateaus mit zum Teil wüstenartigen Becken, da sich die feuchte Luft vom Pazifik am Westhang des Küstengebirges abregnet. Die **Rocky Mountains** bilden die kontinentale Wasserscheide. Dieses Gebiet ist geprägt von Vulkanismus und Erdbeben, denn im Westen stößt die Nordamerikanische Platte an die Pazifische Platte.

Östlich der Rocky Mountains liegen die Great Plains, ein weiträumiges **Schichtstufenland**, das in mehreren Stufen zu den Rocky Mountains hin ansteigt. Durch die **Great Plains** verläuft der hundertste Längengrad, der eine markante Klimagrenze bildet, denn er trennt den trockenen Westen vom regenreicheren Osten, in den feuchte Luft vom Atlantik und tropische Luft vom Golf von Mexiko eindringen.

Im Inneren Nordamerikas liegen Tiefländer mit bis zu 200 Metern Höhe und weite Ebenen mit 300 bis 500 Metern Höhe. Im Süden dringt ein Tiefland entlang der Flüsse Mississippi und Missouri weit in das Landesinnere vor.

Nördlich der großen Seen erstreckt sich der **Kanadische Schild** bis zum Nordpolarmeer. Von dort kann polare Kaltluft ungehindert durch Gebirge nach Süden vordringen.

Zwischen den inneren Ebenen und der Küstenebene im Osten erhebt sich das nahezu parallel zur Küstenlinie verlaufende Mittelgebirge der **Appalachen.**

1 Benenne die Länder und Gebiete, die zu Nordamerika und Angloamerika gehören (Karten S. 155, S. 198/199).
2 Vergleiche die Ausdehnung und die Breitenlage Angloamerikas mit der von Europa. Erkläre, wieso in den Great Plains im Winter verbreitet Schnee liegt, während dies in Rom eher die Ausnahme ist (M3, Karten S. 151, S. 198/199).
3 Beschreibe die Naturräume Nordamerikas von West nach Ost (M1, M2, M4 bis M6).
4 Zeichnet eine Umrisskarte von Nordamerika auf ein Plakat und tragt die Lage der Naturräume ein. Beschriftet diese. Beschafft auch Abbildungen und Fotos zur Dokumentation und klebt diese dazu.

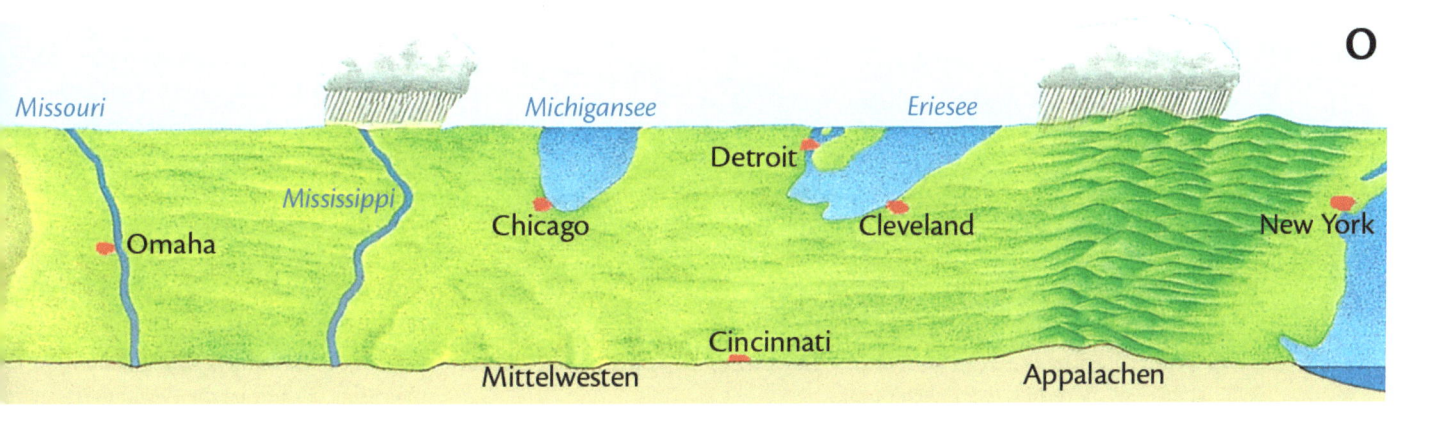

WEBCODE: UE649365-161

# Wahlthema 2: New York – eine nordamerikanische Großstadt

**M 1** Südspitze von Manhattan/New York

**check-it**
- geographische Lage New Yorks beschreiben
- Gliederung einer nordamerikanischen Großstadt erläutern
- Funktionen einzelner Stadtviertel vergleichen
- Stadtmodell und Bilder auswerten

## Straßen im Schachbrettmuster

Wie eine Stadt aus riesigen Bauklötzen – so sieht New York aus der Luft aus. Die Stadt wurde planmäßig angelegt. Dabei wurde das Stadtgebiet in quadratische Baublöcke unterteilt. In Nord-Süd-Richtung verläuft durch das Stadtzentrum die **Main Street**.

Die parallel zur Main Street verlaufenden **Avenues** sind durchnummeriert. Alle Straßen in Ost-West-Ausrichtung werden **Streets** genannt. Auch sie sind nummeriert. Damit man weiß, ob eine Street östlich oder westlich der Main Street zu finden ist, bekommt jede Street genau diesen Zusatz. So könnte eine Adresse mit Hausnummer lauten: 311 West 48th Street New York, USA. Dieses Schachbrettmuster ermöglicht eine schnelle und recht einfache Orientierung in den nordamerikanischen Städten.

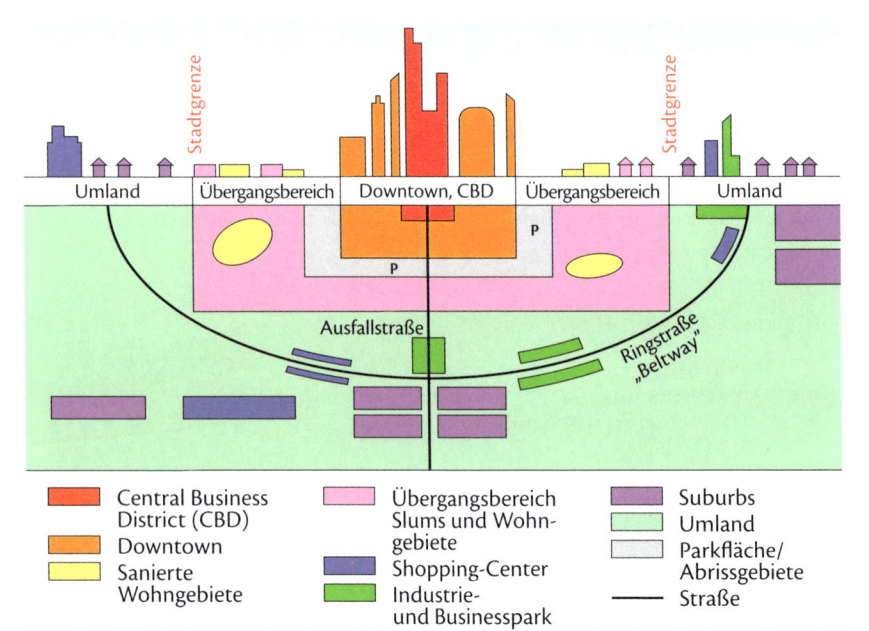

## Downtown – die City

Wolkenkratzer zeigen den Weg in den **CBD**, den **Central Business District** – das Geschäftszentrum der nordamerikanischen Stadt. Nachdem Mitte des 19. Jahrhunderts der Aufzug erfunden wurde, errichteten Architekten immer höhere Bauwerke. In den Hochhäusern konzentrieren sich die Büros von Firmen, Banken und Versicherungen. Täglich strömen Tausende von Menschen zu ihren Arbeitsplätzen, was zu erheblichen Verkehrsproblemen führt. Viele Brücken und Tunnels sowie U-Bahnen und Züge verbinden die Wohnviertel in

Legende:
- Central Business District (CBD)
- Downtown
- Sanierte Wohngebiete
- Übergangsbereich Slums und Wohngebiete
- Shopping-Center
- Industrie- und Businesspark
- Suburbs
- Umland
- Parkfläche/Abrissgebiete
- Straße

**M 2** Modell der nordamerikanischen Stadt

PROJEKT: NORDAMERIKA ERFORSCHEN **163**

den Vororten New Yorks mit dem CBD in Manhattan.

### China – mitten in New York

Zur Kernstadt von New York gehören auch die Stadtviertel Bronx, Brooklyn, Queens und Staten Island. In diesen Stadtvierteln befinden sich sowohl Industriebetriebe als auch Wohnhäuser, die meist schon älter sind. Hier leben die Stadtbewohner, die sich die teureren Mieten in anderen Stadtvierteln nicht leisten können. Dies sind in den USA vor allem die Afroamerikaner sowie die Einwanderer aus Lateinamerika und Asien. Die Bewohner schaffen sich ein Stück ihrer alten Heimat. Innerhalb Manhattans gibt es zum Beispiel „Chinatown", „Little Italy", „Harlem" und „Spanish Harlem".

### Suburbia – Leben im Grünen

Während in den Altbauten der lauten Innenstädte ärmere Bevölkerungsschichten leben, ziehen besser verdienende amerikanische Familien ins Umland. In den Vorstädten, den **Suburbs**, leben sie meist in Einfamilienhäusern im Grünen. Mit dem Auto können sie ihren Arbeitsplatz und Geschäfte bequem erreichen. Die Vorstädte wachsen immer weiter ins Umland hinaus. Ist die City für die täglichen Einkäufe zu weit entfernt, bilden sich in der Nähe dieser Suburbs in verkehrsgünstiger Lage riesige Einkaufszentren (Malls), Industrieparks und Bürozentren.

**M 3** *Chinatown in Manhattan*

**M 4** *Suburb bei New York*

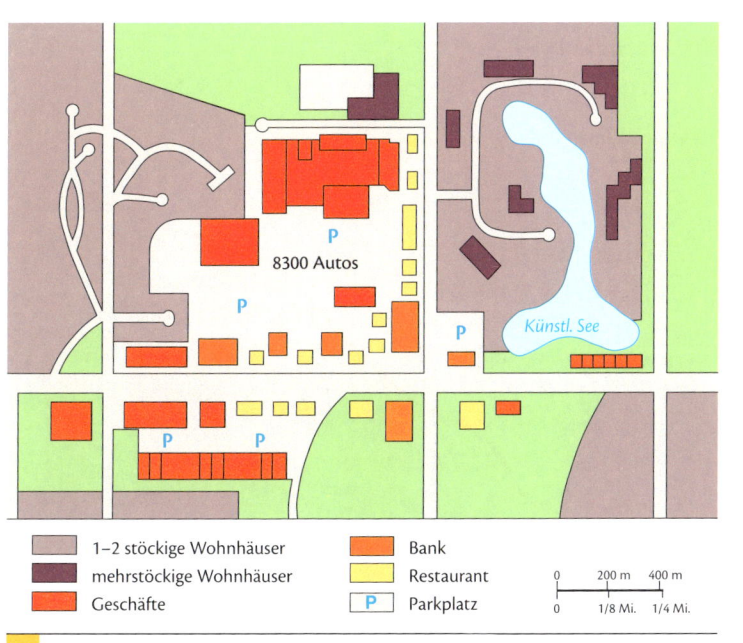

**M 5** *Plan einer Mall (Einkaufszentrum)*

1 Beschreibe die geographische Lage New Yorks (**M 1**, Karte S. 155 und 203).
2 Erstelle eine Mindmap zum Thema „Die nordamerikanische Stadt" (**M 2** bis **M 4**).
3 Begründe, warum man sich in New York nur schwer verlaufen kann.
4 Finde heraus, welche Bevölkerungsgruppen in den im Text genannten Vierteln Manhattans leben (Internet, **M 3**).
5 Beschreibe den Plan einer Mall und vergleiche die Mall mit einem Einkaufszentrum in Deutschland (**M 5**).

WEBCODE: UE649365-163

# Wahlthema 3: Mobilität

**M 1** Umzug in den USA

**check-it**
- Verteilung der Bevölkerung beschreiben und begründen
- Begriff „mobile Gesellschaft" erläutern
- Anstieg der Pkw-Zahl in den USA bewerten

## Bevölkerungsverteilung

Im Vergleich zu Europa ist Nordamerika dünn besiedelt. Dabei existieren jedoch beträchtliche Gegensätze. Der Osten des Kontinents entlang der Atlantikküste sowie die Westküste sind dicht besiedelt. Anders ist es mit den bevölkerungsarmen Weiten der Great Plains, dem Gebiet der Rocky Mountains und weiten Teilen Kanadas und Alaskas. Zwei Drittel aller Nordamerikaner leben in Städten.
Der überwiegende Teil der Kanadier lebt in dem klimatisch vergleichsweise günstigen Gürtel an der Südgrenze des Landes.

## Eine mobile Gesellschaft

Die Entfernungen in Nordamerika sind für uns Europäer kaum vorstellbar. Aber das Auto lässt diese Entfernungen schrumpfen. Wohn- und Arbeitsplatz liegen oft weit auseinander. Deshalb gibt es große Pendlerströme in der Nähe großer Städte.
In Amerika haben die Menschen keine enge Beziehung zu einem Ort oder gar zu einem Haus. Die Menschen sind jederzeit bereit umzuziehen, wenn ihnen zum Beispiel eine bessere Arbeitsstelle angeboten wird oder sie sich am alten Wohnort nicht mehr wohl fühlen. US-Amerikaner leben gerne in der Nähe von Gleichgestellten. So suchen sie sich ein Wohnviertel, in dem andere Familien mit etwa dem gleichen Lebensstandard leben. Wer schulpflichtige Kinder hat, sucht sich eine Wohngegend, in der die Schule den Vorstellungen entspricht. Viele Rentner hingegen machen sich auf den Weg in den sonnigen Süden. So sind in Florida, Arizona und Kalifornien große Rentnerstädte mit allen erforderlichen Einrichtungen entstanden.

| Staat in Nordamerika | Fläche in Quadratkilometern | Durchschnittliche Einwohnerzahl pro Quadratkilometer |
|---|---|---|
| USA | 9 826 630 | 31,00 |
| Kanada | 9 984 670 | 3,20 |
| Grönland | 2 166 086 | 0,02 |
| Mexiko | 1 972 550 | 55,70 |
| Deutschland | 357 104 | 230,00 |

**M 2** Bevölkerungsdichte in Nordamerika

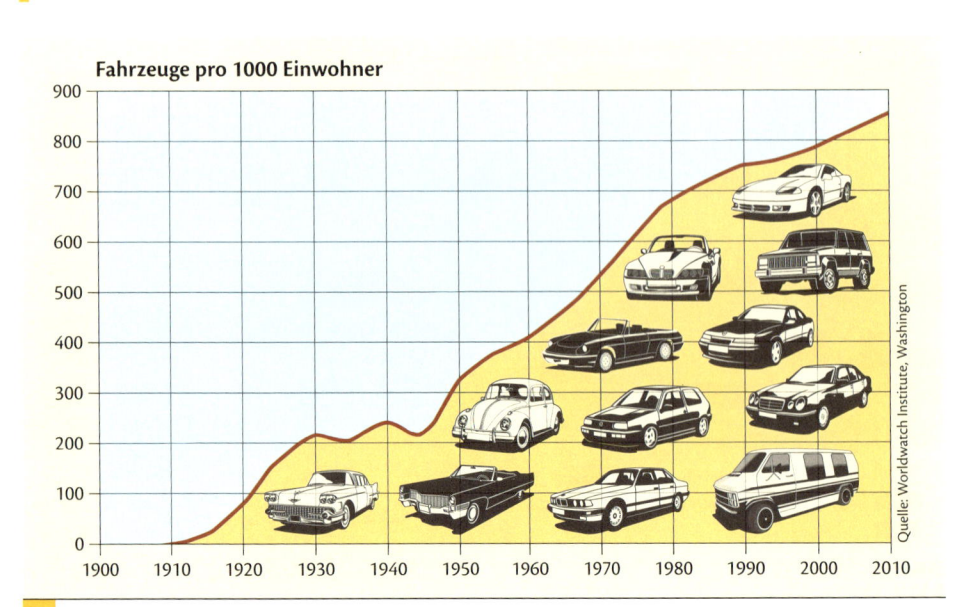

**M 3** Entwicklung der Fahrzeugdichte in den USA

Statistisch gesehen zieht jeder US-Amerikaner alle sieben Jahre einmal um. Damit das nicht zu aufwändig wird, haben die Häuser ähnliche Grundrisse und sind mit vielen Einbaumöbeln ausgestattet, sodass man kaum Möbel transportieren muss. Manche US-Amerikaner nehmen sogar ihr ganzes Haus mit, wenn sie in einen anderen Ort oder Stadtteil ziehen.

### Land der Autos

In keinem anderen Land ist das Auto so wichtig wie in den USA. Vieles ist auf das Leben mit dem Auto ausgerichtet. Mehrspurige Highways ziehen sich durch das Land. Stadtautobahnen und Straßen schlagen regelrechte Schneisen durch die Häuserblöcke. Autogerechte Einrichtungen findet man überall in den Großstädten, aber auch in Kleinstädten und auf dem Land: Drive-in-Shops, Drive-in-Kinos, Drive-in-Restaurants, Drive-in-Apotheken und sogar Drive-in-Kirchen, wo an einem „Wedding Window" geheiratet werden kann. Supermärkte, Restaurants und öffentliche Einrichtungen sind von riesigen Parkplätzen umgeben. Fußgänger sieht man hingegen in amerikanischen Städten sehr selten.

**M 4** *Straßenkreuzung in den USA*

Hi Leute,
ich habe euch ja versprochen, für die Schülerzeitung etwas zu schreiben, sobald ich als Austauschschülerin in den USA bin. Als ich vor ein paar Tagen ankam, freute ich mich, dass ich von meiner Gastfamilie zur Schule nur zehn Minuten Fußweg benötige. Doch an meinem ersten Schultag fiel mir auf, dass ich kaum einem Fußgänger begegnete. Meine Mitschüler, die von ihren Eltern mit dem Auto zur Schule gebracht wurden, glaubten, dass ich eine Autopanne hätte, und fragten, ob sie mich mitnehmen dürften.

Ganz Amerika ist auf Autofahren eingestellt. Benzin ist im Vergleich zu Deutschland billig. Man kann direkt vom Auto aus seine Einkäufe erledigen: Fast Food, Medikamente aus der Apotheke oder Geld von der Bank. Bei den Einkaufszentren gibt es jede Menge Parkplätze. Die Amerikaner lieben ihr Auto. Ohne Auto ist der Amerikaner wie ohne Beine. Autos sind hier größer, lauter, „durstiger", aber auch bequemer.
Bis bald
Laura

**M 5** *Eine Austauschschülerin berichtet aus den USA*

1. Beschreibe die Bevölkerungsverteilung Nordamerikas. Nenne Gründe, warum einige Gebiete dünn, andere dicht besiedelt sind (**M 2**).
2. Miss die Entfernung zwischen Los Angeles und New York sowie zwischen Chicago und Miami. Vergleiche mit der Entfernung von Hamburg nach München (Karte S. 155).
3. Erläutere, warum die Nordamerikaner als „mobile Gesellschaft" bezeichnet werden (**M 1**, **M 3** bis **M 6**).
4. Beschreibe die Entwicklung in **M 3**.
5. Überlege, welche Auswirkungen der Anstieg der Pkw-Zahlen auf die Menschen, den Straßenverkehr und die Umwelt hat, und fertige eine Pro-und-Kontra-Liste an (**M 4** bis **M 6**). Schreibe anschließend eine persönliche Stellungnahme.

**M 6** *Drive-in-Hochzeit*

# Wahlthema 4: Nationalparks und Tourismus

**check-it**
- geographische Lage der Nationalparks beschreiben
- Ziele und Aufgaben von Nationalparks benennen
- Bedeutung der Nationalparks für den Tourismus erläutern
- Collage und Reiseplan erstellen

## Nationalparks – Natur Natur sein lassen

Die US-Amerikaner erkannten schon früh, dass besonders schöne oder einzigartige Landschaften mit ihren Oberflächenformen, mit ihrer Tier- und Pflanzenwelt sowie den Gewässern geschützt werden müssen. So entstand der Gedanke, Nationalparks einzurichten. Nationalparks sind Großschutzgebiete, in denen sich die Natur möglichst unbeeinflusst von menschlichen Eingriffen entwickeln kann. 1872 wurde der Yellowstone-Park als erster Nationalpark der Welt in den USA eingerichtet. Heute gibt es 58 Nationalparks in den USA und 43 in Kanada.

## Der amerikanische Westen

Der Westen der USA hat interessante Städte und Landschaften mit einer Fülle von Attraktionen. Jedes Jahr kommen viele Touristen aus aller Welt. Besonders die Nationalparks sind ein Anziehungspunkt, denn dort kann man nicht nur die Natur genießen, sondern auch vieles bestaunen, wie die geheimnisvollen Redwood-Wälder, grandiose Naturwunder wie den Grand Canyon, das Monument Valley, die Felswohnungen der indianischen Ureinwohner und vulkanische Aktivitäten im Yellowstone-Park. Im Jahr 2008 haben über sechzig Millionen Besucher die Nationalparks der USA besucht.

1 Benenne Ziele und Aufgaben von Nationalparks.
2 Erstellt eine Collage zum Thema „Nationalparks in Nordamerika". Grundlage hierfür soll eine auf DIN-A3 kopierte Nordamerikakarte sein, die ihr auf ein Plakat klebt. Tragt die zehn Nationalparks Nordamerikas ein, die euch am interessantesten für Touristen erscheinen (siehe **M 2**). Beantwortet dabei die folgenden Leitfragen (**M 2**):
  – Wo liegt der Nationalpark?
  – Wie viele Quadratkilometer umfasst der Park?
  – Welche Besonderheiten zeichnen den Park aus?
  – Wie viele Besucher hat der Park jährlich?
3 Gestaltet ein Hinweisschild, das Verhaltensregeln für Besucher des Nationalparks aufzeigt.
4 Stellt euch vor, ihr würdet eine Reisegruppe leiten, die von Deutschland aus eine Rundreise durch den Westen der USA gebucht hat. Der Routenplan liegt euch vor (**M 1**). Stellt einen Reiseführer zusammen, der die Attraktionen der 20-tägigen Reise vorstellt. Start- und Zielort ist San Francisco. Plant je einen An- und einen Abreisetag in San Francisco.

**M 1** *Routenplan für eine Rundreise durch den Westen der USA*

## Death-Valley-Nationalpark
(Kalifornien, USA)
Death Valley, das sogenannte „Tal des Todes", ist die heißeste Gegend des nordamerikanischen Kontinents. Trotzdem leben auch hier Pflanzen und Tiere. Je nach Sonnenstand ergeben sich auf den bizarren Felsformen im Death Valley beeindruckende Farbenspiele.

Größe: 13 600 Quadratkilometer
Jährliche Besucherzahl: rund 872 000

## Jasper-Nationalpark
(Alberta, Kanada)
Der Jasper-Nationalpark wurde 1907 gegründet. Er ist der größte Nationalpark in den kanadischen Rocky Mountains. Große Bereiche sind nur für Wanderer zugänglich. Im Park gibt es Elche, Wapitis, Dickhornschafe, Bergziegen, Schwarzbären, Grizzlybären, Luchse, Wölfe und Kojoten.

Größe: 10 900 Quadratkilometer
Jährliche Besucherzahl: rund 2 040 000

## Yellowstone-Nationalpark
(Wyoming, Montana, Idaho, USA)
Der Yellowstone-Park ist der älteste Nationalpark der Welt. Er liegt in den Rocky Mountains auf durchschnittlich 2440 Metern Höhe. Der Yellowstone-Park ist vor allem für seine vulkanischen Erscheinungen wie Geysire und Schlammtöpfe sowie für seine Wildtiere, Bisons, Grizzlybären und Wölfe bekannt.

Größe: 9000 Quadratkilometer
Jährliche Besucherzahl: rund 3 067 000

## Denali-Nationalpark
(Alaska, USA)
Auf dem Gebiet des Denali-Nationalparks befindet sich der höchste Berg Nordamerikas, der Mount McKinley (6193 m). Um die empfindliche Vegetation des Parks sowie die Tiere zu schützen, dürfen im größten Teil des Parks keine Privatautos fahren. Im Park leben Grizzlybären, Elche und Rentiere. Er ist bei Wanderern und Bergsteigern sehr beliebt.

Größe: 24 585 Quadratkilometer
Jährliche Besucherzahl: rund 433 000

**M 2** *Nationalparks in Nordamerika (Auswahl)*

# Daten von Klimastationen weltweit

| | | J | F | M | A | M | J | J | A | S | O | N | D | Jahr |
|---|---|---|---|---|---|---|---|---|---|---|---|---|---|---|
| **Polare Zone** | | | | | | | | | | | | | | |
| Barrow / USA (Alaska) 71°18′N/156°47′W 13 m | °C mm | -26,0 4 | -27,7 4 | -26,0 5 | -18,8 5 | -6,9 4 | 1,3 7 | 3,9 25 | 3,3 23 | -0,7 14 | -10,0 11 | -18,8 6 | -23,7 5 | -12,5 113 |
| Godthaab / Grönland 64°10′N/51°45′W 25 m | °C mm | -7,4 39 | -7,8 47 | -8,0 50 | -3,9 46 | 0,6 55 | 3,9 62 | 6,5 82 | 6,1 89 | 3,5 88 | -0,6 70 | -5,8 74 | -8,7 54 | -3,8 756 |
| Dudinka / Russland 69°24′N/86°10′O 19 m | °C mm | -28,9 41 | -27,6 35 | -22,4 37 | -15,4 34 | -6,3 29 | 4,9 40 | 13,8 45 | 10,7 54 | 3,8 58 | -8,9 57 | -21,2 49 | -25,0 50 | -10,2 529 |
| Werchojansk / Russland 67°33′N/133°23′O 137 m | °C mm | -47 7 | -42,7 7 | -29,8 5 | -12,9 67 | 2,8 12 | 13,0 25 | 15,2 36 | 10,8 29 | 2,3 15 | -14,9 14 | -36,7 10 | -43,6 10 | -15,3 237 |
| Wostok / Antarktis 78°27′S/106°52′O 3420 m | °C mm | -32,1 1 | -43,9 1 | -57,8 3 | -65,0 2 | -65,6 3 | -65,8 2 | -67,0 3 | -69,0 3 | -66,2 3 | -57,0 1 | -43,7 1 | -32,1 1 | -55,4 24 |
| **Gemäßigte Zone** | | | | | | | | | | | | | | |
| Ottawa / Kanada 45°23′N/75°43′W 79 m | °C mm | -10,7 50,8 | -9,2 49,7 | -2,6 56,6 | 5,9 64,8 | 13,0 76,8 | 18,1 84,3 | 20,8 86,5 | 19,4 87,8 | 14,7 83,6 | 8,3 74,7 | 1,5 81,0 | -7,2 72,9 | 6,0 870 |
| Essen / Deutschland 51°24′N/6°56′O 152 m | °C mm | 1,9 81 | 2,5 57 | 5,1 75 | 8,5 68 | 12,9 73 | 15,7 97 | 17,4 89 | 17,2 77 | 14,4 73 | 10,7 70 | 5,7 83 | 2,9 90 | 9,6 933 |
| Washington D.C. / USA 38°51′N/77°2′W 20 m | °C mm | 1,4 69,1 | 3,1 68,8 | 8,4 80,5 | 13,6 68,8 | 19,1 93,0 | 24,2 85,9 | 26,7 96,5 | 25,8 99,3 | 21,8 84,1 | 15,4 76,7 | 9,9 79,2 | 4,1 79,2 | 14,5 981 |
| Valdivia / Chile 39°48′S/73°14′W 5 m | °C mm | 16,6 74 | 16,0 68 | 14,3 105 | 11,1 180 | 9,2 403 | 7,8 419 | 7,3 394 | 8,0 312 | 9,2 206 | 11,5 127 | 13,7 99 | 15,7 84 | 11,7 2471 |
| Berlin / Deutschland 59°40′N/18°10′O 52 m | °C mm | -0,9 43,2 | 0,5 37,6 | 3,4 37,8 | 8,6 41,1 | 13,7 49,4 | 17,2 64,1 | 18,8 71,1 | 18,0 62,1 | 14,4 44,1 | 9,2 44,3 | 3,9 45,5 | 0,7 47,9 | 8,9 588 |
| Moskau / Russland 55°45′N/37°34′O 156 m | °C mm | -9,3 42 | -7,7 36 | -2,2 34 | 5,8 44 | 13,0 51 | 16,6 75 | 18,2 94 | 16,4 77 | 11,0 65 | 5,1 59 | -1,2 58 | -6,1 56 | 5,0 691 |
| **Subtropische Zone** | | | | | | | | | | | | | | |
| Schanghai / China 31°10′N/121°26′O 3 m | °C mm | 3,7 39,0 | 4,6 58,8 | 8,5 81,2 | 14,2 102,3 | 19,2 114,5 | 23,4 152,0 | 27,8 128,2 | 27,7 133,0 | 23,6 155,6 | 18,3 60,5 | 12,4 51,2 | 6,1 34,7 | 15,8 1111 |
| Rom / Italien 41°54′N/12°29′O 46 m | °C mm | 7,3 102,6 | 8,3 98,5 | 10,1 67,5 | 12,8 65,4 | 17,0 48,2 | 20,9 34,4 | 23,9 22,9 | 23,9 32,8 | 20,8 68,1 | 16,3 93,7 | 11,6 129,6 | 8,3 111,0 | 15,1 874,7 |
| Los Angeles / USA 33°56′N/118°24′W 30 m | °C mm | 13,8 61 | 14,2 64 | 14,4 50 | 15,6 18 | 17,1 4 | 18,7 1 | 20,6 1 | 21,4 4 | 21,1 8 | 19,3 9 | 16,4 45 | 13,8 42 | 17,2 307 |
| Kapstadt / Südafrika 33°58′S/18°36′O 46 m | °C mm | 20,4 14 | 20,4 16 | 19,2 21 | 16,9 41 | 14,4 68 | 12,5 93 | 11,9 83 | 12,4 77 | 13,7 41 | 15,6 33 | 17,9 16 | 19,5 17 | 16,2 520 |
| Bagdad / Irak 33°14′N/44°14′O 34 m | °C mm | 10,0 25 | 12,3 24 | 16,0 23 | 22,0 22 | 28,4 8 | 33,0 1 | 34,8 0 | 34,4 0 | 30,6 1 | 24,6 3 | 17,1 17 | 11,0 23 | 22,9 147 |
| **Tropische Zone** | | | | | | | | | | | | | | |
| Khartoum / Sudan 15°36′N/32°33′O 380 m | °C mm | 23,2 0 | 25,0 0 | 28,7 0 | 31,9 1 | 34,5 4 | 34,3 11 | 32,1 46 | 31,5 75 | 32,5 25 | 32,4 5 | 28,1 1 | 24,5 0 | 29,9 168 |
| Mumbai / Indien 18°54′N/72°49′O 11 m | °C mm | 24,4 1 | 24,9 1 | 26,9 1 | 28,6 2 | 30,1 12 | 29,1 586 | 27,7 731 | 27,3 480 | 27,7 275 | 28,7 67 | 28,1 14 | 26,2 3 | 27,5 2170 |
| Jakarta / Indonesien 6°11′S/106°50′O 8 m | °C mm | 25,7 336 | 25,6 304 | 26,0 209 | 26,5 134 | 26,6 107 | 26,3 91 | 26,1 60 | 27,3 46 | 26,6 72 | 26,7 106 | 26,4 139 | 25,9 198 | 26,2 1802 |
| Iquitos / Peru 3°45′S/73°12′W 117 m | °C mm | 25,9 256 | 25,7 276 | 25,7 349 | 25,4 306 | 25,8 271 | 25,1 199 | 24,9 165 | 25,4 157 | 26,2 191 | 26,5 214 | 26,6 244 | 26,5 217 | 25,8 2845 |
| Manaus / Brasilien 3°8′S/60°1′W 72 m | °C mm | 26,1 260 | 26,0 288 | 26,1 314 | 26,3 300 | 26,3 256 | 26,4 114 | 26,5 88 | 27,0 58 | 27,5 83 | 27,6 126 | 27,3 183 | 26,7 217 | 26,7 2287 |

# Arbeitstechniken

*Ein Interview mit der Oberbürgermeisterin*

### Ein Interview mit einem Experten/einer Expertin durchführen

Folgende Arbeitsschritte solltet ihr beachten:
1. Beratet in Gruppen darüber, wie und wo man einen Experten finden kann, der zu eurer Fragestellung Auskunft geben könnte.
2. Stellt den Kontakt zu dem Experten durch ein Telefonat oder ein Anschreiben her und vereinbart einen Gesprächstermin.
3. Sammelt Fragen, die ihr dem Experten stellen wollt. Sortiert die Fragen zum Beispiel nach:
   - Fragen zur Person
   - Fragen zur Ausbildung und der beruflichen Laufbahn des Experten
   - Fragen zur täglichen Arbeit des Fachmanns.
4. Einigt euch auf einen Fragesteller und besprecht die technische Ausstattung (Aufnahmegerät) und den Ablauf.
5. Führt das Interview durch.
6. Bedankt euch bei dem Experten für das Gespräch und überlegt zum Schluss, was ihr beim nächsten Interview besser machen könnt.

### Blockbilder lesen

Ein Blockbild ist eine geographische Zeichnung. Es zeigt Dinge und Erscheinungen an der Erdoberfläche wie ein Bild. Seitlich werden in einem Blockbild die Höhenunterschiede dargestellt.
- Informiere dich, welche Landschaft dargestellt ist.
- Beschreibe die Lage, die Oberflächenformen, die Nutzung und andere Inhalte des Blockbildes.
- Ordne das Blockbild in eine Karte ein.

### Stummes Schreibgespräch

Für ein stummes Schreibgespräch benötigt ihr folgende Materialien:
Schere, Kreppband, Filz- oder Wachsmalstifte, Wandtapeten (von großen Papierrollen, Resttapeten oder Kartonpapier).
Je nach Gruppengröße werden auf mindestens zwei zusammengestellten Tischen zwei Wandtapeten in der Breite des Tisches aneinandergelegt und mit Kreppband befestigt. Die Stühle werden beiseite gestellt.
Nun wird in großer Schrift auf jede Tapete eine Aufgabe oder eine Frage geschrieben.
Auf ein vereinbartes Zeichen wird für etwa zehn Minuten nicht mehr gesprochen. Ihr könnt euch während dieser Zeit nur noch schriftlich mitteilen.

Bis zu 15 Personen verteilen sich gleichmäßig um die Tischgruppe. Während der ganzen Zeit geht ihr langsam um die Tische und entscheidet selbst, wann, wie viel und wo ihr etwas hinschreiben wollt. Wie in einem normalen Gespräch wird es möglich sein, viel zu schreiben oder erst einmal zu sehen, was die anderen schreiben. Ihr könnt Meinungen und Argumente niederschreiben, Beiträge von anderen kommentieren, sie unterstützen oder ihnen widersprechen. Meinungsäußerungen anderer dürfen aber nicht durchgestrichen oder verändert werden.

### Ein Argumentationsposter erstellen

Ein Argumentationsposter ist ein Hilfsmittel, mit dem ihr eine Begründung zu einem bestimmten Thema entwickeln, systematisieren und vortragen könnt. Es sollte möglichst nur kurze Formulierungen oder Stichworte enthalten.
1. Die Aussagen beschreiben die Situation, wie sie **IST**.
2. Die nächste Aussagen beziehen sich darauf, wie die Situation sein **SOLL**.
3. In dem dritten Kasten wird begründet, **WARUM** das Soll notwendig ist.
4. Im vierten Kasten wird eine Forderung formuliert, die ausdrückt, was zu tun ist: **APPELL** an den Einzelnen.

**Beispiel:** Umweltzonen für die Innenstädte
Ist: zu viele Autos in der Stadt; Luftverschmutzung; Lärmbelastung, Schäden für Umwelt und Menschen
Soll: saubere, gesunde Luft; keine Feinstaubbelastung; Umweltschutz
Warum: Umwelt schützen; Gesundheit erhalten; Lärm vermeiden; Luftqualität verbessern; Feinstaub reduzieren
Appell: zu Fuß gehen; Fahrrad oder Bus fahren; schadstoffarmes Auto kaufen

# ARBEITSTECHNIKEN

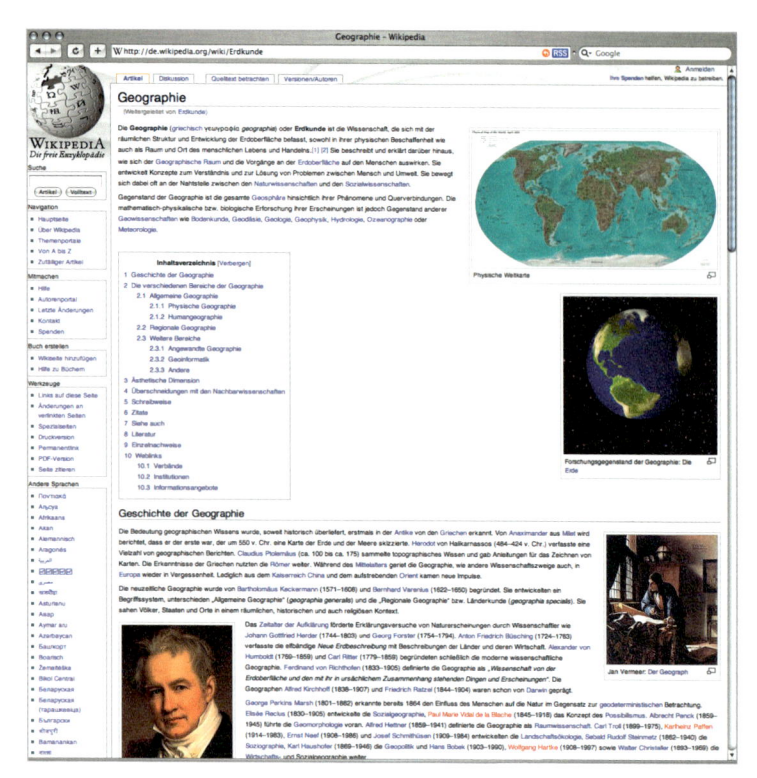

*Internetrecherche auf Wikipedia mit dem Suchwort „Geographie"*

### 🌐 Die Arbeit mit Online-Lexika

Um erste Informationen zu einem Thema zu bekommen und eventuell noch ein paar Links zu erhalten, könnt ihr neben den Suchmaschinen auch Online-Lexika verwenden. Hierbei solltet ihr unterscheiden zwischen zwei Arten von Lexika. Zum einen gibt es Lexika, deren Inhalt von einer zahlenmäßig begrenzten Expertengruppe zusammengetragen und geprüft wurde. Diese Experten stehen mit ihrem Namen für die Richtigkeit und Ausgewogenheit (d.h. keine einseitige Darstellung) der Angaben.

Eine andere Art der Online-Lexika sind solche, zu denen jeder etwas beitragen kann. Der Vorteil: Diese Lexika wachsen schnell und enthalten viele aktuelle Begriffe. Es wächst aber auch die Gefahr, dass die Informationen nicht richtig oder nur einseitig dargestellt werden. Zwar überprüfen sich die freiwilligen Schreiber auch untereinander wie beispielsweise bei www.wikipedia.de – ihr findet diese Überprüfung, wenn ihr auf den Reiter „Diskussion" klickt, jedoch gilt gerade hier, dass die Informationen nicht ungeprüft übernommen werden dürfen.

### Eine Exkursion planen und durchführen

Exkursionen zur Erkundung können uns besser als Bücher, Fernsehberichte und Internetartikel Informationen über einen bestimmten Raum vermitteln. Vorbereitung, Durchführung und Nachbereitung der Exkursion können aufwändig sein. Folgendes ist bei einer Exkursion zu beachten:

1 **Vorbereitung:**
– Festlegen des Exkursionszieles
– Planen der Kosten für Fahrt, Verpflegung, eventuell Übernachtung
– Benachrichtigung der Eltern
– Absprachen zur notwendigen Ausrüstung (Regen- und Kälteschutz, festes Schuhwerk, Schreibmaterial, Karten, Kompass, Lupe ...)
– bilden von Arbeitsgruppen

2 **Durchführung:**
– gemeinsame Exkursion
– Gruppenarbeit vor Ort

3 **Nachbereitung:**
– Auswerten der Ergebnisse
– Aufbereiten der Ergebnisse (Arbeitsmappen, Poster)
– Präsentation der Ergebnisse in der Klasse, anderen Klassen oder vor den Eltern
– Was könnt ihr beim nächsten Mal besser machen?

### Projektarbeit vorbereiten und durchführen

**Vorbereitung:**
1 Themen sammeln
2 Teilnehmer festlegen
3 Zeitplan des Projekts festlegen
4 Arbeitsergebnisse vorstellen

**Durchführung:**
1 Arbeitsgruppen bilden
2 Material besorgen und sichten
3 Durchführung von Erkundungen, Befragungen usw.
4 Arbeitsergebnisse überprüfen

**Vorstellung der Ergebnisse:**
Aus den Beiträgen der einzelnen Gruppen muss ein Gesamtergebnis mit aufeinander abgestimmten Beiträgen entstehen. Überlegt, ob und wie ihr eure Ergebnisse in der Schule oder außerhalb vorstellen könnt.

**Auswertung der Projektarbeit:**
Was hat geklappt? Was hättet ihr besser machen können?

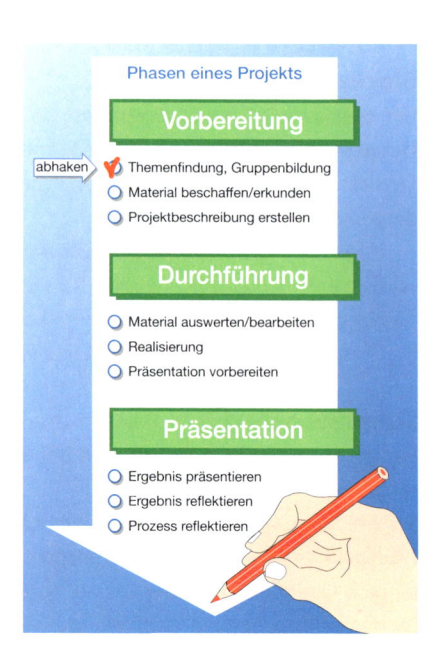

**Phasen eines Projekts**

**Vorbereitung**
- Themenfindung, Gruppenbildung ← abhaken
- Material beschaffen/erkunden
- Projektbeschreibung erstellen

**Durchführung**
- Material auswerten/bearbeiten
- Realisierung
- Präsentation vorbereiten

**Präsentation**
- Ergebnis präsentieren
- Ergebnis reflektieren
- Prozess reflektieren

## Fließdiagramme zeichnen

Mit Fließdiagrammen können Abläufe und Entwicklungen anschaulich dargestellt werden, wie bei diesem Beispiel die Nahrungskette im Watt.

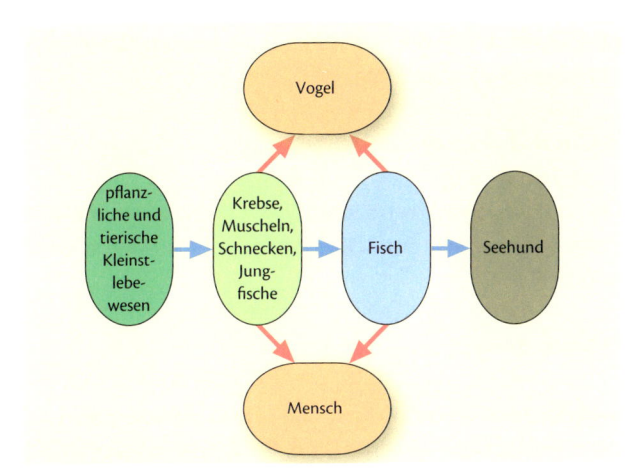

*Fließdiagramm: Die Nahrungskette im Watt*

## Arbeitsergebnisse in bildlicher Form präsentieren

Bilder und Zeichnungen können einprägsamer als Texte sein. Dabei gibt es verschiedene Möglichkeiten:

1 **Das Plakat:** Auf einem Plakat könnt ihr zum Beispiel Bilder, Zeitungsschlagzeilen, Tabellen und Grafiken befestigen. Auf lange Texte solltet ihr bei einem Plakat verzichten. Oft wirkt ein Plakat besser, wenn es nicht rechteckig ist, sondern in einer interessanten Form das Thema wiedergibt.
2 **Die Collage** besteht vorwiegend aus Bildern. Diese sollten sehr aussagekräftig sein, Situationen überspitzen und auf ein Problem hinweisen. Besonders ihre Anordnung kann den Betrachter neugierig machen.
3 **Die (gestaltete) Landkarte** ist so etwas wie ein Plakat in Form eines Landes oder Kontinents. Sie bietet sich als Präsentationsform an, wenn das Thema sich auf ein Land oder einen Erdteil bezieht.

4 **Die Ausstellung** richtet sich meist an die gesamte Schule, manchmal auch an Eltern und Mitbürger. In der Vorbereitung sind folgende Fragen zu klären:
 – Wo ist ein geeigneter Ort (Flur, Pausenhalle, Aula)?
 – Wen könnte das Thema interessieren?
 – Woher bekommen wir Pin- und Stellwände sowie Schaukästen?
 – Wie wollen wir das Thema präsentieren?
 – Wie soll die Ausstellung angekündigt werden (Aushänge, Schüler- oder Lokalzeitung)?
 – Wie erhalten wir eine Rückmeldung zu unserer Ausstellung (Buch für Eintragungen, Fragebögen)?

## Streitgespräch

Das Thema, wozu es unterschiedliche Standpunkte gibt, wird an die Tafel geschrieben. Die Mitglieder der jeweiligen „Partei" versuchen die Argumente der Gegenseite zu entkräften. Dabei werden auch „Beweismittel" wie Karten, Texte, Bilder etc. einbezogen.

Im Verlauf der Diskussion dürfen sich auch die Zuhörer einmischen. Im Schlusswort fasst jede Seite noch einmal ihre Argumente zusammen. Danach kann eine Abstimmung in der Klasse stattfinden, welche Gruppe ihre Position am überzeugendsten vertreten hat.

## Texte erarbeiten

Wenn ihr für die Bearbeitung eines Themas viele Artikel aus Zeitungen gesammelt, Bücher ausgeliehen und im Internet recherchiert habt, müsst ihr nun die Texte lesen und nach Wichtigkeit für euer Thema einschätzen.
Dabei könnt ihr so vorgehen:

1 **Text überfliegen:**
 Schaut dabei im Text nach Absätzen und Zwischenüberschriften, die euch Hinweise auf den Inhalt geben.
2 **Text bewerten**:
 Ist der Text für eure Arbeit wichtig?
3 **Text genau lesen**:
 Unterstreicht – wenn möglich – wichtige Begriffe. Notiert euch auf Zetteln wichtige Sätze und Informationen.
4 **Zusammenfassen**:
 Stellt nun aus euren Notizen einen Text mit eigenen Worten zusammen.

# Lexikon

**anthropogen:** (ánthropos, griech. = Mensch) durch Menschen verursacht, z. B. anthropogener → *Treibhauseffekt*

**arides Klima:** (arid, lat. = trocken) Klima, in dem weniger Niederschläge fallen, als Wasser verdunsten könnte. Das kann sich auf Monate oder das Jahr (arides Klima) beziehen. Die Temperaturkurve liegt über den Niederschlagssäulen.

**Atmosphäre:** (griech.) nennt man die Lufthülle, die unsere Erde umgibt. Sie besteht aus Stickstoff (ca. 78 %) und Sauerstoff (ca. 21 %) sowie Spurengasen, Staub und Wasser.

**Avenue:** parallel zur Main Street verlaufende Straßen in nordamerikanischen Städten, die im Schachbrettmuster angelegt wurden. In Europa sind Avenues Prachtstraßen.

**Bodenerosion:** ein Vorgang, bei dem lockere Teile der Erdoberfläche durch Wasser fortgespült oder Wind weggeweht werden. Dadurch werden Regionen unfruchtbar. → *Brandrodung* kann den Prozess weiter verstärken.

**Brandrodung:** Abbrennen von Wald, Busch- oder Grasland, damit es als Ackerland genutzt werden kann. Die Brandrodung ist hauptsächlich in den Tropen verbreitet.

**Breitengrad (auch Parallelkreise):** Linien, die parallel mit gleichem Abstand zum Äquator um die Erde verlaufen

**CBD – Central Business District:** (engl.) Geschäftsviertel in der Innenstadt, mit vielen Arbeitsplätze, guten Verkehrs- und Einkaufsmöglichkeiten sowie hohen Mieten.

**Dauerfeldbau:** Bei ganzjähriger → Vegetationsperiode in den immerfeuchten Tropen und Subtropen ist eine durchgehende Nutzung mit mehreren Ernten im Jahr möglich.

**Dauerfrostboden:** ständig gefrorener Boden, der nur in den Sommermonaten an der Oberfläche auftaut.

**Desertifikation:** Ausbreitung der Wüste durch Übernutzung oder unangepasste Landutzung.

**Düne:** Sandhügel, der vom Wind angeweht worden ist.

**Dürre:** längere Trockenperiode mit sehr geringem → *Niederschlag* und hohen Temperaturen.

**Einstrahlungswinkel:** Winkel, unter dem die von der Sonne ausgesendeten Lichtstrahlen auf die Erdoberfläche treffen.

**endogene (erdinnere) Kräfte:** Vom Erdinneren auf die Erdoberfläche und die darunter liegenden Schichten (Erdkruste) einwirken; z. B. durch → *Erdbeben* oder Vulkanismus.

**Epizentrum:** Stelle auf der Erdoberfläche, die sich senkrecht über einem → *Erdbeben* befindet, dessen Erdbebenherd sich mehrer Kilometer tief in der Erdkruste befindet.

**Erdbeben:** Erschütterungen der Erdoberfläche durch Vorgänge in der Erdkruste. Die Stärke der Beben werden mit der → *Richter-Skala* angegeben.

**Erg:** bezeichnet eine Sandwüste.

**Erosion:** Abtragung von verwittertem Material der Erdoberfläche (Ton, Schluff, Sand, Kies, Steine) durch Wasser, Wind und Eis.

**Eskimo:** → *Inuit*

**exogene (erdäußere) Kräfte:** sind solche, die von außen auf die Erdoberfläche einwirken, z. B. fließendes Wasser, Wind, Eis oder Temperaturunterschiede, und Vorgänge wie → *Verwitterung*, Erosion und Sedimentation bedingen.

**Export:** Ausfuhr von Waren; Gegenteil von Import.

**fairer Handel:** (engl. = Fairtrade) Bezeichnung für eine faire, also gerechte Handelsweise, welche die Lebens- und Arbeitsbedingungen der Produzentenfamilien in Entwicklungsländern verbessern soll.

**Flussaue:** ein Lebensraum entlang eines Flusses, der geprägt ist durch ständige Wechsel zwischen Hoch- und Niedrigwasser sowie eine große Artenvielfalt.

**Hamada:** bezeichnet eine Fels- oder Steinwüste.

**Hochdruckgebiet:** Luftmasse mit einem Luftteilchenüberschuss an der Erdoberfläche und somit höherem Luftdruck. Aus dem Hochdruckgebiet fließen die Luftteilchen seitlich zum → *Tiefdruckgebiet* ab.

**humides Klima:** (humid, lat. = feucht, nass) feuchte Gebiete oder Jahreszeiten, in denen mehr Niederschlag fällt als verdunstet und so eine hohe → *Luftfeuchtigkeit* vorherrscht.

**Inlandeis:** mehrere tausend Meter dicke Eismasse, die große Teile der Landfläche bedeckt.

**Inuit:** ethnische Gruppe mit gleicher Sprache und Kultur, deren Siedlungsgebiete in den arktischen Regionen Kanadas und auf Grönland liegen.

**Jahreszeitenklima:** durch deutliche Temperaturunterschiede zwischen Sommer und Winter entstehen vier Jahreszeiten mit Frühling und Herbst als Übergangszeiten.

**Karawane:** Reisegesellschaft von Kaufleute, die mit Kamelen die Wüsten des Orients durchqueren.

**Klarwasserfluss:** ein Fluss der Tropen, mit sehr wenigen Schwebstoffen (organische und mineralische Teilchen) und damit glasklarem Wasser.

**Klima:** Zum Klima gehören die Erscheinungen, die auch zum Wetter gehören: Temperatur, → *Niederschlag*, Luftdruck, Wind (Richtung und Stärke), → *Luftfeuchtigkeit*, Sonnenscheindauer und Bewölkung. Das Klima wird berechnet, indem Wettererscheinungen eines Raumes über einen langen Zeitraum (circa 30 Jahre) gemessen werden.

**Kondensation:** Übergang des Wassers von seinem gasförmigen Zustand (Wasserdampf) in den flüssigen (Wasser). Kondensation erfolgt, wenn Luft abkühlt.

**Kontinentaldrift:** Gesteinsschollen der Erdkruste werden von den → *Konvektionsströmungen* des Magmas verschoben.

**Kontinentalklima:** (auch Landklima) bezeichnet die Klimazone, die weit im kontinentalen Inneren das Klima mit jahreszeitlich großen Temperaturschwankungen und im Verhältnis zum Seeklima geringen Niederschlägen bestimmt.

**Konvektionsstrom:** bezeichnet das Fließen des → *Magmas* im Erdmantel, das zur Kontinentalverschiebung und Gebirgsbildung führt. Der Konvektionsstrom wird durch die Hitze aus dem Erdinneren in Bewegung gehalten. Sie steigt auf, wird seitlich unter der Erdkruste abgeleitet, kühlt dabei und taucht wieder ab zum Erdinneren.

**Luftfeuchtigkeit:** der Wasserdampfgehalt der Luft

**Magma:** Gesteinsschmelze im Erdinneren; das glutflüssige Gesteinsmaterial breitet sich bei Vulkanausbrüchen als Lava an der Erdoberfläche aus und erkaltet dort zu Gestein.

**Main Street:** (engl.) Haupt-Geschäftsstraße in der City

**Monokultur:** (lat. *mono* = eins) Feldbau, bei dem eine Nutzpflanze auf großen Flächen über viele Jahre angebaut wird.

**Niederschlag:** alle aus der → *Atmosphäre* zur Erdoberfläche fallenden oder sich dort erst bildenden Formen des Wassers. Von den fallenden Niederschlägen wie Regen, Schnee und Graupel werden die abgesetzten Niederschläge wie Tau und Reif, die sich an der Erdoberfläche ausbilden, unterschieden.

**Nildelta:** Flussdelta des Nils, das sich durch Ablagerung von Sand und Schlamm vor der Flussmündung im Meer aufgeschüttet hat. Es bildet sich ein dreiecksähnlicher Grundriss.

**Nomade:** Viehhalter, der mit der Herde von Naturweide zu Naturweide zieht, da die Futtergrundlage infolge der Trockenheit nicht für eine Dauernutzung ausreicht.

**Oase:** Gebiet in einer Wüste oder an ihrem Rand, in dem durch dort vorhandenes Wasser üppiges Pflanzenwachstum möglich ist.

**Panamakanal:** künstliche Wasserstraße, welche die Wege für den Seehandel stark verkürzt, da sie Mittelamerika durchschneidet und den Atlantik mit dem Pazifik verbindet.

**Pflanzenschutzmittel:** Stoffe, die Pflanzen vor Schädlingen, wie Tieren, Mikroorganismen oder Krankheiten schützen.

**Pipeline:** Leitung zur Beförderung von Gas oder Öl über weite Entfernungen.

**Plantage:** landwirtschaftlicher Großbetrieb in den Tropen mit einseitiger Ausrichtung (→ *Monokultur*) zum Erzeugen von Produkten für den Weltmarkt (z. B. Kaffee).

**Polarkreis:** Breitenkreis in 66,5° nördlicher bzw. südlicher Breite. An den Polarkreisen ist zu den Zeiten der Sonnenwende 24 Stunden lang Tag oder Nacht.

**Primärwald:** ursprünglicher, vom Menschen unbeeinflusster Wald mit seiner natürlichen Vegetation. Häufig nur noch in borealen Nadelwäldern oder tief in → *tropischen Regenwäldern* zu finden.

**Richter-Skala:** Einteilung von → *Erdbeben* nach ihrer Stärke aufgrund von Messungen durch → *Seismographen*.

**Rotation (der Erde):** die Drehung der Erde von Westen nach Osten um die eigene Achse in 24 Stunden. Dadurch entstehen Tag und Nacht.

**Sahelzone:** Übergangszone von der Wüste Sahara zur Trockensavanne in Nordafrika; Vegetationsform: Dornsavanne.

**Schelfeis:** große Eisplatte, die auf dem Meer schwimmt und mit einem Gletscher an Land fest verbunden ist. Am Rande des Schelfeises brechen Eisberge ab.

**Schichtvulkan:** durch Anhäufung vulkanischen Lockermaterials (Asche) und Lava gebildeter kegelförmiger Vulkan.

**Schildvulkan:** flacher Vulkan mit geringer Hangneigung, der durch das Ausfließen dünnflüssiger Lava entsteht.

**Schwarzwasserfluss:** nährstoff- und sedimentarmer Fluss der Tropen, der durch gelöste Säuren eine braune Farbe hat.

**Sea-Floor-Spreading:** (Meeresbodenspreizung) durch → *Konvektionsströme* ausgelöster Prozess, bei dem durch aufsteigendes → *Magma* ozeanische Platten auseinandergedrückt werden; neuer Meeresboden, Tiefseegräben und der mittelozeanische Rücken entstehen.

**Seismograph:** Gerät zur Messung und Aufzeichnung der Stärke von → *Erdbeben*.

**Sekundärwald:** nach Rodung oder → *Brandrodung* nachwachsender Wald, weniger artenreich als der → *Primärwald*.

**Serir:** bezeichnet eine Geröll- oder Kieswüste.

**Stockwerkbau:** Aufbau von verschiedenen Pflanzen; in einer → *Oase* drei Stockwerke (Gemüse und Getreide, Obstbäume, Dattelpalmen), im → *tropischen Regenwald* vier Stockwerke (Bodenschicht, Strauchschicht und junge Bäume, ausgewachsene Bäume, Urwaldriesen).

**Subduktion:** Abtauchen einer Platte der Erdkruste unter eine andere. Bei diesen Vorgang schmilzt die abtauchende Platte im → *Magma* des Erdmantels.

**Suburb:** (engl.) Vorort oder Vorstadt.

**Tageszeitenklima:** In den Tropen sind die täglichen Schwankungen der Temperatur größer als die Jahresschwankung. Es gibt daher weder Sommer noch Winter.

**Taiga:** Bereich des borealen Nadelwaldes in Russland in der kühlgemäßigten Klimazone.

**Tiefdruckgebiet:** Luftmasse mit Mangel an Teilchen in der Lufthülle und geringerem Luftdruck. In das Tiefdruckgebiet der Nordhalbkugel fließen Moleküle entgegengesetzt zum Uhrzeigersinn vom → *Hochdruckgebiet* hinein.

**Treibhauseffekt:** Spurengase in der → *Atmosphäre* schwächen die Sonneneinstrahlung im sichtbaren Spektralbereich kaum, absorbieren aber die von der Erdoberfläche zurückgestrahlte Wärmestrahlung im Infrarotbereich und geben sie partiell an die Erdoberfläche zurück. Dadurch ergibt sich ein natürlicher Treibhauseffekt der Atmosphäre.

**Treibhausgas:** Gas in der → *Atmosphäre*, wie Kohlenstoffdioxid, Wasserdampf, Methan, Ozon u. a., die die Wärmerückstrahlung von der Erdoberfläche in das All verhindern. Die natürliche Treibhausgaskonzentration in der Atmosphäre sorgt dafür, dass auf unserem Planeten statt eisiger Weltraumkälte eine durchschnittliche Temperatur von 15 °C herrscht. Zusätzliche → *anthropogen* verursachte Treibhausgase heizen das Klima weiter auf. Folge ist der Klimawandel.

**tropischer Regenwald:** Immergrüner Wald der Tropen, der charakterisiert wird durch üppiges Wachstum, Artenreichtum und ausgeprägten → *Stockwerkbau*. Reichliche, über das ganze Jahr gleichmäßig verteilte → *Niederschläge* (2000–4000 mm im Jahr) und gleichbleibend hohe Temperaturen (im Mittel um 25 °C) kennzeichnen das Klima.

**Tundra:** baumlose Vegetationszone der Subpolargebiete mit Moosen, Flechten, Gräsern und Zwergsträuchern. Die Sommer sind kurz und kühl (6–10 °C), die Winter lang und kalt (unter –8 °C) mit einer Schneedecke bis zu 300 Tagen im Jahr. Charakteristisch ist der → *Dauerfrostboden*.

**Übergangsklima:** bezeichnet den klimatischen Übergangsbereich zwischen dem feuchten Seeklima und dem trockenen Landklima (Kontinentalklima), siehe Karte S. 49.

**Überweidung:** Übernutzung von Weideland durch zu großen Viehbestand. Die Tiere fressen mehr Futter als nachwachsen kann und zertreten die Grasnarbe, wodurch es zu → *Bodenerosion* und Wüstenbildung kommen kann.

**Vegetationsperiode:** Klimatisch bedingte Wachstumszeit, in der Pflanzen keimen, wachsen, blühen und die Früchte reifen können.

**Verwitterung:** Zerkleinerung und Zersetzung festen Gesteins zu lockerem Material (Gesteinsschutt, Minerale), die durch physikalische, chemische und biologische Prozesse hervorgerufen wird.

**Wadi:** (arab.) Bezeichnung für ein Flusstal ohne Wasserführung in den Wüsten Nordafrikas und Westasiens. Nach Niederschlägen kann es wieder Wasser führen.

**Wanderfeldbau:** (engl. *Shifting Cultivation*) Verlegung der Anbauflächen und Siedlungen in tropischen Gebieten bei nachlassender Fruchtbarkeit der Böden. Neue Anbauflächen werden meist durch → *Brandrodung* gewonnen.

**Weißwasserfluss:** nährstoff- und sedimentreicher Fluss der Tropen, der durch Schwebstoffe eine lehmige Farbe erhält. Im Gegensatz zum → *Schwarzwasserfluss* bietet er gute Lebensbedingungen sowie eine reiche Tier- und Pflanzenwelt.

**Wendekreis:** die beiden Breitenkreise, über denen die Sonne einmal im Jahr zum Zeitpunkt der Sommersonnenwende senkrecht steht, bevor sie wieder in Richtung Äquator wandert. Die Wendekreise liegen bei 23° 27' nördlicher und südlicher Breite.

**Zenitstand:** der senkrechte Stand der Sonne über einem Ort in den Tropen zur Mittagszeit.

# Sachregister

## A
absolute Luftfeuchtigkeit 18
Albedo 138
Amazonien 96
Anden 82
Antarktis 35
anthropogen 140
Appalachen 161
arides Klima 62
Arktis 35
Assuan-Staudamm 66
Atmosphäre 16
Avenue 162

## B
Barometer 20
Beleuchtungszone 16
Blizzard 126
Bodenerosion 75
Bodenschutz 55, 148
Brandrodung 92
Breitengrad 128
Brettwurzel 87

## C
CBD – Central Business District 162

## D
Dauerfeldbau 93
Dauerfrost 36
Dauerfrostboden 38
Desertifikation 75
Dornsavanne 70
Düne 63
Dürre 63

## E
Einstrahlungswinkel 16
endogene Kräfte 110
Epizentrum 120
Erdbeben 120
erdbebensicheres Bauen 131
Erg 63
Eskimo 40
exogene Kräfte 110
Export 95

## F
fairer Handel 95
Feuchtsavanne 70
Flurchlorkohlenwasserstoff 140
Flussaue 146
Flussoase 66
Fremdlingsfluss 66
Frostsprengung 62

## G
Great Plains 161

## H
Hamada 63
Hektopaskal 20
Hochdruckgebiet 20, 126
Hochwasser 146
Humus 87
Hurrikan 128
Hygrometer 18

## I
Inuit 40
Internetrecherche 124

## J
Jahreszeit 14
Jahreszeitenklima 85

## K
Kältegrenze des Anbaus 45
Kanadisches Schild 161
Karawane 74
Kautschuk 96
Klarwasserfluss 96
Klimadiagramm 22, 46
Klima-Rahmenkonvention 150
Klimaschutz 150
Klimawandel 138
Klimazone 24
Kohlenstoffdioxid 140
Kondensation 18
Kontinentalklima 50
Kontinentalverschiebung 114
Konturpflügen 148
Konvektionsstrom 114
Kulturpflanze 50, 72

## L
Lava 110
Lohnunternehmen 55
Luftfeuchtigkeit 18

## M
Magma 114
Main Street 162
Meeresspiegelanstieg 142
Methan 140
Mobilität 164
Monokultur 95

## N
Nährstofffalle 87
Nährstoffkreislauf 87
Nationalpark 166
Naturkatastrophe 130
Naturraum 161
Niederschlag 18
Nildelta 66
Niloase 66
Nomade 74

## O
Oase 63

## P
Panamakanal 82
Pflanzenschutzmittel 95
Pipeline 121
Plantage 94
Plattentektonik 114
Pol 34
Polarkreis 38
polare Zone 38
Prärie 54
Präsentation 90
Projekt 158

## R
Regenfeldbau 72
Regenwaldzerstörung 101
Richter-Skala 120, 121
Rollenspiel 102
Rocky Mountains 161
Rotation der Erde 21
relative Luftfeuchtigkeit 18

## S
Sahelzone 74
Satellitenbild 68
Savanne 70
Schelfeis 35
Schichtstufenland 161
Schichtvulkan 118
Schildvulkan 118
Schwarzwasserfluss 96
Sea-Floor-Spreading 115
Seismograph 120
Sekundärwald 93
Selbstversorgung 72
Serir 63
Statistik 144
Stockwerkbau 86
Sturm 126
Subduktion 115
Suburb 163

## T
Tageszeitenklima 85
Taiga 44
Temperaturzone 16
Tiefdruckgebiet 20, 126
Tornado 128
Transamazonika 97
Treibhauseffekt 140
Treibhausgas 141
Trockensavanne 70
tropischer Regenwald 85
tropischer Wirbelsturm 126
Tsunami 122
Tundra 36

## U
Übergangsklima 50
Überweidung 75

## V
Vegetationsperiode 51
Vegetationszone 25, 44
Verwitterung 62
Vulkan 110, 118

## W
Wadi 63
Wanderfeldbau 93
Wandzeitung 116
Weißwasserfluss 96
Wendekreis 14
Windschutzstreifen 148
Windstärke 21
Wirbelsturm 126
Wüste 62

## Z
Zenitstand 14

# Bildquellen

AFP Agence France-Presse GmbH, Berlin: 142 M1;
Arco Images, Lünen: 24/25 M1 (4), 48 M1 re. (B. Fischer);
Aurich, Frankfurt: 26 M1 (3);
Dieter Blümner, Ratingen: 24/25 M1 (3), 44 M3;
© Chappatte in „NZZ am Sonntag", Zürich: 140 M1;
CARO/Riedmiller: 149 M4;
Comstock Images/Jupiterimages: 32;
Corbis: 39 M4 (Momatink-Eastcott), 41 M8 (Charles & Josette Lenars), 41 M9 (Peter Guttmann), 41 M10 (Robert van der Hilst), 42 M3 (Wolfgang Kaehler), 43 M4 (Ashley Cooper), 52 M1 (Phil Schermeister), 52 M2 (AgStock Images), 52 M3 (Blaine-Harrington III), 54 M1 (Mark Karrass), 57 M4 u. li. (Mark Karrass), 58 M6 o. (Mark Karrass), 58 M7 o. (Momatink-Eastcott), 64 M2 (Frans Lanting/Zefa), 72 M1 (Karen Kasmauski), 73 M4 (David Shuterland), 83 M3 (Galen Rowell), 84 M1 (Frans Lanting), 88/89 (Hintergrund) (Frans Lanting), 88 o. li. (Darrel Gulin), 88 u. li. (Frans Lanting), 88 o. re. (Wolfgang Kaehler), 88 u. re. (Sygma/Collart Herve), 94 M1 (Einklinker) (John Coletti/JAI), 96 M1 (Kazuyoshi Nomachi), 97 M5 (Collart Harve), 98 M2 (Stephanie Maze), 106 M7 m. (1) (Frans Lanting), 106 M7 m. (2) (Darrel Gulin), 106 M7 u. (1) (Frans Lanting), 106 M7 u. (2) (Sygma/Collart Herve), 106 M6 u. (4) (Wolfgang Kaehler), 129 M3 (Eric Nguyen), 156/157 (Fridmar Damm/Zefa), 158 M1 u. li. (Daniel Laine), 158 M1 o. re. (Alan Schein Photography), 161 M5 (Annie Griffiths Belt), 161 M6 (Mark E. Gibson), 162 M1 (David Jay Zimmermann), 164 M1 (Richard T. Nowitz), 165 M4 (Sunset Avenue Productions/Brand X), 165 M6 (Michael Christopher Brown), 167 M2 (1) (Robert Francis/Robert Harding World Imagery), 167 M2 (2) (Pete Saloutos/Zefa), 167 M2 (3) (Momatink-Eastcott), 167 M2 (4) (Darrel Gulin);
Cornelsen Verlagsarchiv: 24/25 M1 (2), 28 M2 (D), 44 M2, 57 M4 u. re., 78 M6 (1), 92 M3 (2–4), 112 M1 re., 158 M1 o.;
Eichler, Heidelberg: 24/25 M1 (7), 91 M4–M6 o., 106 M7 o.;
Peter Fischer, Oelixdorf: 77 M5 (1–2);
© frau-doctor/zimmerpflanzen.ws: 141 M5;
Wolfgang Fregien, Laatzen: 62 M3, 63 M4;
© 1998 Friedrich Verlag GmbH, Seelze/aus: geographie heute 161): 154 M8;
GEO Zentrum an der KTB: 113 M2, 113 M3;
Georg Gerster, Zumikon: 148 M2, 148 M3;
Greenpeace/Daniel Beltra: 99 M5, 150 o. li.;
Helmut Hohmann, Berlin: 26 M1 (2);
Fouad N. Ibrahim, Bayreuth: 24/25 M1 (6), 28 M2 (C);
Alex Ignatius, Vancouver: 100 M1
images.de: 58 M7 u. (AL GRILLO/Still Pictures);
Uwe Jansen, Aachen: 62 M1;
Matthias Klum, Uppsala: 80/81;
Kocevar, Berlin: 158 M1 u. re.;
Kommission für Glaziologie der Bayerischen Akademie der Wissenschaften, München: 139 M3 (1–2);
Hans-Peter Konopka, Recklinghausen: 57 M4 o. m.;
H. Lange, Bad Lausick: 54 M2;
Lutz Lennardt, Lünen: 134 M7;
Achim Lewandowski, Wien: 89 u. li.;
Erik Liebermann, Steingaden: 68 M1;
Reinholf Löffler, Dinkelsbühl: 145 M2;
LOOK-Foto: 35 M3 (K. Wothe);
Luftbild Krug, Heidelberg: 147 M3;
John Marshall: 110/111 M1 (1–2);
Mauritius: Titelfoto vorn und hinten (Dennis Nigel), 24/25 M1 (1) (imagebroker), 28 M2 (A) (imagebroker), 33 (Bridge), 61 (Steve Bloom);
NASA; 12/13, 34 M1, 66 M1 (Visible Earth), 69, 101 M5, 118 M1, 127 M4, 128 M1, 152 M1 (Hintergrund), 152 M1 u. (3);
OKAPIA KG, Frankfurt: 38 M1 (Patrick Endres/Alaska Stock);
picture-alliance: 3 li. (Bildagentur Huber), 35 M4 (dpa/Susanne Mayr), 36 M1 (NHPA/photoshot), 58 M6 u. (NHPA/photoshot), S60 (Sodapix AG), 64 M1 (NHPA/photo-shot/Mike Lane), 64 M3 (NHPA/photoshot/Martin Harvey), 65 M5 (1–2 pic-ture-alliance/bifab), 70 M2 (picture-alliance/Norbert Guthier), 83 M4 (Uwe S, Meschede), 83 M5 (maxppp), 92 M3 (1) (chromorange), 94 M4 (van Kashinsky © dpa-Report), 118 M3 (KPA/Bruno Schug), 120 M4 (NHPA/photoshot), 131 M3 o. li. (maxppp/© 2005by20050529), 133 M4 o. (die KLEINERT.de/Susan Kargot), 133 M4 li. (dpa), 134 M5 (Bildagentur Huber/Gräfenhain), 152 M1 o. (2) (Arco Images GmbH), 152 M1 o. (4) (NHPA/photoshot/John Shaw), 152 M1 u. (2) (Arco Images GmbH), 152 M1 u. (4) (Arco Images GmbH), 160 M1 (HB Verlag/Christian Heeb), 160 M2 (All Canada Photos/John E. Marriott), 163 M3 (maxppp/Oliver Corsan);
picture-alliance/dpa © dpa: 4 re., 97 M3, 106 M7 m. (4), 120 M2 (AFP), 136/137 (Thomas Frey), 150 u. li., 152 M1 o. (3);
picture-alliance/dpa © dpa-Bildarchiv: 5 li., 24/25 M1 (5), 26 M1 (1), 28 M2 (B), 84 M2, 97 M4, 106 M7 u. (3);
picture-alliance/dpa © dpa-Fotoreport: 3 re., 18 M1 (epa Lehtikuva Wennstrom), 56 M2, 119 M6, 133 M4 re., 134 M6, 142 M2 re., 152 M1 u. (1) (Susanne Mayr), 152 M2;
picture-alliance/dpa © dpa-Report: 74 M1, 93 M5, 94 M1, 94 M3, 99 M4, 100 M2, 106 M7 m. (4), 108/109, 110 M2, 126 M1, 127 M5, 152 M1 o. (1);
picture-alliance/dpa/dpaweb © dpa: 122 M1, 130 M1, 131 M3 o. re.;
picture-alliance/dpa-infografik © dpa-Infografik: 140 M2;
picture-alliance/dpa-Grafik © dpa-Infografik: 42 M1, 133 M4 u. m.;
picture-alliance/dpa-Grafik © Globus Infografik: 123 M3, 123 M6;
picture-alliance/OKAPIA KG: 40 M5 (Helfried Weyer), 65 M4 (Fred Bruemmer), 70 M1 (Sohns), 86 M1 (Eric A. Sodes), 92 M1 (photoshot);
picture-alliance/ZB © dpa-Report: 73 M3, 143 M5;
picture-alliance/ZB © ZB-Foto-report: 146 M1;
Pitopia/Berlin Design 2006: 152 M3;
Edgar Reinert, Reutlingen: 116 u., 169 o. li.;
A. Remde, Bonn: 78 M6 (3);
Ellen Rudyk, Wiesbaden: 119 M5;
R. Schmidt, Brunsbüttel: 125 M5;
Thomas Schulz, Teupitz: 90 M1;
Reiner Schwalme, Groß Wasserburg: 106 M6;
L. Schwandt, Wallhaus: 91 M3;
Spreitler, Kempten: 111 M4;
Steenmans Foto & Wort, Mönchengladbach: 55 M4; 163 M4;
Karl Taubert Springe: 78 M6 (2);
Voigt & Kranz Unternehmensgesellschaft, Ostseebad-Prerow: 21 M4;
Michael Weber, Bochen-Nordborchen: 14 M2;
Peter Widmann, Tutzing: 48 M1 li.;
Wikimedia/GNU Free Documentation License: 147 M4;
Wikipedia/GNU-Lizenz: 89 u. re., 115 M3;
© www.trumix.de: 154 M7;
Your Photo Today: 4 li. (Superbild/Bach);
Wilfried Zerbian, Reinbek: 66 M2;

Nicht in allen Fällen war es möglich, die Rechteinhaber der Abbildungen ausfindig zu machen. Für eventuell entstandene Fehler oder Auslassungen bitten wir um Verständnis. Berechtigte Ansprüche werden selbstverständlich im Rahmen der üblichen Vereinbarungen abgegolten.

# Kartenweiser und Inhaltsverzeichnis 177

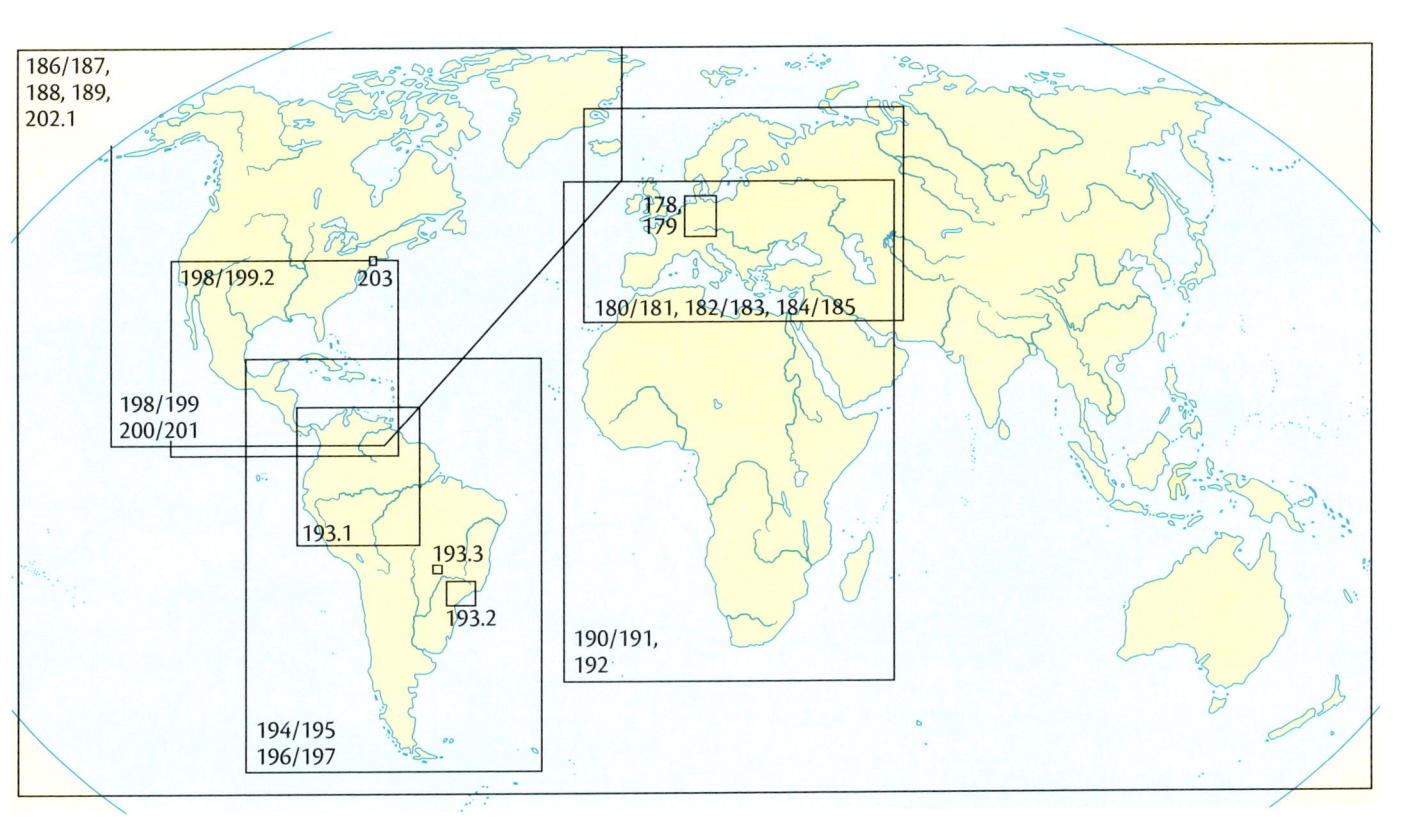

|  |  |
|---|---|
| 178 | Deutschland: Physische Karte |
| 179 | Deutschland: Wirtschaftskarte |
| 180/181 | Europa: Physische Karte |
| 182/183 | Europa: Wirtschaftskarte |
| 184/185 | Europa: Politische Karte |
| 186/187 | Erde: Physische Karte |
| 188 | Erde: Temperaturen |
| 189 | Erde: Niederschläge |
| 190/191 | Afrika: Physische Karte |
| 192 | Afrika: Temperaturen und Niederschläge |
| 193 | Südamerika: Wirtschaftliche Schwerpunkte |
| 194/195 | Südamerika: Physische Karte |
| 196/197 | Südamerika: Wirtschaftskarte |
| 198/199 | Nordamerika: Physische Karte |
| 200/201 | Nordamerika: Wirtschaftskarte |
| 202 | Erde: Tektonik |
| 203 | New York: Innenstadt |
| 204 | Polargebiete: Physische Karten |
| 205–212 | Atlasregister |
| 213 | Generallegende für Wirtschaftskarten |

# 178 Deutschland: Physische Karte

# Deutschland: Wirtschaftskarte

**Legende:**
- Dicht bebaute Siedlungsfläche
- Ackerland mit guten Böden
- Ackerland mit geringeren Böden (zum Teil von Grünland durchsetzt)
- Obst
- Gemüse
- Hopfen
- Weinbau
- Grünland
- Wald
- Heide, Dünen und Ödland
- Fels- und Eisregion im Hochgebirge

- Erdölpipeline
- Erdgaspipeline
- Wasserkraftwerk
- Wärmekraftwerk
- Kernkraftwerk
- Fremdenverkehrsort
- Fischereihafen
- Staatsgrenze
- Landesgrenze

Erklärung der Bergbau- und Industriesignaturen auf Seite 213

© Cornelsen

1 : 3 300 000    1 cm ≙ 33 km

# 180 Europa: Physische Karte

181

# 182 Europa: Wirtschaftskarte

## Legende

**Vegetation / Landnutzung**
- Fels- und Eisregion
- Heide, Fjell und Tundra
- Nördlicher Nadelwald (z. T. Taiga)
- Laub- und Laubmischwald
- Ertragreiches Ackerland mit vorwiegend Getreideanbau
- Übriges Ackerland
- Obst- und Weinbau
- Bewässerungskulturen und Oasen
- Grünland
- Hartlaubgewächse der Subtropen und Macchie
- Steppe
- Halbwüste und Wüste
- Zitrusfrüchte
- Tee
- Baumwolle
- Dattelpalmen
- Reis
- Hauptfischfanggebiet

**Bergbau**
- Steinkohle
- Braunkohle
- Erdöl
- Erdgas
- Fe Eisenerz
- Mn Mangan
- Ni Nickel
- Cr Chrom
- Cu Kupfer
- Zn Zink
- Pb Blei
- Al Bauxit
- Hg Quecksilber
- Pt Platin
- Schwefelkies
- P Phosphat

**Industrie**
- Eisenverhüttung, Stahlherstellung
- Buntmetallverhüttung
- Aluminiumherstellung
- Metall verarbeitende Industrie
- Maschinenindustrie
- Kraftfahrzeugindustrie
- Schiffbau
- Flugzeugbau
- Wasserkraftwerk
- Wärmekraftwerk
- Kernkraftwerk
- Fremdenverkehrsort
- Elektroindustrie
- Chemische Industrie
- Gummiindustrie
- Erdölraffinerie
- Textilindustrie
- Bekleidungsindustrie
- Holzindustrie
- Papierindustrie
- Nahrungsmittelindustrie
- Erdölpipeline
- Erdgaspipeline
- Fischereihafen
- Staatsgrenze

© Cornelsen

1 : 16 500 000   1 cm ≙ 165 km

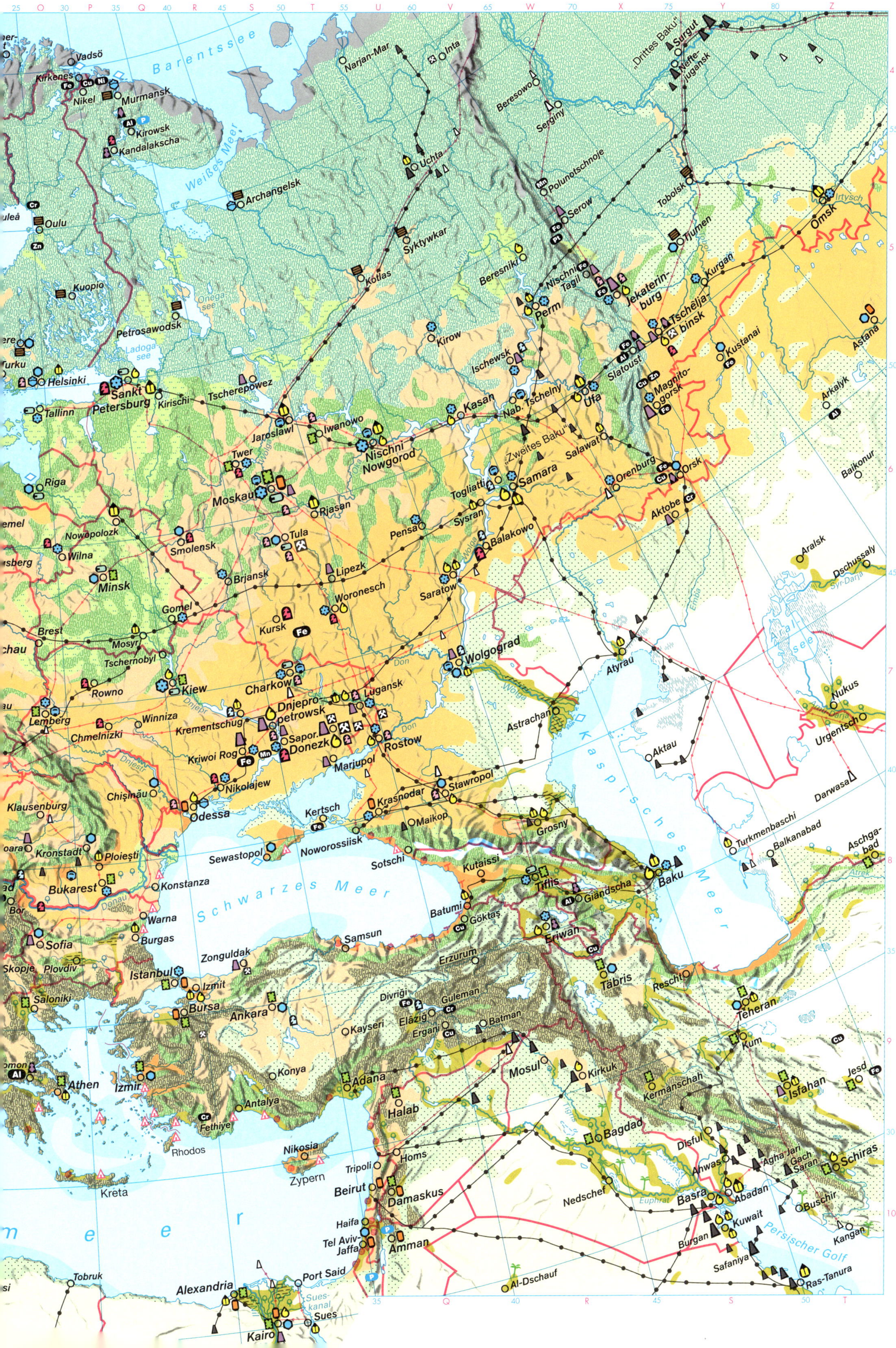
Barentssee
Vadsö
Kirkenes
Nikel
Murmansk
Kirowsk
Kandalakscha
Weißes Meer
Archangelsk
Oulu
Kuopio
Onegasee
Petrosawodsk
Ladogasee
Turku
Helsinki
Tallinn
Sankt Petersburg
Kirischi
Tscherepowez
Narjan-Mar
Inta
Uchta
Syktywkar
Kotlas
Beresowo
Serginy
Polunotschnoje
Serow
Beresniki
Nischni Tagil
Jekaterinburg
Perm
Kirow
Ischewsk
Kasan
Nab. Tschelny
Ufa
Tscheljabinsk
Slatoust
Magnitogorsk
Kurgan
Tjumen
Tobolsk
Omsk
Irtysch
Surgut
Nefteјugansk
„Drittes Baku"
Kustanai
Astana
Arkalyk
Baikonur
Orsk
Aktobe
Orenburg
Salawat
„Zweites Baku"
Samara
Togliatti
Sysran
Balakowo
Pensa
Saratow
Jaroslawl
Iwanowo
Nischni Nowgorod
Twer
Moskau
Rjasan
Tula
Lipezk
Woronesch
Kursk
Brjansk
Smolensk
Riga
Nowopolozk
Wilna
Minsk
Gomel
Brest
Mosyr
Tschernobyl
Rowno
Kiew
Charkow
Lemberg
Winniza
Chmelnizki
Krementschug
Dnjepropetrowsk
Luganski
Donezk
Sapor.
Kriwoi Rog
Nikolajew
Mariupol
Rostow
Chişinău
Odessa
Kertsch
Krasnodar
Stawropol
Maikop
Grosny
Noworossiisk
Sewastopol
Sotschi
Wolgograd
Astrachan
Atyrau
Aktau
Kaspisches Meer
Aralsee
Aralsk
Dschussaly
Syr-Darja
Nukus
Urgentsch
Darwasa
Turkmenbaschi
Balkanabad
Aschgabad
Baku
Gäncä
Tiflis
Kutaissi
Batumi
Göktaş
Eriwan
Täbris
Rescht
Teheran
Kum
Isfahan
Jesd
Schiras
Kermanschah
Schwarzes Meer
Klausenburg
Kronstadt
Ploieşti
Bukarest
Konstanza
Warna
Burgas
Sofia
Skopje
Plovdiv
Saloniki
Istanbul
Izmit
Bursa
Zonguldak
Samsun
Ankara
Erzurum
Divriği
Guleman
Elâzığ
Ergani
Batman
Kayseri
Konya
Adana
Izmir
Athen
Antalya
Fethiye
Rhodos
Kreta
Nikosia
Zypern
Halab
Mosul
Kirkuk
Bagdad
Homs
Tripoli
Beirut
Damaskus
Haifa
Tel Aviv-Jaffa
Amman
Disful
Ahwas
Agha Jari
Gach Saran
Abadan
Basra
Buschir
Kuwait
Burgan
Safaniya
Ras-Tanura
Kangan
Persischer Golf
Nedschef
Euphrat
Al-Dschauf
Tobruk
Alexandria
Port Said
Sueskanal
Sues
Kairo
Wolga
Don
Dnjepr
Dnjestr
Donau
Ural
Emba
Dwina
Kama
Ob
Fe
Cu
Ni
Al
Cr
Zn
Mn
Pt

# 184 Europa: Politische Karte

185

# 186 Erde: Physische Karte

## ① Oberflächengestalt der Erde

## ② Kontinente und Ozeane

## ③ Kontinentalverschiebung im Erdmittelalter

Maßstab 1 : 264 000 000

## 187

*(Physische Weltkarte – Ostteil: Asien, Australien, Indischer und Pazifischer Ozean)*

Maßstab 1 : 88 000 000

Ständige Eisbedeckung, Gletscher

Landhöhen: unter 0 – 100 – 200 – 500 – 1000 – 2000 – 4000 m

### Jura/Kreide-Grenze vor 135 Mio. Jahren

LAURASIA
GONDWANA

### Kreide/Tertiär-Grenze vor 65 Mio. Jahren

NORDAMERIKA · EURASIEN
SÜDAMERIKA · AFRIKA · INDIEN
ANTARKTIS · AUSTRALIEN

**Legende:**
- Landfläche
- Richtung der Plattenbewegung
- Ozeanischer Scheitelgraben mit aufsteigendem Magma
- Neu gebildeter Meeresboden
- Tiefseegraben an untertauchenden Plattenrändern
- Gebiet der permokarbonischen Vereisung

# 188 Erde: Temperaturen

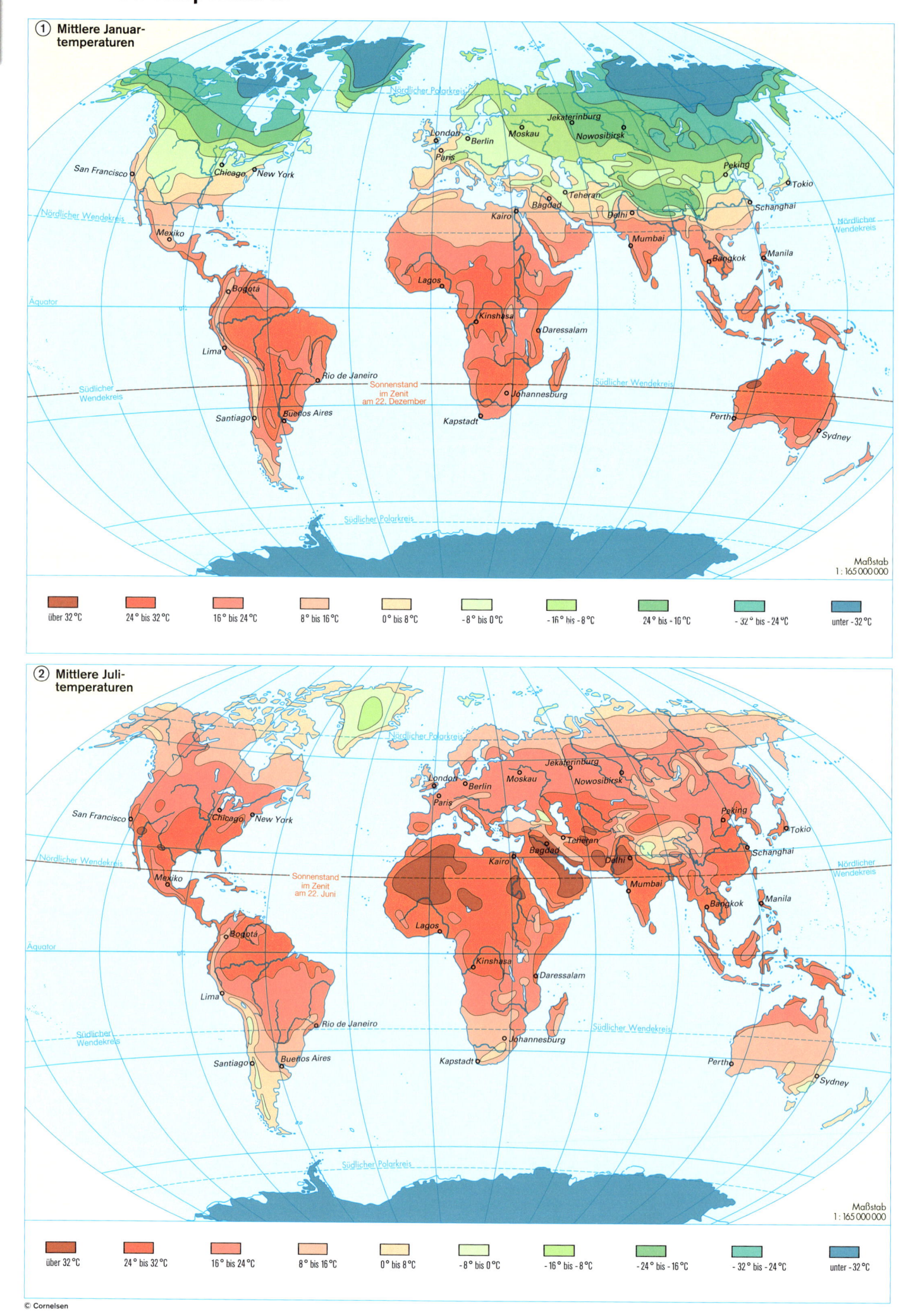

## ① Mittlere Januartemperaturen

Maßstab 1 : 165 000 000

| über 32 °C | 24° bis 32 °C | 16° bis 24 °C | 8° bis 16 °C | 0° bis 8 °C | -8° bis 0 °C | -16° bis -8 °C | -24° bis -16 °C | -32° bis -24 °C | unter -32 °C |

## ② Mittlere Julitemperaturen

Maßstab 1 : 165 000 000

| über 32 °C | 24° bis 32 °C | 16° bis 24 °C | 8° bis 16 °C | 0° bis 8 °C | -8° bis 0 °C | -16° bis -8 °C | -24° bis -16 °C | -32° bis -24 °C | unter -32 °C |

© Cornelsen

# Erde: Niederschläge

## ① Jahresniederschläge

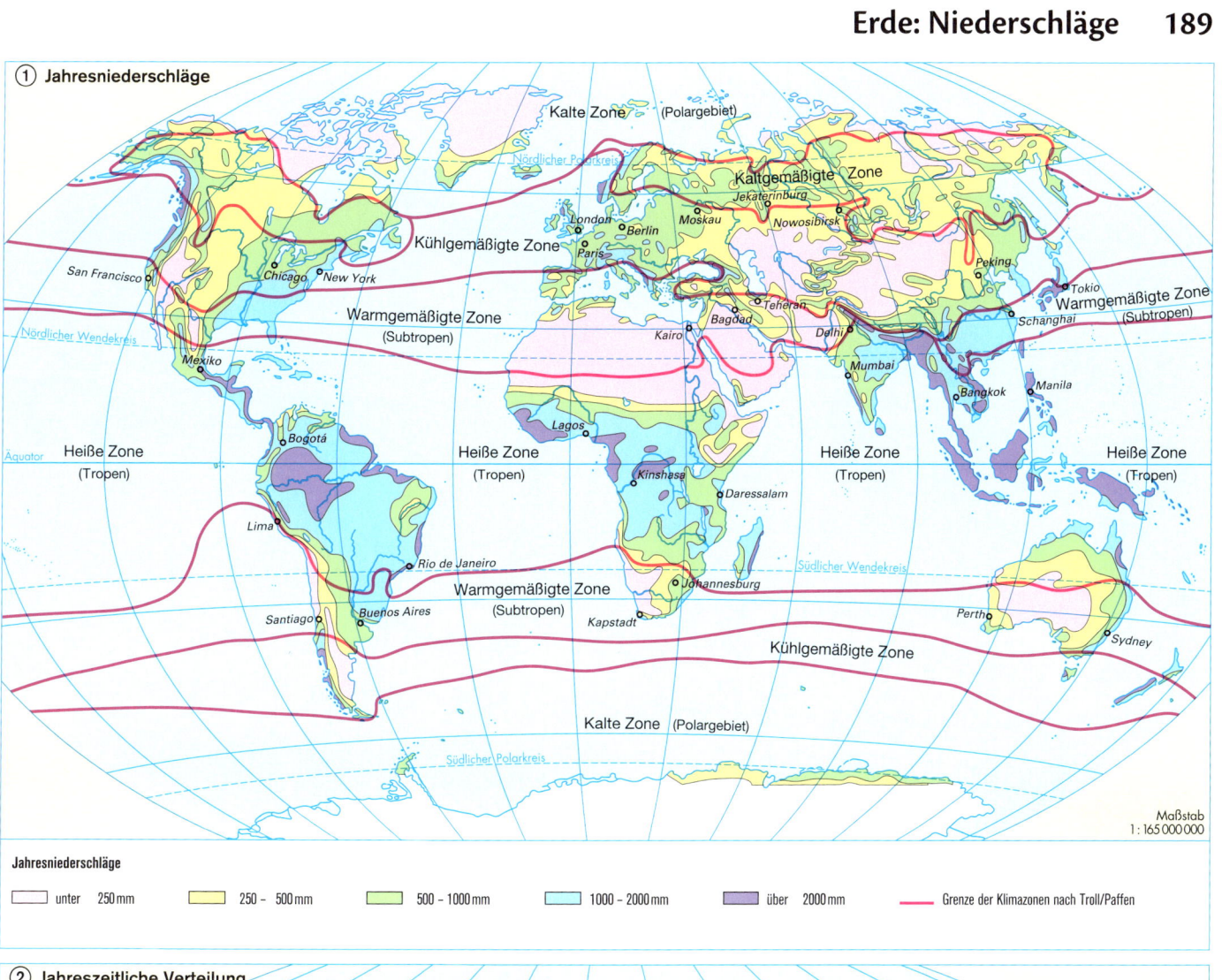

Maßstab 1 : 165 000 000

**Jahresniederschläge**
- unter 250 mm
- 250 – 500 mm
- 500 – 1000 mm
- 1000 – 2000 mm
- über 2000 mm
- Grenze der Klimazonen nach Troll/Paffen

## ② Jahreszeitliche Verteilung der Niederschläge

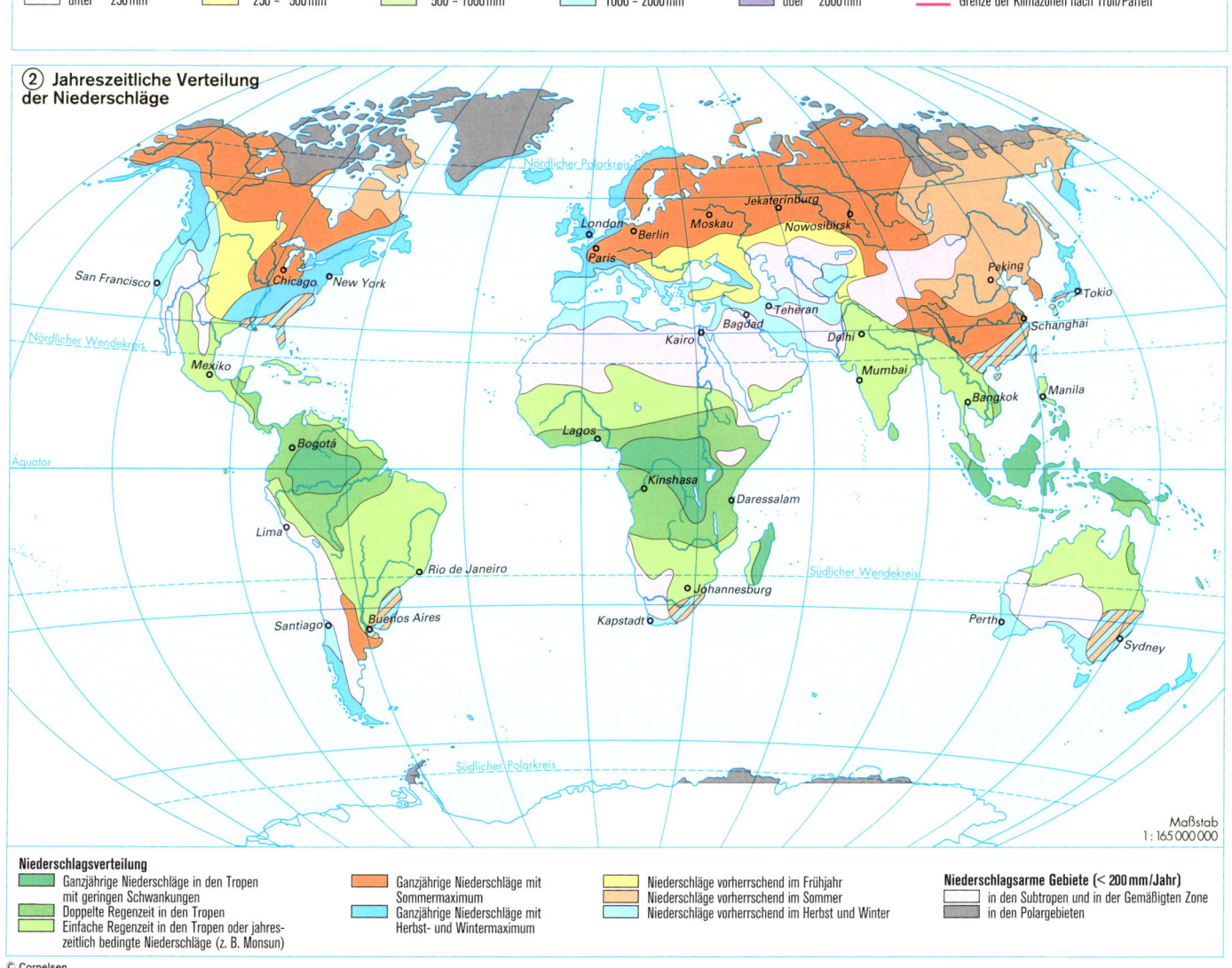

Maßstab 1 : 165 000 000

**Niederschlagsverteilung**
- Ganzjährige Niederschläge in den Tropen mit geringen Schwankungen
- Doppelte Regenzeit in den Tropen
- Einfache Regenzeit in den Tropen oder jahreszeitlich bedingte Niederschläge (z. B. Monsun)
- Ganzjährige Niederschläge mit Sommermaximum
- Ganzjährige Niederschläge mit Herbst- und Wintermaximum
- Niederschläge vorherrschend im Frühjahr
- Niederschläge vorherrschend im Sommer
- Niederschläge vorherrschend im Herbst und Winter

**Niederschlagsarme Gebiete (< 200 mm/Jahr)**
- in den Subtropen und in der Gemäßigten Zone
- in den Polargebieten

© Cornelsen

# 190 Afrika: Physische Karte

191

# 192 Afrika: Temperaturen und Niederschläge

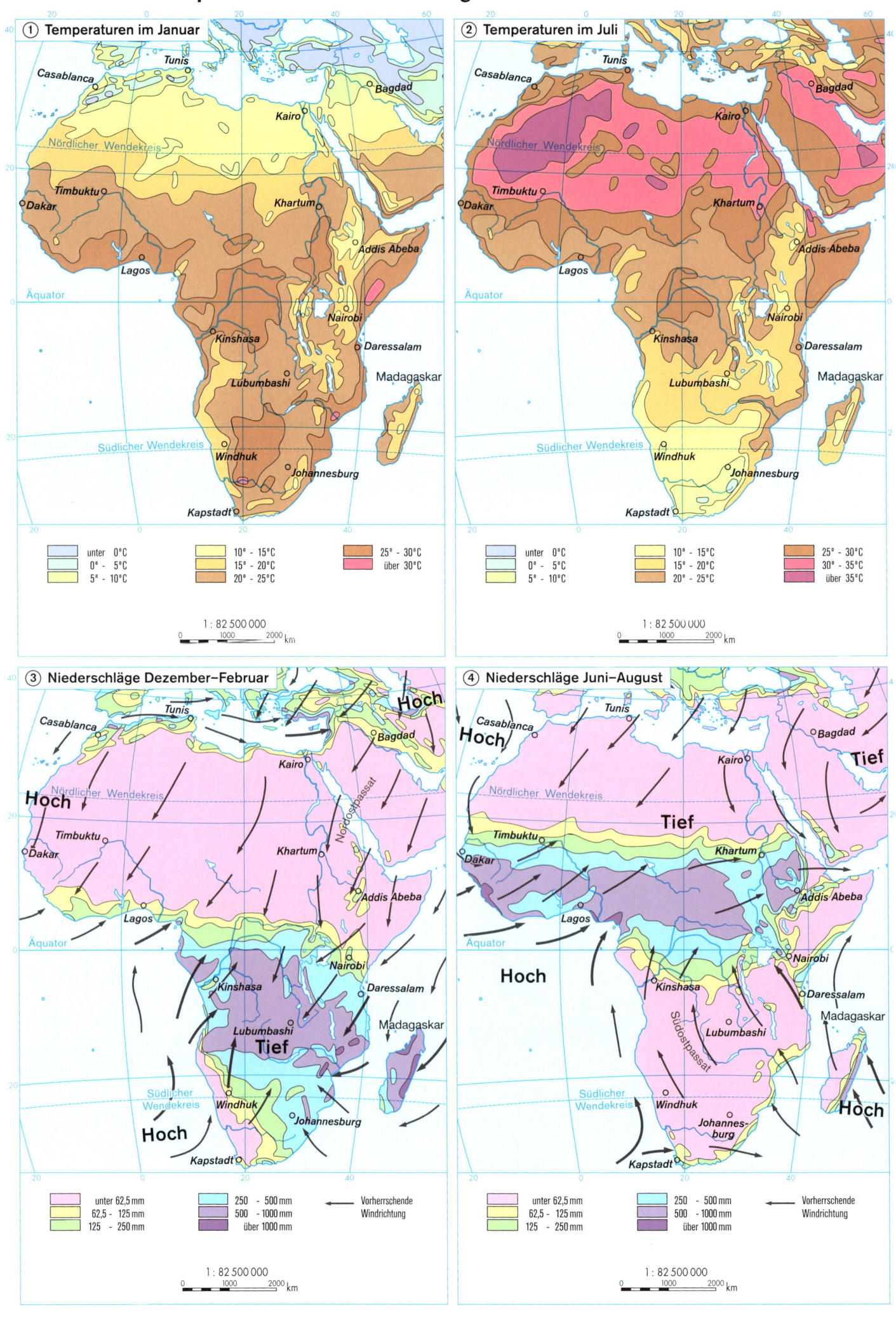

## ① Temperaturen im Januar

unter 0°C
0° – 5°C
5° – 10°C
10° – 15°C
15° – 20°C
20° – 25°C
25° – 30°C
über 30°C

1 : 82 500 000

## ② Temperaturen im Juli

unter 0°C
0° – 5°C
5° – 10°C
10° – 15°C
15° – 20°C
20° – 25°C
25° – 30°C
30° – 35°C
über 35°C

1 : 82 500 000

## ③ Niederschläge Dezember–Februar

unter 62,5 mm
62,5 – 125 mm
125 – 250 mm
250 – 500 mm
500 – 1000 mm
über 1000 mm

← Vorherrschende Windrichtung

1 : 82 500 000

## ④ Niederschläge Juni–August

unter 62,5 mm
62,5 – 125 mm
125 – 250 mm
250 – 500 mm
500 – 1000 mm
über 1000 mm

← Vorherrschende Windrichtung

1 : 82 500 000

# Südamerika: Wirtschaftliche Schwerpunkte 193

## ① Nordwestliches Südamerika: Wirtschaftskarte

Legende:
- Tropischer Regenwald
- Feuchtsavanne
- Trockensavanne
- Halbwüste und Wüste
- Andine Hochgebirgsvegetation (Puna und Páramo)
- Fels- und Eisregion der Hochgebirge
- Anbau tropischer Handelspflanzen
- Bewässerungskulturen
- Ackerland mit gemischtem Anbau

Erklärung der Signaturen für Landwirtschaft, Bergbau und Industrie in der Generallegende

1 : 16 500 000     1 cm ≙ 165 km

## ② Wirtschaftsraum Belo Horizonte – São Paulo – Rio de Janeiro

1 : 5 500 000     1 cm ≙ 55 km

## ③ Geplante Hauptstadt Brasília

- Regierungsgebäude
- Botschaftsgebäude
- Stadtverwaltung
- Andere öffentliche Gebäude
- Geschäftszentrum
- Wohnblock
- Locker bebautes Wohngebiet
- Industrie- und Gewerbefläche
- Park, Grünanlage
- Feuchtsavanne
- Unbebaute Fläche
- Eisenbahn
- Autobahn
- Andere Straße

Erklärung der Farben und Signaturen in Karte ④ bzw. in der Generallegende

1 : 275 000     1 cm ≙ 27,5 km

© Cornelsen

# 194 Südamerika: Physische Karte

195

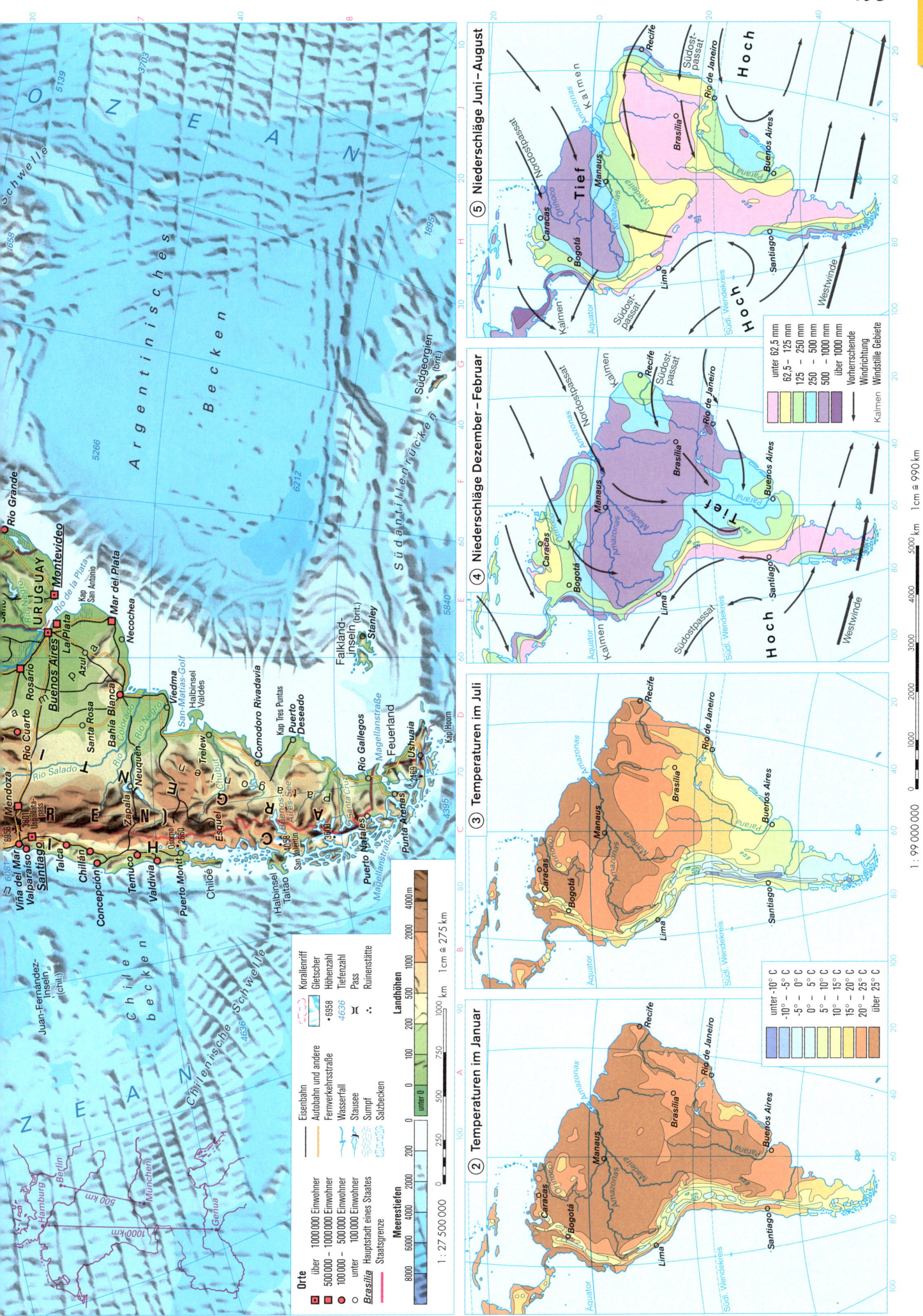

# 196 Südamerika: Wirtschaftskarte

## 197

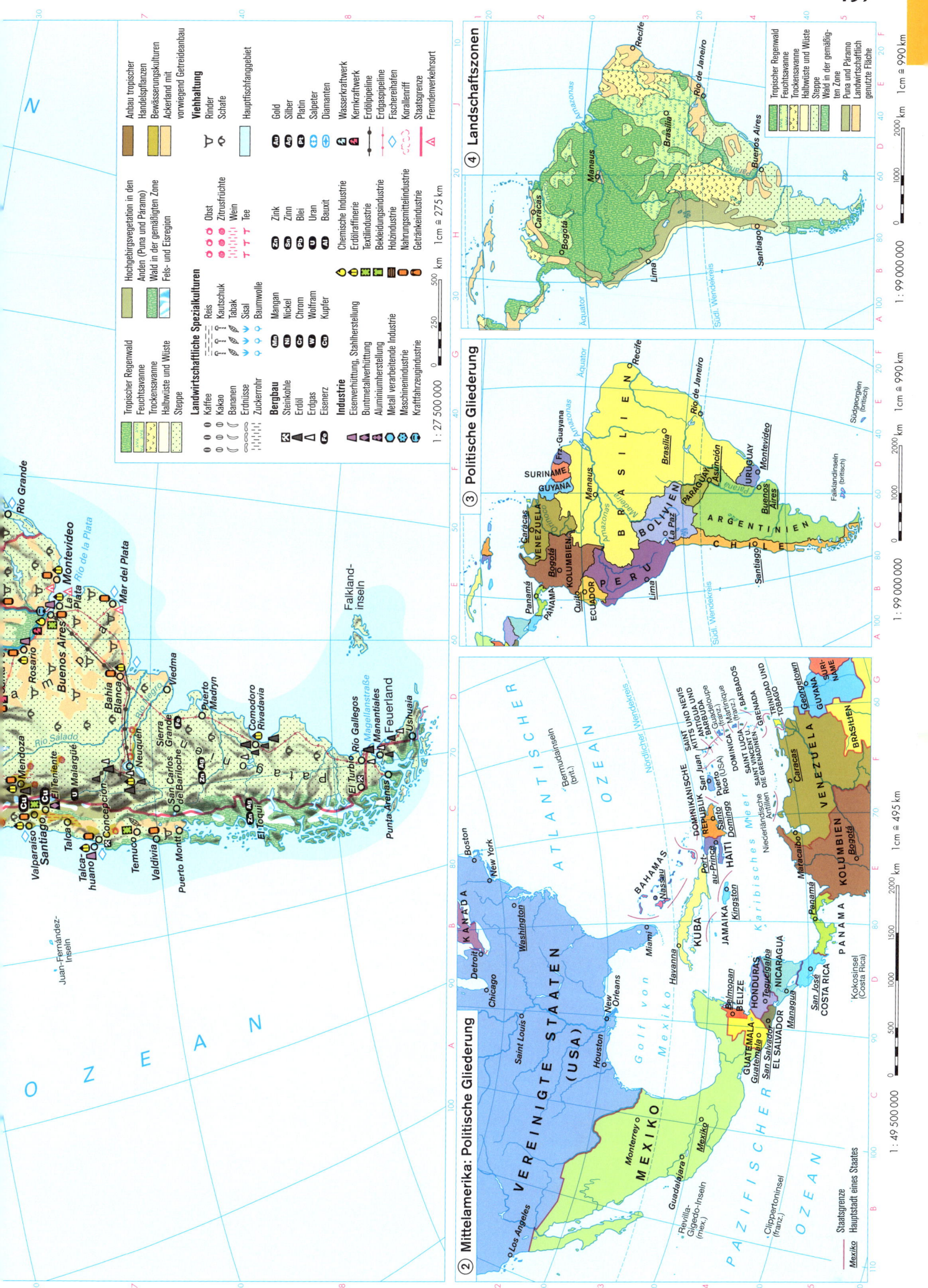

### Legend (Wirtschaftskarte)

**Landschaftszonen:**
- Tropischer Regenwald
- Feuchtsavanne
- Trockensavanne
- Halbwüste und Wüste
- Steppe
- Hochgebirgsvegetation in den Anden (Puna und Páramo)
- Wald in der gemäßigten Zone
- Fels- und Eisregion

**Landwirtschaftliche Spezialkulturen:**
- Kaffee
- Kakao
- Bananen
- Erdnüsse
- Zuckerrohr
- Reis
- Kautschuk
- Tabak
- Sisal
- Baumwolle
- Obst
- Zitrusfrüchte
- Wein
- Tee

**Bergbau:**
- Steinkohle (K)
- Erdöl
- Erdgas
- Eisenerz
- Mangan (Mn)
- Nickel (Ni)
- Chrom (Cr)
- Wolfram (W)
- Kupfer (Cu)
- Zink (Zn)
- Zinn (Sn)
- Blei (Pb)
- Uran (U)
- Bauxit (Al)
- Gold (Au)
- Silber (Ag)
- Platin (Pt)
- Salpeter
- Diamanten

**Industrie:**
- Eisenverhüttung, Stahlherstellung
- Buntmetallverhüttung
- Aluminiumherstellung
- Metall verarbeitende Industrie
- Maschinenindustrie
- Kraftfahrzeugindustrie
- Chemische Industrie
- Erdölraffinerie
- Textilindustrie
- Bekleidungsindustrie
- Holzindustrie
- Nahrungsmittelindustrie
- Getränkeindustrie

**Sonstiges:**
- Anbau tropischer Handelspflanzen
- Bewässerungskulturen
- Ackerland mit vorwiegend Getreideanbau
- Viehhaltung: Rinder, Schafe
- Hauptfischfanggebiet
- Wasserkraftwerk
- Kernkraftwerk
- Erdölpipeline
- Erdgaspipeline
- Fischereihafen
- Korallenriff
- Staatsgrenze
- Fremdenverkehrsort

1 : 27 500 000 (1 cm ≙ 275 km)

---

### ② Mittelamerika: Politische Gliederung

1 : 49 500 000 (1 cm ≙ 495 km)

Staatsgrenze — Mexiko Hauptstadt eines Staates

Länder/Orte: VEREINIGTE STAATEN (USA), Los Angeles, Houston, Saint Louis, Chicago, Detroit, Washington, Boston, New York, Miami, New Orleans, MEXIKO, Monterrey, Guadalajara, México, Revilla-Gigedo-Inseln (mex.), Clipperton-Insel (franz.), Kokosinsel (Costa Rica), BELIZE Belmopan, GUATEMALA Guatemala, HONDURAS Tegucigalpa, EL SALVADOR San Salvador, NICARAGUA Managua, COSTA RICA San José, PANAMÁ Panamá, KUBA Havanna, BAHAMAS Nassau, JAMAIKA Kingston, HAITI Port-au-Prince, DOMINIKANISCHE REPUBLIK Santo Domingo, Puerto Rico (USA) San Juan, Bermudainseln (brit.), Niederländische Antillen, SAINT KITTS UND NEVIS, ANTIGUA UND BARBUDA, GUADELOUPE (franz.), DOMINICA, MARTINIQUE (franz.), SAINT LUCIA, SAINT VINCENT UND DIE GRENADINEN, BARBADOS, GRENADA, TRINIDAD UND TOBAGO, VENEZUELA Caracas, KOLUMBIEN Bogotá, BRASILIEN, GUYANA Georgetown, SURINAME, Maracaibo

Karibisches Meer, Golf von Mexiko, ATLANTISCHER OZEAN, PAZIFISCHER OZEAN, Nördlicher Wendekreis

---

### ③ Politische Gliederung (Südamerika)

1 : 99 000 000 (1 cm ≙ 990 km)

Länder: VENEZUELA (Caracas), KOLUMBIEN (Bogotá), ECUADOR (Quito), PERU (Lima), BOLIVIEN (La Paz), BRASILIEN (Brasília), PARAGUAY (Asunción), URUGUAY (Montevideo), ARGENTINIEN (Buenos Aires), CHILE (Santiago), GUYANA, SURINAME, Fr.-Guayana, PANAMÁ, Falklandinseln (britisch), Südgeorgien (britisch)

Orte/Flüsse: Recife, Rio de Janeiro, Manaus, Amazonas, Madeira, Paraná, Äquator, Südl. Wendekreis

---

### ④ Landschaftszonen (Südamerika)

1 : 99 000 000 (1 cm ≙ 990 km)

- Tropischer Regenwald
- Feuchtsavanne
- Trockensavanne
- Halbwüste und Wüste
- Steppe
- Wald in der gemäßigten Zone
- Puna und Páramo
- Landwirtschaftlich genutzte Fläche

Orte: Caracas, Bogotá, Lima, Santiago, Buenos Aires, Brasília, Manaus, Recife, Rio de Janeiro, Amazonas, Äquator, Südl. Wendekreis

---

### (Hauptkarte Südamerika — Ausschnitt südlicher Teil)

Orte: Juan-Fernández-Inseln, Valparaíso, Santiago, Talca, Talcahuano, Concepción, Temuco, Valdivia, Puerto Montt, San Carlos de Bariloche, El Teniente, Malargüe, Mendoza, Neuquén, Sierra Grande, Puerto Madryn, Comodoro Rivadavia, El Turbio, Río Gallegos, Punta Arenas, Ushuaia, Feuerland, Magellanstraße, Manantiales, Rosario, Buenos Aires, La Plata, Montevideo, Mar del Plata, Bahía Blanca, Viedma, Río Salado, Río Negro, Río de la Plata, Rio Grande, Falklandinseln

ATLANTISCHER OZEAN, PAZIFISCHER OZEAN

# 198 Nordamerika: Physische Karte

# 199

## ⑤ Niederschläge Juni – August

unter 62,5 mm
62,5 – 125 mm
125 – 250 mm
250 – 500 mm
500 – 1000 mm
über 1000 mm
Vorherrschende Windrichtung

## ④ Niederschläge Dezember – Februar

## ③ Temperaturen im Juli

5° – 10°C
10° – 15°C
15° – 20°C
20° – 25°C
25° – 30°C
über 30°C

## ② Temperaturen im Januar

unter -30°C
-30° – -20°C
-20° – -10°C
-10° – -5°C
-5° – 0°C
0° – 5°C

1 : 99 000 000
1 cm ≙ 990 km

---

### Legend (main map)

Orte
- über 1 000 000 Einwohner
- 500 000 – 1 000 000 Einwohner
- 100 000 – 500 000 Einwohner
- unter 100 000 Einwohner

*Ottawa* Hauptstadt eines Staates

- Eisenbahn
- Autobahn und andere Fernverkehrsstraße
- Wasserfall
- Stausee
- Sumpf
- Korallenriff
- Gletscher
- • 3954 Höhenzahl
- 4376 Tiefenzahl
- Ruinenstätte
- Staatsgrenze

Meerestiefen / Landhöhen (m):
8000 / 6000 / 4000 / 2000 / 1000 / 500 / 200 / 100 / 0 / 250 / 500 / 1000 / 2000 / 4000 m

1 : 27 500 000
1 cm ≙ 275 km

## 200 Nordamerika: Wirtschaftskarte

① Wirtschaftskarte
© Cornelsen

201

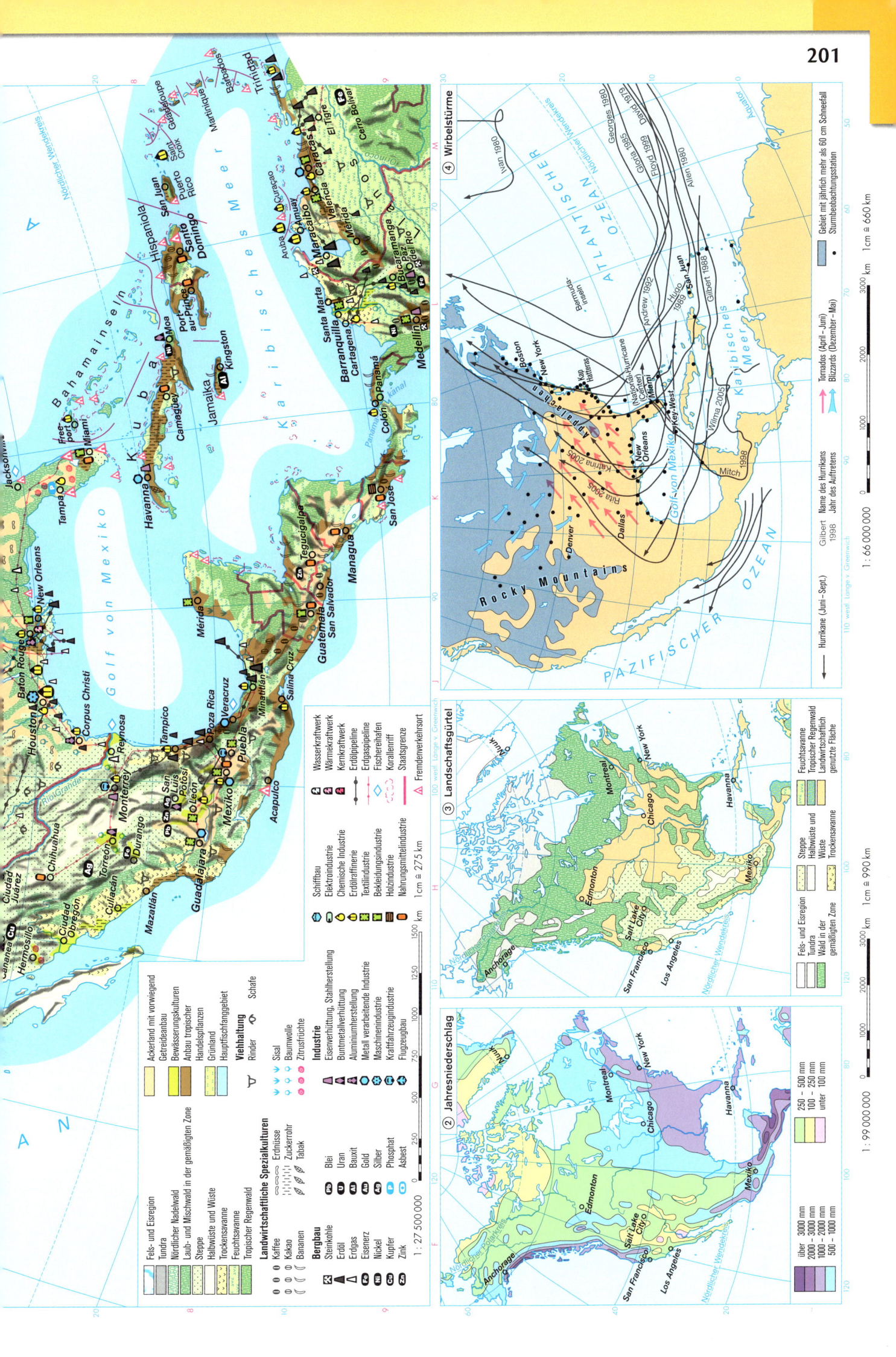

# 202 Erde: Tektonik

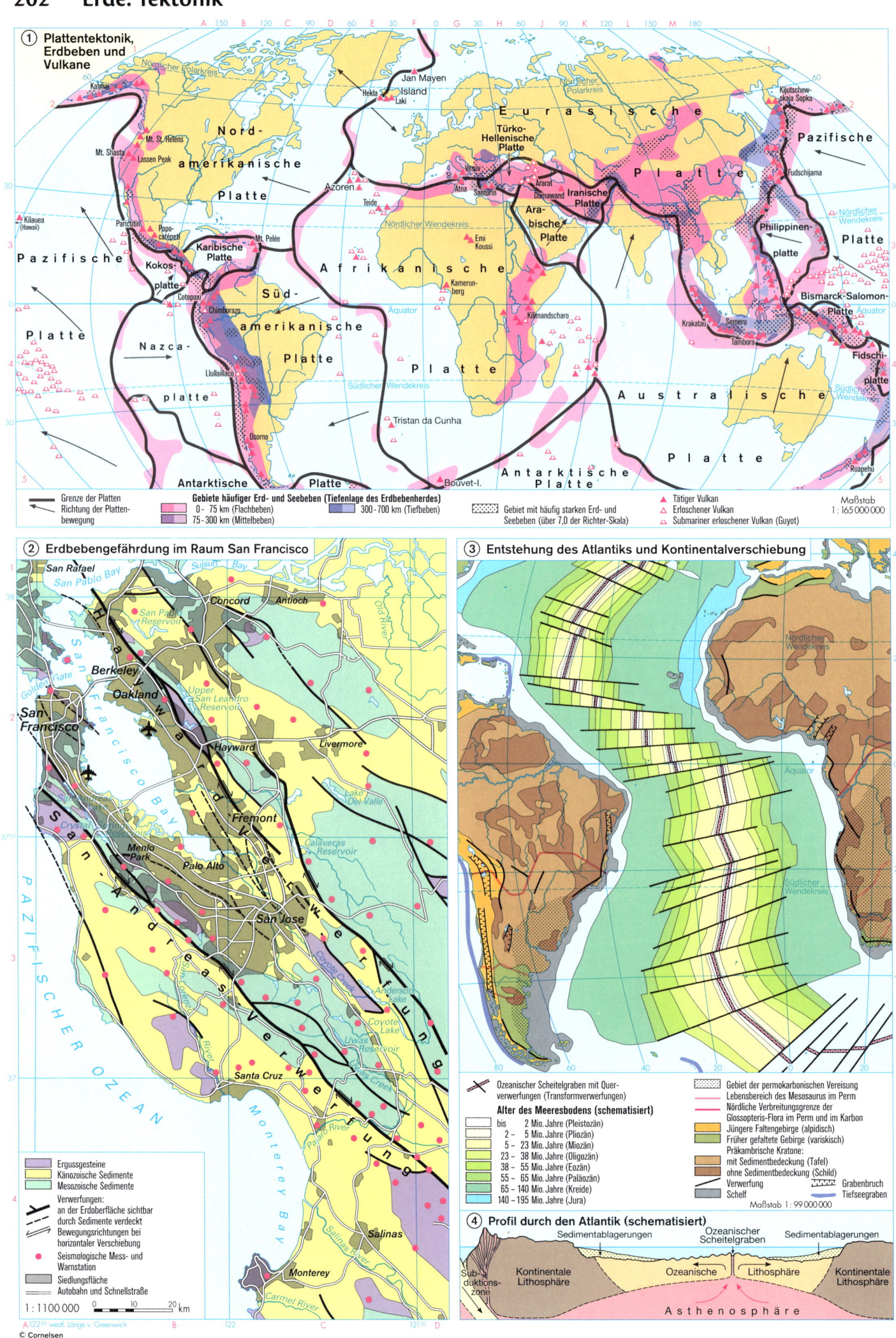

## 1 Plattentektonik, Erdbeben und Vulkane

Platten: Nordamerikanische Platte, Pazifische Platte, Kokosplatte, Karibische Platte, Südamerikanische Platte, Nazcaplatte, Antarktische Platte, Afrikanische Platte, Arabische Platte, Eurasische Platte, Türko-Hellenische Platte, Iranische Platte, Philippinenplatte, Bismarck-Salomon-Platte, Fidschiplatte, Australische Platte

Vulkane: Katmai, Mt. St. Helens, Mt. Shasta, Lassen Peak, Kilauea (Hawaii), Paricutín, Popocatépetl, Mt. Pelée, Cotopaxi, Chimborazo, Llullaillaco, Osorno, Tristan da Cunha, Bouvet-I., Azoren, Hekla, Laki, Jan Mayen, Teide, Vesuv, Ätna, Santorin, Ararat, Damavand, Emi Koussi, Kamerunberg, Kilimandscharo, Krakatau, Tambora, Semeru, Ruapehu, Fudschijama, Kljutschewskaja Sopka

Legende:
- Grenze der Platten
- Richtung der Plattenbewegung
- Gebiete häufiger Erd- und Seebeben (Tiefenlage des Erdbebenherdes):
  - 0–75 km (Flachbeben)
  - 75–300 km (Mittelbeben)
  - 300–700 km (Tiefbeben)
- Gebiet mit häufig starken Erd- und Seebeben (über 7,0 der Richter-Skala)
- Tätiger Vulkan
- Erloschener Vulkan
- Submariner erloschener Vulkan (Guyot)

Maßstab 1 : 165 000 000

## 2 Erdbebengefährdung im Raum San Francisco

Orte: San Rafael, San Pablo Bay, Suisun Bay, Concord, Antioch, Berkeley, Oakland, San Francisco, Hayward, Livermore, Menlo Park, Palo Alto, Fremont, San Jose, Santa Cruz, Salinas, Monterey

Verwerfungen: San-Andreas-Verwerfung, Hayward-Verwerfung, Calaveras-Verwerfung

Legende:
- Ergussgesteine
- Känozoische Sedimente
- Mesozoische Sedimente
- Verwerfungen:
  - an der Erdoberfläche sichtbar
  - durch Sedimente verdeckt
  - Bewegungsrichtungen bei horizontaler Verschiebung
- Seismologische Mess- und Warnstation
- Siedlungsfläche
- Autobahn und Schnellstraße

1 : 1 100 000

## 3 Entstehung des Atlantiks und Kontinentalverschiebung

Legende:
- Ozeanischer Scheitelgraben mit Querverwerfungen (Transformverwerfungen)
- Alter des Meeresbodens (schematisiert):
  - bis 2 Mio. Jahre (Pleistozän)
  - 2–5 Mio. Jahre (Pliozän)
  - 5–23 Mio. Jahre (Miozän)
  - 23–38 Mio. Jahre (Oligozän)
  - 38–55 Mio. Jahre (Eozän)
  - 55–65 Mio. Jahre (Paläozän)
  - 65–140 Mio. Jahre (Kreide)
  - 140–195 Mio. Jahre (Jura)
- Gebiet der permokarbonischen Vereisung
- Lebensbereich des Mesosaurus im Perm
- Nördliche Verbreitungsgrenze der Glossopteris-Flora im Perm und im Karbon
- Jüngere Faltengebirge (alpidisch)
- Früher gefaltete Gebirge (variskisch)
- Präkambrische Kratone:
  - mit Sedimentbedeckung (Tafel)
  - ohne Sedimentbedeckung (Schild)
- Verwerfung
- Schelf
- Grabenbruch
- Tiefseegraben

Maßstab 1 : 99 000 000

## 4 Profil durch den Atlantik (schematisiert)

Beschriftungen: Sedimentablagerungen, Ozeanischer Scheitelgraben, Sedimentablagerungen, Subduktionszone, Kontinentale Lithosphäre, Ozeanische Lithosphäre, Kontinentale Lithosphäre, Asthenosphäre

© Cornelsen

# New York: Innenstadt 203

| Legend | | |
|---|---|---|
| Öffentliches Gebäude | Kulturelle Einrichtung | Park, Grünanlage |
| Banken und Versicherungen | Krankenhaus | Eisenbahn |
| Verwaltungs- und Bürogebäude | Wohngebiet | Bahnhof |
| Geschäftszentrum | Industrie- und Gewerbefläche | Eisenbahntunnel |
| | | Autobahn |
| | | Schnellstraße |
| | | Hauptverkehrsstraße |
| Autobahn im Bau | U-Bahn | |
| Straßentunnel | U-Bahnhof | |

1 : 35 000   1 cm ≙ 350 m

© Cornelsen

① Nordpolargebiet (Arktis)

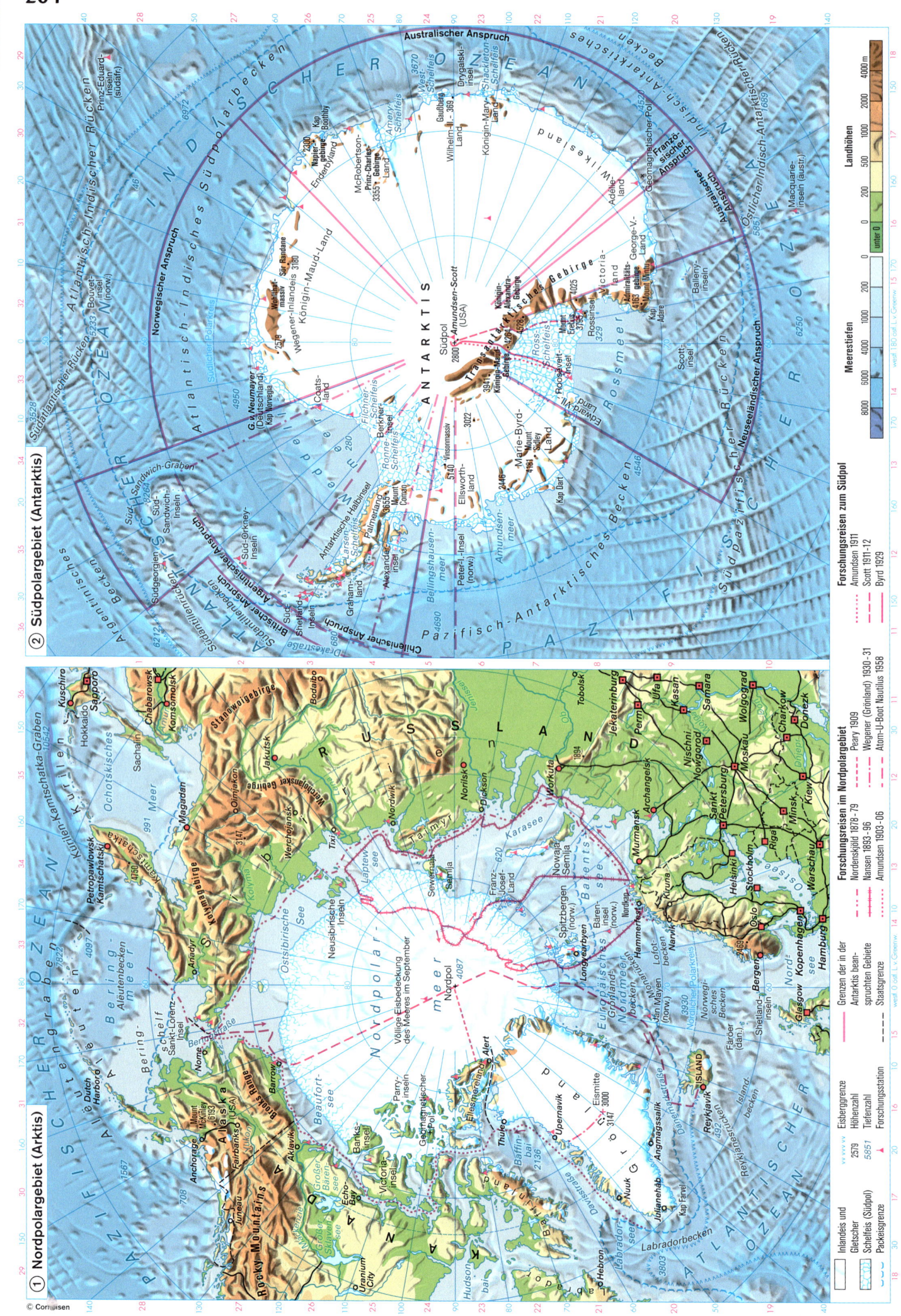

② Südpolargebiet (Antarktis)

## Atlasregister

### A

Aachen, Stadt  178  B 3
Aalen  178  CD 4
Abadan  180/181  S 9
Abéché  190/191  FG 5
Aberdeen (Schottland) 180/181  HJ 4
Abidschan  190/191  D 6
Abu Simbel  190/191  GH 4
Abuja  190/191  E 6
Abunã, Fluss  193.1  D 6
Acapulco  198/199.1  HJ 8
Achtubinsk  180/181  S 6
Aconcagua  194/195.1  CD 7
Acre  194/195.1  CD 4/5
Adamaua  190/191  F 6
Adana  180/181  Q 8
Addis Abeba  190/191  HJ 6
Adélieland  204.2  19
Admiralitätsgebirge  204.2  16/17
Adrar des Iforas  190/191  E 4/5
Adriatisches Meer  180/181  LM 7
Ägäisches Meer  180/181  NO 7/8
Ägypten  190/191  GH 4
Äquatorialguinea  190/191  E 6
Äthiopien  190/191  HJ 6
Ätna  180/181  LM 8
Afrika  190/191
Afrikanische Platte  202.1  E-G 3/4
Agadès  190/191  E 5
Agadir  190/191  CD 3
Agha Jari  182/183  ST 9
Ahaggar  190/191  E 4
Ahrweiler, Bad Neuenahr- 178  B 3
Ahwas  180/181  S 9
Air  190/191  E 5
Airao  193.1  E 4
Aketi  190/191  G 6
Akkra  190/191  D 6
Aklavik  198/199.1  E 3
Aktau  180/181  T 7
Aktjubinsk → Aktobe
Aktobe  180/181  TU 6
Akureyri  180/181  E 2
Al-Aiún  190/191  C 4
Al-Beida  190/191  G 3
Al-Dschauf (Libyen)  190/191  G 4
Al-Dschauf (Saudi-Arabien)  182/183  QR 9/10
Al-Dschuf  190/191  D 4
Al-Faijum  190/191  GH 4
Al-Fascher  190/191  G 5
Al-Katif  180/181  ST 10
Al-Mansura  180/181  P 9
Al-Minja  190/191  GH 4
Al-Obeid  190/191  GH 5
Alaska Range  198/199.1  CD 3
Alaska, Halbinsel  198/199.1  BC 4
Alaska, Staat der USA  198/199.1  CD 3
Alaskagolf  198/199.1  D 4
Albanien, Staat  184/185  MN 7
Albany, Fluss  198/199.1  K 4

Albany, Stadt (USA, New York)  198/199.1  L 5
Albertsee  190/191  GH 6
Albstadt  179  C 4
Albuquerque  198/199.1  GH 6
Aldabrainseln  190/191  J 7
Além Paraíba  193.2  C 2
Alert  198/199.1  MN 1
Ålesund  182/183  JK 3
Aléutenbecken  204.1 32/33
Aléutengraben  198/199.1  CD 4
Alexanderarchipel  198/199.1  DE 4
Alexanderinsel  204.2  4
Alexandria (Ägypten)  190/191  GH 3
Algerien  190/191  DE 3
Algier  190/191  E 3
Aller  178  C 2
Allgäu  178  CD 5
Almadén  182/183  GH 8
Alpen, Gebirge  180/181  KL 6/7
Altamira  196/197.1  E 4
Altenburg, Stadt (Thüringen)  178  E 3
Altiplano  194/195.1  D 5/6
Altmark, Landschaft  178  D 2
Altmühl  178  D 4
Amarillo  198/199.1  H 6
Amazonas, Bundesstaat  194/195.1  D 4
Amazonas, Fluss  194/195.1  D 4
Ambato  194/195.1  C 4
Ameland  178  A 2
Amerikanische Platte  202.1  C-E 2-4
Amery-Schelfeis  204.2  25
Amhara  190/191  H 5
Amman  180/181  Q 9
Amrum  179  C 1
Amsterdam, Stadt  180/181  J 5
Amu-Darja  180/181  UV 7
Amuay  193.1  CD 1
Amundsengolf  198/199.1  FG 3
Amundsenmeer  204.2  7
Anatolien  180/181  O-Q 8
Anchorage  198/199.1  D 3
Anden  194/195.1  C 3-6
Anderson Lake  202.2  C 3
Andorra  184/185  J 7
Andropow → Rybinsk
Angmagssalik  198/199.1  OP 3
Angola  190/191  FG 8
Ankara  180/181  P 7/8
Ankaratra  190/191  J 8
Ansbach, Stadt  178  D 4
Antalya  180/181  OP 8
Antananarivo  190/191  J 8
Antarktis  204.2
Antarktische Halbinsel  204.2  2/3
Antarktische Platte  202.1  C-J 5
Anticostiinsel  198/199.1  M 5
Antigua und Barbuda  198/199.1  MN 8
Antillen, Große  198/199.1  K-M 7/8

Antillen, Kleine  198/199.1  M 8
Antioch  202.2  C 1/2
Antofagasta  194/195.1  C 6
Antsirabe  190/191  J 8/9
Antsiranana  190/191  J 8
Apaporis  193.1  C 3
Apeldoorn  178  AB 2
Apenninen  180/181  LM 7
Apenrade  178  C 1
Appalachen  198/199.1  K-M 5/6
Apure  194/195.1  D 3
Ar-Rif  190/191  D 3
Arabische Platte  202.1  H 3
Arabische Wüste  190/191  H 4
Aracajú  194/195.1  G 5
Araguaia  194/195.1  E 5
Arak  180/181  ST 9
Aralsee  180/181  UV 6/7
Aralsk  180/181  V 6
Ararat  180/181  R 8
Arauca, Stadt  193.1  C 2
Arax  180/181  S 8
Arbil  180/181  RS 8
Archangelsk  180/181  RS 3
Årdal  182/183  K 3
Ardebil  180/181  S 8
Arequipa  194/195.1  C 5
Argentinien  194/195.1  CD 6-8
Arica  194/195.1  C 5
Aripuana, Fluss  193.1  E 5
Aripuana, Stadt  193.1  E 5
Ariquemes  193.1  E 5/6
Arkalyk  180/181  W 5
Arkansas, Fluss  198/199.1  J 6
Arktis  204.1
Armenien, Landschaft  180/181  RS 8
Armenien, Staat  184/185  RS 7
Arnheim  178  AB 2/3
Arnsberg, Stadt  178  C 3
Aruba  193.1  D 1
Arusha  190/191  H 7
Arvida  200/201.1  L 5
Ascension  190/191  C 7
Aschaffenburg, Stadt  178  C 4
Aschgabad  180/181  U 8
Aserbaidschan  184/185  S 7
Asir  190/191  J 5
Asjut  190/191  GH 4
Asmara  190/191  H 5
Asowsches Meer  180/181  Q 6
Assab  190/191  J 5
Assuan  190/191  H 4
Astrachan  180/181  ST 6
Asunción  194/195.1  E 6
Atacama  194/195.1  CD 6
Atacamagraben  194/195.1  C 5-7
Atalaya  193.1  C 6
Atar  190/191  C 4
Atbara, Ort  190/191  H 5
Athabasca  198/199.1  G 4
Athabascasee  198/199.1  H 4
Athen, Stadt  180/181  NO 8
Atlanta  198/199.1  K 6
Atrek  180/181  U 8

Atyrau  180/181  T 6
Audschila  190/191  FG 4
Aue, Stadt  179  E 3
Augsburg, Stadt  178  D 4
Aussig  178  EF 3
Austin  198/199.1  J 6
Australische Platte  202.1  J-M 4/5
Azorenschwelle  180/181  EF 8/9
Azul  194/195.1  DE 7

### B

Bab al-Mandeb  190/191  J 5
Babol  180/181  T 8
Babylon, Ruinenstätte  180/181  R 9
Bad Hersfeld  178  C 3
Bad Homburg  178  C 3
Bad Kissingen, Stadt  178  CD 3
Bad Mergentheim  178  CD 4
Bad Neuenahr-Ahrweiler  178  B 3
Bad Reichenhall  178  E 5
Bad Tölz  178  D 5
Baden-Baden, Stadt  178  C 4
Bärensee, Großer  198/199.1  G 3
Baffinbai  198/199.1  LM 2
Baffinland  198/199.1  K-M 2/3
Bagdad  180/181  RS 9
Bahamainseln  200/201.1  L 7
Bahamas  198/199.1  L 7
Bahia  194/195.1  FG 5
Bahia Blanca  194/195.1  D 7
Bahr al-Arab  190/191  G 5/6
Bahr al-Dschebel  190/191  H 6
Bahr al-Ghasal  190/191  GH 6
Baidoa  190/191  J 6
Baie Comeau  198/199.1  M 5
Baikonur  180/181  W 6
Baker Lake  198/199.1  J 3
Baku  180/181  ST 7/8
Balakowo  180/181  ST 5
Balbina  196/197.1  E 4
Balearen  180/181  J 7/8
Balikesir  180/181  O 8
Balkan  180/181  NO 7
Balkanabad  180/181  TU 8
Ballenyinseln  204.2  16
Baltimore  198/199.1  L 6
Bamako  198/199.1  H 4
Bamberg, Stadt  178  D 4
Bananal  193.3
Bandundu  190/191  FG 7
Bangui  190/191  F 6
Banjul  190/191  C 5
Banksinsel  198/199.1  FG 2
Barabasteppe  180/181  Y 4/5
Barabinsk  180/181  Y 4
Barbados  198/199.1  MN 8
Barbuda, Antigua und  198/199.1  MN 8

Barcelona (Spanien)  180/181  J 7
Barcelona (Venezuela)  193.1  DE 1/2
Bardai  190/191  F 4
Barentssee  180/181  Q-S 2
Bari  180/181  M 7
Barinas  193.1  CD 2
Barquisimeto  194/195.1  CD 2/3
Barra  194/195.1  F 5
Barrancabermeja  193.1  BC 2
Barranquilla  194/195.1  C 2
Barrengrounds  200/201.1  F-J 3
Barrowstraße  198/199.1  JK 2
Bartica  193.1  F 2
Basra  180/181  S 9
Bata  190/191  EF 6
Bathurstinsel  198/199.1  HJ 2
Batman  182/183  R 8
Baton Rouge  198/199.1  J 6
Battery Park (in New York)  203  A 2
Battery Park City, New York-  203  A 2
Batu  190/191  HJ 6
Batumi  180/181  R 7
Bauru  194/195.1  EF 6
Bautzen, Stadt  178  F 3
Bayerische Alpen  178  DE 5
Bayerischer Wald, Gebirge  178  E 4
Bayóvar  193.1  AB 5
Bayreuth, Stadt  178  D 4
Beaufortsee  198/199.1  C-E 2
Béchar  190/191  D 3
Beira, Stadt  190/191  H 8/9
Beirut  180/181  PQ 9
Belaja  180/181  TU 4
Belcherinseln  198/199.1  KL 4
Belém  194/195.1  F 4
Belfast  180/181  G 4/5
Belgien, Staat  184/185  JK 5
Belgorod  180/181  Q 5
Belgrad  180/181  N 7
Belize, Staat  198/199.1  K 8
Bellingshausenmeer  204.2  5
Belmopan  198/199.1  K 8
Belo Horizonte  194/195.1  F 5/6
Belomorsk  180/181  P 3
Ben Nevis  180/181  GH 4
Bengasi  190/191  FG 3
Benguela  190/191  F 8
Beni  193.1  D 6
Beni Mellal  180/181  GH 9
Benidorm  182/183  HJ 8
Benin  190/191  E 5
Benjamin Constant  193.1  CD 4
Benue  190/191  E 6
Beraun, Fluss  178  E 4
Berbera  190/191  J 5
Berchtesgaden, Ort  179  E 5
Beresniki  180/181  U 4

Beresowo  182/183  V 3
Bergen (Norwegen)  180/181  JK 3
Bergland von Guayana  194/195.1  DE 3
Bergufer (an der Wolga)  180/181  RS 5
Beringschelf  198/199.1  AB 3
Beringstraße  198/199.1  AB 3
Berknerinsel  204.2  1/2
Berlin, Stadt (Deutschland)  178  E 2
Bermudainseln  198/199.1  M 6
Bern  180/181  K 6
Bernburg, Stadt  179  D 3
Bessarabien  180/181  O 6
Biafra  190/191  E 6
Biberach, Stadt (an der Riß)  178  C 4
Biblis  179  C 4
Bielefeld  178  C 2
Bilbao  180/181  H 7
Billings  198/199.1  H 5
Bilma  190/191  F 5
Bingen  178  B 4
Birmingham (Großbritannien)  180/181  H 5
Birmingham (USA, Alabama)  198/199.1  JK 6
Biserta  190/191  EF 3
Biskra  190/191  E 3
Bismarck  198/199.1  HJ 5
Bismarck-Salomon-Platte  202.1  LM 3/4
Bissau  190/191  C 5
Bitterfeld-Wolfen  179  E 3
Bitterfontein  190/191  FG 10
Bitterroot Range  198/199.1  G 5
Black Hills  198/199.1  H 5
Blackburn, Berg  198/199.1  D 3
Blantyre  190/191  H 8
Blauer Nil  190/191  H 5
Bloemfontein  190/191  G 9
Bluefields  198/199.1  K 8
Blumenau  194/195.1  EF 6
Boa Vista  194/195.1  D 3
Bobo-Diulasso  190/191  D 5
Boca do Acre  193.1  D 5
Bochum  178  B 3
Bode, Fluss (zur Saale)  178  D 3
Bodélé  190/191  F 5
Bodensee  178  C 5
Böhmen, Landschaft  178  EF 4
Böhmerwald  178  E 4
Bogotá  194/195.1  C 3
Boise  198/199.1  G 5
Bolivien  194/195.1  D 5
Bologna  180/181  L 7
Boma  190/191  F 7
Bonaire  193.1  D 1
Bonn  178  B 3
Boothiahalbinsel  198/199.1  J 2
Bor  182/183  N 7
Bordeaux  180/181  H 6/7
Borkum, Insel  178  B 2
Borlänge  182/183  LM 3
Borna, Stadt  179  E 3

## ATLASREGISTER

Bornholm 180/181 LM 4/5
Bosaso 190/191 J 5
Bosnien-Herzegowina 184/185 M 7
Bosporus 180/181 OP 7
Bossangoa 190/191 F 6
Boston (USA) 198/199.1 LM 5
Botsuana 190/191 G 9
Bottnischer Meerbusen 180/181 MN 2/3
Bouaké 190/191 D 6
Brandberg 190/191 F 9
Brandenburg, Stadt 178 DE 2
Brasiléia 193.1 D 6
Brasília 194/195.1 F 5
Brasilianisches Bergland 194/195.1 EF 4/5
Brasilien 194/195.1 D-F 4
Braunlage 179 D 3
Braunschweig, Stadt 178 CD 2
Brazos 198/199.1 J 6
Brazzaville 190/191 F 7
Brdywald 178 EF 4
Bremen, Stadt 178 C 2
Bremerhaven 178 C 2
Breschnew → Nabereschnyje Tschelny
Breslau 180/181 M 5
Brest (Frankreich) 180/181 GH 6
Brest (Weißrussland) 180/181 NO 5
Bretagne 180/181 H 6
Bristol (Großbritannien) 180/181 H 5
Bristol Bay 198/199.1 BC 4
Britische Inseln 180/181 FG 4/5
Brjansk 180/181 P 5
Brocken 178 D 3
Brokdorf 179 C 2
Brooklyn, New York- 203 B 2
Brooks Range 198/199.1 CD 3
Brüssel 180/181 JK 5
Brüx 178 E 3
Brunsbüttel 179 C 2
Bucaramanga 194/195.1 C 3
Budapest 180/181 M 6
Budweis 178 F 4
Bué 190/191 F 7
Buenaventura 194/195.1 BC 3
Buenos-Aires-See 194/195.1 CD 8
Buenos Aires, Stadt 194/195.1 DE 7
Buffalo 198/199.1 L 5
Bug, Fluss (zum Schwarzen Meer) 180/181 P 6
Bug, Fluss (zur Weichsel) 180/181 N 5
Bujumbura 190/191 G 7
Bukarest 180/181 NO 7
Bukavu 190/191 G 7
Bulawayo 190/191 GH 9
Bulgarien, Staat 184/185 NO 7
Buraida 190/191 J 4
Burgan 182/183 S 10
Burgas 182/183 O 7
Burghausen 179 E 4
Burkina Faso 190/191 DE 5
Bursa 180/181 OP 7
Burundi 190/191 GH 7
Buschir 180/181 T 10
Bylotinsel 198/199.1 L 2

## C

Cabimas 194/195.1 CD 2
Cabinda 190/191 F 7
Cabotstraße 198/199.1 MN 5
Cagliari 180/181 KL 8
Cahora-Bassa-Stausee 190/191 H 8
Caicosinseln 198/199.1 LM 7
Cajamarca 193.1 B 5
Calabozo 193.1 D 2
Calaveras Reservoir 202.2 C 2/3
Calgary 198/199.1 G 4
Cali 194/195.1 C 3
Callao 194/195.1 C 5
Camagüey 198/199.1 L 7
Cametá 194/195.1 EF 4
Campeche 198/199.1 J 8
Campina Grande 194/195.1 G 4
Campinas 194/195.1 F 6
Campo Grande 194/195.1 E 5/6
Campos, Landschaft 196/197.1 EF 4/5
Campos, Stadt 194/195.1 FG 6
Canadian 198/199.1 H 6
Cananea 200/201.1 GH 6
Capahuari 193.1 BC 4
Caqueta 194/195.1 C 3/4
Caracaraí 193.1 E 3
Caracas 194/195.1 D 2/3
Carauarí 193.1 D 4/5
Caravelas 196/197.1 G 5
Cardiff 182/183 GH 5
Caripito 193.1 E 1/2
Carl Schurz Park (in New York) 203 B 1
Carmel River 202.2 C 4
Carnegie Hall (in New York) 203 B 1
Carnegieschwelle 194/195.1 B 4
Carolina 194/195.1 F 4
Caroni 193.1 E 2
Cartagena (Kolumbien) 194/195.1 C 2
Cartagena (Spanien) 182/183 HJ 8
Caruarú 194/195.1 G 4
Carupano 193.1 E 1
Casablanca 190/191 CD 3
Cascade Range 198/199.1 FG 5
Casiquiare 193.1 D 3
Catania 180/181 LM 8
Cattenom 179 B 4
Cauca 194/195.1 C 3
Caura 193.1 E 2
Caxias do Sul 194/195.1 EF 6
Cayenne 194/195.1 E 3
Ceará 194/195.1 FG 4
Celle 178 D 2
Central Park (in New York) 203 B 1
Cerrejón 193.1 C 1
Cerro Bolívar 193.1 E 2
Cerro de Pasco 194/195.1 C 5
Cerro Marahuaca 194.1 D 3
Cerro Matoso 193.1 B 2
Cerro Yavi 194/195.1 D 3
České Budějovice 178 EF 4
Chachapoyas 193.1 B 5
Chan-Chan 194/195.1 BC 4
Channelinseln 198/199.1 FG 6

Chanty-Mansiisk 180/181 W 3
Chapada Diamantina 194/195.1 F 4/5
Charkow 180/181 PQ 5/6
Charleston (USA, South Carolina) 198/199.1 KL 6
Charlotte 198/199.1 KL 6
Chattanooga 198/199.1 K 6
Cheb 178 E 3
Chemnitz, Stadt (Sachsen) 178 E 3
Cherson 180/181 P 6
Chesapeake Bay 198/199.1 L 6
Cheyenne, Stadt 198/199.1 H 5
Chicago 198/199.1 K 5
Chichén Itzá 198/199.1 K 7
Chiclayo 194/195.1 BC 4
Chicoutimi 198/199.1 L 5
Chiemsee, See 178 E 5
Chihuahua 198/199.1 H 7
Chile 194/195.1 CD 6-8
Chilebecken 194/195.1 BC 7
Chilenische Schwelle 194/195.1 B 7/8
Chillán 194/195.1 CD 7
Chiloé 194/195.1 C 8
Chimborazo 194/195.1 C 4
Chimbote 194/195.1 BC 4
Chinatown, New York- 203 AB 2
Chirripó 198/199.1 K 9
Chişinău 180/181 OP 6
Chiwa 180/181 V 7
Chomutov 178 E 3
Christianshåb 200/201.1 NO 3
Chubut 194/195.1 D 8
Chuquicamata 196/197.1 D 6
Churchill, Fluss 198/199.1 M 4
Churchill, Ort 198/199.1 J 4
Ciudad Bolívar 194/195.1 D 3
Ciudad Guayana 194/195.1 D 3
Ciudad Juárez 198/199.1 GH 6
Ciudad Obregón 198/199.1 GH 7
Cleveland 198/199.1 KL 5
Coari 193.1 E 4
Coast Mountains 198/199.1 F 4/5
Coast Range 198/199.1 F 5/6
Coatsland 204.2 34/35
Coatzacoalcos 198/199.1 J 8
Cobija 193.1 D 6
Coburg, Stadt 178 D 3
Cochabamba 196/197.1 D 5
Cochem 178 B 3
Colmar 178 B 4
Colón 198/199.1 KL 9
Colorado River (USA, Colorado/Arizona) 198/199.1 GH 6
Columbia, Fluss 198/199.1 FG 5
Columbia, Stadt 198/199.1 KL 6
Columbus (USA, Georgia) 198/199.1 K 6
Columbus (USA, Ohio) 198/199.1 K 5/6

Comodoro Rivadavia 194/195.1 D 8
Conakry 190/191 C 6
Concepción (Chile) 194/195.1 C 7
Concepción (Paraguay) 194/195.1 E 6
Concord (USA, California) 202.2 BC 1/2
Concordia 193.1 BC 4
Constantine 190/191 E 3
Contamana 193.1 C 5
Copiapó 194/195.1 C 6
Coppermine 198/199.1 FG 3
Coquimbo 196/197.1 C 7
Córdoba (Argentinien) 194/195.1 D 7
Cork 180/181 G 5
Corner Brook 198/199.1 N 5
Coro 193.1 D 1
Corpus Christi 198/199.1 J 7
Corrientes 194/195.1 E 6
Coruá-Una 196/197.1 E 4
Corumbá 194/195.1 E 5
Costa Rica 198/199.1 K 8
Côte d'Ivoire 190/191 D 6
Cotopaxi 194/195.1 C 4
Cottbus, Stadt 178 EF 3
Coveñas 193.1 BC 2
Coyote Creek 202.2 C 3
Coyote Lake 202.2 C 3
Crailsheim 178 D 4
Cruzeiro do Sul 194/195.1 CD 4
Crystal Springs Reservoir 202.2 B 2
Cúcuta 194/195.1 C 3
Cuenca (Ecuador) 194/195.1 C 4
Cuiabá 194/195.1 E 5
Culiacán 198/199.1 H 7
Cumaná 193.1 DE 1
Cumina 193.1 F 3
Curaçao 194/195.1 D 2
Curitiba 194/195.1 F 6
Cuxhaven 178 C 2
Cuyuni 193.1 EF 2
Cuzco 194/195.1 C 5
Cyrenaika 190/191 G 3
Czernowitz 180/181 NO 6

## D

Dänemark, Staat 184/185 KL 4
Dänemarkstraße 198/199.1 P-R 3
Dagö 180/181 N 4
Dakar 190/191 C 5
Dakhla 190/191 C 4
Dallas 198/199.1 J 6
Dalmatien, Landschaft 180/181 M 7
Damaraland 190/191 F 9
Damaskus 180/181 Q 9
Damawand 180/181 T 8
Danzig 180/181 M 5
Daressalam 190/191 HJ 7
Darfur 190/191 G 5
Darmstadt, Stadt 178 C 4
Darß 178 E 1
Darwasa 182/183 U 7
Davisstraße 198/199.1 N 3
Dawson 198/199.1 E 3
Dawson Creek 198/199.1 FG 4
Dayton 198/199.1 K 6
De Aar 190/191 G 10
Dease Lake 198/199.1 EF 4
Debrecen 180/181 N 6

Delagoabucht 190/191 H 9
Delfzijl 179 B 2
Delmenhorst 178 C 2
Demokratische Republik Kongo 190/191 FG 7
Denizli 180/181 OP 8
Denver 198/199.1 H 6
Der Kanal 180/181 GH 5/6
Des Moines 198/199.1 J 5
Dessau-Roßlau 178 DE 3
Dessie 190/191 HJ 5
Detmold, Stadt 178 C 3
Detroit 198/199.1 K 5
Deutschland 184/185 KL 5/6
Devoninsel 198/199.1 JK 2
Diedenhofen 178 B 4
Diepholz, Stadt 179 BC 2
Dijon 182/183 JK 6
Dinarisches Gebirge 180/181 M 6/7
Diredaua 190/191 J 5/6
Disful 180/181 S 9
Diskoinsel 198/199.1 N 2/3
Distomon 182/183 N 8
Divrigi 182/183 Q 8
Diyarbakır 180/181 QR 8
Dnjepr 180/181 P 5/6
Dnjepropetrowsk 180/181 PQ 6
Dnjestr 180/181 O 6
Dodoma 190/191 H 7
Dominica 198/199.1 MN 8
Dominikanische Republik 198/199.1 LM 7/8
Don 180/181 R 6
Donau 180/181 M 6
Donez 180/181 Q 6
Donezk (Ukraine) 180/181 Q 6
Dongola 190/191 GH 5
Dorpat 180/181 O 4
Dortmund 178 B 3
Dortmund-Ems-Kanal 178 B 2
Downtown, New York- 203 A 2
Drakensberge 190/191 GH 9/10
Drakestraße 204.2 3
Drau 180/181 M 6
Dresden, Stadt 178 EF 3
Drittes Baku 182/183 X 3
Drygalskiinsel 204.2 23
Dschebel Marra 190/191 G 5
Dschebel Tubkal 190/191 D 3
Dscherba 180/181 L 9
Dschibuti, Staat 190/191 J 5
Dschibuti, Stadt 190/191 J 5
Dschuba 190/191 J 6
Dschussaly 182/183 V 6
Duala 190/191 EF 6
Dublin 180/181 G 5
Dubrovnik 182/183 M 7
Düna 180/181 O 4
Dünaburg 180/181 O 4
Düren, Stadt 178 B 3
Düsseldorf, Stadt 178 B 3
Duero 180/181 G 7
Duisburg 178 B 3
Duluth 198/199.1 J 5
Durango 198/199.1 H 7
Durban 190/191 H 9/10
Dutch Harbor 204.1 31
Dwina 180/181 R 3

## E

East Channel 203 B 1
East London 190/191 GH 10
East River (New York) 203 B 2
East River Park (in New York) 203 B 2
East Side, New York- 203 B 2
Eastmain 198/199.1 L 4
Eberswalde 178 E 2
Ebro 180/181 H 7
Echo Bay 198/199.1 G 3
Ecuador 194/195.1 BC 4
Eder 178 C 3
Edinburgh 180/181 H 4
Edmonton 198/199.1 GH 4
Eduardsee 190/191 G 7
Eger, Stadt (Tschechische Republik) 178 E 3
Egge 178 C 3
Eglab 190/191 D 4
Eider 178 C 1
Eifel, Gebirge 178 B 3
Eirunepé 193.1 D 5
Eisenach, Stadt 178 D 3
Eisenhüttenstadt 179 F 2
Eismitte 204.1 18
Ekofisk 182/183 JK 4
El Callao 193.1 E 2
El Pao 193.1 E 2
El Paso 198/199.1 H 6
El Portugues 193.1 B 5
El Salvador, Ort (Chile) 196/197.1 D 6
El Salvador, Staat 198/199.1 JK 8
El Teniente 196/197.1 CD 7
El Tigre 193.1 E 2
El Toqui 196/197.1 C 8
El Turbio 196/197.1 CD 9
Elazig 180/181 QR 8
Elbe (zur Nordsee) 178 D 2
Elbe-Seitenkanal 178 D 2
Elbrus 180/181 R 7
Elbursgebirge 180/181 T 8
Elde 178 D 2
Elefenbeinküste 190/191 D 6
Elgon 190/191 G 6
Ellef-Ringnes-Insel 198/199.1 G-J 2
Ellesmereland 198/199.1 KL 1/2
Ellsworthland 204.2 6
Elmshorn 178 CD 2
Emba 180/181 U 6
Embarcación 196/197.1 D 6
Emden 178 B 2
Emi Koussi 190/191 F 4/5
Emmen 178 B 2
Ems (zur Nordsee) 178 B 2
Emsland 178 B 2
Encarnación 194/195.1 E 6
Enderbyland 204.2 27/28
Engels 180/181 S 5
Ennedi 190/191 G 5
Enschede 178 B 2
Entre Ríos 194/195.1 E 6
Enugu 190/191 E 6
Ephesus, Ruinenstätte 180/181 O 8
Epinal 178 B 4
Erciyas Dag 180/181 Q 8
Erebus, Mount 204.2 14/15
Erfurt, Stadt 178 D 3
Ergani 182/183 Q 8

# ATLASREGISTER 207

Erie 198/199.1 KL 5
Eriesee 198/199.1 K 5
Eritrea 190/191 HJ 5
Eriwan 180/181 R 7
Erlangen 178 D 4
Erzgebirge 178 E 3
Erzurum 180/181 R 7/8
Eskişehir 180/181 OP 8
Esmeraldas 193.1 AB 3
Esquel 194/195.1 C 8
Essen (Ruhrgebiet) 178 B 3
Essequíbo 193.1 F 2
Esslingen, Stadt 178 C 4
Estland 184/185 NO 4
Etah 198/199.1 LM 2
Etoscha-Nationalpark 190/191 F 8
Eugene 198/199.1 F 5
Euphrat 180/181 R 9
Eurasische Platte 202.1 H-L 2
Eureka 198/199.1 F 5
Europa 180/181
Europäisches Nordmeer 180/181 G-L 2
Evansville 198/199.1 K 6

## F

Färöer 180/181 G 3
Fairbanks 198/199.1 D 3
Faja-Largeau 190/191 F 5
Falkenau 179 E 3
Falklandinseln 194/195.1 DE 9
Falster 178 DE 1
Fargo 198/199.1 J 5
Faro (Kanada) 200/201.1 E 3
Farquharinseln 190/191 JK 8
F'Dérik 190/191 C 4
Fehmarn 178 D 1
Feira de Santana 194/195.1 FG 5
Feldberg, Berg (Schwarzwald) 178 B 5
Felsengebirge → Rocky Mountains
Fernando de Noronha 194/195.1 GH 4
Fès 190/191 D 3
Fessan 190/191 F 4
Fethiye 182/183 OP 8
Feuerland 194/195.1 D 9
Fianarantsoa 190/191 JK 9
Fichtelgebirge, Gebirge 178 DE 3/4
Fidschiplatte 202.1 M 4
Filchner-Schelfeis 204.2 35-1
Finnische Seenplatte 180/181 NO 3
Finnischer Meerbusen 180/181 NO 3/4
Finnland, Staat 184/185 O 2/3
Fläming 178 E 2/3
Flensburg 178 C 1
Flin Flon 198/199.1 HJ 4
Flint 198/199.1 K 5
Florencia 193.1 BC 3
Florenz 180/181 KL 7
Florianópolis 194/195.1 F 6
Florida, Halbinsel 198/199.1 K 7
Föhr 178 C 1
Foggia 180/181 M 7
Fonte Boa 193.1 D 4
Fort Albany 198/199.1 K 4
Fort Chimo 198/199.1 LM 4

Fort George, Ort 198/199.1 L 4
Fort Nelson 198/199.1 FG 4
Fort Schewtschenko 180/181 T 7
Fort Severn 198/199.1 K 4
Fort Simpson 198/199.1 F 3
Fort Smith (Kanada) 198/199.1 G 3/4
Fort Worth 198/199.1 HJ 6
Fortaleza 194/195.1 G 4
Forties 182/183 J 4
Foxebecken 198/199.1 KL 3
Fränkische Alb, Gebirge 178 D 4
Frankenwald, Gebirge 178 D 3
Frankfurt, Stadt (am Main) 178 C 3
Frankfurt, Stadt (an der Oder) 178 F 2
Frankreich, Staat 184/185 HJ 6
Französisch-Guayana 194/195.1 E 3
Fraser 198/199.1 F 4
Frederikshåb 198/199.1 NO 3
Freeport (Bahamas) 200/201.1 L 7
Freetown 190/191 C 6
Freiberg (Sachsen) 178 E 3
Freiburg, Stadt (Breisgau) 178 B 4/5
Freising, Stadt 178 D 4
Fremont 202.2 C 2
Fresno 198/199.1 FG 6
Freudenstadt, Stadt 179 C 4
Friedrichshafen 178 C 5
Fünfkirchen 180/181 M 6
Fürth (bei Nürnberg) 178 D 4
Füssen 179 D 5
Fulda, Fluss 178 C 3
Fulda, Stadt 178 C 3
Funchal 190/191 C 3

## G

Gabès 190/191 EF 3
Gaborone 190/191 G 9
Gabun 190/191 F 6
Gach Saran 182/183 T 9
Gävle 182/183 M 3
Gafsa 182/183 K 9
Galápagosinseln 194/195.1 AB 3/4
Galdhøpigg 180/181 K 3
Galveston 198/199.1 J 7
Gambia, Staat 190/191 C 5
Gao 190/191 DE 5
Garmisch-Partenkirchen, Ort 178 D 5
Garonne 180/181 HJ 7
Garrysee 180/181 H 3
Gasan-Kuli 180/181 T 8
Gaußberg 204.2 24
Gaziantep 180/181 Q 8
Gebweiler 178 B 5
Gedser 178 DE 1
Geesthacht 178 D 2
Geislingen (an der Steige) 179 C 4
Gelsenkirchen 178 B 3
Genf 180/181 K 6
Genua, Stadt 180/181 K 7
Georg von Neumayer 204.2 33/34

Georgetown 194/195.1 E 3
Georgien 184/185 RS 7
Gera, Stadt 178 DE 3
Germiston 190/191 GH 9
Ghadames 190/191 EF 3
Ghana 190/191 D 5/6
Ghat 190/191 F 4
Giandscha 180/181 S 7
Gibraltar 180/181 GH 8
Gießen, Stadt 178 C 3
Gijón 182/183 GH 7
Giseh, Stadt 190/191 GH 3
Godhavn 198/199.1 N 3
Göktaş 182/183 R 7
Görlitz (Polen) 178 F 3
Göteborg 180/181 L 4
Göttingen, Stadt 178 CD 3
Goiania 194/195.1 EF 5
Goiás 194/195.1 F 5
Golden Gate 202.2 AB 2
Goldküste 190/191 DE 6
Golf von Biskaya 180/181 H 7
Golf von Campeche 198/199.1 J 7
Golf von Darién 194/195.1 BC 3
Golf von Guinea 190/191 E 6/7
Golf von Iskenderun 180/181 PQ 8
Golf von Kalifornien 198/199.1 GH 6/7
Golf von Mexiko 198/199.1 HJ 7
Golf von Panamá 198/199.1 KL 9
Golf von Tehuantepec 198/199.1 J 8
Golf von Venezuela 193.1 C 1
Gomel 180/181 P 5
Gondar 190/191 H 5
Goose Bay 198/199.1 MN 4
Gorgan 180/181 TU 8
Gorki → Nischni Nowgorod
Goslar 178 D 3
Gotland 180/181 M 4
Grahamland 204.2 3
Gran Canaria 190/191 C 4
Gran Chaco 194/195.1 DE 5/6
Grand Canyon 198/199.1 G 6
Grand Rapids 198/199.1 K 5
Grande Comore 190/191 J 8
Graz 180/181 M 6
Greensboro 198/199.1 KL 6
Greenwich Village, New York- 203 A 2
Greifswald, Stadt 178 E 1
Greiz, Stadt 178 DE 3
Grenada 198/199.1 MN 8
Griechenland, Staat 184/185 N 8
Grönland 198/199.1 OP 2/3
Grönlandbecken 204.1 14/15
Grohnde 179 C 2
Groningen 178 B 2
Grosny 180/181 RS 7
Großbritannien, Staat 184/185 H 4/5
Große Antillen 198/199.1 K-M 7/8
Große Neufundlandbank 198/199.1 N 5

Große Salzwüste 180/181 TU 9
Große Syrte 190/191 F 3
Großer Arber 178 E 4
Großer Bärensee 198/199.1 G 3
Großer Erg, Östlicher 190/191 E 3/4
Großer Erg, Westlicher 190/191 DE 3/4
Großer Salzsee 198/199.1 G 5
Großer Sklavensee 198/199.1 GH 3
Großes Becken 198/199.1 G 6
Großglockner 180/181 L 6
Großnamaland 190/191 F 9
Grusinien → Georgien
Guadalajara (Mexiko) 198/199.1 H 7
Guadalquivir 180/181 GH 8
Guadalupe 198/199.1 FG 7
Guadeloupe 198/199.1 MN 8
Guadiana 180/181 G 8
Guajará-Mirim 193.1 DE 6
Guajira, Halbinsel 193.1 C 1
Guanare 193.1 D 2
Guantánamo 198/199.1 L 7
Guapi 193.1 B 3
Guaporé 193.1 E 6
Guatemala, Staat 198/199.1 JK 8
Guatemala, Stadt 198/199.1 J 8
Guaviare 193.1 C 3
Guayana, Landschaft 196/197.1 DE 3
Guayanaschwelle 194/195.1 F 3
Guayaquil 194/195.1 BC 4
Guben (Niederlausitz) 178 F 3
Guebwiller 178 B 5
Güstrow, Stadt 178 E 2
Gütersloh 178 BC 3
Guinea 190/191 CD 5
Guinea-Bissau 190/191 C 5
Guleman 182/183 QR 8
Gulu 190/191 H 6
Gummersbach 179 BC 3
Gundremmingen 179 D 4
Gunnbjørnfjell 198/199.1 PQ 3
Gurjew → Atyrau
Guyana 194/195.1 DE 3
Gweru 190/191 G 8

## H

Haardt, Gebirgszug 178 BC 4
Hagen (Westfalen) 178 B 3
Hagenau, Stadt 178 B 4
Hail 190/191 J 4
Haiti 198/199.1 L 8
Halab 180/181 Q 8
Halbinsel Alaska 198/199.1 BC 4
Halbinsel Kanin 180/181 RS 2
Halbinsel Kola 180/181 Q 2
Halbinsel Taitao 194/195.1 C 8
Halbinsel Valdés 194/195.1 D 8

Halbinsel Yucatán 198/199.1 JK 8
Halifax 198/199.1 M 5
Halle, Stadt (an der Saale) 178 DE 3
Hamadan 180/181 S 9
Hamburg, Stadt 178 CD 2
Hameln 178 C 2
Hamilton (Bermuda) 198/199.1 M 6
Hamilton (Kanada) 198/199.1 KL 5
Hamm (Westfalen) 178 BC 3
Hammamet 182/183 L 8
Hammerfest 180/181 NO 1
Hanau, Stadt 179 C 3
Hannover, Stadt 178 C 2
Harar, Stadt 190/191 J 6
Harare 190/191 H 8
Hargeisa 190/191 J 6
Hartford 198/199.1 L 5
Harz, Gebirge 178 D 3
Hase 178 B 2
Hassi Messaud 182/183 H 9
Havanna 198/199.1 K 7
Havel, Fluss 178 E 2
Hay River 198/199.1 FG 3
Hayward 202.2 BC 2
Hayward-Verwerfung 202.2 B-D 2/3
Hebriden 180/181 G 4
Hebron (Kanada) 198/199.1 MN 4
Heide (Holstein) 179 C 1
Heidelberg, Stadt 178 C 4
Heidenheim (an der Brenz) 178 D 4
Heilbronn, Stadt 178 C 4
Hekla 202.1 EF 1
Helena 198/199.1 GH 5
Helgoland 179 BC 1
Helmstedt, Stadt 178 D 2
Helsinki 180/181 NO 3
Hengelo 179 B 2
Herborn 179 C 3
Herford 178 C 2
Hermosillo 198/199.1 GH 7
Hettstedt 179 D 3
Hildesheim, Stadt 178 C 2
Hispaniola 198/199.1 LM 8
Hoboken 203 A 2
Hochland der Schotts 190/191 E 3
Hochland von Bihé 190/191 F 8
Hof, Stadt (Franken) 178 D 3
Hoher Atlas 190/191 D 3
Hohes Venn 178 AB 3
Holguín 198/199.1 L 7
Homs 180/181 Q 9
Honduras 198/199.1 K 8
Houston 198/199.1 J 6/7
Hoyerswerda 178 EF 3
Huambo 190/191 F 8
Huancavelica 193.1 BC 6
Huancayo 194/195.1 C 5
Huánuco 193.1 BC 5/6
Huaráz 193.1 B 5
Huarmey 193.1 B 6
Huascarán 194/195.1 C 4
Hudson River 203 A 1/2
Hudson, Stadtteil (USA, New Jersey) 203 A 1/2
Hudsonbai 198/199.1 J-L 3/4
Hudsonstraße 198/199.1 LM 3
Humaitá 193.1 E 5
Hunedoara 182/183 N 7

Hunsrück, Gebirge 178 B 3/4
Hunte 178 C 2
Huronsee 198/199.1 K 5
Husum 178 C 1

## I

Iaşi 180/181 O 6
Ibadan 190/191 E 6
Ibagué 194/195.1 C 3
Ibiza, Insel 182/183 J 8
Içá, Fluss (zum Amazonas) 194/195.1 D 4
Ica, Stadt (Peru) 194/195.1 C 5
Idar-Oberstein 178 B 4
Ife 190/191 E 6
Igidi 190/191 D 4
Iguaçú 194/195.1 E 6
Iguacúfälle 194/195.1 E 6
Ilebo 190/191 G 7
Ilha Grande 193.1 DE 4
Ilhéus 194/195.1 G 5
Illampu 194/195.1 D 5
Iller 178 D 4
Illimani 194/195.1 D 5
Ilmensee 180/181 OP 4
Ilo 196/197.1 CD 6
In Salah 190/191 E 4
Inapari 193.1 CD 6
Indalsälv 180/181 LM 3
Indianapolis 198/199.1 JK 6
Ingolstadt (Oberbayern) 178 D 4
Inhambane 190/191 H 9
Inírida 193.1 D 3
Inn 178 E 4
Innsbruck 180/181 L 6
Inta 182/183 UV 2
Ionisches Meer 180/181 M 8
Iqaluit 198/199.1 M 3
Iquique 194/195.1 CD 5/6
Iquitos 194/195.1 C 4
Iranische Platte 202.1 HJ 2
Iriri 194/195.1 E 4
Irische See 180/181 GH 5
Irland, Staat 184/185 G 5
Irtysch 180/181 X 3/4
Isar 178 E 4
Ischewsk 180/181 T 4
Ischim 180/181 W 5
Ischimsteppe 180/181 WX 4/5
Isfahan 180/181 T 9
Iskenderun 180/181 Q 8
Island 184/185 D-F 2
Islandbecken 180/181 D 3/4
Istanbul 180/181 O 7
Isthmus von Tehuantepec 198/199.1 J 8
Itacoatiara 194/195.1 E 4
Itaipú 196/197.1 E 6
Itaituba 193.1 F 4
Italien, Staat 184/185 K-M 6/7
Itatiaia 194/195.1 F 6
Ituxi 193.1 D 5
Itzehoe 178 C 2
Iwanowo 180/181 R 4
Izmir 180/181 O 8
Izmit 180/181 OP 7

## J

Jackson (USA, Mississippi) 198/199.1 JK 6
Jacksonville (USA, Florida) 198/199.1 KL 6
Jagst 178 C 4
Jalta 180/181 PQ 7
Jamaika 198/199.1 L 8

## 208 ATLASREGISTER

Jamaikaschwelle 198/199.1 KL 8
Jamantau 180/181 U 5
Jamesbai 198/199.1 KL 4
Jamussukro 190/191 D 6
Jan Mayen 204.1 14/15
Japurá 194/195.1 D 4
Jaroslawl 180/181 Q 4
Jataí 194/195.1 E 5
Jauaperi 193.1 EF 3
Jaunde 190/191 F 6
Jekaterinburg 180/181 V 4
Jena, Stadt 178 D 3
Jerusalem 180/181 PQ 9
Jesd 180/181 TU 9
Ji-Paraná, Fluss 193.1 E 6
Ji-Paraná, Stadt 194/195.1 DE 5
Jimma 190/191 H 6
João Pessoa 194/195.1 G 4
Johannesburg 190/191 G 9
Joinville 194/195.1 F 6
Jos 190/191 E 5/6
Juan-Fernández-Inseln 194/195.1 BC 7
Juàzeiro 194/195.1 FG 4/5
Juàzeiro do Norte 194/195.1 FG 4
Juba 190/191 H 6
Juiz de Fora 194/195.1 F 6
Jujuy 196/197.1 D 6
Julianehåb 198/199.1 NO 3
Juneau 198/199.1 E 4
Juradó 193.1 B 2
Juruá 194/195.1 D 4
Jutaí 193.1 D 4

## K

Kabwe 190/191 GH 8
Kachowkaer Stausee 180/181 P 6
Kaduna, Stadt 190/191 E 5
Kaédi 190/191 C 5
Kahler Asten 178 C 3
Kaimangraben 198/199.1 KL 8
Kaimaninseln 198/199.1 K 8
Kairo 190/191 H 3/4
Kaiserslautern, Stadt 178 B 4
Kalahari 190/191 FG 9
Kalemie 190/191 G 7
Kalifornischer Graben 198/199.1 G 7
Kalinin → Twer
Kalispell 198/199.1 G 5
Kaluga 180/181 PQ 5
Kama 180/181 T 3/4
Kamastausee 180/181 TU 4
Kamensk-Uralski 180/181 V 4
Kamerun, Staat 190/191 F 5/6
Kamerunberg 190/191 E 6
Kamina 190/191 G 7
Kamloops 198/199.1 FG 4
Kampala 190/191 H 6
Kanada 190/191 G-L 2
Kanadabecken 198/199.1 CD 2
Kanadischer Schild 198/199.1 J-M 4/5
Kananga 190/191 G 7
Kanarische Inseln 190/191 C 3/4
Kandalakscha 180/181 PQ 2

Kanin, Halbinsel 180/181 RS 2
Kankan 190/191 D 5/6
Kano, Stadt 190/191 E 5
Kansas City 198/199.1 J 6
Kaolack 190/191 C 5
Kap Adare 204.2 15/16
Kap Agulhas 190/191 G 10
Kap Ambre 190/191 J 8
Kap Arkona 178 E 1
Kap Barrow 198/199.1 CD 2
Kap Bathurst 198/199.1 EF 2
Kap Blanc 180/181 KL 8
Kap Blanco (Mauretanien) 190/191 C 4
Kap Boothby 204.2 26/27
Kap Branco 194/195.1 G 4
Kap-Breton-Insel 198/199.1 MN 5
Kap Canaveral 198/199.1 KL 7
Kap Catoche 198/199.1 K 7
Kap Chidley 198/199.1 M 3
Kap Dart 204.2 9
Kap Delgado 190/191 J 8
Kap der guten Hoffnung 190/191 F 10
Kap Farvel 198/199.1 O 3
Kap Finisterre 180/181 FG 7
Kap Frio 194/195.1 F 6
Kap Gallinas 194/195.1 C 2
Kap Guardafui 190/191 K 5
Kap Hatteras 198/199.1 L 6
Kap Hoorn 194/195.1 D 9
Kap Kanin Nos 180/181 R 2
Kap Lopez 190/191 E 7
Kap Mendocino 198/199.1 F 5
Kap Norvegia 204.2 34/35
Kap Palmas 190/191 D 6
Kap Pariñas 194/195.1 B 4
Kap Sainte Marie 190/191 J 9
Kap San Antonio (Argentinien) 194/195.1 E 7
Kap San Lucas 198/199.1 GH 7
Kap São Roque 194/195.1 G 4
Kap Tres Puntas 194/195.1 D 8
Kap-Verde-Schwelle 194/195.1 GH 2
Kap Verde, Kap 190/191 C 5
Kapland 190/191 FG 10
Kaprun 179 E 5
Kapschwelle 190/191 F 10
Kapstadt 190/191 F 10
Kara-Bogas-Bucht 180/181 T 7
Karakum 180/181 U 8
Karelien 180/181 P 2/3
Karibastausee 190/191 G 8
Karibische Platte 202.1 D 3
Karibisches Meer 198/199.1 K-M 8
Karlovy Vary 178 E 3
Karlsbad (Böhmen) 178 E 3
Karlsruhe, Stadt 178 C 4
Karpaten 180/181 M-O 6
Kartaly 180/181 V 5

Kasai 190/191 F 7
Kasan 180/181 S 4
Kaspische Senke 180/181 ST 6
Kaspisches Meer 180/181 ST 6-8
Kassala 190/191 H 5
Kassel, Stadt 178 C 3
Kaswin 180/181 ST 8
Kattegat 180/181 L 4
Kattenhofen → Cattenom
Kattowitz 180/181 M 5
Kaufbeuren 178 D 5
Kaukasus 180/181 Q-S 7
Kaunas 180/181 NO 4/5
Kayes 190/191 CD 5
Kayseri 180/181 Q 8
Kebnekajse 180/181 M 2
Keele Peak 198/199.1 EF 3
Keetmanshoop 190/191 FG 9
Keilberg 178 E 3
Kempten (Allgäu) 178 D 5
Kena 190/191 H 4
Kenai 200/201.1 C 3
Kenia, Berg 190/191 H 6/7
Kenia, Staat 190/191 H 6
Kenitra 180/181 G 9
Kenora 198/199.1 J 5
Kermanschah 180/181 S 9
Kertsch 180/181 Q 6
Key West 198/199.1 K 7
Khartum 190/191 H 5
Khuribga 182/183 G 9
Kiel 178 D 1
Kieler Bucht 178 D 1
Kiew 180/181 P 5
Kigali 190/191 H 7
Kigoma 190/191 GH 7
Kikwit 190/191 F 7
Kilimandscharo 190/191 H 7
Kimberley (Südafrika) 190/191 G 9
Kindu 190/191 G 7
Kingston (Jamaika) 198/199.1 L 8
Kinshasa 190/191 F 7
Kiogasee 190/191 H 6
Kirischi 182/183 P 4
Kirkenes 182/183 OP 2
Kirkuk 180/181 RS 8
Kirow 180/181 S 4
Kirowabad → Giandscha
Kirowsk 182/183 PQ 2
Kiruna 182/183 N 2
Kisangani 190/191 G 6
Kismaju 190/191 J 7
Kisumu 190/191 H 6/7
Kitimat 198/199.1 F 4
Kitwe 190/191 G 8
Kizilirmak 180/181 Q 8
Kladno 178 EF 3
Klarälv 180/181 L 3
Klatovy 178 E 4
Klattau 178 E 4
Klausenburg 180/181 N 6
Kleine Antillen 198/199.1 M 8
Kleine Syrte 190/191 F 3
Kleve, Stadt 178 B 3
Klondike 198/199.1 DE 3
Knoxville 198/199.1 K 6
Koblenz, Stadt 178 B 3
Kodiakinsel 198/199.1 CD 4
Köln, Stadt 178 B 3
Königin-Alexandra-Gebirge 204.2 18-20
Königin-Charlotte-Inseln 198/199.1 E 4
Königin-Mary-Land 204.2 22/23

Königin-Maud-Gebirge 204.2 10-13
Königin-Maud-Land 204.2 28-32
Königsberg, Stadt (Ostpreußen) 180/181 N 5
Kokosinsel (Costa Rica) 194/195.1 B 3
Kokosplatte 202.1 CD 3
Koktschetaw 180/181 WX 5
Kola, Halbinsel 180/181 Q 2
Kolgujew 180/181 S 2
Kolumbien 194/195.1 CD 3
Kolumbienbecken 194/195.1 C 2
Kolwesi 190/191 G 8
Komoren 190/191 J 8
Komotau 178 E 3
Kompassberg 190/191 G 10
Kongo, Fluss 190/191 G 6
Kongo, Staat 190/191 F 6/7
Kongobecken 190/191 FG 6/7
Konoscha 180/181 R 3
Konschakowski Kamen 180/181 U 3/4
Konstanz, Stadt 178 C 5
Konstanza 180/181 OP 7
Konya 180/181 P 8
Kopenhagen 180/181 KL 4
Kordilleren 194/195.1 CD 5-7
Kordofan 190/191 GH 5
Korsika 180/181 K 7
Kosovo 184/185 N 7
Kosti 190/191 H 5
Kostroma 180/181 R 4
Kostrzyn 178 F 2
Kotlas 180/181 S 3
Kotonu 190/191 E 6
Krakatau 202.1 K 4
Krakau, Stadt 180/181 MN 5/6
Krasnodar 180/181 Q 6
Krasnowodsk 180/181 TU 7
Krefeld 179 B 3
Krementschug 182/183 P 6
Krementschuger Stausee 180/181 P 6
Kreta 180/181 O 9
Krim 180/181 P 6
Kriwoi Rog 180/181 P 6
Kroatien 184/185 M 6/7
Kronstadt (Rumänien) 180/181 NO 6
Krüger-Nationalpark 190/191 H 9
Krümmel 179 D 2
Kuando 190/191 G 8
Kuango 190/191 F 7
Kuanza 190/191 F 7/8
Kuba 198/199.1 KL 7
Kuban 180/181 QR 6/7
Kubango 190/191 F 8
Küstenkanal 178 B 2
Küstrin 178 F 2
Kufraoasen 190/191 G 4
Kuibyschew → Samara, Stadt
Kulsary 180/181 TU 6
Kum 180/181 T 9
Kumairi 180/181 R 7
Kumasi 190/191 D 6
Kunene 190/191 F 8
Kuopio 182/183 O 3
Kura 180/181 S 7
Kurgan 180/181 W 4
Kursk 180/181 Q 5

Kuskokwim Mountains 198/199.1 C 3
Kuskokwim, Fluss 198/199.1 C 3
Kustanai 180/181 VW 5
Kutaissi 180/181 R 7
Kuwait, Stadt 180/181 S 10
Kykladen 180/181 NO 8

## L

La Coruña 180/181 FG 7
La Dorada 193.1 C 2
La Guaira 194/195.1 D 2
La Libertad 193.1 A 4
La Oroya 193.1 BC 6
La Paz (Bolivien) 194/195.1 D 5
La Paz (Mexiko) 198/199.1 GH 7
La Plata, Stadt 194/195.1 E 7
La Rioja 196/197.1 D 6
La Serena 194/195.1 CD 6
Labrador 198/199.1 LM 4
Labrador City 200/201.1 LM 4
Labradorbecken 198/199.1 NO 4
Labradorsee 198/199.1 NO 4
Lábrea 193.1 E 5
Ladogasee 180/181 P 3
Lagoa dos Patos 194/195.1 EF 7
Lagos (Nigeria) 190/191 E 6
Lagos (Portugal) 182/183 G 8
Lahn 178 B 3
Laibach 180/181 L 6
Lake Del Valle 202.2 C 2
Laki 202.1 F 1
Lambaréné 190/191 F 7
Landshut, Stadt 178 E 4
Lappland 180/181 N-P 2
Larsenschelfeis 204.2 2/3
Las Mercedes 193.1 D 2
Las Palmas 190/191 C 4
Las Vegas (USA, Nevada) 198/199.1 G 6
Lattakia 180/181 Q 8
Lausitzer Neiße 178 F 3
Le Havre 180/181 HJ 6
Lech, Fluss 178 D 4
Leeds 182/183 HJ 5
Leer (Ostfriesland) 178 B 2
Leeuwarden 178 AB 2
Leeward Islands 198/199.1 M 8
Leine 178 C 2/3
Leipzig, Stadt 178 E 3
Lemberg, Stadt 180/181 NO 5/6
Leninakan → Kumairi
Leningrad → Sankt Petersburg
Lenzing 179 E 5
León (Mexiko) 198/199.1 H 7
Lesotho 190/191 G 9/10
Leticia 194/195.1 CD 4
Lettland 184/185 NO 4
Leverkusen 179 B 3
Liard 198/199.1 F 3
Libau 180/181 N 4
Liberec 178 F 3
Liberia 190/191 CD 6
Libreville 190/191 E 6
Libyen 190/191 FG 4
Libysche Wüste 190/191 G 4
Lichinga 190/191 H 8

Liechtenstein, Staat 184/185 KL 6
Likasi 190/191 G 8
Lille 182/183 J 5
Lilongwe 190/191 H 8
Lima (Peru) 194/195.1 C 5
Limoges 180/181 J 6
Limón 198/199.1 K 8/9
Limpopo 190/191 H 9
Lincoln 198/199.1 J 5
Lincoln Center (in New York) 203 B 1
Lindau (am Bodensee) 178 C 5
Linden (Guyana) 193.1 F 2
Lingen, Stadt 178 B 2
Linköping 182/183 M 4
Linz (an der Donau) 182/183 L 6
Lipezk 180/181 QR 5
Lippe, Fluss 178 C 3
Lisboa 180/181 FG 8
Lissabon 180/181 FG 8
Litauen, Staat 184/185 NO 4
Little Rock 198/199.1 JK 6
Livermore 202.2 C 2
Liverpool 180/181 GH 5
Livingstonefälle 190/191 F 7
Llanos 194/195.1 CD 3
Llanos de Mamoré 196/197.1 DE 5
Lloret de Mar 182/183 JK 7
Llullaillaco 202.1 D 4
Lobito 190/191 F 8
Łódź 180/181 M 5
Lörrach 179 BC 5
Lofotbecken 204.1 13/14
Lofotinseln 180/181 L 2
Loire 180/181 J 6
Loja 193.1 B 4
Lolland 178 D 1
Lomé 190/191 DE 6
London (Großbritannien) 180/181 HJ 5
Londrina 194/195.1 E 6
Long Beach 198/199.1 G 6
Los Angeles, Stadt 198/199.1 FG 6
Louisville 198/199.1 K 6
Luanda 190/191 F 7
Lubango 190/191 F 8
Lubumbashi 190/191 G 8
Ludwigsburg, Stadt (bei Stuttgart) 178 C 4
Ludwigshafen 178 C 4
Lübbenau 179 E 3
Lübeck 178 D 2
Lübecker Bucht 178 D 1/2
Lüdenscheid 179 B 3
Lüderitz (Namibia) 190/191 F 9
Luena 190/191 FG 8
Lüneburg, Stadt 178 CD 2
Lüneburger Heide, Landschaft 178 CD 2
Luganskt 180/181 QR 6
Luleå 180/181 N 2
Lunda 190/191 FG 7
Lusaka 190/191 G 8
Luvua 190/191 G 7
Luxemburg, Staat 184/185 K 5/6
Luxemburg, Stadt 178 AB 4
Luxor 190/191 H 4
Lwiw 180/181 NO 5/6
Lyon 180/181 JK 6

# ATLASREGISTER

## M

Maas 178 AB 3
Mabaruma 193.1 F 2
Macapá 194/195.1 E 3
Maceió 194/195.1 G 4
Machala 193.1 A 4
Machatschkala 180/181 ST 7
Machu Picchu 194/195.1 C 5
Mackenzie 198/199.1 F 3
Mackenzie Mountains 198/199.1 EF 3
Maco 190/191 F 8
Madagaskar 190/191 J 8/9
Madagaskarbecken 190/191 JK 9
Madeira, Fluss 194/195.1 D 4
Madeira, Insel 190/191 C 3
Madison (USA, Wisconsin) 198/199.1 JK 5
Madre de Dios 193.1 D 6
Madrid 180/181 GH 7
Mafikeng 190/191 G 9
Magdeburg, Stadt 178 D 2
Magellanstraße 194/195.1 C 9
Magnetischer Pol (Nord) 198/199.1 JK 2
Magnetischer Pol (Süd) 204.2 19
Magnitogorsk 180/181 U 5
Mahajanga 190/191 J 8
Maiduguri 190/191 F 5
Maikop 182/183 QR 7
Mailand, Stadt 180/181 KL 6
Main 178 D 3
Mainz, Stadt 178 C 3/4
Makarikari-Salzpfanne 190/191 G 9
Malabo 190/191 E 6
Maladeta 180/181 HJ 7
Málaga 180/181 H 8
Malakal 190/191 H 6
Malanje 190/191 F 7
Malargüe 196/197.1 CD 7
Malaspinagletscher 198/199.1 D 4
Malawi 190/191 H 8
Malawisee 190/191 H 8
Mali, Staat 190/191 DE 5
Malindi 190/191 HJ 7
Mallorca 180/181 J 8
Malmö 180/181 LM 4
Malpelo 194/195.1 BC 3
Malta 184/185 L 8
Mamonat 193.1 B 1
Mamoré 194/195.1 D 5
Man, Ort (Côte d'Ivoire) 190/191 D 6
Manacapuru 193.1 E 4
Managua 198/199.1 K 8
Manantiales 196/197.1 D 9
Manaus 194/195.1 DE 4
Manchester (Großbritannien) 180/181 HJ 5
Manhattan, New York- 203 AB 2
Manizales 194/195.1 C 3
Mannheim, Stadt 178 C 4
Manta 193.1 A 4
Manú 193.1 C 6
Manytschniederung 180/181 RS 6
Maputo 190/191 H 9
Mar del Plata 194/195.1 E 7
Marabá 194/195.1 EF 4

Maracaibo 194/195.1 C 2
Maracay 193.1 D 1/2
Maradi 190/191 E 5
Marajó 194/195.1 EF 4
Maranhão 194/195.1 F 4
Marañón 194/195.1 C 4
Marcona 196/197.1 C 5
Margarita 193.1 E 1
Marie-Byrd-Land 204.2 8-10
Maringa 194/195.1 E 6
Maritza 180/181 O 7
Marjupol 180/181 Q 6
Marmarameer 180/181 O 7
Marokko 190/191 D 3
Marrakesch 190/191 CD 3
Marsa al-Brega 182/183 MN 10
Marseille 180/181 JK 7
Martin Vaz 194/195.1 H 6
Martinique 198/199.1 MN 8
Maseru 190/191 G 9
Massaua 190/191 H 5
Matadi 190/191 F 7
Matagalpa 198/199.1 K 8
Matamoros 198/199.1 J 7
Mato Grosso, Bundesstaat 193.1 EF 5/6
Mato Grosso, Ort 194/195.1 DE 5
Maturín 193.1 E 2
Mauretanien 190/191 CD 5
Mayotte 190/191 J 8
Mayrhofen 179 DE 5
Mazatlán 198/199.1 H 7
Mazedonien, Staat 184/185 N 7
Mbabane 190/191 GH 9
Mbandaka 190/191 FG 6/7
Mbeya 190/191 H 7
Mbuji-Mayi 190/191 G 7
McCarren Park (in New York) 203 B 2
McRobertson-Land 204.2 26/27
Medellín 194/195.1 C 3
Medicine Hat 198/199.1 GH 4/5
Meiningen 178 D 3
Meißen (an der Elbe) 178 E 3
Meißner, Gebirge 178 C 3
Meknès 190/191 D 3
Melvillehalbinsel 198/199.1 K 3
Melvilleinsel (Kanada) 198/199.1 GH 2
Melvillesund 198/199.1 GH 2
Memel, Fluss 180/181 N 4
Memel, Stadt 182/183 N 4
Memmingen 178 D 5
Memphis, Ruinenstätte (Ägypten) 180/181 OP 10
Memphis, Stadt (USA, Tennessee) 198/199.1 KL 5
Mendocinostufe 198/199.1 EF 6
Mendoza 194/195.1 D 7
Menlo Park 202.2 B 3
Menongue 190/191 F 8
Menorca 182/183 J 7/8
Meppel 178 AB 2
Mérida (Mexiko) 198/199.1 JK 7
Mérida (Venezuela) 193.1 C 2
Merseburg 178 DE 3
Mersin 180/181 P 8

Merzig 178 B 4
Mesen, Fluss 180/181 S 3
Mesen, Stadt 180/181 RS 2
Meseta 180/181 GH 7/8
Mesopotamien 180/181 R 8/9
Messina (Sizilien) 180/181 LM 8
Meta 194/195.1 C 3
Metz 178 B 4
Mexicali 198/199.1 G 6
Mexikanisches Becken 198/199.1 JK 7
Mexiko, Staat 198/199.1 HJ 7
Mexiko, Stadt 198/199.1 HJ 8
Miami, Stadt 198/199.1 KL 7
Michigansee 198/199.1 K 5
Michikamausee 198/199.1 MN 4
Milford Haven 182/183 GH 5
Milwaukee 198/199.1 JK 5
Minas Gerais 194/195.1 F 5
Minatitlán 200/201.1 J 8
Minden, Stadt 178 C 2
Minneapolis 198/199.1 J 5
Minsk 180/181 O 5
Mississippi, Fluss 198/199.1 J 5/6
Missouri, Fluss 198/199.1 HJ 5
Mistassinisee 198/199.1 L 4
Misurata 190/191 F 3
Mittelamerikanischer Graben 198/199.1 H-K 8/9
Mittellandkanal 178 BC 2
Mittelmeer 180/181 J-P 8/9
Mitú 194/195.1 CD 3
Mlanje 190/191 H 8
Moa 200/201.1 L 7
Mobile 198/199.1 K 6
Moçamedes → Namibe
Mocoa 193.1 B 3
Mön 178 E 1
Mönchengladbach 178 AB 3
Mogadischu 190/191 J 6
Moldau, Fluss 178 F 4
Moldau, Staat 184/185 O 6
Mollendo 194/195.1 C 5
Mombasa 190/191 HJ 7
Monaco, Staat 184/185 K 7
Monarücken 204.1 14/15
Monrovia 190/191 C 6
Mont Pelé 202.1 DE 3
Mont Tahat 190/191 E 4
Montblanc 180/181 K 6
Monte Roraima 194/195.1 DE 3
Montenegro, Staat 184/185 MN 7
Monterey Bay 202.2 C 4
Montería 194/195.1 C 3
Monterrey (Mexiko) 198/199.1 HJ 7
Montes Claros 194/195.1 F 5
Montevideo 194/195.1 E 7
Montgomery 198/199.1 K 6
Montreal 198/199.1 L 5
Moosonee 198/199.1 K 4
Mopti 190/191 D 5
Morelia 198/199.1 H 7/8
Morón 193.1 D 1

Moroni 190/191 J 8
Mosambik, Staat 190/191 H 8/9
Mosel, Fluss 178 B 3
Mosjöen 182/183 KL 2
Moskau, Stadt 180/181 PQ 4
Moskitoküste 198/199.1 K 8
Moskwa, Stadt 180/181 PQ 4
Most 178 E 3
Mosul 180/181 R 8
Mosyr 182/183 O 5
Mount Columbia 198/199.1 G 4
Mount Coman 204.2 3/4
Mount Elbert 198/199.1 H 6
Mount Erebus 204.2 15/16
Mount Forel 198/199.1 P 3
Mount Katmai 198/199.1 C 4
Mount Logan 198/199.1 DE 3
Mount McKinley 198/199.1 CD 3
Mount Michelson 198/199.1 D 3
Mount Mintu 204.2 16/17
Mount Mitchell 198/199.1 K 6
Mount Olympus 198/199.1 F 5
Mount Rainier 198/199.1 FG 5
Mount Robson 198/199.1 FG 4
Mount Roosevelt 198/199.1 F 4
Mount Saint Helens 202.1 BC 2
Mount Shasta 198/199.1 FG 5
Mount Sidley 204.2 9/10
Mount Whitney 198/199.1 FG 6
Mountain Village 198/199.1 BC 3
Moyobamba 193.1 B 5
Mtwara 190/191 J 8
Mühldorf 178 E 4
Mühlhausen (Thüringen) 178 D 3
München, Stadt 178 DE 4
Münster, Stadt (Westfalen) 178 B 2/3
Münsterland 178 B 3
Müritz, See 178 E 2
Mufulira 190/191 G 8
Mulde, Fluss 178 E 3
Mungbere 190/191 G 6
Murcia 180/181 H 8
Murmansk 180/181 PQ 2
Mursuk 190/191 F 4
Mutare 190/191 H 8
Mwanza 190/191 H 7
Mwerusee 190/191 GH 7

## N

Naab 178 E 4
Nabereschnyje Tschelny 180/181 TU 4
Nadelkap 190/191 G 10
Nain 198/199.1 MN 4
Nairobi 190/191 H 7
Nakuru 190/191 H 7
Namib 190/191 F 8/9
Namibe 190/191 F 8
Namibia 190/191 F 9
Nampula 190/191 HJ 8
Nanisivik 200/201.1 KL 2

Nantes 180/181 H 6
Napiergebirge 204.2 27/28
Napo 193.1 C 4
Naresstraße 198/199.1 LM 1/2
Narjan-Mar 180/181 TU 2
Narodnaja 180/181 V 2
Narvik 180/181 M 2
Nashville 198/199.1 K 6
Nassau, Stadt (Bahamas) 198/199.1 L 7
Nasserstausee 190/191 H 4
Natal, Landschaft 190/191 H 9
Natal, Stadt 194/195.1 G 4
Naumburg (an der Saale) 178 D 3
Nazcaplatte 202.1 CD 4
Nazcarücken 194/195.1 BC 5/6
Ndola 190/191 G 8
Ndschemena 190/191 F 5
Neapel, Stadt 180/181 L 7
Nebid Dag → Balkanabad
Neckar 178 C 4
Necochea 194/195.1 E 7
Nedschef 180/181 R 9
Neftejugansk 182/183 X 3
Neiva 193.1 BC 3
Nelson, Fluss 198/199.1 J 4
Nema 190/191 D 5
Neubrandenburg, Stadt 178 E 2
Neufundland, Insel 198/199.1 N 4
Neufundlandbank, Große 198/199.1 N 5
Neumünster 178 CD 1
Neunkirchen (Saarland) 178 B 4
Neuquén 194/195.1 D 7
Neuruppin 178 E 2
Neuschottland 198/199.1 M 5
Neustadt (an der Donau) 179 DE 4
Neustrelitz 178 E 2
Neuwied, Stadt 178 B 3
New Amsterdam 194/195.1 E 3
New Orleans 198/199.1 JK 6/7
New York, Stadt 203
Newark (USA, New Jersey) 198/199.1 L 5
Newcastle (Großbritannien) 180/181 HJ 4/5
Newport News 200/201.1 L 6
Newton Creek 203 B 2
Ngaundere 190/191 F 6
Niamey 190/191 E 5
Nicaragua 198/199.1 K 8
Nicaraguasee 198/199.1 K 8
Niedergunea 190/191 EF 7/8
Niederkalifornien 198/199.1 G 6/7
Niederländische Antillen 194/195.1 CD 2
Niederlande, Staat 184/185 JK 5
Niederlausitz 178 EF 3
Nienburg (an der Weser) 178 C 2
Nieuw Nickerie 193.1 F 2
Niger, Fluss 190/191 D 5
Niger, Staat 190/191 EF 5
Nigeria 190/191 EF 5
Nikel 182/183 OP 2
Nikolajew 180/181 P 6

Nikosia 180/181 P 9
Nil 190/191 H 4
Nil, Blauer 190/191 H 5
Nil, Weißer 190/191 H 5
Nimwegen 178 AB 3
Ninive 180/181 R 8
Nipigonsee 198/199.1 K 5
Niquelândia 196/197.1 F 5
Niterói 194/195.1 F 6
Nizza 180/181 K 7
Njala 190/191 G 5
Njassasee → Malawisee
Nome 198/199.1 B 3
Noranda 198/199.1 L 5
Nord-Ostsee-Kanal 178 CD 1/2
Nordamerika 198/199.1
Nordamerikanisches Becken 198/199.1 MN 6/7
Norden 178 B 2
Nordenham 179 C 2
Norderney, Insel 178 B 2
Nordfriesische Inseln 178 C 1
Nordfriesland, Landschaft 178 C 1
Nordhausen, Stadt (Thüringen) 178 D 3
Nordhorn 178 B 2
Nordkap (Norwegen) 180/181 O 1
Nordostpazifisches Becken 198/199.1 D-F 5-7
Nordpol 204.1
Nordpolarmeer 204.1
Nordsee 180/181 JK 4/5
Norfolk 198/199.1 L 6
Norman Wells 198/199.1 EF 3
Norrköping 180/181 M 4
Norwegen, Staat 184/185 K-N 1-4
Norwegische Rinne 180/181 JK 3/4
Norwegisches Becken 180/181 HJ 2
Nova Iguaçu 194/195.1 F 6
Novo Aripuana 193.1 EF 5
Nowgorod, Stadt 180/181 P 4
Noworossiisk 180/181 Q 7
Nuadhibu 190/191 C 4
Nuakschott 190/191 C 5
Nubische Wüste 190/191 H 4
Nudo Coropuna 194/195.1 C 5
Nürnberg, Stadt 178 D 4
Nuevo Laredo 198/199.1 HJ 7
Nukus 180/181 UV 7
Nunivakinsel 198/199.1 B 4
Nuuk 198/199.1 NO 3
Nyköbing 178 DE 1

## O

Oakland 198/199.1 FG 6
Oase Siwa 190/191 G 3/4
Oaxaca 198/199.1 J 8
Ob, Fluss 180/181 Y 3
Obbia 190/191 J 6
Oberer See 198/199.1 JK 5
Oberguinea 190/191 DE 6
Oberlausitz 178 F 3
Oberpfälzer Wald 178 E 4
Oberstdorf 178 CD 5

Obertauern 179 E 5
Obervolta → Burkina Faso
Óbidos 193.1 FG 4
Odenwald, Landschaft 178 C 4
Oder (zur Ostsee) 180/181 M 5
Oderbruch 178 F 2
Odessa (Ukraine) 180/181 P 6
Odessa (USA, Texas) 198/199.1 H 6
Öland 180/181 M 4
Ösel 180/181 N 4
Österreich, Staat 184/185 LM 6
Östliche Sierra Madre 198/199.1 HJ 7
Östlicher Euphrat 180/181 QR 8
Östlicher Großer Erg 190/191 E 3/4
Offenbach (am Main) 178 C 3
Offenburg 178 BC 4
Ogbomosho 190/191 E 6
Ohio, Fluss 198/199.1 K 6
Ojos del Salado 194/195.1 D 6
Oka, Fluss zur Wolga 180/181 R 4
Okawango 190/191 FG 8
Oklahoma City 198/199.1 HJ 6
Old River 202.2 C 2
Oldenburg, Stadt (Oldenburg) 178 BC 2
Olymp 180/181 N 7/8
Olympia, Ruinenstätte (Griechenland) 180/181 N 8
Omaha 198/199.1 J 5
Omdurman 190/191 GH 5
Omsk 180/181 X 4/5
Onegasee 180/181 Q 3
Ontariosee 198/199.1 L 5
Oran 190/191 D 3
Oranje 190/191 F 9
Ordschonikidse (Russland) → Wladikawkas
Orel, Stadt 180/181 Q 5
Orenburg 180/181 U 5
Orinoco 194/195.1 D 3
Orinocodelta 193.1 EF 2
Orkneyinseln 180/181 H 4
Orlando (USA, Florida) 198/199.1 KL 7
Orléans 180/181 HJ 6
Orsk 180/181 U 5
Oruro 194/195.1 D 5
Oshogbo 190/191 E 6
Oslo 180/181 KL 4
Osnabrück, Stadt 178 C 2
Osorno 202.1 D 5
Oste 178 C 2
Ostfriesische Inseln 178 B 2
Ostfriesland, Landschaft 178 B 2
Ostpazifischer Rücken 198/199.1 H 8/9
Ostsee 180/181 MN 4
Ottawa, Fluss 198/199.1 L 5
Ottawa, Stadt 198/199.1 L 5
Oulu 180/181 O 2
Ouro Prêto 196/197.1 F 6
Ovamboland 190/191 F 8

## P

Pachuca 198/199.1 HJ 7
Paderborn, Stadt 178 C 3
Pagalu 190/191 E 7
Paita 193.1 A 5
Pajaro River 202.2 C 4
Palermo 180/181 L 8
Palma 180/181 J 8
Palmerland 204.2 3
Palmira 193.1 BC 3
Pampa 194/195.1 DE 7
Pan Am Building (in New York) 203 B 1
Panama, Staat 198/199.1 KL 9
Panamá, Stadt 198/199.1 L 9
Panamerican Highway 194/195.1 C 4/5 198/199.1 F 5/6
Pantanal 194/195.1 E 5
Pará, Landschaft 194/195.1 E 4
Paragominas 196/197.1 F 4
Paraguay, Fluss 194/195.1 E 6
Paraguay, Staat 194/195.1 DE 6
Paraku 190/191 E 6
Paramaribo 194/195.1 E 3
Paraná, Bundesstaat (Brasilien) 194/195.1 E 6
Paraná, Fluss 194/195.1 E 6
Paraná, Stadt (Argentinien) 194/195.1
Paranaíba 194/195.1 EF 5
Parchim, Stadt 178 DE 2
Paricutín 193.1 H 8
Parintis 193.1 F 4
Paris (Frankreich) 180/181 J 6
Parnaíba, Fluss 194/195.1 F 4
Parnaíba, Stadt 194/195.1 FG 4
Parryinseln 198/199.1 G-J 2
Paru 193.1 G 3
Passau, Stadt 178 E 4
Passo Fundo 194/195.1 E 6
Pastaza 193.1 B 4
Pasto 194/195.1 C 3
Patagonien 194/195.1 CD 8
Patras 180/181 N 8
Paulistana 194/195.1 FG 4
Paulo-Afonso-Fälle 194/195.1 G 4
Paz del Río 193.1 C 2
Pazifische Platte 202.1 MN 2/3
Peace River 198/199.1 G 4
Pecos 198/199.1 H 6
Peene 178 E 2
Peipussee 180/181 O 4
Peloponnes 180/181 N 8
Pelotas 194/195.1 E 7
Pemba, Insel 190/191 HJ 7
Pemba, Ort 190/191 J 8
Pensa 180/181 RS 5
Peoria 198/199.1 K 5
Pereira 193.1 B 3
Perm 180/181 TU 4
Pernambuco 194/195.1 G 4
Persischer Golf 180/181 ST 10
Peru 194/195.1 CD 4
Perugraben 194/195.1 BC 4/5
Perwouralsk 180/181 U 4
Petropawlowsk 180/181 WX 5
Petrosawodsk 180/181 P 3

Petschora, Fluss 180/181 TU 2
Petschora, Stadt 180/181 TU 2
Pfefferküste 190/191 CD 6
Pforzheim, Stadt 178 C 4
Philadelphia (USA, Pennsylvania) 198/199.1 L 5/6
Philippinenplatte 202.1 L 3
Phoenix 198/199.1 G 6
Piauí 194/195.1 F 4
Pico da Bandeira 194/195.1 F 5/6
Pico da Neblina 194/195.1 D 3
Pierre 198/199.1 HJ 5
Pietermaritzburg 190/191 H 9
Pietersburg → Polokwane
Pik von Orizaba 198/199.1 J 8
Pilcomayo 194/195.1 D 6
Pilsen 178 E 4
Pimenta Bueno 193.1 E 6
Pindos 180/181 N 8
Pine Point 200/201.1 GH 3
Piombino 182/183 L 7
Pirmasens, Stadt 178 B 4
Písek 178 EF 4
Pittsburgh 198/199.1 KL 5/6
Piura 194/195.1 BC 4
Pjatigorsk 180/181 RS 7
Plateau von Mato Grosso 194/195.1 E 5
Platte, Fluss 198/199.1 H 5
Plauen (Vogtland) 178 E 3
Pleskau 180/181 OP 4
Plöckenstein 178 EF 4
Ploieşti 182/183 NO 6/7
Plovdiv 182/183 N 7
Po 180/181 L 7
Point Hope 198/199.1 BC 3
Pointe-à-Pierre 193.1 EF 1/2
Pointe Noire 190/191 EF 7
Polaris Mine 200/201.1 HJ 2
Polen, Staat 184/185 MN 5
Polokwane 190/191 GH 9
Polunotschnoje 182/183 VW 3
Pommersche Bucht 178 F 1
Pont-à-Mousson 179 B 4
Ponta Grossa 194/195.1 EF 6
Pontisches Gebirge 180/181 P-R 7
Popayán 194/195.1 C 3
Popocatépetl 198/199.1 J 8
Port-au-Prince 198/199.1 L 8
Port Elizabeth 190/191 G 10
Port-Gentil 190/191 E 7
Port Harcourt 190/191 E 6
Port Nelson 198/199.1 JK 4
Port Nolloth 190/191 F 9
Port of Spain 194/195.1 DE 2
Port Said 190/191 H 3
Port Sudan 190/191 H 5
Porteira 193.1 F 4
Portland (USA, Maine) 198/199.1 LM 5

Portland (USA, Oregon) 198/199.1 F 5
Porto 180/181 G 7
Porto Alegre 194/195.1 EF 6/7
Porto Novo 190/191 E 6
Porto Velho 194/195.1 D 4
Portugal, Staat 184/185 G 7/8
Posadas 194/195.1 E 6
Posen, Stadt 180/181 M 5
Potosí 194/195.1 D 5
Potrerillos 196/197.1 CD 6
Potsdam, Stadt 178 E 2
Poza Rica 198/199.1 J 7
Prärien 198/199.1 HJ 4-7
Prag 180/181 L 5/6
Praha 178 F 3/4
Prainha 193.1 E 5
Pressburg 180/181 M 6
Pretoria → Tshwane
Příbram 178 EF 4
Prignitz, Stadt 178 DE 2
Prince Albert 198/199.1 H 4
Prince-Charles-Gebirge 204.2 26/27
Prince George 198/199.1 F 4
Prince-Patrick-Insel 198/199.1 FG 2
Prince Rupert 198/199.1 E 4
Príncipe, Insel 190/191 E 6
Prinz-Albert-Halbinsel 198/199.1 G 2
Prinz-Eduard-Insel 198/199.1 M 5
Prinz-von-Wales-Insel 198/199.1 HJ 2
Pripjet 180/181 O 5
Pripjetsümpfe 180/181 O 5
Providence 198/199.1 LM 5
Prudhoe Bay 200/201.1 DE 2
Pucallpa 194/195.1 C 4
Puebla 198/199.1 J 8
Pueblo 198/199.1 H 6
Puerto Ayacucho 193.1 D 2
Puerto Barrios 198/199.1 K 8
Puerto Carreno 193.1 D 2
Puerto Deseado 194/195.1 D 8
Puerto Madryn 196/197.1 D 8
Puerto Maldonado 194/195.1 CD 5
Puerto Montt 194/195.1 C 8
Puerto Natales 194/195.1 C 9
Puerto-Rico-Graben 198/199.1 M 7/8
Puerto Rico, Insel 198/199.1 M 8
Puerto Rico, Stadt (Bolivien) 193.1 D 6
Puna, Landschaft 196/197.1 CD 5/6
Puno 194/195.1 CD 5
Punta Arenas (Chile) 194/195.1 C 9
Purus 194/195.1 D 4
Puttgarden 178 D 1
Putumayo 194/195.1 C 4
Pyrenäen 180/181 HJ 7

## Q

Quebec, Stadt 198/199.1 L 5
Queens, New York- 203 B 1
Quelimane 190/191 H 8
Quibdó 193.1 B 2
Quillabamba 193.1 C 6
Quito 194/195.1 BC 4

## R

Rabat 190/191 D 3
Rainey Park (in New York) 203 B 1
Raleigh 198/199.1 L 6
Rapid City 198/199.1 H 5
Ras Daschan 190/191 H 5
Ras Lanuf 182/183 M 10
Ras Tanura 182/183 ST 10
Rjasan, Stadt 180/181 Q 5
Roanoke, Stadt 198/199.1 KL 6
Recife 194/195.1 G 4
Red Dog 200/201.1 BC 3
Red River (USA, Oklahoma) 198/199.1 J 6
Regen, Fluss 178 E 4
Regensburg, Stadt 178 E 4
Regina 198/199.1 H 4
Regnitz 178 D 4
Reichenberg (Böhmen) 178 F 3
Remiremont 178 B 5
Rendsburg 178 CD 1
Rentiersee 198/199.1 H 4
Requena 193.1 C 5
Rescht 180/181 S 8
Resistencia 194/195.1 DE 6
Reutlingen, Stadt 179 C 4
Reval → Tallinn
Revilla-Gigedo-Inseln 198/199.1 G 8
Reykjanesrücken 180/181 BC 3/4
Reykjavík 180/181 CD 3
Reynosa 200/201.1 J 7
Rhein 178 B 3
Rheine 178 B 2
Rhodopen 180/181 NO 7
Rhodos, Insel 180/181 O 8
Rhön, Gebirge 178 CD 3
Rhône 180/181 J 7
Ribeirão Prêto 194/195.1 EF 6
Riberalta 193.1 DE 6
Richmond (USA, Virginia) 198/199.1 L 6
Riesa 178 E 3
Riga 180/181 N 4
Rijeka 182/183 LM 6
Rimini 182/183 L 7
Río Balsas 198/199.1 HJ 8
Río Bermejo 194/195.1 DE 6
Rio Branco, Fluss 194/195.1 D 3
Rio Branco, Ort 194/195.1 D 4/5
Río Bravo del Norte 198/199.1 H 6/7
Río Colorado 194/195.1 D 7
Río Cuarto 194/195.1 D 7
Rio de Janeiro, Stadt 194/195.1 FG 6
Río de la Plata 194/195.1 E 7
Río Gallegos 194/195.1 D 9
Rio Grande do Sul 194/195.1 E 6/7
Rio Grande, Fluss (Brasilien) 194/195.1 F 6
Rio Grande, Fluss (USA) 198/199.1 HJ 7

Rio Grande, Stadt (Brasilien) 194/195.1 EF 7
Río Magdalena 194/195.1 C 3
Río Negro (Argentinien) 194/195.1 D 7/8
Rio Negro (Brasilien) 194/195.1 D 4
Río Negro (Uruguay) 194/195.1 E 7
Río Salado (zum Paraná) 194/195.1 D 6
Río Salado (zum Río Colorado) 194/195.1 D 7
Rio São Francisco 194/195.1 F 5
Riobamba 193.1 B 4
Riohacha 193.1 C 1
Rivera 194/195.1 E 7
Rjasan, Stadt 180/181 Q 5
Roanoke, Stadt 198/199.1 KL 6
Rockall 180/181 F 4
Rockford 198/199.1 JK 5
Rocky Mountains 198/199.1 E-G 3-5
Rödbyhavn 178 D 1
Rom 180/181 L 7
Roma (Italien) 180/181 L 7
Rondônia 194/195.1 D 5
Ronne-Schelfeis 204.2 2/3
Rooseveltinsel 204.2 12-14
Roraima 193.1 EF 3
Rosario (Argentinien) 194/195.1 D 7
Rosenheim (Oberbayern) 178 DE 5
Ross-Schelfeis 204.2 13-15
Rossinsel 204.2 15/16
Roßlau, Dessau- 178 DE 3
Rossmeer 204.2 12-15
Rostock, Stadt 178 E 1
Rostow (am Don) 180/181 QR 6
Rothaargebirge 178 C 3
Rotterdam 180/181 JK 5
Rovuma 190/191 H 8
Ruanda 190/191 GH 7
Rudolfsee → Turkanasee
Rügen, Insel 178 EF 1
Rufiji 190/191 H 7
Ruhr (zum Rhein) 178 C 3
Rumänien, Staat 184/185 NO 6
Russland, Staat 184/185 Q-V 3
Ruwenzori 190/191 GH 6
Rybinsk 180/181 QR 4
Rybinsker Stausee 180/181 PQ 4

## S

Saale, Fluss (zur Elbe) 178 D 3
Saalfeld 178 D 3
Saar, Fluss 178 B 4
Saarbrücken, Stadt 178 B 4
Saarburg (Lothringen) 178 B 4
Sabija 190/191 J 5
Sacha 193.1 B 4
Sacramento, Stadt 198/199.1 FG 6
Safaniya 182/183 S 10
Safi 190/191 CD 3
Safid 180/181 ST 8
Sahara, Land 190/191 C 4
Sahara, Wüste 190/191 D-G 4
Saharaatlas 190/191 DE 3
Saint Croix 200/201.1 M 8
Saint-Dié 178 B 4

Saint John 198/199.1 M 5
Saint John's (Neufundland) 198/199.1 N 5
Saint Kitts und Nevis 198/199.1 M 8
Saint-Louis (Senegal) 190/191 C 5
Saint Louis (USA, Missouri) 198/199.1 J 6
Saint Lucia 198/199.1 MN 8
Saint Paul 198/199.1 JK 5
Saint Petersburg 198/199.1 K 7
Saint-Pierre und Miquelon 198/199.1 NO 5
Saint Vincent 194/195.1 DE 2
Salar de Uyuni 194/195.1 D 5/6
Salina Cruz 200/201.1 J 8
Salinas Grandes 194/195.1 D 6
Saloniki 180/181 N 7
Salt Lake City 198/199.1 G 5
Salta 194/195.1 D 6
Salto 194/195.1 E 7
Salvador 194/195.1 G 5
Salzburger Alpen 178 E 5
Salzgitter 178 D 2
Salzsee, Großer 198/199.1 G 5
Samara, Stadt 180/181 T 5
Sambesi 190/191 H 8
Sambia 190/191 G 8
Samsun 180/181 Q 7
San Ambrosio 194/195.1 C 6
San Andreas Lake 202.2 B 2
San-Andreas-Verwerfung 202.2 BC 2-4
San Antonio 198/199.1 J 7
San Carlos de Bariloche 196/197.1 CD 8
San Cristóbal 194/195.1 CD 3
San Diego 198/199.1 FG 6
San Félix 194/195.1 B 6
San Fernando de Apure 193.1 D 2
San Francisco 198/199.1 F 6
San Francisco Bay 202.2 B 2
San José (Costa Rica) 198/199.1 K 9
San Jose (USA, California) 198/199.1 F 6
San Juan (Argentinien) 194/195.1 CD 7
San Juan (Puerto Rico) 198/199.1 M 8
San Lorenzo (Kolumbien) 193.1 AB 3
San Lorenzo (Venezuela) 193.1 C 2
San Lorenzo River 202.2 B 3
San Luis Potosí 198/199.1 H 7
San Marino 184/185 L 7
San-Matías-Golf 194/195.1 DE 8
San Pablo Bay 202.2 B 1
San Pablo Reservoir 202.2 B 2
San Pedro Sula 198/199.1 K 8
San Rafael 202.2 B 1
San Salvador, Insel 198/199.1 L 7
San Salvador, Stadt 198/199.1 JK 8
San Silvestre 193.1 CD 2
San Valentín 194/195.1 C 8
Sankt-Georgs-Kanal 180/181 G 5
Sankt Helena 190/191 D 8
Sankt-Lorenz-Golf 198/199.1 M 5
Sankt-Lorenz-Insel 198/199.1 AB 3
Sankt-Lorenz-Strom 198/199.1 LM 5
Sankt-Matthäus-Insel 198/199.1 AB 3
Sankt Paul, Insel (Atlantischer Ozean) 194/195.1 N 7
Sankt Petersburg 180/181 OP 3/4
Sankuru 190/191 G 7
Sansibar 190/191 HJ 7
Santa Catarina 194/195.1 EF 6
Santa Clara 198/199.1 KL 7
Santa Cruz, Fluss (Argentinien) 194/195.1 CD 8/9
Santa Cruz, Stadt (Bolivien) 194/195.1 D 5
Santa Cruz, Stadt (Kanarische Inseln) 190/191 C 4
Santa Cruz, Stadt (USA, California) 202.2 C 3/4
Santa Fe (Argentinien) 194/195.1 D 7
Santa Fe (USA, New Mexico) 198/199.1 H 6
Santa Maria (Brasilien) 194/195.1 E 6
Santa Marta 194/195.1 C 2
Santa Rosa (Argentinien) 194/195.1 D 7
Santa Rosalia 198/199.1 G 7
Santa Teresa 193.1 E 3
Santander 180/181 H 7
Santarém 194/195.1 E 4
Santiago (Chile) 194/195.1 C 7
Santiago de Cuba 198/199.1 L 7/8
Santiago del Estero 194/195.1 D 7
Santo André (bei Rio de Janeiro) 194/195.1 F 6
Santo Domingo 198/199.1 LM 8
Santos 194/195.1 F 6
São Luís 194/195.1 F 4
São Paulo, Stadt 194/195.1 EF 6
São Tomé und Príncipe 190/191 E 6
São Tomé, Stadt 190/191 E 6/7
Saporoschje 180/181 Q 6
Sarajevo 180/181 M 7
Saratow 180/181 RS 5
Sardinien, Insel 180/181 K 7
Sargassosee 198/199.1 MN 6/7
Sarh 190/191 F 6
Sarrebourg, Stadt 178 B 4
Saskatchewan, Fluss 198/199.1 H 4
Saskatoon 198/199.1 H 4
Sassnitz 178 E 1
Sauerland 178 BC 3
Sault Sainte Marie 198/199.1 K 5
Savannah 198/199.1 KL 6
Save (Balkan) 180/181 M 6
Schachty 180/181 R 6
Schaffhausen, Stadt 178 C 5
Schari 190/191 F 5/6
Schdanow → Marjupol
Schefferville 198/199.1 M 4
Scheliff 180/181 J 8
Schewtschenko → Aktau
Schiras 180/181 T 10
Schitomir 180/181 O 5
Schleswig, Stadt 178 C 1
Schlettstadt 178 B 4
Schott Dscherid 190/191 E 3
Schwäbisch Gmünd 179 C 4
Schwäbische Alb, Gebirge 178 CD 4
Schwarze Elster 178 E 3
Schwarzes Meer 180/181 PQ 7
Schwarzwald, Mittelgebirge 178 BC 4/5
Schweden, Staat 184/185 L-N 2-4
Schwedt 178 EF 2
Schweinfurt, Stadt 178 D 3
Schweiz, Staat 184/185 K 6
Schwenningen, Villingen- 178 C 4/5
Schwerin, Stadt (Mecklenburg) 178 D 2
Scoresbysund 198/199.1 PQ 2
Scottinsel 204.2 14
Seattle 198/199.1 FG 5
Sebha 190/191 F 4
See von Maracaibo 194/195.1 C 2/3
Seefeld (Tirol) 179 D 5
Segu 190/191 D 5
Seine 180/181 J 6
Sekondi-Takoradi 190/191 DE 6
Selb 179 DE 3
Sélestat 178 B 4
Selvas 196/197.1 DE 4
Semnan 180/181 T 8
Sena Madureira 193.1 D 5
Senegal, Fluss 190/191 C 5
Senegal, Staat 190/191 C 5
Senftenberg 179 EF 3
Sennar 190/191 H 5
Sept-Îles 198/199.1 M 4
Serbien, Staat 184/185 N 7
Serengeti-Nationalpark 190/191 H 7
Sergejew Possad 180/181 Q 4
Serginy 180/181 V 3
Serow 180/181 V 4
Serowe 190/191 G 9
Serra da Mantiqueira 194/195.1 F 6
Serra do Espinhaço 194/195.1 F 5
Serra do Navio 196/197.1 E 3
Serra dos Carajás 196/197.1 EF 4
Serra Pelada 196/197.1 F 4
Setif 180/181 K 8
Sevilla 180/181 G 8
Sewalan 180/181 S 8
Seward 198/199.1 D 3/4
Sewastopol 180/181 P 7
Sewerodwinsk 180/181 QR 3
Sfax 190/191 F 3
Shaba 190/191 G 7
Shackleton-Schelfeis 204.2 23
Sheffield 180/181 HJ 5
Shetlandinseln 180/181 H 3
Shreveport 198/199.1 J 6
Shushufindi 193.1 BC 4
Sidi-bel-Abbès 190/191 DE 3
Sidi-Ifni 190/191 CD 4
Sieg, Fluss 178 B 3
Siegen 178 C 3
Sierra Grande 196/197.1 D 8
Sierra Leone 190/191 C 6
Sierra Madre, Östliche 198/199.1 HJ 7
Sierra Madre, Südliche 198/199.1 HJ 8
Sierra Madre, Westliche 198/199.1 H 6/7
Sierra Nevada (Spanien) 180/181 H 8
Sierra Nevada (USA) 198/199.1 FG 5/6
Sierra Pacaraima 194/195.1 D 3
Siftonpass 198/199.1 F 4
Siglufjördhur 182/183 E 2
Simbabwe, Ruinenstätte 190/191 H 9
Simbabwe, Staat 190/191 GH 8
Simferopol 180/181 P 6/7
Sindelfingen 179 C 4
Sinder 190/191 EF 5
Singen 179 C 5
Sirte 190/191 F 3
Sitka 198/199.1 E 4
Sivas 180/181 Q 7/8
Siwa, Oase 190/191 G 3/4
Sizilien, Insel 180/181 L 8
Skagerrak 180/181 L 4
Skandinavien 180/181 L-N 2/3
Skikda 180/181 K 8
Sklavenküste 190/191 E 6
Sklavensee, Großer 198/199.1 GH 3
Skopje 180/181 N 7
Slatoust 180/181 U 4
Slowakei 184/185 MN 6
Slowenien 184/185 LM 6
Smolensk 180/181 P 5
Snake River 198/199.1 G 5
Sobat 190/191 H 6
Sobral 194/195.1 F 4
Sör Randane 204.2 30
Sofia 180/181 N 7
Sohag 190/191 H 4
Sokoto 190/191 E 5
Solingen 178 B 3
Solling 178 C 3
Sollum 190/191 G 3
Somalia 190/191 J 6
Somalihalbinsel 190/191 J 5/6
Sonderhausen 179 D 3
Sorau 178 F 3
Sotschi 180/181 Q 7
Southampton 180/181 H 5
Southamptoninsel 198/199.1 KL 3
Spanien, Staat 184/185 GH 7
Spessart, Gebirge 178 C 3/4
Split 180/181 M 7
Spokane 198/199.1 G 5
Sporaden 180/181 O 8
Spree 178 F 3
Spremberg, Ort 179 F 3
Stade 178 C 2
Stanley 194/195.1 E 9
Stanleyfälle 190/191 G 7
Stausee von Nischni Nowgorod 180/181 RS 4
Stausee von Samara 180/181 ST 5
Stavanger 182/183 JK 4
Stawropol 180/181 R 6
Steigerwald, Gebirge 178 D 4
Stendal, Stadt 178 D 2
Sterlitamak 180/181 TU 5
Stettin 180/181 LM 5
Stockholm 180/181 M 4
Stralsund, Stadt 178 E 1
Straßburg (Elsass) 180/181 K 6
Straße von Dover 180/181 J 5
Straße von Gibraltar 180/181 GH 8
Straße von Mosambik 190/191 HJ 8/9
Straße von Sizilien 180/181 L 8
Straße von Yucatán 198/199.1 K 7
Straubing 179 E 4
Stuttgart, Stadt 178 C 4
Suchona 180/181 R 3
Suchumi 180/181 QR 7
Sucre 194/195.1 D 5
Sudan, Landschaft 190/191 D-G 5
Sudan, Staat 190/191 GH 5
Sudbury 198/199.1 KL 5
Süd-Orkney-Inseln 204.2 36/1
Süd-Sandwich-Inseln 204.2 35/36
Süd-Shetland-Inseln 204.2 2/3
Südafrika, Staat 190/191 FG 10
Südamerika 194/195.1 E-G 9
Südantillenrücken 194/195.1 E-G 9
Südgeorgien 194/195.1 G 9
Südliche Sierra Madre 198/199.1 HJ 8
Südpol 204.2
Sues 190/191 H 3/4
Sueskanal 180/181 P 9
Suhl, Stadt 178 D 3
Suisun Bay 202.2 BC 1
Sumgait 180/181 S 7
Sumy 180/181 P 5
Sundsvall 180/181 M 3
Sunndalsöra 182/183 KL 3
Surgut 180/181 X 3
Suriname 194/195.1 E 3
Susa, Ruinenstätte 180/181 S 9
Sverdrupinseln 198/199.1 J-K 2
Swakopmund 190/191 F 9
Swasiland 190/191 H 9
Swerdlowsk → Jekaterinburg
Swinemünde 178 EF 2
Świnoujście 178 EF 2
Sydney (Kanada) 198/199.1 MN 5
Syktywkar 180/181 T 3
Sylt 178 C 1
Syr-Darja 180/181 V 6
Syrakus (Sizilien) 182/183 LM 8
Syrische Wüste 180/181 QR 9
Syrte, Große 190/191 F 3

Syrte, Kleine 190/191 F 3
Sysran 180/181 S 5
Szczecin 178 F 2

# T

Tabora 190/191 H 7
Tacoma 198/199.1 F 5
Täbris 180/181 S 8
Tahua 190/191 E 5
Taitao, Halbinsel 194/195.1 C 8
Tajo 180/181 H 7
Tajumulco 198/199.1 J 8
Takoradi, Sekondi- 190/191 DE 6
Talara 193.1 A 4
Talca 194/195.1 C 7
Talcahuano 196/197.1 C 7
Tallinn 180/181 NO 4
Tamale 190/191 D 6
Tamanrasset 190/191 E 4
Tambora 202.1 K 4
Tambow 180/181 R 5
Tampa 198/199.1 K 7
Tampere 180/181 N 3
Tampico 198/199.1 J 7
Tanana 198/199.1 D 3
Tanasee 190/191 H 5
Tanga 190/191 H 7
Tanganjikasee → Tansaniasee
Tanger, Stadt 190/191 D 3
Tansania 190/191 H 7
Tansaniasee 190/191 GH 7
Tanta 190/191 H 3
Taolanaro 190/191 J 9
Tapajós 193.1 F 4/5
Tarauacá 193.1 CD 5
Tarent 182/183 M 7
Tarija 194/195.1 D 6
Taudenni 190/191 D 4
Tauini 193.1 F 4
Taunus 178 C 3
Taurus 180/181 PQ 8
Tbilissi 180/181 RS 7
Tefé 193.1 E 4
Tegucigalpa 198/199.1 K 8
Teheran 180/181 ST 8
Tehuantepec 198/199.1 J 8
Teide 202.1 F 2/3
Tel Aviv-Jaffa 180/181 P 9
Tellatlas 190/191 DE 3
Temelin 179 F 4
Temesvar 180/181 N 6
Temuco 194/195.1 C 7
Ténéré 190/191 F 5
Teneriffa 190/191 C 4
Tennessee, Fluss 198/199.1 K 6
Teófilo Otôni 194/195.1 FG 5
Teplitz-Schönau 179 EF 3
Teresina 194/195.1 F 4
Ternopol 180/181 O 6
Tete 190/191 H 8
Tetuan 190/191 D 3
Teutoburger Wald 178 BC 3
Theben, Ruinenstätte (Ägypten) 190/191 H 4
Theiß 180/181 N 6
Thionville, Stadt 178 B 4
Thompson 200/201.1 J 4
Thüringer Wald 178 D 3
Thule 198/199.1 M 2
Thunder Bay 198/199.1 JK 5
Tiahuanaco 194/195.1 CD 5
Tibesti 190/191 F 4/5
Tibú 193.1 C 2

# 212 ATLASREGISTER

Tiefland von Turan 180/181 UV 7
Tiflis 180/181 RS 7
Tigre, Fluss 193.1 BC 4
Tigris 180/181 S 9
Tijuana 200/201.1 G 6
Timanrücken 180/181 ST 2/3
Timbuktu 190/191 D 5
Timia 190/191 EF 5
Timmins 200/201.1 K 5
Tinduf 190/191 D 4
Tinerhir 190/191 D 3
Tirana 180/181 M 7
Titicacasee 194/195.1 CD 5
Titisee-Neustadt 179 C 5
Tizimín 198/199.1 K 7
Tjumen 180/181 VW 4
Toamasina 190/191 JK 8
Tobago 194/195.1 DE 2
Tobol 180/181 W 4
Tobolsk 180/181 WX 4
Tobruk 190/191 G 3
Tocantins 194/195.1 F 4
Tocopilla 194/195.1 CD 6
Todestal 198/199.1 G 6
Togliatti 180/181 S 5
Togo 190/191 E 5/6
Toledo (USA, Ohio) 198/199.1 K 5
Toliara 190/191 J 9
Topeka 198/199.1 J 6
Toquepala 196/197.1 CD 5
Torgau 178 E 3
Toronto 198/199.1 KL 5
Torremolinos 182/183 GH 8
Torreón 198/199.1 H 7
Toulouse 180/181 HJ 7
Trabzon 180/181 QR 7
Trans Canada Highway 198/199.1 K 5
Transamazônica 194/195.1 E 4
Transantarktisches Gebirge 204.2 8-18
Travemünde, Lübeck- 178 D 1
Trelew 194/195.1 D 8
Trepca 182/183 N 7
Trier, Stadt 178 B 4
Trindade 194/195.1 GH 6
Trindaderücken 194/195.1 G 6
Trinidad und Tobago 194/195.1
Trinidad, Insel 196/197.1 DE 2
Trinidad, Stadt (Bolivien) 194/195.1 D 5
Tripoli 182/183 PQ 9
Tripolis 190/191 F 3
Tripolitanien 190/191 F 2/3
Troisdorf 178 B 3
Trombetas 193.1 F 3/4
Trondheim 180/181 KL 3
Trujillo 194/195.1 BC 4
Tsaratananamassiv 190/191 JK 8
Tsavo-Nationalpark 190/191 HJ 7
Tschad 190/191 FG 5
Tschadsee 190/191 F 5
Tscheboksary 180/181 S 4
Tschechische Republik 184/185 LM 6
Tscheljabinsk 180/181 V 4/5
Tschelkar 180/181 U 6
Tscherepowez 182/183 Q 4
Tschernigow 180/181 P 5
Tschernobyl 182/183 OP 5

Tshikapa 190/191 FG 7
Tshwane 190/191 G 9
Tsumeb 190/191 F 8
Tucson 198/199.1 G 6
Tucumán 194/195.1 D 6
Tucupita 193.1 E 2
Tucuruí 196/197.1 EF 4
Tübingen, Stadt 178 C 4
Türkei 184/185 P-R 8
Türkisch-Hellenische Platte 202.1 GH 2
Tuggurt 190/191 E 3
Tula (Russland) 180/181 Q 5
Tulcán 193.1 B 3
Tulsa 198/199.1 J 6
Tuluá 193.1 B 3
Tumaco 193.1 B 3
Tumbes 193.1 A 4
Tunesien 190/191 E 3
Tunis 190/191 F 3
Tunja 194/195.1 C 3
Tupiza 196/197.1 D 6
Turgaisenke 180/181 V 5
Turin 180/181 K 6/7
Turkanasee 190/191 H 6
Turku 180/181 N 3
Tuttlingen, Stadt 178 C 5
Tuxtla Gutiérrez 198/199.1 J 8
Twer 180/181 Q 4
Tyrrhenisches Meer 180/181 L 7/8

# U

Uatuma 193.1 F 4
Ubangi 190/191 G 6
Uberaba 194/195.1 EF 5
Ucayali 194/195.1 C 4
Uchta 180/181 TU 3
Uckermark, Landschaft 178 EF 2
Uëlle 190/191 G 6
Uelzen 178 D 2
Ufa, Stadt 180/181 TU 4/5
Uganda 190/191 H 6
Ujda 180/181 H 9
Ukraine, Staat 184/185 O-Q 6
Ulm, Stadt 178 CD 4
Ulmea 182/183 MN 2
Umtata 190/191 GH 10
UN-Gebäude (in New York) 203 B 1
Ungarn, Staat 184/185 MN 6
Ungavabai 198/199.1 M 4
Ungavahalbinsel 198/199.1 L 3
Union City 203 A 1
Unstrut 178 D 3
Upernavik 198/199.1 NO 2
Upper San Leandro Reservoir 202.2 BC 2
Uppsala 180/181 M 3/4
Ur, Ruinenstätte 180/181 S 9
Ural, Fluss 180/181 T 6
Ural, Gebirge 180/181 U 3/4
Uralsk 180/181 T 5
Uranium City 198/199.1 H 4
Uraricoera 193.1 E 3
Urbina 193.1 B 4
Urfa 180/181 Q 8
Urgentsch 180/181 UV 7
Urmia 180/181 RS 8
Urmiasee 180/181 RS 8
Urubamba 193.1 C 5
Urucúm 196/197.1 E 5
Uruguay, Fluss 194/195.1 E 6/7

Uruguay, Staat 194/195.1 E 7
Usedom, Insel 178 EF 1
Ushuaia 194/195.1 D 9
Uspallatapass 194/195.1 CD 7
Ust-Urt 180/181 U 7
Uwas Creek 202.2 C 3/4
Uwas Reservoir 202.2 C 3

# V

Vaal 190/191 G 9
Vadsö 182/183 OP 1/2
Vänersee 180/181 L 4
Västerås 182/183 LM 4
Valdés, Halbinsel 194/195.1 D 8
Valdez 200/201.1 D 3
Valdivia 194/195.1 C 7/8
Valencia (Spanien) 180/181 HJ 8
Valencia (Venezuela) 194/195.1 V 5
Valparaíso 194/195.1 C 7
Van 180/181 R 8
Vancouver 198/199.1 FG 5
Vancouverinsel 198/199.1 EF 4/5
Vansee 180/181 R 8
Vatikanstadt 184/185 L 7
Vatnajökull 180/181 E 3
Vaup 193.1 C 3
Vechta 178 C 2
Vechte 178 B 2
Venedig, Stadt 180/181 L 6
Venezuela 194/195.1 D 3
Venezuelabecken 194/195.1 D 2
Venlo 178 AB 3
Veracruz 198/199.1 J 8
Verden, Stadt 178 C 2
Vestfjord 180/181 L 2
Vestmannaeyjar 182/183 D-F 3
Vesuv 180/181 LM 7
Victoria, Stadt (Kanada) 198/199.1 F 5
Victoriafälle 190/191 G 8
Victoriainsel 198/199.1 GH 2/3
Victorialand (Antarktis) 204.2 16-18
Victoriasee 190/191 H 7
Viedma 194/195.1 D 8
Vigo 182/183 G 7
Vilhena 193.1 EF 6
Villahermosa 198/199.1 JK 8
Villamil 194/195.1 A 4
Villavicencio 193.1 C 3
Villingen-Schwenningen 178 C 4/5
Vilnius 180/181 O 5
Viña del Mar 194/195.1 C 7
Vinsonmassiv 204.2 5
Vitória (Brasilien) 194/195.1 FG 6
Vitória de Conquista 194/195.1 FG 5
Vltava 178 F 4
Völklingen 179 B 4
Vogelsang 178 C 3
Vogesen, Mittelgebirge 178 B 4/5
Vogtland, Landschaft 178 DE 3
Volta Redonda 196/197.1 F 6
Voltastausee 190/191 DE 6

# W

Wad Madani 190/191 H 5
Wadai 190/191 FG 5
Wadi Halfa 190/191 H 4
Wagadugu 190/191 D 5
Walachei, Landschaft 180/181 NO 7
Walfischbai 190/191 F 9
Warburg 178 C 3
Warna 180/181 O 7
Warnemünde, Rostock- 178 DE 1
Warschau, Stadt 180/181 N 5
Warszawa 180/181 N 5
Wasatch Range 198/199.1 G 5/6
Washington, Stadt 198/199.1 L 6
Wasjuganje 180/181 XY 4
Wasserkuppe 178 C 3
Wau 190/191 G 6
Webi Schebeli 190/191 J 6
Weddellmeer 204.2 35-2
Wegener-Inlandeis 204.2 30-33
Weichsel 180/181 N 5
Weiden (Oberpfalz) 178 DE 4
Weimar, Stadt (Thüringen) 178 D 3
Weiße Elster 178 E 3
Weißer Nil 190/191 H 5
Weißes Meer 180/181 QR 2
Weißrussland 184/185 N-P 5
Welkom 190/191 G 9
Wernigerode, Stadt 178 D 3
Werra 178 C 3
Wesel 178 B 3
Weser, Fluss (Norddeutschland) 178 C 2
West Channel 203 B 1
West-Schelfeis 204.2 24
West Side, New York- 203 B 1
Westerland 178 C 1
Westerwald 178 BC 3
Westeuropäisches Becken 180/181 E-G 6
Westliche Sierra Madre 198/199.1 H 6/7
Westlicher Euphrat 180/181 QR 8
Westlicher Großer Erg 190/191 DE 3/4
Westsibirisches Tiefland 180/181 W-Z 3/4
Wetzlar 178 C 3
Whitehorse 198/199.1 EF 3
Wichita, Stadt 198/199.1 J 6
Wien 180/181 M 6
Wiesbaden, Stadt 178 BC 3
Wiesenufer (an der Wolga) 180/181 S 5
Wilhelmshaven 178 B 2
Wilkesland 204.2 19-21
Wilna → Vilnius
Windhuk 190/191 F 9
Windward Islands 198/199.1 M 8
Winnipeg 198/199.1 HJ 4
Winnipegsee 198/199.1 J 4
Winniza 180/181 OP 6
Winterberg, Stadt (Sauerland) 179 C 3
Wismar, Stadt 178 D 2
Witebsk 180/181 P 4
Wittenberg, Stadt 178 E 3

Wittenberge 178 DE 2
Wjatka 180/181 S 4
Wladikawkas 180/181 RS 7
Wladimir 180/181 QR 4
Wohlthatmassiv 204.2 31/32
Wolfen, Bitterfeld- 179 E 3
Wolfsburg 178 D 2
Wolga 180/181 Q 4
Wolgograd 180/181 R 6
Wollin, Insel 178 F 1/2
Wologda 180/181 QR 4
Wolschski 180/181 RS 6
Wolynien 180/181 O 5
Woronesch 180/181 QR 5
Woroschilowgrad → Lugansk
Würgassen 179 C 3
Würzburg, Stadt 178 CD 4
Wuppertal 178 B 3
Wytschegda 180/181 T 3

# X

Xingu 194/195.1 E 5

# Y

Yellowknife 198/199.1 G 3
Yellowstone, Fluss 198/199.1 H 5
Yerupaja 193.1 B 6
Yucatán, Halbinsel 198/199.1 JK 8
Yucatánbecken 198/199.1 K 7/8
Yukon 198/199.1 C 3

# Z

Zagreb 180/181 M 6
Zagrosgebirge 180/181 ST 8/9
Zaire, Fluss 190/191 G 6
Zapala 194/195.1 CD 7
Zaragoza 180/181 HJ 7
Zard-Kuh 180/181 T 9
Zentralafrikanische Republik 190/191 FG 6
Zentralmassiv 180/181 J 6/7
Zimljansker Stausee 180/181 RS 6
Zittau 178 F 3
Zomba 190/191 H 8
Zonguldak 180/181 P 7
Zürich, Stadt 180/181 K 6
Zugspitze 178 D 5
Zweites Baku 182/183 T 5
Zwickau 178 E 3
Zwolle 178 B 2
Zypern, Staat 184/185 P 8